U0482101

深圳经济特区建立40周年改革创新研究特辑

曹天禄 主编

新时代中国经济特区理论与实践

Theory and Practice of China's Special Economic Zones in the New Era

中国社会科学出版社

图书在版编目（CIP）数据

新时代中国经济特区理论与实践/曹天禄主编. —北京：中国社会科学出版社，2020.10

（深圳经济特区建立40周年改革创新研究特辑）

ISBN 978 – 7 – 5203 – 7225 – 1

Ⅰ.①新… Ⅱ.①曹… Ⅲ.①经济特区—研究—中国 Ⅳ.①F127.9

中国版本图书馆CIP数据核字（2020）第175338号

出 版 人	赵剑英
项目统筹	王　茵
责任编辑	马　明
责任校对	王福仓
责任印制	王　超
出　　版	中国社会科学出版社
社　　址	北京鼓楼西大街甲158号
邮　　编	100720
网　　址	http://www.csspw.cn
发 行 部	010 – 84083685
门 市 部	010 – 84029450
经　　销	新华书店及其他书店
印刷装订	北京君升印刷有限公司
版　　次	2020年10月第1版
印　　次	2020年10月第1次印刷
开　　本	710×1000　1/16
印　　张	25.75
字　　数	387千字
定　　价	168.00元

凡购买中国社会科学出版社图书，如有质量问题请与本社营销中心联系调换
电话：010 – 84083683
版权所有　侵权必究

曹天禄

博士（后），现为深圳市人文社会科学重点基地深圳职业技术学院"党建与世界政党研究中心"主任、教授、博士生导师。主要从事新时代经济特区理论与国外马克思主义政党等领域研究，是中国研究日本共产党理论和实践的知名学者，为全国、教育部、广东省、深圳市哲学社会科学基金项目通讯评审、结项评审专家。中国政治学会理事，中央党史和文献研究院国家高端智库建设当代世界社会主义研究重点方向核心团队成员，中国社会科学院世界社会主义研究中心特约研究员，华中师范大学国外马克思主义政党研究中心、辽宁大学世界马克思主义政党研究中心客座研究员等。在《中国社会科学内部文稿》《马克思主义研究》《当代世界与社会主义》《科学社会主义》等权威期刊上发表论文四十余篇，其他期刊上发表六十余篇，其中近三十篇被《新华文摘》、《马克思主义文摘》、人大复印报刊资料等报刊转载、摘录、索引。出版专著、合著、教材二十余部。主持参与国家级等各类项目三十余项，其中两项国家社会科学基金项目结项优秀。向党、政府和研究机构提供咨询报告十五篇，其中获中央领导肯定性批示两篇，省部级领导肯定性批示四篇。获教育部、广东省、深圳市哲学社会科学优秀成果二等奖、三等奖。

深圳经济特区建立40周年
改革创新研究特辑
编 委 会

顾　　　问：王京生　李小甘
主　　　任：王　强　吴以环
执 行 主 任：陈金海　吴定海
主　　　编：吴定海
编委会成员：（以姓氏笔画为序）
　　　　　　王为理　王世巍　刘婉华　李凤亮
　　　　　　杨　建　肖中舟　何国勇　张玉领
　　　　　　陈少兵　罗　思　赵剑英　南　岭
　　　　　　袁易明　袁晓江　莫大喜　黄发玉
　　　　　　黄　玲　曹天禄　谢志岿　谭　刚
　　　　　　魏达志

总　　序

　　先进的文化，来自对先进的生产方式和生活方式的能动反映；先进的生产力，来自对生产前沿审时度势的探索。40 多年来，深圳一直站在生产力和生产关系新模式探索的最前沿，从生产实践，到制度建立，再到观念更新，取得了系统的、多层次的成果，为改革开放全面成功推广，提供一整套系统的观念与经验。当然，深圳的改革历程，是一个步步为营的过程。如果说，改革开放之初所取得的成功，主要在于以一系列惊心动魄的实践，按照市场经济发展规律，循序渐进地突破制度的坚冰，在摸索中逐步确立社会主义市场经济的新制度、新机制、新关系，形成新的发展模式；那么，在完成试验田式的探索之后，深圳取得的新突破，则是在国内经济转型和国际新经济背景之下，结合自身优势而完成的产业升级和观念升级。在升级换代过程中，深圳已经取得开阔的国际视野，在国际上也形成自身的影响力，在国内则拥有党中央强有力的支持和更成熟的制度后盾。

　　在这个过程中，深圳作为探索者、排头兵所探索出来的一系列成功经验，已经成为社会主义市场经济体制的基本构成部分；在这个过程中，深圳人为社会主义市场经济模式的建立与繁荣，做出系列有利于国、有益于民的大胆探索，其间所形成的开拓进取精神，已经凝聚成为一种可以叫作"深圳精神"的东西。正如习近平总书记在深圳考察时说的："如果说，深圳是中国改革开放的一本样板书，那这本书上，给人留下印象最深刻的两个字，就是'敢闯'！"同时，深圳的系列探索实践，也是对党的老一辈革命家改革开放、发展生产力理想的具体实践。从全国来看，改革开放 40 余年，在我国沿海、沿江、沿线甚至内陆地区建立起国家级或省市级高新区、开发区、自贸区、保税区等，形成了类型众多、层次多样的多元化改革发展新格局。

党的十八大以来，中央对深圳提出的新要求，正体现着这种一贯思路的延续和战略高度的提升。深圳的拓荒意义不但没有过时，而且产生了新的内涵。深圳被赋予了中国特色社会主义先行示范区的新角色，从改革开放试验田，到社会主义先行示范区，这种身份的转变，是新时代进一步深化改革开放的新成果，也是深圳作为中国这个世界第二大经济体经济发展的重要驱动力在国际经济新格局中扮演的新角色。在习近平新时代中国特色社会主义思想指导下继续解放思想、真抓实干，改革开放再出发，在新时代走在前列，在新征程勇当尖兵，是新时代赋予深圳的新任务。在深化改革的过程中，不论是国家，还是以北京、上海、广州、深圳为代表的大城市所面对的国际政治形势和经济形势，比以往都要复杂很多，需要我们做出更睿智和更高瞻远瞩的决策，以应对更复杂的产业形势和政治形势。从这个角度看，新时代深圳改革开放、开拓进取的任务不是轻了，而是更重了；需要的勇气和毅力不是少了，而是更多了。

习近平新时代中国特色社会主义思想，是我们继续深化改革的指导思想和行动指南。在以习近平同志为核心的党中央的坚强领导下，因世界大势，应国内态势，以满足人民不断增长的物质文化生活需求为动力，在经济特区已有的经验基础上，围绕新时代经济特区发展进行深入理论思考和实践探索，完成城市发展与国家发展的统一，完成继承与创新的统一，为习近平新时代中国特色社会主义思想增添新的生动范例，为践行中国特色社会主义理论提供新的经验，推进新时代经济特区在经济、政治、文化、社会和城市生态等方面实现更高层次的发展，是新时代赋予深圳的新使命。

新时代推动新实践，新实践催生新思想，新思想呼唤新理论。讲好深圳故事既是时代所需，也是中国学者的责任。为了总结深圳经济特区建立40年来改革探索的经验，为深圳改革探索提供学者的观察和视角，深圳市社科院组织市内外的专家学者对深圳经济特区40年经济社会发展的路径进行了深入研究，形成了十部著作，作为《深圳改革创新丛书》的特辑出版。《深圳改革创新丛书》作为深圳推进哲学社会科学发展的重要成果,此前已经出版了六个专辑,在国内引起了一定的关注。这套《深圳经济特区建立40周年改革创新研究特辑》,既有对改革开放40多年来深圳发展历程的回顾,也有结合新使命而做的新探索。希望这些成果,为未来更深入和更高层面的研究,提供新的理论资源。这套丛书也是学界和中国社会科学出版社对深圳经济特区建立40周年的一份献礼。

编写组

2020年6月

前　言

经济特区是改革开放的产物，是我们党和国家为推进社会主义现代化建设作出的重大举措。1980年8月26日，中华人民共和国第五次全国人大常委会第15次会议通过《广东省经济特区条例》，随即深圳、珠海经济特区正式宣告成立。此后，全国人大又先后批准设立了厦门、汕头、海南、喀什、霍尔果斯等5个经济特区，共7个经济特区。40年来，随着改革开放的深入和我国经济社会发展的需要，国务院，各省、自治区、直辖市根据相关规定，又相继设立了数以千计的虽然不是经济特区，但享有一定类似经济特区优惠政策的各种"区"，从而在沿海、沿江、沿线、沿边、内陆形成了以经济特区为主的各种国家级高新区、经开区、自贸区、新区、保税区、综改区等全方位、多层次、宽领域的大经济特区格局。当然，最引人注目的还是以深圳为代表的中国特色社会主义先行示范区、以上海为代表的自由贸易试验区和新近设置的雄安新区。

今年8月26日是经济特区40周年华诞，这是一个值得隆重纪念的日子。因为经济特区在党中央坚强领导和全国人民大力支持下，尤其是经济特区广大建设者开拓进取、锐意改革、奋勇拼搏，勇于突破传统经济体制束缚，不辱使命，经济社会发展取得了举世瞩目的成绩，是改革开放以来我国实现历史性变革、取得历史性成就的一个生动缩影，在体制改革中发挥了"试验田"作用，在对外开放中发挥了重要"窗口"作用，为全国改革开放和社会主义现代化建设做出了重大贡献。经济特区的成功实践，充分证明了习近平所指出的，党中央关于兴办经济特区的战略决策是完全正确的，在决胜全面建成小康社会、夺取新时代中国特色社会主义伟大胜利的征程上，经济特区不仅要继续办下去，而且要办得更好、办出水平。今天，经济特区已经成为改革开放的一面旗帜，已经成为展现中国特色社会主义光辉形象的名片，不仅为中国现代化建设提供了可复制可推广的经验，而且为世界现代化进程贡献了可资借鉴的中国智慧、中国方案、中国道路。

四十不惑的经济特区又到了一个新的历史发展节点，这就是中国特色社会主义进入到新时代。新时代的世界处于百年未有之大变局，新时代的中国处于近代以来最好的发展时期，新时代的经济特区机遇与挑战并存。改革开放进入攻坚期、深水区和无人区。习近平指出，容易的、皆大欢喜的改革已经完成了，好吃的肉都吃掉了，剩下的都是难啃的硬骨头：发展不平衡不充分、各类民生领域的突出矛盾、科技创新能力不强、发展方式依然粗放且产业结构不合理、区域差距、城乡差距、收入差距依然较大等一系列问题，从而使攻坚期、深水区、无人区改革面临的形势比以往更加复杂，帕累托最优效应递减，改革对象综合性、复杂性大大提高，改革动力减弱、改革阻力增大，改革成本与收益的不确定性增加，等等。在这种情形下，是继续前行，还是踌躇不前，甚或开历史倒车？以习近平同志为核心的党中央洞察国内外大势，向世人发出了"改革不停顿，开放不止步"，全面深化改革开放，加强顶层设计和摸着石头过河相结合，整体推进和重点突破相促进，问题导向和目标导向相统一，形成改革合力，决胜全面建成小康社会，实现中华民族伟大复兴的中国梦的铮铮誓言。

在改革开放再出发进程中，在新的历史潮头面前，经济特区秉持改革开放40年经验这一得天独厚的优势，仍需要发挥"排头兵""窗口"等功能和作用，在新时代更应走在前列、新征程勇当尖兵，发挥先行、引领、示范作用。如果说经济特区是伴随改革开放大潮应运而生，勠力于先行先试、做敢为天下先的"孙悟空"、甘做坚韧不拔的"拓荒牛"，取得了举世瞩目的辉煌成就，那么，在全面深化改革和全面扩大开放新时代，经济特区更应创造新作为、书写新篇章。

新时代呼唤新理论，中国经济特区理论应运而生。恩格斯说："每一个时代的理论思维，都是一种历史的产物，它在不同的时代具有完全不同的形式，同时具有完全不同的内容。"① 新时代中国经济特区理论，是经济特区发展到党的十八大以来这一新阶段的产物，具有新时代经济特区发展的新内涵。新时代中国经济特区理论是以习近平同志为核心的党中央纵观世界发展大势，洞察国内发展实际，以其在经济特区的亲身实践为基础，继承和发展老一辈党和国家主要领导人的经济特区思想，集全党智慧，围绕新时代经济特区发展进行深入理论思考和判断，发表了一系列重要讲话，作出了重要指示批示，深刻阐述了新时代经济特区发展的背景、定位、目标、任务、方向、动力、方法、步骤和保障等，科学回答了新时代建设什么样的经济特区、怎样建设经济特区等重大理论和实践问题，形成了立意高远、内容丰富、论述深刻的新时代中国经济特区理论。

新时代中国经济特区理论具有鲜明的理论品格和时代特征，是理论性与实践性、继承性与创新性、主导性与自主性、合规律性与合目的性的统一。新时代中国经济特区理论是新时代中国特色社会主义思想的思想瑰宝，是中国特色社会主义理论的重要组成部分，是中国经济特区理论的最新成果，是推进新时代经济特区经济、政治、文化、社会、生态和党的建设等全面发展必须长期坚持的重要指导方针和行动指南。

党的十八大以来，习近平十分关心经济特区建设与发展。2012年他任总书记23天外出视察的第一站就是深圳，要求深圳"充分发挥特区人敢为天下先的精神，敢于'做第一个吃螃蟹的人'"，要更加注重改革的系统性、整体性、协同性，做到改革不停顿、开放不止步，为全面建成小康社会、加快推进社会主义现代化而团结奋斗。2015年他首次对深圳作出重要批示，并赋予一个城市在"四个全面"上创造新业绩的光荣使命。2018年他再次对深圳工作作出重要批示，寄望深圳继续解放思想、真抓实干，改革开放再出发，要求

---

① 《马克思恩格斯选集》第3卷，人民出版社2012年版，第873页。

深圳"朝着建设中国特色社会主义先行示范区的方向前行，努力创建社会主义现代化强国的城市范例"，称深圳前海和珠海横琴为"特区中的特区"。在考察海南、雄安、上海自贸区和浦东新区等地时，要求这些经济特区不忘初心，牢记使命，为全国甚至世界贡献可推广可复制的经验，使特区人民备受鼓舞。

时值深圳经济特区成立40周年之际，在中共深圳市委宣传部的关怀下，我们有幸承担了深圳市社科联"新时代中国经济特区理论与实践"这一重大课题。我们倍感应积极、主动、自觉担负起宣传阐释好新时代中国经济特区理论与实践的历史责任。一年来，课题组收集、归纳、整理了习近平关于经济特区系列重要讲话和指示批示精神，集中学习、反复讨论、数易其稿，才编撰完成《新时代中国经济特区理论与实践》一书，希望我们的研究成果能弥补目前学界对这方面研究的不足，同时为广大读者学习领会习近平博大精深的新时代中国经济特区理论有所帮助，对党的创新理论宣传有所贡献。

本书课题组

2020年2月8日

目 录

上篇 新时代中国经济特区理论新境界

总 论 ……………………………………………………… (3)
 第一节 新时代经济特区理论的内涵 ………………… (3)
 第二节 新时代经济特区理论的产生 ………………… (17)
 第三节 新时代经济特区理论的特征 ………………… (35)

第一章 新时代是经济特区发展的新历史方位 ………… (48)
 第一节 世界处于百年未有之大变局 ………………… (48)
 第二节 中国处于近代以来最好的发展时期 ………… (58)
 第三节 经济特区面临的新机遇新挑战 ……………… (68)

第二章 新时代中国经济特区理论的根本立场和历史使命 ……… (78)
 第一节 以人民为中心是新时代经济特区理论的
    根本立场 ………………………………………… (79)
 第二节 实现人民对美好生活的向往是经济特区
    理论的使命 ……………………………………… (89)
 第三节 特区人民是创造经济特区奇迹的
    主体力量 ………………………………………… (100)

**第三章 新时代经济特区发展的根本保障和
   根本方向** ……………………………………… (105)
 第一节 党的领导是新时代经济特区
    发展的根本保障 ………………………………… (106)

第二节　新时代经济特区党的领导和建设面临的
　　　　　　新形势 ………………………………………… (110)
　　第三节　经济特区要全面加强党的领导和建设 ……… (115)
　　第四节　中国特色社会主义是经济特区发展的
　　　　　　根本方向 ………………………………………… (128)

第四章　新时代经济特区发展的根本动力 ……………… (137)
　　第一节　全面深化改革是经济特区发展的根本动力 ……… (137)
　　第二节　创新是引领经济特区发展的第一动力 ………… (148)
　　第三节　人才是推动经济特区发展的第一资源 ………… (161)

第五章　新时代中国经济特区理论的实现路径 ………… (171)
　　第一节　新发展理念统领新时代经济特区发展 ………… (171)
　　第二节　摸着石头过河和顶层设计相结合 ……………… (187)
　　第三节　积极融入"一带一路"进程 …………………… (194)

下篇　新时代中国经济特区实践新征程

第六章　以深圳为代表的先行示范区实践 ……………… (209)
　　第一节　从"特区"到"示范区"：建设中国特色社会
　　　　　　主义先行示范区 ………………………………… (210)
　　第二节　从"试验田"到"引领"：增强粤港澳大湾区
　　　　　　核心引擎功能 …………………………………… (225)
　　第三节　"深"耕细作，"圳"翅高飞 ………………… (237)

第七章　以上海自贸区为代表的特区实践 ……………… (248)
　　第一节　上海自贸区：改革开放新高地 ………………… (249)
　　第二节　浦东新区：老区新颜 …………………………… (260)
　　第三节　大胆试、大胆闯、自主改 ……………………… (271)

第八章　以海南为代表的自贸港建设实践 …………………(289)
　第一节　三十而立：成绩斐然 ………………………………(289)
　第二节　蓄势待发：自贸港新使命 …………………………(298)
　第三节　国际旅游岛：海南的一张重要名片 ………………(309)

第九章　以雄安为代表全新起点最高规格顶层定位的
　　　　特区实践 ……………………………………………(321)
　第一节　全新起点：新时代应运而生 ………………………(321)
　第二节　最高规格：治国理政新标杆 ………………………(328)
　第三节　顶层定位：千年大计国家大事 ……………………(341)

第十章　以前海、横琴、平潭为代表的特区中的
　　　　特区实践 ……………………………………………(353)
　第一节　前海合作区：深港合作深层次 ……………………(353)
　第二节　横琴：粤澳合作新篇章 ……………………………(367)
　第三节　平潭：闽台合作新台阶 ……………………………(377)

参考文献 ………………………………………………………(393)

后　记 …………………………………………………………(397)

上 篇

新时代中国经济特区理论新境界

总　　论

党的十八大，标志着中国特色社会主义进入新时代，经济特区当然也随之迈入新时代。经济特区是中国特色社会主义现代化建设全局的重要组成部分，以习近平同志为核心的党中央团结、带领全党和全国各族人民为实现中华民族伟大复兴的中国梦奋勇前行，开创了新时代党和国家宏伟事业发展的新局面，在继承和发展老一辈中央领导人经济特区思想、深刻总结40年经济特区建设和发展历史经验，坚持党对经济特区工作的全面领导和中国特色社会主义方向，始终把握坚持改革开放、推动促进经济特区发展这条主线，紧紧围绕新时代党和国家需要一个什么样的经济特区，以及如何建设经济特区这个主题，站在时代高度，顺应时代潮流，结合经济特区实际，统筹国内国际两个大局，"以人民为中心"，将经济特区发展、中国发展和世界发展结合起来，提出了关于党和国家对新时代经济特区建设发展的一系列重大论断，阐明了新时代经济特区建设发展的形势任务、方向立场、功能目标、路径方法等重大问题，而且根据国际国内新形势和我国新发展要求，对经济特区经济、政治、文化、社会、生态文明和党的建设等各方面作出了系统的、科学的理论分析和正确的政策指引，内涵丰富、博大、精深，初步形成了新时代中国经济特区理论。新时代经济特区理论是指引经济特区在新时代不断取得新进展、新突破的强大思想武器，必将开辟经济特区建设新境界。

第一节　新时代经济特区理论的内涵

任何划时代的新理论都有其本身的内涵和特定的指向，新时代经济特区理论也不例外。马克思指出："任何真正的哲学都是自己时代的精神上的精华。"① 新时代中国经济特区理论就是新时代经济特区精神上的哲学精华。

一　新时代经济特区理论的含义

新时代中国经济特区理论，是以习近平同志为核心的党中央对邓小平、江泽民、胡锦涛等老一辈党和国家主要领导人经济特区思想的继承和发展，是中国经济特区理论发展到新阶段的最新理论成果，是党、全国人民和广大特区建设者、参与者实践经验和集体智慧的结晶，是新时代中国特色社会主义思想的重要内容，是中国特色社会主义理论体系的重要组成部分，是新时代经济特区全面深化改革、全面扩大开放和率先实现社会主义现代化目标而奋斗的行动指南。

习近平是新时代中国经济特区理论的主要创立者，他对新时代经济特区的系列重要讲话和指示批示等精神，是新时代经济特区理论的主要内容。他在指导经济特区事业的伟大实践中，坚持马克思主义的立场、观点、方法，总结40年来我国改革开放，尤其是经济特区40年改革、开放、发展的经验教训，前瞻国际政治经济和世界经济特区发展大势，结合我国新时代社会主义现代化事业总体布局和战略布局，亲自谋划、亲自部署、亲自推动，对新时代经济特区发展提出了一系列具有开创性的新理念、新思想、新策略，丰富和发展了党的经济特区思想，对新时代经济特区理论的创立发展起着决定性作用、做出了决定性贡献，是新时代经济特区发展的重要指南。他对新时代经济特区建设发展的新历史方位、发展保障、发展方向、根本立场、发展使命、发展目标、根本动力、实现路径、实施步骤等作出过重要指示；充分肯定了经济特区"在体制改革中发挥了'试验田'作用，在对外开放中发挥了重要'窗口'作用，为全国改革开放和社会主义现代化建设作出了重大贡献"②；

---

① 《马克思恩格斯全集》第1卷，人民出版社1995年版，第220页。
② 习近平：《在庆祝海南建省办经济特区30周年大会上的讲话》，《人民日报》2018年4月14日第2版。

提出过经济特区面临的新形势、新任务、新挑战和新的历史使命，经济特区要不忘初心、牢记使命，在"进行伟大斗争、建设伟大工程、推进伟大事业、实现伟大梦想"这"四个伟大"中寻找新的方位，把握好新的战略定位，成为改革开放的重要窗口、试验平台、开拓者、实干家；经济特区的建设发展要以党的领导为根本保障，以中国特色社会主义为根本方向，以人民为中心为根本立场，以全面深化改革为根本动力，以贯彻新发展理念，建设现代化经济体系，推动国家治理体系和治理能力现代化，践行经济社会高质量发展为基本路径，以率先实现社会主义现代化为目标；强调经济特区在党和国家实施"一国两制"和"一带一路"等国家发展战略中发挥重要作用；要求经济特区牢记党创办经济特区的战略意图，服从国家发展大局，积极融入甚至引领经济全球化进程，为中国和世界贡献可复制可推广的经验等。习近平对经济特区的系列重要讲话精神和指示批示，既是对经济特区的鞭策，又是对全国的要求。

　　党和国家其他主要领导人对新时代经济特区工作的指导，是新时代经济特区理论的重要内容。2014年4月，李克强在海南考察时，面对海南的蓝天、白云、碧海和新鲜空气等，提出"环保也是生产力"，强调"作为中国最大的经济特区，海南的开放要从国家层面通盘考虑，力争成为国家对外开放的重要支撑点，要敢闯敢试，用开放带动、促进改革，倒逼改革"①。同年5月，他在会见埃塞俄比亚总理海尔马里亚姆时表示，中方愿同埃方分享我国经济特区建设经验。2018年9月，他在会见南非总统拉马福萨时，认为中国经济特区和南非工业园区可以扩大合作。2015年1月，他在深圳考察时，要求深圳"加快转型升级，先行先试，大胆去闯，大胆去干，继续种好国家改革开放试验田、打造创新发展高地、成为包容发展的示范城市！"② 他在考察前海

---

① 《李克强总理在海南的20个瞬间》，http：//cpc.people.com.cn/n/2014/0414/c64094-24891875.html。

② 《李克强总理在深圳考察纪实：继续种好国家改革开放试验田》，http：//sz.people.com.cn/n/2015/0107/c202846-23467175.html。

微众银行时指出，没有制度创新，科技创新就无从依附。同月，他在广东自贸区南沙片区考察时，要求广东自贸区加强同港澳深度融合，优先发展金融、科研等高端服务业。2015年5月，他在广西考察时指出，让北部湾经济区成为向东盟开放的一个战略。2018年3月，他在《政府工作报告》中指出，"改革开放是决定当代中国命运的关键一招，也是实现'两个一百年'奋斗目标的关键一招"。在新的历史起点上，包括经济特区在内"思想要再解放，改革要再深化，开放要再扩大。充分发挥人民首创精神，鼓励各地从实际出发，敢闯敢试，敢于碰硬，把改革开放不断向前推进"[①]。2019年3月，他在政府工作报告中指出，雄安新区要高起点规划、高标准建设。对于粤港澳大湾区发展规划的实施，则要求全面推进内地同香港、澳门的互利合作。2018年4月，李克强在考察上海自贸区时，要求上海以习近平新时代中国特色社会主义思想为指导，坚定不移推进改革、扩大开放，形成更多新经验，强调在更大力度改革开放中推动高质量发展，持续优化营商环境和改善民生。2019年7月，他再次来到上海，在新片区考察时强调，新片区是"开放的新扩大、改革的新进展"，要"对标国际先进水平，更大力度改革开放"[②]，等等。不难看出，李克强等其他党和国家主要领导人对新时代经济特区的任务、目标、路径、要求、国际合作等，也是新时代经济特区理论的内容。

　　党中央、国务院根据新时代经济特区理论对经济特区建设发展制定的各种意见、方案、决定等文件内容，是新时代经济特区理论的重要补充。党中央、国务院以新时代中国经济特区理论为依据，高屋建瓴、审时度势，根据国际国内形势，结合不同经济特区特点，分别顶层设计、制定经济特区发展规划方案。如2013年9月18日，国务院出台了《中国（上海）自由贸易试验区总体方案》；2014年6月28日，国务院批准了《中国（上海）自由贸易试验区进一步扩大开放的措施》；2015年1月29日，

[①] 李克强：《政府工作报告》，http://house.china.com.cn/home/view/1510531.htm。

[②] 《李克强上海考察强调了什么？》，http://www.gov.cn/premier/2019-07-24/content_5413981.htm。

国务院又印发了《进一步深化中国（上海）自由贸易试验区改革开放方案》；2017年3月31日，国务院印发了《全面深化中国（上海）自由贸易试验区改革开放方案》；2019年8月6日，国务院关于印发了《中国（上海）自由贸易试验区临港新片区总体方案》；2018年4月14日，中共中央、国务院发布《关于支持海南全面深化改革开放的指导意见》；2019年1月24日，中共中央、国务院发布《中共中央　国务院关于支持河北雄安新区全面深化改革和扩大开放的指导意见》；2019年8月18日，党中央、国务院出台了《关于支持深圳建设中国特色社会主义先行示范区的意见》，等等。这些《措施》《方案》《意见》的一些重要内容就是新时代中国经济特区理论的重要补充。

广大经济特区建设者和参与者的特区经验等是新时代经济特区理论的组成部分。习近平在海南建省办特区30周年大会上指出："经济特区改革发展事业取得的成就，是党中央坚强领导、悉心指导的结果，是广大建设者开拓进取、奋勇拼搏的结果，是全国人民和四面八方倾力支持、广泛参与的结果。"[①] 纵观经济特区40年发展所取得的巨大成就，当然离不开党中央的坚强领导，每当经济特区遇到艰难险阻时，邓小平、江泽民、胡锦涛、习近平多次亲临经济特区，为经济特区定性、定位、定向，排除干扰，经济特区才得以度过各种惊涛骇浪。经济特区40年发展所取得的巨大成就，当然也离不开全国人民和四面八方的参与者，尤其是离不开奋斗在经济特区一线的广大经济特区建设者的开拓进取、奋勇拼搏，他们在经济特区建设中总结出了可复制可推广的经验，形成了中国智慧、中国方案和中国道路，是新时代经济特区理论的重要组成部分。因此，新时代中国经济特区理论是全党和全国人民集体智慧的结晶。

二　新时代经济特区理论的内容

新时代中国经济特区理论，体系严整、内容丰富、博大精

[①] 习近平：《在庆祝海南建省办经济特区30周年大会上的讲话》，《人民日报》2018年4月14日第2版。

深,除外交、国防等少数领域内容外,几乎涵盖了新时代经济特区的方向、目标、功能、使命、任务、布局、方式、动力、步骤、条件、政治保证等主要内容,并根据新的实践对经济特区经济、政治、科技、文化、教育、民生、社会、生态文明、"一国两制"、党的建设等各方面作出了新的理论概括和战略指引。为此,必须从理论和实践结合上系统回答新时代坚持和发展什么样的中国经济特区、怎样坚持和发展中国经济特区,前者回答的是新时代经济特区"是什么""为什么"的问题,后者回答的是新时代经济特区"怎么样""如何做"的问题,这就是新时代经济特区理论的"两大内容"。

围绕这个重大课题,以习近平同志为核心的党中央坚持以马列主义、毛泽东思想、邓小平理论、"三个代表"重要思想、科学发展观为指导,在邓小平、江泽民、胡锦涛经济特区思想的基础上,针对党的十八大以来国际形势的新变化、我国各项事业的快速发展和经济特区建设的突飞猛进的新情况,解放思想、实事求是、与时俱进,以全新的全球视野和大局思维深化对新时代经济特区建设规律,经济特区建设与中国特色社会主义建设的关系,经济特区与国际接轨等内容进行理论探索,取得了一系列丰硕的创新成果。

从新时代经济特区"是什么""为什么"看,主要包括了经济特区的方向、立场、目标、功能、使命和任务等内容,它回答的是新时代经济特区是怎样的经济特区,为什么是这样的经济特区这一大是大非问题。方向就是旗帜,就是事物或事情行进的指向。如果方向正确,事物或事情的行进就会事半功倍,反之就会事倍功半。经济特区建设发展方向是一个根本问题,习近平指出,"这个根本方向,就是中国特色社会主义道路,而不是其他什么道路"[①]。所以,以经济特区为引领的我国改革开放和社会主义现代化建设发展是有方向、有立场、有原则的。

在经济特区方向上,习近平进一步指出"中国特色社会主义

[①] 中共中央宣传部编:《习近平新时代中国特色社会主义思想学习纲要》,学习出版社、人民出版社2019年版,第84页。

是社会主义，不是别的什么主义"，"不论怎么改革、怎么开放，都始终坚持中国特色社会主义道路、理论、制度、文化，全面贯彻党的基本理论、基本路线、基本方略"。① 新时代经济特区是中国特色社会主义的经济特区，他在深圳、海南、厦门、珠海、上海自贸区、浦东新区等经济特区考察时无不强调经济特区必须坚持中国特色社会主义。因为"经济特区的成功实践，充分证明了党的十一届三中全会以来形成的党的基本理论、基本路线、基本方略是完全正确的，中国特色社会主义道路是实现社会主义现代化、创造人民美好生活的必由之路"②。

立场就是以人民为中心的立场。人民立场就是无产阶级立场，无产阶级立场就是绝大多数人的立场，这是马克思主义根本立场，亦即马克思主义观察、分析、解决一切问题一以贯之的"不变"立足点和出发点，这就要求共产党要始终实现最广大人民群众的根本利益。"人民立场是中国共产党的根本政治立场"③，也是经济特区的根本立场，以人民为中心的根本立场本质上就是中国共产党人的初心和使命。通过经济特区建设不断满足特区人民和全国人民对美好生活的向往这一人民立场，是经济特区的初心和使命。

从目标和功能看。目标就是经济特区要达到的目的，功能就是经济特区在实现这一目的过程中要发挥的作用。习近平指出："经济特区要不忘初心、牢记使命，把握好新的战略定位，继续成为改革开放的重要窗口、改革开放的试验平台、改革开放的开拓者、改革开放的实干家。"④ 这是对新时代经济特区的战略目标和总体功能做了新的论述。

---

① 中共中央宣传部编：《习近平新时代中国特色社会主义思想学习纲要》，学习出版社、人民出版社2019年版，第26—27页。
② 习近平：《在庆祝海南建省办经济特区30周年大会上的讲话》，《人民日报》2018年4月14日第2版。
③ 《习近平在庆祝中国共产党成立95周年大会上的讲话》，新华网（http://www.xinhuanet.com//politics/2016-07/01/c_1119150660.htm）。
④ 习近平：《在庆祝海南建省办经济特区30周年大会上的讲话》，《人民日报》2018年4月14日第2版。

目标有大目标和小目标之分，大目标是指经济特区与党和国家的目标一致，具有普遍性的特点。党中央设立经济特区的目的就是通过经济特区先行先试，找寻一条实现中国社会主义现代化之路，为人民谋幸福，为民族谋复兴，为世界谋大同。小目标是指各经济特区在一定阶段要达到和实现自己的特有目标，具有特殊性的特点。如新时代，上海自贸区的目标是打造全方位扩大开放的新高地、高质量发展的新高地、推动长三角一体化发展的新高地、服务国家"一带一路"的新高地。深圳的目标就是建设"中国特色社会主义先行示范区"，创建"社会主义现代化强国的城市范例"，构筑"全球标杆城市"等。海南的目标是"建设自由贸易试验区和中国特色自由贸易港"，着力打造全面深化改革开放试验区、国家生态文明试验区、国际旅游消费中心、国家重大战略服务保障区。雄安的目标是以"世界眼光、国际标准、中国特色、高点定位"建设开放发展先行区、区域协调发展示范区、创新驱动发展引领区、绿色生态宜居新城区等。浦东新区是"中国改革开放的示范区""全球科技创新的策源地""世界级文化交流和旅游度假目的地"等。其他经济特区也都有各自新时代的小目标。

从功能上看，不同经济特区有不同功能，党中央、国务院设立各类经济特区时就已谋篇布局。根据不同标准，可以将我国经济特区划分为不同类型，从功能上划分，可以大致划分为贸易型经济特区、生产型经济特区、研发型经济特区、综合型经济特区、跨境型经济特区等。新时代，我国不同经济特区虽然都有为探索新条件下中国特色社会主义发展道路的功能，但对于不同类型的特区来说其功能与其他特区有明显的不同。如深圳就有"更好实施粤港澳大湾区战略，丰富'一国两制'事业发展新实践"的功能；雄安就有打造北京非首都功能疏解集中承载地的功能等；浦东新区就有上海"五个中心"的核心承载区的功能，其实上海自贸区四大片区也有各自的功能，如陆家嘴是金融贸易区等，金桥是先进制造核心动能区等，张江是高科技片区等，世博园是开发区，而新片区定位"特殊经济功能区"；海南则将全岛分为东、西、南、北、中五个功能区，各自结合实际，侧重不同的产业发展方向和发展定位。

从使命和任务看，各经济特区也有大使命和大任务、小使命和小任务之分，大使命和大任务与党和国家的使命和任务一致，具有普遍性特点；小使命和小任务是党和国家根据各经济特区的特点赋予的使命和任务，具有特殊性特点。从大使命和大任务看，中国共产党的使命和任务就是各经济特区的使命和任务，即"为人民谋幸福，为民族谋复兴，为世界谋大同"这"三为"①，总任务就是在全面建成小康社会的基础上，在21世纪中叶实现社会主义现代化和中华民族的伟大复兴。但各经济特区面临的实际情况不同，党和国家还分别赋予其特别的使命和任务。如深圳、珠海、厦门、汕头就负有履行"一国两制"战略的使命和任务，深圳在2035年前还要实现"五个率先"的目标和任务等。即使如此，新时代各经济特区也有相同的使命和任务，如先行先试，探索可复制可推广的经验，坚持新发展理念、践行高质量发展要求、实施创新驱动发展战略等。

从一定意义上讲，经济特区的目标、使命、任务、功能是相通的，其性质、方向、立场也同样如此。可见，在经济特区"是什么""为什么"的问题上，归根结底新时代经济特区理论要回答的是经济特区实质上就是中国特色社会主义的经济特区这一重大理论问题。

从新时代经济特区"怎么样""如何做"看，主要包括了经济特区发展的条件、布局、方式、动力、步骤、保障等内容。条件就是经济特区面临进入新时代这一新历史方位。"新形势、新任务、新挑战，赋予经济特区新的历史使命，经济特区要不忘初心、牢记使命……寻找新的方位，把握好新的战略定位。"②

---

① 中共中央宣传部编：《习近平新时代中国特色社会主义思想学习纲要》，学习出版社、人民出版社2019年版，第10页。

② 习近平：《在庆祝海南建省办经济特区30周年大会上的讲话》，《人民日报》2018年4月14日第2版。

党的十八大后，习近平对经济特区开始了新的谋篇布局，着重进行了两件大事，一是 2013 年成立我国第一个自由贸易区——中国（上海）自由贸易试验区，此后自贸区如雨后春笋般在我国各地落地，自贸区建设进入了从东部"一条线"向中西部的"面"推进，到 2019 年，我国自贸区已经发展到 18 个，遍布我国 17 个省、自治区、直辖市，弥补了原有经济特区布局之不足。二是 2017 年 4 月 1 日，在习近平亲自谋划、亲自部署、亲自推进下，设立雄安国家级新区这一"新特区"，这是党中央、国务院继深圳等经济特区、上海自贸区后又一重大举措，具有重大现实意义。目前，如果加上其他各种实行特殊政策的"区"，我国经济特区已形成了多功能、全方位、立体式的新格局，必将整体加速推进我国经济社会建设和发展。

在新时代条件下，经济特区以什么方式如何推动其经济社会发展？习近平提出，发展是第一要务，创新是第一动力，人才是第一资源，其"根本动力仍然是全面深化改革"①，新时代经济特区还要践行新的发展理念，建立现代化经济体系。步骤就是阶段，不同阶段具有要完成和实现的不同任务和目标。步骤又与使命、任务、目标紧密结合在一起。如党中央对深圳提出了"三步"发展战略，一是到 2025 年建成现代化国际化创新型城市；二是 2035 年成为我国社会主义现代化强国的城市范例；三是 2050 年成为全球标杆城市。雄安到 2025 年全面建成高质量高水平的社会主义现代化城市，2035 年，基本建成高水平社会主义现代化城市。上海自贸区临港新片区到 2025 年，建立比较成熟的投资贸易自由化便利化制度体系，到 2035 年，建成具有较强国际市场影响力和竞争力的特殊经济功能区。其他各类经济特区也都有各自的任务和实施步骤。

在经济特区建设的保障上，必须加强党的全面领导。中国特色社会主义的本质特征是中国共产党的领导，中国是中国共产党领导的中国；经济特区是中国共产党领导的经济特区，经济特区

---

① 中共中央宣传部编：《习近平新时代中国特色社会主义思想学习纲要》，学习出版社、人民出版社 2019 年版，第 83 页。

必须接受中国共产党的全面领导。习近平指出："经济特区的成功实践……充分证明了无论改什么、改到哪一步，都要坚持党的领导，确保党把方向、谋大局、定政策，确保党始终总揽全局、协调各方。"① 在党中央、国务院对各经济特区下发的各种文件中都无不强调党对经济特区的领导和加强党的建设工作的重要性。如深圳中国特色社会主义先行示范区的建设必须"以习近平新时代中国特色社会主义思想为指导……坚持和加强党的全面领导"②。经济特区坚持和加强党对各项工作的全面领导，还因为"党的领导是做好党和国家各项工作的根本保证，是战胜一切困难和风险的'定海神针'"，"坚持党对一切工作的领导，是党和国家的根本所在、命脉所在，是全国各族人民的利益所在、幸福所在"。③ 经济特区是我国经济最发达的地区，是国际化水平最高的地区，也是情况最复杂的地区，经济社会建设必须由党总揽全局，领导一切，经济社会建设才能顺利进行。经济特区40年来的成功实践证明，加强党对特区工作的全面领导，是特区经济社会飞速发展的根本保障。始终坚持中国特色社会主义是新时代经济特区工作的根本方向，始终坚持党对经济特区的全面领导是经济特区全部工作的中心内容和核心要求。

可见，在"怎么样""如何做"问题上，新时代经济特区理论要回答的就是经济特区应以发展为内容，以改革开放为主线，以创新为动力，以党的领导为保障，以践行新发展理念、打造现代经济体系，推进国家治理体系和治理能力现代化，主动融入经济全球化进程等为路径这些重大实践问题。

总之，新时代经济特区理论内容丰富，既与新时代中国特色社会主义思想内容相响应，又有特区自身内容，并形成了一个严整的思想体系，涵盖了新时代经济特区的新方位、新形势、新使

---

① 习近平：《在庆祝海南建省办经济特区30周年大会上的讲话》，《人民日报》2018年4月14日第2版。
② 《关于支持深圳建设中国特色社会主义先行示范区的意见》，《人民日报》2019年8月19日第1版。
③ 中共中央宣传部编：《习近平新时代中国特色社会主义思想学习纲要》，学习出版社、人民出版社2019年版，第68页。

命、新任务、新目标、新格局等基本内容，这些内容又将在世界发展大势、我国社会主义现代化建设、中国共产党自我革命、经济特区自身发展规律中不断得到丰富发展。

三 新时代经济特区理论的意义

如前所述，新时代中国经济特区理论是习近平新时代中国特色社会主义思想的重要内容，是中国经济特区理论的最新理论成果，是新时代经济特区发展的行动指南，它深入回答了新时代坚持和发展什么样的经济特区、怎样坚持和发展经济特区这一经济特区新时代之问，深化了新时代经济特区发展规律和特点的认识，开辟了经济特区新境界，不仅具有重大的理论意义，而且具有重大的实践意义，还具有深远的世界意义。

从经济特区发展史的维度看，新时代经济特区理论的诞生标志着我国经济特区发展到新阶段。我国经济特区发展先后经历了邓小平、江泽民、胡锦涛三个阶段，如果说邓小平时期的经济特区是重在如何"建立"，那么江泽民时期的经济特区则重在如何"建设"，胡锦涛时期的经济特区则重在如何"发展"，习近平时期的经济特区思想则重在如何"创新"。

党的十八大召开标志着中国特色社会主义进入新时代，新时代催生新思想，从而标志着我国经济特区发展步入到以新时代经济特区理论为指导的第四阶段。为了谋划新时代经济特区发展，习近平对经济特区进行了全面深入考察，足迹遍及深圳、上海浦东、珠海、海南、厦门、雄安等各经济特区。在他亲自计划、亲自部署、亲自推动下，党中央、国务院对上海自贸区、海南、深圳、雄安等各经济特区下发了一系列文件精神，派发了一个又一个大礼包。深圳，作为我国改革开放的一面旗帜和重要基地，历来受到党和国家领导人的高度重视。2012年12月7日，刚当选中共中央总书记不久的习近平就南下考察深圳等地，对经济特区亲自指导，要求经济特区"改革不停顿、开放不止步"。在自贸区深圳前海片区考察时，他要求前海"依托香港、服务内地、面向世界"。2015年和2018年，习近平分别两次对深圳作出批示，要求深圳在改革开放中继续发挥"引领、带动、示范"作用,在"四个全面"中创造新业绩。2019年8月18日,党中央、国务院下发了《关于支持深圳建设中国特色社会主义先行示范区的意见》,新时代的深圳被赋予了国家战略的重任:"建设中国特色社会主义先行示范区",建成"现代化国际化创新型城市"(2025年)——"具有全球影响力的创新创业创意之都","社会主义现代化强国的城市范例"(2035年)——"全球标杆城市"(2050年)。为此必须做到"三个有利于""五个坚持""五个率先"。另外,党中央、国务院对上海自贸区、浦东新区、海南、雄安也提出了不同要求。

40年后,经济特区站在新的历史坐标上,前所未有地肩负着党和国家赋予的光荣而艰巨的新使命,为此,经济特区就要紧紧围绕发展这一主题,适应新时代对经济特区发展的新要求,科学分析经济特区面临的内外形势,接力探索,继续奋斗,让新发展阶段的经济特区在中国展现出更加强大和旺盛的生命力。

从经济特区发展的使命维度看,新时代经济特区理论是为人民谋幸福,实现中华民族伟大复兴的中国梦的行动指南。为人民谋幸福,实现中华民族伟大复兴不仅是中国共产党的历史使命和初心,也是新时代经济特区的历史使命和初心。经济特区在努力实现中华民族伟大复兴的过程中,由于其在中国经济社会建设中的特殊地位和重要作用,与其他地区相比,处在为人民谋幸福和实现中华民族伟大复兴的中国梦的前沿。经济特区由于其"特",使其在统筹推进"五位一体"总体布局,协调推进"四个全面"战略布局,决胜全面建成小康社会,进而全面建设社会主义现代化强国,更好贯彻落实党中央和国务院的各项战略部署中更易受到社会的关注。

经济特区处在先富带后富,不断创造广大人民群众美好生活,逐步实现全体人民共同富裕的前沿。邓小平在谈到建立经济特区的目的时认为,要先富带动后富,东部发达地区帮助西部落后地区,最终实现共同富裕。这不仅是建立经济特区的初心,更是中国共产党人的初心。当然，经济特区要首先创造特区人民的美好生活、实现特区的共同富裕，在此基础上带动后富，帮助欠发达地区。在这样的大背景下，新时代经济特区的发展必须有新时代经济特区思想的指导，才能正确认清国内外新形势，把握中国特色社会主义进入新时代的历史方位，清楚经济特区自身面临的机遇和挑战，牢记使命、奋发有为，为实现中华民族的伟大复兴中国梦提供特区智慧、特区经验、特区方案。

从经济特区建设的国际维度看，新时代经济特区理论为解决世界，尤其是解决发展中国家面临的共同难题贡献出中国智慧和中国方案。习近平指出："中国共产党是为中国人民谋幸福的政党，也是为人类进步事业而奋斗的政党。中国共产党始终把为人类作出新的更大的贡献作为自己的使命。"[1] 可见，为世界谋大同与为人民谋幸福、为民族谋复兴构成了中国共产党人"三位一体"的历史使命，当然也是经济特区的"大使命"。

改革开放40年，中国特色社会主义和中华民族从"富起来"到"强起来"，社会生产力水平总体上极大提高，国家综合实力显著提高，国际影响力不断上升，原因很多，其中经济特区原因最不能忽视，这不仅表现为对中国经济增长速度和经济增长总量贡献巨大，而且积累了丰富的可复制可推广的成功经验，这些经验不仅是中国特色社会主义现代化建设的宝贵财富，而且拓展了发展中国家走向现代化的途径，给世界上那些既希望加快发展又希望保持自身独立性的国家和民族提供了全新选择，中国的发展理念、发展道路、发展模式为"解决世界经济、国际安全、全球治理等一系列重大问题提供了新的方向、新的方案、新的选择"[2]。从这个意义上说，新时代经济特区是产生中国智慧和中国方案的沃土。因此，经济特区经验不仅具有特殊性，而且具有普遍性，还具有世界性。

---

[1] 习近平：《决胜全面建成小康社会 夺取新时代中国特色社会主义伟大胜利——在中国共产党第十九次全国代表大会上的报告》，《人民日报》2017年10月28日第1版。

[2] 中共中央宣传部编：《习近平新时代中国特色社会主义思想学习纲要》，学习出版社、人民出版社2019年版，第2页。

把握新时代中国经济特区理论的内涵应从三个层面入手，一是创立的主体，即新时代经济特区理论的创立是以习近平同志为核心的党中央带领全国人民，尤其是广大经济特区建设者和参与者集体智慧的结晶；二是创立的内容，即以习近平同志为核心的党中央针对经济特区经济、政治、文化、社会、生态、党的建设、科技、教育、民生、"一国两制"、祖国统一等各方面思想内容的总和；三是创立的意义，即习近平新时代中国经济特区理论是新时代经济特区发展的行动指南，具有重要的理论意义、实践意义和世界意义。

第二节　新时代经济特区理论的产生

新时代经济特区理论的产生有其必然逻辑。马克思曾深刻指出："一切划时代的体系的真正的内容都是由于产生这些体系的那个时期的需要而形成起来的。所有这些体系都是以本国过去的整个发展为基础的。"① 新时代经济特区理论的产生是以习近平同志为核心的党中央顺应国内外新形势和经济特区发展新要求，以其亲身的经济特区实践为基础，在继承邓小平、江泽民、胡锦涛中国经济特区思想，总结我国经济特区40年发展历史经验教训上必然产生的。它既是一个客观的自然历史过程，又是一个自觉的社会历史过程，更是历史必然性同党中央的顶层设计和特区广大干部群众主体能动性的辩证统一过程。

一　三代领导人经济特区思想：理论渊源

恩格斯指出："每一个时代的哲学作为分工的一个特定的领域，都具有由它的先驱传给它而它便由此出发的特定的思想材料作为前提。"② 新时代经济特区理论不是凭空产生的，它既不是无源之水和无本之木，也不是墨守成规、因循守旧的，而是对前人

---

① 《马克思恩格斯全集》第3卷，人民出版社1960年版，第544页。
② 《马克思恩格斯选集》第4卷，人民出版社2012年版，第612页。

经济特区思想的继承和经济特区发展经验教训的借鉴,当然这种继承和借鉴不是无原则的全盘吸纳,而是根据国内外形势,经济特区现状和发展趋势又进行了创新。

邓小平、江泽民和胡锦涛为核心的三代中央领导人经济特区思想的立场、观点和方法,是新时代经济特区理论的直接思想来源,并与他们的经济特区思想一脉相承,是中国经济特区理论、新时代中国特色社会主义思想和中国特色社会主义理论的重要有机组成部分。

人民立场是经济特区的根本立场。无产阶级立场是马克思主义的根本立场,这是马克思、恩格斯科学社会主义理论的初心和使命,是共产党人无论何时何地都必须牢记的。邓小平多次指出,举办经济特区的政策和目的是让一部分人、一部分地区先富起来,然后先富带动后富,逐步达到共同富裕。可见,为人民谋幸福就是邓小平创办经济特区的立场。2000年,江泽民视察广东后,提出了包括党始终成为代表中国最广大人民的根本利益在内的"三个代表"重要思想。胡锦涛2003年考察广东时,提出了"科学发展观",强调共产党"以人为本"的理念。党的十八大以来,习近平在对海南、深圳等经济特区视察时,也都强调人民立场。2018年,他在考察海南时强调,海南"要坚持以人民为中心的发展思想,不断满足人民日益增长的美好生活需要,让改革发展成果更多更公平惠及人民"[1],2018年,习近平再次对深圳工作作出重要批示,特别强调深圳发展要"以人民为中心"。

改革、开放、发展是经济特区的永恒主题。经济特区因改革开放而生,又因改革开放而兴。党中央设立经济特区的初衷之一是试图通过改革开放的手段,探寻一条建设发展中国社会主义现代化之路径,最终实现共同富裕。所以,改革、开放、发展永远是经济特区的关键词,如果没有改革开放,经济特区就不会发展而失去存在的价值。1992年,邓小平针对改革开放停滞不前的局面,认为谁不改革开放就下台,改革开放才进入到轰轰烈烈的

---

[1] 习近平:《在庆祝海南建省办经济特区30周年大会上的讲话》,《人民日报》2018年4月14日第2版。

新阶段，由此推动了经济特区的快速发展，经济特区的发展又带动了国内其他地区的发展。2000年，江泽民在深圳指出，经济特区要继续当好改革开放和现代化建设的排头兵，2003年，胡锦涛到深圳视察，要求经济特区继续发挥"试验田"和"示范区"的作用，在制度创新和对外开放方面走在前面，为全国提供更多的有益经验，他还根据国内外出现的新形势，特别强调深圳要加快发展、率先发展、全面发展、协调发展。

党的十八大以来，习近平仍然十分重视经济特区改革开放的"窗口""试验平台""示范区"等基本功能。在海南、深圳、广东、上海等多地视察期间，他针对社会对改革开放和经济特区的各种杂音，向世界发出我国开放的大门不会关闭，只会越开越大，改革开放只有进行时，没有完成时等强力声音。他预见到世界正在孕育新一轮科技革命，发现创新、人才在科技革命中的关键作用和第一资源作用，于是他就将创新、人才等与改革、开放、发展一起作为经济特区的重要主题。习近平也同样重视自贸区在改革开放发展中的重要作用，2015年国务院批准《进一步深化中国（上海）自由贸易试验区改革开放方案》，要求"自贸试验区要当好改革开放排头兵、创新发展先行者，继续以制度创新为核心，贯彻长江经济带发展等国家战略"，"形成可复制可推广的改革经验，更好地发挥示范引领、服务全国的积极作用"。[①]

破、试、闯、先是经济特区主要建设的方法。"破"就是打碎妨碍事物发展的旧框框，"试"就是尝试对事物发展有利的新实践，"闯"就是不怕前进的路有多么艰难险阻，"先"就是凡是认准的事先做起来。实践先行、问题先遇、经验先出是经济特区成功的一条重要经验。经济特区就是打破计划经济的框框而建立起来的新生事物。经济特区在创办之初，邓小平就指出，经济特区要"杀出一条血路"来。后来，他指出，深圳是一个试验，"我们的整个开放政策也是一个试验，从世界的角度来讲，也是

---

① 《国务院关于印发进一步深化中国（上海）自由贸易试验区改革开放方案的通知》，国发〔2015〕21号。

一个大试验"①。1992年，他要求经济特区"改革开放胆子要大一些，敢于试验，不能像小脚女人一样。看准了的，就大胆地试，大胆地闯"②。2000年，江泽民指出，经济特区20年是广大干部群众"解放思想、实事求是、敢于实践、大胆创新"的20年，在新的历史条件下，深圳要继续"增创新优势，更上一层楼"，"率先基本实现现代化"。胡锦涛在党的十七大提出，要更好发挥经济特区在改革开放和自主创新中的重要作用，2009年5月，国务院正式批复了《深圳市综合配套改革总体方案》，提出，深圳应在四个方面"先行先试"。新时代，习近平仍然重视经济特区摸着石头过河的重要作用，对上海、海南都作了"大胆试、大胆闯、自主改"的相同要求，深圳广大干部群众要"继续解放思想、真抓实干"，"在新时代走在前列、新征程勇当尖兵"。在此基础上，随着我们对经济社会发展规律的进一步认识和把握，习近平在经济特区建设方法上更加强调摸着石头过河与顶层设计相结合，强调创新在经济特区经济社会发展中的关键作用。

由此可见，新时代经济特区理论不是简单地对三代领导人经济特区思想的继承，而是在此基础上的发展、再造、创新。

二 习近平经济特区亲身实践：直接素材

从习近平对经济特区的系列重要讲话和指示批示精神看，党中央、国务院对新时代经济特区的要求无不与习近平在厦门经济特区、上海自贸区、浦东新区的亲身实践相关。他作为厦门经济特区初创时期的直接领导者和实践者，在改革开放、经济建设、环境保护、文物保护等方面进行了许多生动实践，取得了丰硕的成果，从这个意义上说，习近平在经济特区获得的亲身实践经验是新时代经济特区思想产生的直接素材。对此，他在2006年曾说，在厦门工作的3年，我感受很深、获益很大。在3年的特区历练，对我后来的工作有很大的影响，有很大的帮助。

1985年，习近平调任厦门市委常委、常务副市长，分管体制

---

① 《邓小平文选》第3卷，人民出版社1993年版，第133页。
② 同上书，第372页。

机制改革等方面工作，从而拉开了直接领导厦门经济特区改革的序幕。上任伊始，他很快实现了工作重心"从农村到城市""从城市到特区"的重大转变，他说"到特区工作，是我第一次走上市一级的领导岗位，第一次直接参与沿海发达地区的改革开放，第一次亲历城市的建设和管理"①。

强调顶层设计，坚持大局观念。他深知一个科学的中长期发展战略规划对经济社会发展的重要意义，而作为领导干部必须要有大局观念。1986年，他在主持召开的厦门工作会议上说："从事现代化经济建设，要长远考虑，统筹全局，不能只顾眼前，临时应付，那样会事倍功半，甚至会迷失方向，把握不住全局的主动权。"② 为了使《1985—2000年厦门经济社会发展战略》更具科学性，他采取了发动广大市民对该规划提出意见和组织专家教授进行调研"双管齐下"的策略。目前，该《发展战略》仍是指导厦门城市中长期建设发展的重要参考。不难看到，习近平提及厦门建设要制定科学的中长期发展战略规划，必须要树立长远观、全局观、协调观、统筹观等，在新时代中国特色社会主义建设的"五位一体"的总体布局、"四个全面"的战略布局，新时代经济特区要"服从国家大局"，重大事项要顶层设计等都可以从中找到其思想的源流。

强调改革开放，首提自由港建设。他上任后多次发表了坚持改革开放的讲话，"不搞改革开放，社会主义就不能进步"，"经济特区的任务就是改革，经济特区应改革而生，我们要承担起这个责任"，"改革，先走一步有风险，但国家需要有人去蹚路子，搞好了，为国家以后的改革提供经验，起纲举目张的作用"。③ 为了搞活经济释放企业活力，1987年习近平领导厦门在全国率先实行大部委制改革，直接把厦门工业系统的8个专业局全部砍掉，简化对企业的审批权，放权给企业，增强企业自主经营能力

---

① 《习近平推动厦门经济特区建设发展的探索与实践》，《人民日报》2018年6月23日第1版。
② 同上。
③ 同上。

与活力。紧接着，习近平又在厦门推动了一系列在全国具有开创性和前瞻性的改革举措，如推动厦门实现计划单列市，为厦门长远发展争取有利条件；在全国首次提出"小政府、大社会"原则，建立精简、高效、廉洁、团结的政府；推动金融机构企业化经营，成立华侨投资公司和地方保险机构，建立厦门外汇调剂中心……这些改革为厦门经济社会发展注入磅礴活力。

1986年，习近平发表题为《发展横向联系，加快特区建设》的讲话："厦门，寓意'大厦之门'，我们也可以把它理解为对外开放之门，衷心希望把这个对外开放之门建设得更快些更好些。"[①] 为此，他在我国首次提出在厦门建设"自由港"的构想，不久后国务院批复厦门可逐步实行自由港的某些政策。然而自由港在全国改革开放之初是个新事物，在我国完全没有学习和效仿的参照，习近平就决定立足厦门实际，借鉴新加坡自由港模式，提出实施自由港的某些政策，采取渐进式、"三步走"的发展策略，即第一步在象屿建保税区；第二步把保税区扩大到全岛，转为自由贸易区；第三步有限度地把全岛开放为自由港。这是对我国自由港发展之路的最初探索，在全国有很强的开创性。进入新时代，2013年9月上海设立中国第一个自由贸易试验区，到2019年8月全国共设立18个，初步形成了"1+3+7+1+6"的基本格局，形成了东西南北中协调、陆海统筹的开放态势，推动形成了我国新一轮全面扩大开放新格局。我国自贸区的设立是在习近平直接关心、参与下建立起来的，这其中当然多少有厦门"自由港"的影子。

强化环境治理，保护文化古迹。习近平十分重视厦门经济建设中出现的环境问题。1986年1月，他在厦门市八届人大常委会第十八次会议上指出："保护自然风景资源，影响深远，意义重大。""能不能以局部的破坏来进行另一方面的建设？我自己认为是很清楚的，厦门是不能以这种代价来换取其他方面的发展。""由于愚昧造成的破坏已经不是主要方面了，现在是另一种倾向，

---

① 《习近平推动厦门经济特区建设发展的探索与实践》，《人民日报》2018年6月23日第1版。

就是建设性的破坏，这种破坏不一定就是没有文化的人做的，但反映出来的又是一种无知，或者说是一种不负责任。""厦门是属于祖国的、属于民族的，我们应当非常重视和珍惜，好好保护，这要作为战略任务来抓好。"①

对此，习近平从全局高度、长远深度提出了切合厦门实际的具体措施：第一，组成专家组对厦门自然环境进行全面调查，在此基础上进行科学规划，合理开发，最大限度地保护岛内生态环境。第二，要求各级政府负起责任，帮助农村农民广开门路，改变农民"靠山吃山、靠水吃水"这一破坏环境和资源、不可持续生产生存的问题。第三，治理筼筜湖。1988年3月30日，习近平主持召开加强筼筜湖综合治理专题会议，提出了"依法治湖、截污处理、清淤筑岸、搞活水体、美化环境"的20字方针。市委市政府遵循习近平批示，先后进行了四期大规模整治。新时代经济特区要贯彻落实新发展理念，坚持人和自然和谐共生，也可以从中发现其思想依据。

厦门经过几百年积淀，积累了深厚的历史文化底蕴，留下了丰富的人文景观和众多的文物古迹，但是随着自然的侵蚀和人为的破坏，一些文物古迹损坏严重。1987年，习近平对此指出，"能把自然景观和人文景观十分和谐地结合在一起者为数并不多，很有必要视鼓浪屿为国家的一个瑰宝，并在这个高度上统一规划其建设和保护"。不久，习近平领导编制了厦门首部风景名胜区总体规划，为科学保护这座历史文化名城奠定了坚实的基础。2017年，鼓浪屿申遗成功，已是党和国家最高领导人的习近平作出重要指示："把老祖宗留下的文化遗产精心守护好，让历史文脉更好地传承下去。"② 可见，新时代经济特区关于弘扬传统文化，新发展理念等思想也可从中追寻其思想踪迹。

解决人民群众实际问题，彰显为人民谋幸福初心。习近平在厦门经济特区工作期间，秉承了他在陕西、河北工作时的一贯作

---

① 《习近平推动厦门经济特区建设发展的探索与实践》，《人民日报》2018年6月23日第1版。

② 同上。

风,将解决基层老百姓实际问题提到工作重要位置,体现了共产党人全心全意为人民服务的高风亮节的精神面貌。第一,领导干部必须深入调研,了解并掌握底层百姓生活实际情况。他说,"当干部就三招,认路、认邻、认特点,那个地方什么特色、什么资源搞清楚了,工作就心中有数了"。① 为了把握贫困百姓生产生活情况,习近平亲自到厦门海拔最高、最偏僻的乡村调研,了解他们的生产生活状况,提出脱贫致富方案。第二,领导干部要与人民群众打成一片,急群众之所急,忧群众之所忧。1986年,厦门夏旱连秋旱,习近平亲自率领导干部及时解决群众实际问题。雷厉风行抗旱救灾,一直被当地老百姓津津乐道传为佳话。第三,领导干部要加强自我修养,严格自律。1986年1月,习近平在厦门市八届人大常委会第十八次会议上指出,"我们经济特区不特在有什么特别的享受,而应特在特区建设者有特别高的纪律、理想、作风这些方面"。他经常用孙中山先生"要立志做大事,不要立志做大官"的话来勉励自己,刚开始到厦门工作就登门拜访老干部,虚心请教和学习他们的工作经验。新时代,习近平在考察深圳、海南、上海自贸区等地时强调,经济特区要不忘初心,牢记使命,这一初心就是以人民为中心,在这里可以追溯其思想的印迹。

上海是习近平经济特区实践的第二个地方。习近平任上海市委书记虽然只有短短7个月,但他下基层、做调研,抓党建、谋创新,为上海发展明确目标、指引方向,为全国改革开放大局做出了重要贡献。2007年8月17日,习近平在上海市委常委会上指出,"推进浦东综合配套改革……要为全国的改革开放探索新路、积累经验、提供示范"。他在调研浦东时明确指出,"要进一步深刻认识开发开放浦东这项国家战略的重大意义",指出浦东的工作要更多地从"全国一盘棋"的角度出发。② 因为浦东开发

---

① 《习近平推动厦门经济特区建设发展的探索与实践》,《人民日报》2018年6月23日第1版。

② 中共中央文献研究室:《建国以来重要文献选编》第12册,中央文献出版社1997年版,第85页。

开放的战略指向，不仅是建设一座新城，更是要为全国探索一条新路。

习近平指出，从全国看，上海国有经济的地位举足轻重，上海有责任率先探索推进国有经济又好又快发展的新路，也为全国其他地区的国资国企改革提供经验和借鉴。"上海有责任继续当好改革开放的排头兵。"① 上海市第九次党代会召开前夕，习近平对党代会报告在谋划上海未来发展时，必须着眼"四个放在"：放在中央对上海发展的战略定位上，放在经济全球化的大趋势下，放在全国发展的大格局中，放在国家对长江三角洲区域发展的总体部署中思考和谋划。可见，习近平具有强烈的大局意识、全局意识、全球意识。2019年11月，习近平在上海考察时针对城市开发建设中的问题，强调要妥善处理好保护和发展的关系，注重延续城市的历史文脉，像对待"老人"一样尊重和善待城市的老建筑，保留城市历史文化记忆，让人们记得住历史、记得住乡愁，坚定文化自信，增强国家自信。这与他在厦门工作时强调要保护历史文物的思想高度一致，亦即通过文物保护树立文化自信。

习近平在厦门、上海等经济特区的工作，领导并推进了经济特区的经济建设、体制改革、对外开放、自由港建设、环境保护、文化传承与弘扬等，其实践经验不仅为新时代经济特区理论提供了直接的思想素材，有的还直接成为新时代中国特色社会主义思想的重要内容。

三　40年经济特区成功实践：经验总结

习近平指出，"经济特区的成功实践为中国特色社会主义理论形成和发展提供了丰富素材和鲜活经验"②。这也为新时代经济特区思想的形成和发展提供了直接丰富的素材和经验。40年来，经济特区在党的领导和全国人民的大力支持下改革进取，打破传

---

① 《开明睿智才能进一步海纳百川——"习近平在上海"系列报道之二》，http://www.cnr.cn/shanghai/tt/20170927/t20170927_523967432.shtml。
② 习近平：《在庆祝海南建省办经济特区30周年大会上的讲话》，《人民日报》2018年4月14日第2版。

统经济体制弊端束缚,在经济体制改革中发挥了"试验田"作用,在对外开放中发挥了重要"窗口"作用,在创新发展中发挥了"推动器"作用,在经济社会等各方面建设中均取得了举世瞩目的成就,其成功经验为新时代经济特区理论的产生起到了极大的推动作用。2018年10月,习近平在考察深圳前海时,对其取得的成就称赞有加,他说前海"发展这么快,说明前海的模式是可行的,要研究出一批可复制可推广的经验,向全国推广。深圳、珠海等经济特区的成功经验要坚持并不断完善。实践证明,我们走改革开放这条路是一条正确道路,只要锲而不舍、一以贯之、再接再厉,必然创造出新的更大奇迹"[①]。归纳下来,经济特区成功的主要经验有:

坚持党对经济特区的领导,充分发挥举国体制的优势。改革开放40年的历史经验证明,经济特区之所以能取得如此巨大成就,虽然原因很多,但坚持中国共产党的领导和中国特色社会主义方向是取得成功的根本保证。习近平强调:坚持党的领导是改革开放取得成功的关键和根本,[②] 2018年12月,他在视察广东时说,回顾改革开放40年历程,广东之所以能够战胜各种风险和挑战,取得举世瞩目的发展成就,最根本在于坚持党的领导。历史还将证明,只要经济特区始终毫不动摇地坚持和加强党在特区事业中全面领导核心作用和党的建设,改革开放这场伟大革命必将继续推向前进,经济特区一定还会有让世界刮目相看的新的更大奇迹,经济特区一定会在新时代取得更加辉煌的成就!

从某种意义上说,经济特区的成功就是"举国体制"的承载和运作,"举国体制"是"中国特色"的"魅力"所在,经济特区的成功就是"举国体制"一个成功的范例。社会主义制度最大的优势就是举全国之人力、物力、财力,以国家利益为最高目标,统一思想,整体谋划,顶层设计,集中力量办大事。只要方

---

① 习近平:《经济特区成功经验要坚持并不断完善》,http://www.mnw.cn/news/top/2076330.html。

② 习近平:《在庆祝海南建省办经济特区30周年大会上的讲话》,《人民日报》2018年4月14日第2版。

法得当，弯道超车或变道超车也是指日可待。集中力量办大事，无论是党在革命战争年代，还是在改革开放年代已经被无数次实践检验了具有无比的优越性。党的十八大以来，以习近平同志为核心的党中央，多次强调各级领导干部对于经济社会发展要增强"四个意识"，保证党统一意志、统一行动，形成全党的向心力、凝聚力和战斗力，明确要求经济特区服从大局，以大局意识服从、符合国家大战略，按照国家大战略要求制定经济特区的发展目标，把国家大战略具体落实到经济特区的改革开放实践中，确保国家发展战略在经济特区落地做实。

举国体制就其本质来说，是中国共产党全面、核心领导地位和中央政府统一国家事务功能的自然延伸。虽然这种体制有着一些弊端，但在现行体制机制下，尤其是党和国家在建设"伟大斗争、伟大工程、伟大事业、伟大梦想"等宏图中，举国体制的优越性是不言而喻的，在我国有长期存在的合理性和必然性，是不可或缺的。在当前复杂的国内外政治经济形势下，在社会主义现代化建设攻坚克难期，举国体制还将发挥独特作用。

坚持改革开放不动摇，充分激发社会主体的活力。经济特区的成功实践，一条重要经验是始终坚持改革开放不动摇。改革开放充分证明了党的十一届三中全会以来形成的党的基本理论、路线、方略是完全正确的。经济特区成功的密钥不仅是坚持党的改革开放基本路线不动摇，还在于党和国家主要领导人对经济特区的亲切关怀。每当在改革开放的关键时期和重大历史进程中，党和国家的主要领导人总是亲自视察改革开放前沿阵地经济特区，为经济特区把脉、定向、打气。经济特区从一开始设立就经历在各种大风大浪中，认为以深圳为代表的经济特区是资本主义的经济特区，不具有社会主义性质。对此，邓小平1984年和1992年两度亲临深圳，指出："对办经济特区，从一开始就有不同意见，担心是不是搞资本主义。深圳的建设成就，明确回答了那些有这样那样担心的人，特区姓'社'不姓'资'。"[①] 面对国内外对经

[①] 《邓小平文选》第3卷，人民出版社1993年版，第372页。

济特区的种种议论，邓小平 1984 年到经济特区考察时，于 1 月 26 日为深圳特区题词：深圳的发展和经验证明，我们建立经济特区的政策是正确的，1 月 29 日为珠海特区题词：珠海经济特区好，2 月 9 日为厦门特区题词：把经济特区办得更快些更好些。

1992 年，党的十四大确立建立社会主义市场经济体制，我国对沿海、沿江等加大了开放力度，同时我国也加快了加入 WTO 的谈判进程。于是，特区实行的特殊政策，最后经济特区有没有必要继续存在下去成为人们关注的焦点。一位经济学家的一篇题为《特区不能再"特"了》的文章认为，中央政府是市场竞争规则的制定者和监督者，不能带头破例对某些地区实行优惠政策或提供垄断，任何地方都不得享有法律和制度之外的经济特权，这篇文章在我国广大不是特区的地方引发了广泛的"共鸣"，他们或要求实行特殊优惠政策或要求取消经济特区优惠政策的呼声一浪高过一浪。在这一重要时刻，1994 年和 1995 年，江泽民两次来到深圳，代表党中央、国务院提出对经济特区的"三个不变"，即中央对发展经济特区的决心不变，对经济特区的基本政策不变，经济特区在全国改革开放和社会主义现代化建设中的历史地位和作用不变，要求深圳更好发挥"试验田"和"窗口"的作用，对内地起示范、带动、辐射的作用，对保持香港繁荣稳定的作用，并亲自题词"增创新优势，更上一层楼"，对经济特区的争论得以暂时平息。

21 世纪以来，中国的改革开放进一步发展，各种不是经济特区却享有一定优惠政策的"区"遍地开花。2002 年，一篇《深圳，你被谁抛弃》的网文蹿红，认为深圳由于特殊的经济地理环境，在新一轮政策和人才竞争中，已经落后于上海、北京、广州等地，最后必然黯然失色。在这紧要关头，时任总书记的胡锦涛于 2003 年 4 月到深圳考察，要求深圳在新时期"加快发展、率先发展、协调发展，继续走在全国前列"。

2018 年 9 月 12 日，一篇名为《私营经济已完成协助公有经济发展应逐渐离场》的署名文章广为传播，但只要仔细分析，这篇文章的实质就是认为"民营经济"是有"原罪"的，这些姓

"资"的经济形式其历史使命已经"终结",是时候应离开姓"社"的经济舞台了。这立即引起了国内外的震动,中国一些民营企业家们和国外一些舆论认为这是不是代表官方的意思,进而认为中国改革开放要戛然而止了,经济特区是不是要取消私营经济了等。但是作者没有看到改革开放40年来,中国民营企业从小到大、由弱变强,缴纳了我国50%以上的税收,创造了60%以上的GDP,贡献了70%以上的技术创新和新产品开发,提供了80%以上的就业岗位,起着公有企业不可或缺的作用,是我国整体经济持续健康发展的重要力量。

经济特区又是民营经济的大本营,为了消除国内外对改革开放和经济特区存废的疑虑,2018年10月24日,习近平又一次南下深圳:"再一次来到深圳,再次来到广东,我们就是要在这里向世界宣示:中国改革开放永不停步!"这一场景与1992年邓小平在深圳向世界发表南方谈话的背景有惊人相似之处,即中国改革开放和经济特区又处在一个关键时期。考察期间,他还特意到访几家民营企业,肯定"民营企业对我国经济发展贡献很大,前途不可限量",强调"党中央一直重视和支持非公有制经济发展,这一点没有改变,也不会改变"。[①] 为了坚定经济特区信心,消除国内外关心中国发展的人士的误解,2018年12月26日,习近平第二次对深圳工作作出重要批示,要求深圳"坚持全面深化改革,坚持全面扩大开放","改革开放再出发",在"新时代走在前列、新征程勇当尖兵",建设"中国特色社会主义先行示范区"。

经济特区诞生至今,一直在争论、质疑、批判的旋涡中成长:从经济特区姓"资"姓"社"的争论到邓小平同志南方谈话的一锤定音;从经济特区"要不要继续特下去"到江泽民代表党中央、国务院明确提出中央对经济特区"三不变"方针;从"深圳被抛弃"到胡锦涛的深圳要"加快发展、率先发展、协调发展,继续走在全国前列";从经济特区"要不要办下去"再到

[①] 《习近平十年三下深圳 传递的信号有何异同?》,http://www.chinanews.com/gn/2018/10-27/8661240.shtml。

习近平明确宣示"经济特区不仅要办下去,而且要办得更好"。可见,如果各个时期没有当时党的最高领导人对经济特区关怀和定性,经济特区恐怕已经不复存在,至少发展没有今天这样的高水平。

改革开放是从解放生产力开始的,而对生产力的解放实质就是对人和人性的解放,就是人的创造力的释放。改革开放既充分调动了个人的积极性、主动性和创造性,又充分调动了地方政府的积极性、主动性和创造性。两者积极性叠加反过来又进一步推动改革开放向更宽、更深两个维度挺进。在改革开放初期,人的主观能动性被调动起来,一个主要的动因就是经济收入的多寡与其贡献的大小直接挂钩。

坚持社会主义市场经济体制,正确厘清政府与市场关系。经济特区成功的一条重要经验就是对社会主义市场经济体制的正确试验,在这一过程中初步厘清了政府与市场的关系,为我国建立社会主义市场经济体制积累了可复制可推广的经验。经济特区之"特",除了政策之特,还包括体制等在内的"特"。党中央设立经济特区的一个重要目的就是通过经济特区实行的特殊体制,为当时我国社会主义计划经济体制改革提供"药方"。当邓小平作出计划和市场只是手段而不是目的,不是判断社会主义和资本主义的标准等论断后,我国开始了如何以市场经济来建设社会主义的探索。于是,经济特区成了这一探索的载体。

实践证明,经济特区对社会主义市场经济的探索是成功的,其取得的巨大成就已足以证明。经济特区在这一探索过程中意识到,虽然市场经济在市场主体地位的平等性、市场主体治理的法治性、市场主体成长的竞争性,以及优化资源配置等方面有着自身的优势,但其盲目性和自发性等问题也是不能忽视的。因此,经济特区探索的市场经济体制不是建立在自由主义基础上的市场经济体制,而是社会主义的市场经济体制,即国家在必要时候还要通过市场的供求、价格、竞争等宏观调控手段等对影响国计民生的社会资源配置起指导作用。因此,在政府与市场的关系上,政府当然不是运动员,而是裁判员和服务员,但从完善社会主义市场经济体制的维度看,政府不仅要继续当好裁判员和服务员的角色,还要当好指导者、组织者、推动者的角色。

坚持发展是第一要务,创新是第一动力,营造宽松包容的创业环境。经济特区成功的一条重要经验,就是始终坚持发展是第一要务,创新是第一动力,人才是第一资源的理念,并将此作为中国特色社会主义现代化建设的重要战略支撑。习近平指出:"经济特区要勇于扛起历史责任,适应国内外形势新变化,按照国家发展新要求,顺应人民新期待,发扬敢闯敢试、敢为人先、埋头苦干的特区精神,始终站在改革开放最前沿,在各方面体制机制改革方面先行先试、大胆探索,为全国提供更多可复制可推广的经验。"[①] 经济特区40年实践最鲜明的特点就是敢闯敢试,敢为天下先,靠创新引领发展。经济特区40年无论遇到任何挫折,都始终坚持发展,牢记创新。改革开放以来,我国涌现的许多新技术、新模式、新产业、新产品都是在以深圳为代表的经济特区首创,然后逐步在更大范围推广并引领市场的。经济特区高度重视实施创新驱动发展战略,其科研投入远高于全国平均水平。

要发展,要创新,就要我们解放思想,转变观念,形成一种新的价值观。虽然观念不能直接改变社会,但能直接改变人,再通过改变观念的众人去改变社会。观念更新、解放思想是中国改革开放的真正起点,今天,解放思想对经济特区、对中国仍然是一个没有完成的课题,还远在路上。要发展,要创新,关键是人才,经济特区始终牢记习近平关于人才的讲话精神,把人才视为发展创新的"第一资源",深圳等经济特区一直是吸引国内外各方人才的策源地,曾经出现过"孔雀东南飞"的壮观场面,今天经济特区仍是我国最吸引人才的重要区域。可以说,深圳经济社会的成功在很大程度上是以各类人才充分发挥其创新性为基础的。要发展,要创新,还要能宽容失败,容忍失误,为各类人才提供一个宽松愉悦的工作生活环境。

---

① 习近平:《在庆祝海南建省办经济特区30周年大会上的讲话》,《人民日报》2018年4月14日第2版。

四　新时代经济特区呼唤新理论：实践要求

经济特区在我国有狭义和广义之分，狭义的经济特区是指经全国人大批准设立的深圳、珠海、汕头、厦门、海南、喀什和霍尔果斯，广义的经济特区，是指随着我国经济社会的飞速发展，党中央和国务院审时度势，根据国家战略发展和各地实际，由国务院和省、自治区、直辖市人民政府批准在城市规划区内设立的保税区、经济技术开发区、高新技术产业开发区、台商投资区、边境合作经济区、国家旅游度假区、新区、综合改革实验区等实行特定优惠政策的各类区。可以肯定的是，未来随着"互联网+"的广泛推广，"一带一路"的深入推进，粤港澳大湾区的全面落地，长三角区域的融合发展等，长江流域、黄河流域的全面开发，实行特殊政策的各种经济园区、智慧园区、中外合作产业园、产城融合示范区、"区中园"等新业态和新模式还将不断涌现。

中国特色社会主义进入了新时代，这是我国经济特区发展新的历史方位。党中央、国务院《关于支持深圳建设中国特色社会主义先行示范区的意见》明确指出了深圳经济特区进入新时代的三大表征："当前，中国特色社会主义进入新时代，支持深圳高举新时代改革开放旗帜、建设中国特色社会主义先行示范区，有利于在更高起点、更高层次、更高目标上推进改革开放，形成全面深化改革、全面扩大开放新格局；有利于更好实施粤港澳大湾区战略，丰富'一国两制'事业发展新实践；有利于率先探索全面建设社会主义现代化强国新路径，为实现中华民族伟大复兴的中国梦提供有力支撑。"[1] 其实，这些"新格局""新实践""新路径"就是对以深圳为代表的经济特区的新要求，表明深圳等经济特区进入了新时代。

在这一新生态下，"新"经济特区与"老"经济特区相比，具有几个明显的"新特点"：

---

[1]《关于支持深圳建设中国特色社会主义先行示范区的意见》，《人民日报》2019 年 8 月 19 日第 1 版。

从模仿到创新。经济特区在"试验田"阶段可以引进、模仿、复制、改换西方发达国家的成功发展经验,"新时代"阶段则可能变得可资借鉴的、可资利用的、合适发展的经验几近于无,全世界范围内没有先行者,同时国际贸易保护主义横行,知识产权保护趋严,改革进入到了一个全新的生态。这些都无不倒逼新时代的中国走一条创新之路:创新制度,创新科技,创新方法等。正如《关于支持深圳建设中国特色社会主义先行示范区的意见》所说,新时代经济特区比"老"经济特区要向"更高起点、更高层次、更高目标"迈进,而"三高"的归依就是制度、科技、方法等创新。

从单一到全面。如果说"试验田"阶段为经济特区打开了一扇窗,那么"新时代"阶段则为经济特区打开了一道门,而且"开放的大门越开越大,永远不会关上"。这样,就不能满足于单一领域的发展经验探索,而是要坚持新的发展理念,从"五个统筹""四个全面""四个自信"的更深、更广的意义域,更加注重体制机制创新,在经济、政治、文化、社会、生态等领域全方位探索和总结。如果说"老"经济特区当的是单项冠军的话,那么"新"经济特区则当的是多项冠军,甚至是全能冠军。新时代经济特区要"形成全面深化改革、全面扩大开放新格局"。

从"无序"到有序。在这里,无序是指"试验田"阶段,经济特区怎么搞,我们完全没有经验,对此邓小平指出只能"摸着石头过河","杀出一条血路",虽然这也使经济特区取得了巨大的成就,然而也存在一些"无序"等问题。在新时代,经济特区面临着既要全面发展经济,更要全面发展社会,为实现中国特区社会主义总任务先行先试,面临比"老"经济特区更多、更复杂的问题,从而必须克服"无序"。虽然经济特区的建设者除了继续要把改革开放初的勇气,变成敢于担责中国特色社会主义发展新历史重任的魄力,以世界为舞台,更加大胆地闯,更加大胆地试,敢于从全国领先到敢于天下领先,但是,"新时代"经济特区建设必须进入到"有序"的"新时代"阶段,即将摸着石头过河与顶层设计有机结合起来,在重大问题上党应总揽全局、协调各方、顶层设计和依法治理，从而使"新时代"的经济特区建设和发展少犯错误和不犯错误。

从引进来到"你来我往"。"试验田"阶段经济特区主要是靠引进国外的资金、先进技术、设备、管理经验、人才等来发展自身，经过40年的改革开放，"新时代"有的经济特区已经成长壮大，并且积累了成功的经验，除了继续引进来外，尤其要走出去，使二者有机统一起来，形成"你来我往"的良好互动局面，在这一背景下讲经济特区故事，发经济特区声音，进而讲中国故事，发中国声音，为与中国经济特区相似环境的其他国家、地区、民族提供中国经验、中国智慧。

从解决温饱到不忘初心牢记使命。党中央最初设立经济特区的一个重要目的就是让"试验田"解决当地居民温饱、维护边境安定的问题。经过40年的努力，特区这一问题基本解决，特区群众开始追求美好生活，东部经济特区已经成为我国乃至世界发达地区。习近平在视察深圳、海南等经济特区时，多次强调经济特区要不忘初心牢记使命，要始终牢记党中央创办经济特区的战略意图，为我国实现社会主义现代化探索新路径、总结新经验，最终实现人民共同富裕和中华民族伟大复兴的中国梦。

从区域层面到国家层面再到国际层面。虽然经济特区设立之初，党中央赋予了其特殊使命，但经济特区的直接任务却是解决当地广大民众因温饱问题进而稳定边境安定大局，通过自身的经济社会建设成就带动区域经济发展，并对港澳台进行示范，有效实施"一国两制"战略。40年后，除台湾还没有回归祖国外，其他问题基本得到解决，新时代经济特区的目标已不仅仅局限于自己的一亩三分地，而是要"服从国家大局"，"牢记国家创办经济特区的战略意图"，要"不忘初心，牢记使命"，即经济特区更要从国家，甚至国际层面思考问题了。对此，党中央对新时代的上海、深圳、海南、雄安等经济特区都提出了新的目标和任务，要求经济特区要"在各方面体制机制改革方面先行先试、大胆探索，为全国提供更多可复制可推广的经验"。新时代的经济特区不仅要承担国家层面的责任，还要对标国际惯例、国际经验、国际做法等。因此，经济特区经验已经从特殊区域概念上升到了具有普遍意义的国家概念和国际概念。

经济特区已经进入新时代，一个新时代的到来，往往是以新思想新理论的诞生为标志的，新时代孕育出新理论，对新时代起着重大的引领作用，新时代呼唤新思想新理论，新时代经济特区需要新的思想理论指引。"这是一个需要理论而且一定能够产生理论的时代，是一个需要思想而且一定能够产生思想的时代。"[①]时代是思想之母，实践是理论之源。新时代孕育新理论，新理论指导新实践。

第三节　新时代经济特区理论的特征

任何具有划时代意义的理论理论诞生，都有其鲜明的理论品格。新时代经济特区理论的产生就具有划时代意义，因此，新时代经济特区理论有着独特的思想特质和时代性，是继承性与创新性的统一、理论性与实践性的统一、普遍性与特殊性的统一、合规律性与合目的性的统一、主导性与自主性的统一。

一　继承性与创新性的统一

新时代中国经济特区理论是以习近平为主要代表的中国共产党人对邓小平、江泽民、胡锦涛的经济特区思想的继承，与他们的经济特区思想一脉相承；在此基础上，以习近平同志为核心的党中央始终坚持马克思主义方向，引领经济特区理论发展和创新，是继承性和创新性的统一。

三代中央领导人经济特区思想是新时代经济特区理论的直接思想理论来源，是对他们关于经济特区根本立场、观点和方法的继承，即对人民的立场，对坚持党对经济特区的领导、经济特区的社会主义方向、经济特区的改革开放发展、实现共同富裕等主

---

① 中共中央宣传部编：《习近平新时代中国特色社会主义思想学习纲要》，学习出版社、人民出版社2019年版，第2页。

要观点，对破、试、先、闯等实事求是的主要方法的继承。但是，新时代经济特区理论不是对这些立场、观点和方法的简单继承，而是在此基础上进行了创新。新时代经济特区理论的创新性是指以习近平同志为核心的党中央为经济特区的建设发展提供了新思路、指明了新方向。

对经济特区引进和基地功能的继承与创新。我国是一个幅员辽阔的社会主义国家，非均衡发展特征明显，且大部分地区长期处于对外封闭半封闭状态，这就决定了我国对外开放不可能是同步的，只能采取梯度推进的办法，对有条件的地区实行政策倾斜，先让一部分地区和一部分人富裕起来，在此基础上再形成全方位、多层次、宽领域的对外开放格局，从而实现共同富裕和社会主义现代化等目标。

随着中国特色社会主义发展进入新时代，经济特区在前期良好的经济、政治基础上，开启了更富有特色的经济发展新模式，迅速调整自身的经济结构、转变自身的经济发展方式、开拓现代化建设新模式，在各个方面都走在全国前列。经济特区在做出巨大经济贡献的同时，逐渐向社会发展领域过渡，在探索城市建设、户籍制度、绿色发展等方面发挥了重要作用。40年的引进和转化，特区构建了开放的经济体系，夯实了坚实的根基，经济特区窗口和基地作用从引进来，到走出去。新时代，习近平特别强调经济特区要坚持引进来与走出去相结合。

对经济特区示范和榜样功能的继承与创新。经济特区作为试验田和窗口最终都要体现到对内地的示范、辐射、带动作用上，体现在经济增速和经济增量中。随着中国特色社会主义进入新时代，我国经济特区示范功能和榜样更加凸显。经济特区不仅要继续通过自身经济发展向全国示范外，还要通过自身政治、文化、社会、生态文明和党的建设等各方面为全国作出示范和榜样，而且更重要的是"先行示范"，不仅是对国内"先行示范"，而且还要提供"中国经验"，贡献"中国智慧"和"中国方案"，向国际示范，成为国际的榜样。在这个意义上，我们不得不说，特区并不仅仅是沿海各省的特区，而是中国的特区，是世界的特区。

对经济特区经济发展创新动能的继承与发展。创新是经济特区的生命力。进入新时代以后，我国沿海地区经济一体化特征日益明显，经济特区成为中国经济的强力引擎，成为中国经济增长极，创新在经济社会中的作用超过了历史上任何一个时期。对此，以习近平同志为核心的党中央给予了高度关注。明确指示深圳经济特区要加快实施创新驱动发展战略，发展人工智能、生命信息与生物医药实验室等高新技术和人才引进、制度建设，在更高起点、更高层次、更高目标上发展。创新不仅是科学技术的创新，新时代条件下还包括制度的创新，方法的创新。新时代必须以创新为根基，以开放的态度学习国外先进技术和先进的管理制度等，结合自身的实际进行创新，才能提高经济特区的发展效率与质量，才能让社会运行更加顺畅，使经济特区在现代化的进程中少走弯路，实现"弯道超车"，更要"变道超车""换道超车"。

对经济特区满足人民日益增长的物质文化需求的继承与拓展。创办经济特区的一个重要目的就是改变当地贫困群众生活。邓小平提出："我们的政策是让一部分人、一部分地区先富裕起来，以带动和帮助落后的地区，先进地区帮助落后地区是一个义务。沿海地区要加快对外开放，使这个拥有两亿多人口的广大地带较快发展起来，从而带动内地更好地发展，这是一个事关大局的问题。"[①] 经济特区的这一目标已经基本达到，正带领落后地区和群众实现共同富裕。新时代，习近平则强调党工作的出发点和落脚点都要以"人民为中心"。

改革开放40年，经济特区生产力水平迅速提高，特区人民生活显著改善，经济特区已成为我国发达富裕地区的代名词。进入新时代，特区群众开始更多追求更高层次的社会需要和心理需要，从解决温饱问题转向追求更好的教育、更可靠的社会保障、更高水平的医疗卫生服务、更舒适的居住条件、更优美的环境、更丰富的精神文化生活等。习近平在党的十九大报告中强调，全党同志一定要永远与人民同呼吸、共命运、心连心，永远把人民

---

① 《邓小平文选》第3卷，人民出版社1993年版，第155页。

对美好生活的向往作为奋斗目标。新时代，人民对美好生活的向往总体上已经从以物质生活为主扩散到对政治、经济、文化等各方面的美好生活向往，这就要求我们在实现人民对美好生活向往过程中，与实现"两个一百年"奋斗目标和实现中华民族伟大复兴的中国梦结合起来，与全面建成小康社会、全面建设社会主义现代化国家结合起来。

总之，新时代经济特区理论在指导经济特区伟大社会革命实践进程中，持续推进、不断丰富和更加完善，既与邓小平、江泽民和胡锦涛经济特区思想的立场、观点、方法一脉相承，又开拓了新时代中国特色社会主义经济特区建设的新领域、新境界、新高度，体现了继承性与创新性的高度统一。

二 理论性与实践性的统一

理论与实践的统一，是马克思主义的一个最基本的原则。新时代经济特区理论坚持用中国特色社会主义的世界观和方法论来认识经济特区和建设发展经济特区，归根结底是马克思主义理论和中国经济特区实践相结合的实践。这一思想植根于坚持和发展新时代经济特区新的伟大实践，既立足于中国特色社会主义这一改革开放以来中国共产党的全部理论和实践的主题，又着眼于经济特区在 21 世纪中国的新发展，既是一个科学系统的理论体系，又是一个具有经济特区现实指导意义的行动纲领，是理论指导与实践探索的统一，是科学性与革命性的统一。

新时代经济特区理论是习近平新时代中国特色社会主义思想中一个颇具特色的组成部分，是中国特色社会主义理论的重要内容，是马克思主义基本原理、新时代中国特色社会主义思想、新时代国内外形势同新时代经济特区具体实际相结合的产物。习近平不仅是中国经济特区理论的继承者，而且还是新时代经济特区理论的开创者，他围绕新时代经济特区党的领导、市场经济与社会主义方向、历史使命、面临的国内外形势等重大理论原则问题发表了许多精辟论述，进一步丰富了新时代中国特色社会主义思想，具有鲜明的时代性。

但理论必须与实践相结合，才能发挥出理论的力量。习近平指出："把科学思想理论转化为认识世界、改造世界的强大物质力量，以更好坚持和发展中国特色社会主义。"① 理论性与实践性的统一，就在于强调新时代经济特区思想不是远离社会生活和脱离社会实践的书斋理论，而是深深地植根于经济特区实践、服务于经济特区实践并在经济特区实践中不断发展的理论。

党的十八大以来，随着国内外形势变化、我国各项事业的发展和经济特区自身出现的新情况，都给我们党和经济特区提出了一个重大课题，就是必须从理论和实践结合的高度系统回答"新时代坚持和发展什么样的经济特区、怎样坚持和发展经济特区"这一经济特区新时代之问。对此，以习近平同志为核心的党中央科学分析了新时代经济特区面临的新形势，坚持目标导向与问题导向相结合，在新时代经济特区改革开放发展等领域进行了一系列探索，确立了经济特区的新目标、新任务、新使命、新路径，明确了新时代经济特区是国家现代化建设总体布局和战略布局的组成部分，不仅继续扮演着我国改革开放"试验田""窗口""排头兵"等角色，而且担负着向全国甚至世界贡献可复制可推广的中国方案和中国智慧的新使命。

在新时代经济特区思想指导下，经济特区开展了新一轮一系列波澜壮阔的伟大实践活动。在实践中，找到解决问题的方法与路径，从理论和实践结合上回答了"新时代坚持和发展什么样的经济特区、怎样坚持和发展经济特区"这个重大课题。在此基础上达到理论与实践的统一，以新的视野和新的高度深化对经济特区发展规律、中国共产党执政规律、中国特色社会主义建设规律、人类社会发展规律的认识。时代、实践和理论的逻辑是：新时代提出新课题，新课题催生新理论，新理论指引新实践，新实践丰富新理论。实践没有止境，理论创新也没有止境。

三 普遍性与特殊性的统一

党的十九大报告指出，习近平新时代中国特色社会主义思想

---

① 《习近平谈治国理政》第 2 卷，外文出版社 2017 年版，第 68 页。

丰富和发展了马克思主义，开辟了中国特色社会主义新时代，是当代中国马克思主义、21世纪马克思主义，是新时代中国特色社会主义现代化建设的指导思想。马克思主义、中国特色社会主义理论、新时代中国特色社会主义思想、新时代经济特区理论的逻辑是：新时代经济特区理论是新时代中国特色社会主义思想的重要组成部分，新时代中国特色社会主义思想是中国特色社会主义理论的重要组成部分，中国特色社会主义丰富和发展了马克思主义。可见，新时代经济特区理论在这一指导思想谱系中处于层层被包含的位置。

无论是中国特色社会主义理论，还是习近平新时代中国特色社会主义思想，它首先是全党、全国各族人民和中国特色社会主义现代化建设的指导思想，具有普遍的指导意义。新时代中国经济特区理论包含于新时代中国特色社会主义思想之中，是新时代中国特色社会主义思想的重要内容。经济特区是中国的共产党领导下的经济特区，它当然首先要接受新时代中国特色社会主义思想的指导，然而，经济特区在我国总体布局和发展战略中又具有特殊的使命和作用，因此又必须接受与新时代中国特色社会主义思想紧密相连的，具有符合新时代经济特区特点和实际的新时代经济特区思想的指导。新时代经济特区理论对新时代经济特区具有特殊的指导意义，从而显现出普遍性与特殊性的统一。

于是，我们不难发现，新时代中国面临的国内外政治经济形势、社会发展主要矛盾、发展动力、发展目标、实现路径等新变化，也是经济特区面临的新变化，中国特色社会主义面临的机遇和挑战，也是经济特区面对的机遇和挑战。如党的十九大报告对当前我国存在的主要问题进行了归纳："发展不平衡不充分的一些突出问题尚未解决，发展质量和效益还不高，创新能力不够强，实体经济水平有待提高，生态环境保护任重道远；民生领域还有不少短板，脱贫攻坚任务艰巨，城乡区域发展和收入分配差距依然较大，群众在就业、教育、医疗、居住、养老等方面面临不少难题；社会文明水平尚需提高；社会矛盾和问题交织叠加，全面依法治国任务依然繁重，国家治理体系和治理能力有待加强；意识形态领域斗争依然复杂，国家安全面临新情况；一些改革部署和重大政策措施需要进一步落实；党的建设方面还存在不少薄弱环节。"①其中许多问题也是当前经济特区普遍存在的问题。

于是，我们也不难发现，党的十九大报告提出的诸如"不忘初心，牢记使命""坚持党的领导""加强党的建设""全面建成小康社会""实现中华民族伟大复兴的中国梦""统筹推进'五位一体'总体布局、协调推进'四个全面'战略布局""在继续推动发展的基础上，着力解决好发展不平衡不充分问题，大力提升发展质量和效益，更好满足人民在经济、政治、文化、社会、生态等方面日益增长的需要，更好推动人的全面发展、社会全面进步""为解决人类问题贡献了中国智慧和中国方案""坚持以人民为中心""坚持全面深化改革""坚持新发展理念，建设现代化经济体系""坚持人与自然和谐共生""坚持'一国两制'""深化供给侧结构性改革""实施创新驱动发展战略""实施区域协调发展战略""推动形成全面开放新格局""深化机构和行政体制改革""推动文化事业和文化产业发展""优先发展教育事业""创新社会治理"等理念和举措②。这些论述习近平等党和国家主要领导人在深圳、珠海、厦门、海南、上海、雄安等经济特区考察时也都有提及，或者作了相同的意思表达，说明党和国家的大政方略具有普遍性，是包括经济特区在内的全国各地都必须贯彻执行的，即必须以新时代中国特色社会主义思想作为指导思想。

然而，经济特区毕竟不同于非经济特区，由于实行特殊的政策和特殊的体制以及党中央赋予了特殊的使命和任务，决定着经济特区有着自身发展的规律和逻辑。在我国不同类别的经济特区的定位、功能、作用、目标、使命和任务是不同的，即使是同类经济特区，其定位、功能、作用、目标、使命和任务也有差异。如早期成立的深圳、珠海、汕头、厦门四个经济特区就带有明显

---

① 习近平：《决胜全面建成小康社会 夺取新时代中国特色社会主义伟大胜利——在中国共产党第十九次全国代表大会上的报告》，《人民日报》2017年10月28日第1版。

② 同上。

的政治功能和完成祖国统一进行示范的使命；综合改革试验区与经济特区虽然在性质上比较接近，但"试验"内容更明确，有的针对城乡协调发展问题，有的针对资源环境问题等；国家级新区主要是由中央政府批准设立并拥有相应的配套政策的行政区划调整的一种措施，其布局更多地考虑怎么样通过新区的建设带动、辐射区域发展；经济技术开发区享有一定优惠政策，既着眼于产业发展的规律又着眼于区域发展规律；高新区是享有一定优惠政策，更多着眼于产业发展规律的园区；自贸区享有一定优惠政策，其生产、贸易和投资活动适用的关税、审批和管理政策灵活，等等。

可见，各"区"都享有不同程度的优惠政策，这是与非"区"的最大区别，经济特区具有明显的特殊性。新时代以来，党中央、国务院进一步明确了经济特区的新目标、新任务、新使命，要求经济特区提供和贡献可复制可推广的中国智慧和中国方案，当经济特区的"智慧"和"方案"由点到线，由线到面被全国甚至世界复制推广时，经济特区的特殊性则变为了普遍性。由此，经济特区指导思想的运行轨迹将出现"普遍性—特殊性—普遍性"的特点。这就决定了经济特区不仅首先要接受新时代中国特色社会主义思想的指导，而且还要接受新时代经济特区思想的指导，使经济特区建设更具针对性，从而体现了普遍性与特殊性的有机统一，也体现出普遍性和特殊性在一定条件下是可以转化的思想。

四　合规律性与合目的性的统一

合规律性与合目的性统一是马克思主义唯物史观的根本方法。合规律性和合目的性是人类活动和人类社会应该遵循的两大基本原则，是评价人类历史进步与否的两大尺度。"合规律性"回答人类活动和人类社会规律"是什么"的问题，属于事实判断。"合目的性"回答人类活动和人类社会规律"为什么"的问题，属于价值判断。人生活在"自然界—人—人类社会"这三位一体的共同体中，自然界和人类社会各自有其自身发展的规律和特点，人离不开自然界和人类社会。

自然规律不同于人类社会规律，自然规律是不以人的意志为转移自发形成和运动的，人们只有尊重、敬畏自然规律，而不能违背自然规律，否则就会受到自然界的严惩。恩格斯指出，"不要过分陶醉于我们人类对自然界的胜利。对于每一次这样的胜利，自然界都对我们进行报复"[①]。人类社会虽然来自于自然界，但社会规律嵌入了有意识、有目的等价值追求的社会主体——人。马克思主义历史观认为，人类社会发展是一个从低级到高级、从野蛮到文明、从阶级到无阶级、从人的压迫到人的全面解放规律进程。人类社会发展的终极目的就是人的全面解放。人类社会的运动既是受客观规律支配的自然历史过程，又是历史活动的社会主体进行一定价值目的追求的能动性活动。一方面，社会规律不能自发实现，它是通过社会主体的价值追求来实现的；另一方面，社会主体的价值追求又受社会发展规律的制约，如果违背发展规律，目的就不可能达到。

新时代经济特区理论的合规律性，是新时代经济特区理论符合经济特区发展的客观规律，达到对经济特区的真理性认识。经济特区是中国特色社会主义的重要组成部分，对于中国而言，中国特色社会主义已经从富起来发展到强起来阶段，从人类发展史观察，中国特色社会主义高于资本主义发展阶段，符合人类社会发展规律。新时代，经济特区面临一个全新的、更为复杂的国内外环境，如何从理论和实践上回答什么是新时代的经济特区，如何建设新时代的经济特区被提了出来。以习近平同志为核心的党中央审时度势、总揽全局，亲自推进经济特区新征程，提出了经济特区不仅要继续发挥原有的功能和作用外，还要在全面决胜小康社会建设阶段向全国甚至世界贡献可复制可推广的中国方案和中国经验等新的历史使命和任务。我国经济特区设立的一个重要目的就是为中国社会主义现代化建设探路，实践证明，这一目的已经达到，因此经济特区的设立既符合我国社会主义现代化建设规律，又符合人类社会发展之大势。

---

① 《马克思恩格斯选集》第4卷，人民出版社1995年版，第383页。

新时代经济特区合目的性，是指新时代经济特区理论的实践及其结果符合主体自身的利益需要等价值追求。经济特区的发展不仅要符合经济特区自身的发展规律，中国特色社会主义现代化建设的发展规律，人类社会的发展规律，更要明白经济特区的发展是为了什么，后者才是经济特区发展和存在的归依。党的十八大以来，习近平无论是在全国的大会、小会，还是对经济特区作出的系列重要讲话和指示批示等精神，都无不强调"以人民为中心"，人民群众是人类历史的创造者和推动者，是决定党和国家前途命运的根本力量，人民立场是中国共产党的根本政治立场。"全党必须牢记，为什么人的问题，是检验一个政党、一个政权性质的试金石。带领人民创造美好生活，是我们党始终不渝的奋斗目标。必须始终把人民利益摆在至高无上的地位，让改革发展成果更多更公平惠及全体人民，朝着实现全体人民共同富裕不断迈进。"[1] 在实践中，以习近平同志为核心的党中央以身作则，践行全心全意为人民服务的根本宗旨，要求经济特区把最广大人民群众的根本利益作为各项工作的出发点和落脚点，把党的群众路线贯彻到经济特区的全部工作活动中，把经济特区人民对美好生活的向往作为党的奋斗目标，团结、依靠人民创造经济特区历史伟业，经济特区各项事业取得了举世瞩目的成就，特区人民群众的生活水平不断提高。初步实现了经济特区创办时先富带后富，发达地区帮扶欠发达地方的目的。

新时代经济特区理论是合规律性和合目的性的有机统一。实际上，符合最广大人民群众根本利益的目的在本质上是与社会发展规律相一致的，坚持以人民为中心既是目的，又体现了社会发展的合规律性。马克思主义认为，生产力和生产关系的矛盾、经济基础和上层建筑之间的矛盾是人类社会发展的根本动力。在此过程中，人民群众是进行社会变革的主力军，是新历史的创造者，是物质文明和精神文明的提供者，其历史活动与社会发展的基本趋势和基本规律相一致。所以马克思在《哲学的贫困》中说，"在一切生产工具

---

[1] 习近平：《决胜全面建成小康社会　夺取新时代中国特色社会主义伟大胜利——在中国共产党第十九次全国代表大会上的报告》，《人民日报》2017年10月28日第1版。

中，最强大的一种生产力是革命阶级本身"①。这就要求我们在经济特区经济社会发展过程中既要合乎客观规律，又要满足人的多方面需要，努力实现合规律性与合目的性的统一。在新时代经济特区全面深化改革开放进程中，必然会面对各种艰难险阻，但必须始终坚持以人民为中心的发展思想，把经济特区广大人民群众作为全面深化改革和全面扩大开放的依靠者、推动者，不断激发他们参与改革的积极性、主动性和能动性。正如习近平指出的，"把以人民为中心的发展思想体现在经济社会发展各个环节，做到老百姓关心什么、期盼什么，改革就要抓住什么、推进什么，通过改革给人民群众带来更多获得感"②。

五 主导性与自主性的统一

新时代经济特区理论体现了经济特区建设顶层设计的主导性与经济特区广大干部群众自主性的有机统一。新时代经济特区理论的主导性，是指经济特区发展的大规划、大目标、大任务、大使命、大阶段等由党中央、国务院进行顶层设计，是指导、引领经济特区发展的行动纲领和直接行动指南；新时代经济特区理论的自主性，是指经济特区广大干部群众在党中央、国务院的指导、引领下，根据国内外最新经济政治形势，结合自身实际，充分发挥自身在经济特区建设中的积极性、创造性和主观能动性。

在我国，大凡涉及国计民生的大事，都要由党中央、国务院进行顶层设计，这是由我国的社会主义性质和中国共产党的领导地位决定的。经济特区从设立到发展至今从来如此，只不过在不同时期主导性的程度不同而已。刚设立的经济特区对于党和国家来说完全是一个新生事物，在国内完全没有经验可循，国外虽有经济特区，但资本主义国家是如何运作经济特区的，是否适合我国也是未知数，尤其是否会冲击到我国社会主义制度。即使在这样一张白纸的情况下，党和国家主要领导人还是力排众议，对建立经济特区进行顶层设计，关键时候为经济特区把向定调，所以

---

① 《马克思恩格斯选集》第1卷，人民出版社2012年版，第274页。
② 《习近平谈治国理政》第2卷，外文出版社2017年版，第103页。

说经济特区完全是摸着石头过河是不可能的,"杀出一条血路来"也并不是经济特区盲目地横冲直撞。

如果说党中央、国务院对早期经济特区的顶层设计,还只是原则性的,其主导性并不强烈,而经济特区的自主性则非常强,因为中央完全没有经验可循,只有靠经济特区"摸着石头过河""敢为天下先""先行先试",正如邓小平所说,深圳的经验就是"敢闯""敢干"等,但还是体现了主导性和自主性的统一,其主导性还体现在邓小平、江泽民、胡锦涛等党中央主要领导人每当经济特区出现困难时,都要为经济特区站台、撑腰。经过 40 年改革开放,经济特区已经探索出许多宝贵的经验,为中国特色社会主义现代化建设贡献了特区经验、方案和智慧。新时代,党中央、国务院针对不同经济特区密集出台了各种《意见》《建议》《方案》等,在里面分门别类地对经济特区的新定位、新目标、新任务、新使命、新战略、新步骤等进行顶层设计,这时这些顶层设计就更具科学性。如党中央、国务院 2019 年 8 月 18 日出台的《关于支持深圳建设中国特色社会主义先行示范区的意见》提出了"三步走"的发展蓝图,"五个率先"实现,"五个"战略定位,增强"四个意识",坚定"四个自信",做到"两个维护","三个有利于"等。2019 年 8 月 6 日,国务院公布《中国(上海)自由贸易试验区临港新片区总体方案》,该方案就是对上海自贸区临港片区的顶层设计,使其明确了在未来一段时间里的建设方向和目标。而在各经济特区顶层设计内容中,一个明显的共同特点是围绕国家总体战略布局来制定的。

当前经济特区顶层设计有强化的趋势,但这丝毫不影响经济特区广大干部群众自主性的发挥,相反却是以此为前提的。"在中央改革顶层设计和战略部署下,支持深圳实施综合授权改革试点,以清单式批量申请授权方式,在要素市场化配置、营商环境优化、城市空间统筹利用等重点领域深化改革、先行先试。"[①] 可见,在党中央、国务院给经济特区做出顶层设计的条件下,各经

[①] 《关于支持深圳建设中国特色社会主义先行示范区的意见》,《人民日报》2019 年 8 月 19 日第 1 版。

济特区能否贯彻落实这些《意见》《建设》《方案》等，就成为经济特区建设能否达成的重中之重。

一方面各经济特区必须结合自身特点制定贯彻落实的具体实施细则，如2019年9月18日，中国共产党深圳市第六届委员会第十二次全体会议讨论了《深圳市建设中国特色社会主义先行示范区的行动方案（2019—2025）》；另一方面唯有充分发挥各经济特区的自主性则成为关键性因素。2017年，习近平就要求"上海要解放思想、勇于突破、当好标杆，对照最高标准、查找短板弱项，大胆试、大胆闯、自主改，进一步彰显全面深化改革和扩大开放试验田的作用，亮明我国向世界全方位开放的鲜明态度"[①]。同年，他也要求海南"大胆试、大胆闯、自主改"。2015年习近平首次对深圳工作作出批示，要求深圳市要牢记使命、勇于担当，进一步开动脑筋、解放思想，特别是要鼓励广大干部群众大胆探索、勇于创新，2018年他再次对深圳工作作出重要批示，要求深圳继续解放思想、真抓实干，改革开放再出发，不断推动深圳工作开创新局面，在新时代走在前列，新征程勇当尖兵。

经济特区作为自上而下的正式制度安排，具有典型的顶层设计特征，"摸着石头过河"是经济特区早期渐进式改革的自主性实践模式，现阶段仍然具有重要的实践价值，应将摸着石头过河与顶层设计结合起来。新时代，在进一步强化顶层设计的背景下，"先行先试""率先示范"等又构成了这一自主性实践模式的新内涵和新品质，而"敢闯、敢干"的自主性实践模式则将贯穿于经济特区的始终。新时代，党中央、国务院之所以对经济特区工作更强调顶层设计和主导性，重要的原因一是当前国际形势面临百年未有之大变局，二是我国处在近代以来发展最好的时期，是决胜全面建设小康社会，实现中华民族伟大复兴的中国梦的关键时期，三是经济特区自身也面临许多从未有过的新情况，所有这些都需要党中央、国务院总揽全局、科学谋划、统筹国内国际两个大局，才能与经济特区自主性有机结合起来。

---

① 王子墨：《大胆试、大胆闯、自主改》，《光明日报》2017年4月2日第2版。

第一章　新时代是经济特区发展的新历史方位

中国特色社会主义进入了新时代，这是我国发展新的历史方位。经济特区作为我国的一部分，当然也迈入了新时代，这也是经济特区发展新的历史方位。习近平指出，"新形势、新任务、新挑战，赋予经济特区新的历史使命，经济特区要不忘初心、牢记使命，在伟大斗争、伟大工程、伟大事业、伟大梦想中寻找新的方位，把握好新的战略定位"[①]。现阶段，我国正处于近代以来最好的发展时期，世界处于百年未有之大变局，经济特区面临着新机遇和新挑战。紧紧把握经济特区新历史方位，才能更好地继续发挥其在体制改革中"试验田"的作用，对外开放中"窗口"的作用，在新时代新起点上，成为改革开放的开拓者和实干家，为全国改革开放和中国特色社会主义现代化建设做出重大贡献。

第一节　世界处于百年未有之大变局

世界处于百年未有之大变局，是党中央对当前国际形势作出的一个重大判断，是经济特区迈入新时代的重要标志，也是经济特区面临的新世情。世界正处于大发展大变革大调整时期，政治多极化、经济全球化、社会信息化、文化多样化深入发展，全球治理体系和国际秩序变革加速推进，世界各国相互联系、相互依存，国际力量对比更趋平衡，和平发展大势不可逆转。同时，世

[①] 习近平：《在庆祝海南建省办经济特区30周年大会上的讲话》，《人民日报》2018年4月14日第2版。

界面临的不稳定性不确定性突出，世界贸易保护主义凸现，单边主义横行，经济增长动能不足，贫富矛盾日益尖锐，地区热点问题此起彼伏，恐怖主义、网络安全、重大传染性疾病、气候变化等非传统安全威胁持续蔓延，人类面临许多共同挑战。这些判断和认识对于我国新时代经济特区建设具有重大意义。

一　经济全球化不可逆转与逆全球化愈演愈烈并行

当前，随着全球化的深入发展，经济全球化的内容和形式也随之发生改变。逆全球化运动日渐兴起，开始成为影响国家政策的因素。不容忽视的是，西方国家过去一直是全球化的主导者，现阶段却成为全球化的阻碍力量，这是"二战"后出现的一个新情况。

经济全球化使资源在全球流动，各国相互依存相互联系，形成一个有机整体。我国先后建立经济特区、国家级新区、自贸区等，加强同世界各国的交流与合作。经济全球化使"过去那种地方的和民族的自给自足和闭关自守状态，被各民族的各方面的互相往来和各方面的互相依赖所代替了"①。而新一轮科技革命，已经对各国经济、政治、文化、社会、生态等各方面产生了广泛而深刻的影响，使各国的经济相互交融，逐渐连成一个整体，形成全球经济一体化的局面。

社会信息化发展也是推动经济全球化的重要因素。习近平指出："世界正在进入以信息产业为主导的经济发展时期。我们要把握数字化、网络化、智能化融合发展的契机，以信息化、智能化为杠杆培育新动能。"② 社会信息化是指以计算机信息处理技术和传输为主要手段，在经济社会生活全面信息化进程中建立起各种信息网络，将世界各国人民经济、政治、文化等生活联系在一起的过程。社会信息化的发展促使社会生产方式、经济结构、社会结构发生变化，促进人们工作，生活方式发生改变，丰富了人

---

① 马克思、恩格斯：《共产党宣言》，人民出版社2015年版，第31页。
② 习近平：《在中国科学院第十九次院士大会、中国工程院第十四次院士大会上的讲话》，《深圳特区报》2018年5月8日第1版。

们的精神生活，促进了人们思想观念的更新，进一步推动了科学技术的进步，同时也是经济全球化的重要推力。

进入新时代以来，在新一轮科技革命和创新的推动下，在社会信息化快速发展的基础上，世界经济的全球化发展趋势更加明显，经济全球化对我国经济特区的推动作用增强。习近平指出"经济全球化是历史大势，促成了贸易大繁荣、投资大便利、人员大流动、技术大发展。这充分说明，经济全球化的大方向是正确的"[1]。经济全球化的推进必然伴随着资金、人才、技术在全球范围内的流动，发达国家在建立跨国公司的同时，会带来技术和管理方法。

经济特区可以在经济全球化大背景下，通过创造良好的投资环境，鼓励外商进行投资，学习别国的技术，缩短与世界水平的差距。经济特区主动吸收国外先进的管理经验，弥补国有企业的不足，缩短与世界优秀企业的差距。外国企业注重培养企业本地化的管理人才，为我国培养了管理人才。不仅如此，经济特区在学习和借鉴发达国家经验的同时，还在一些领域实现了技术和管理的创新，增强了经济特区的自主创新能力。

但是，逆全球化现已成为当前一个世界性的重大问题。自20世纪90年代以来，伴随着经济全球化的快速推进，逆全球化运动的趋势日渐高涨。虽然逆全球化浪潮有利于改善经济全球化进程中的负面影响，但是由于逆全球化主体和目标的多元性，有时"情绪反应多于理性思考"，只是简单地把社会矛盾和国际冲突归结于经济全球化，没有发展成为构建未来美好世界的建设性力量。尤其在西方国家，逆全球化浪潮格外汹涌，并开始影响国家政策的制定。

在逆全球化进程中，部分西方国家开始拒绝外来移民，认为外来移民会带来许多不好的社会问题。英国在2016年选择脱欧，直接原因是民众对外来移民的"恐惧"；美国总统特朗普不仅主张限制移民，更主张在美墨边境修建隔离墙，用来抵制外来移

---

[1] 《习近平谈治国理政》第2卷，外文出版社2017年版，第543页。

民。这一逆全球化现象，对于我国的经济特区来说，是一次巨大的冲击。人员流动是经济全球化的主要表现之一，通过人员的流动，将本国的科技人员派往国外，学习其他国家先进的技术和成熟的经验，为我国的建设和发展做出贡献，推动我国科技的进步和经济的发展。而部分西方国家拒绝外来移民无疑为我国学习和借鉴其他国家的先进成果增加了难度。目前，美国不仅对中国留学生，而且对美国华裔学者、科学家等采取了更为严格的限制措施，这对经济特区"走出去"的发展战略造成了极大影响。

一些发达国家将新兴经济体视为全球化的"搭便车者""不公平竞争者"，认为新兴国家利用经济全球化的浪潮发展本国经济，因此主张"压制"新兴国家。例如，美国总统特朗普认定中国为汇率操纵国，主张对中国、墨西哥等国的货物征收惩罚性关税，并威胁其他任何国家如果为了向美国倾销商品而压低汇率，也将受到严苛的对待。受这一主张的影响，商品在世界范围内的流动受到了沉重的打击。对于我国的经济特区来说，这给经济特区与其他国家和地区之间的交流增加了难度，增添了障碍，不利于经济特区的总体发展。

二 政治多极化深入发展与单边主义恣意横行并存

2017年12月28日，习近平在人民大会堂接见回国参加2017年度驻外使节工作会议的全体使节并发表重要讲话："放眼世界，我们面对的是百年未有之大变局。新世纪以来一大批新兴市场国家和发展中国家快速发展，世界多极化加速发展，国际格局日趋均衡，国际潮流大势不可逆转。"[①] 当今世界，和平与发展仍是时代的主题，冷战结束后，世界格局朝着多极化方向发展，世界发展不再是一个国家的独角戏，而是多个国家组成的合唱团，俄国、日本等国的国际力量不能小觑，发展中国家的力量日趋上升，欧洲国家也成为国际力量中重要的一极，中国日益走向世界舞台中央，世界多极化趋势不可阻挡。但超级大国单边主义

---

① 习近平：《我们面对的是百年未有之大变局》，《解放日报》2017年12月29日第1版。

仍然存在，在一定程度上，影响着世界的和平与稳定。

自20世纪以来，受两次世界大战的深刻影响，人们越发认识到国际关系实现民主化的重要性。追求和平、谋求稳定、共同发展已经成为国际政治舞台的主旋律。自西方殖民体系崩溃以来，各个国家积极参与到国际事务的治理中。各个国家开始走向独立，反对由别国干预本国事务成为各个国家外交政策的一大原则，同时，国际重大事情的决定也越发民主化。特别是面对一国无法解决的一系列跨国问题急需各国通力合作，共同解决，在这种情况下推动建立公正合理的国际政治经济新秩序，真正实现国际关系的民主化成为推进多极化发展的强劲动力。但当今世界仍存在一部分国家主张单边主义，只有超级大国有发言权，能对国际事务做决定，而小国、弱国则没有参与国际事务的权利，肆意践踏这些国家的切身利益，不惜损害这些国家的利益企图实现自己利益最大化，这种行为违背了世界各国人民的共同利益，不利于营造世界和平、稳定与发展氛围。

多极化与世界各国的发展息息相关，尤其是发展中国家积极主动融入多极化潮流中，这些国家在多极化趋势中也获益不少，不仅为本国国内经济的发展创造了许多机遇和条件，而且在一定程度上抑制了霸权主义和强权政治的滋生，有利于世界的和平与稳定，有利于世界格局朝着良性的多极化趋势发展。在国际关系中，竞争与合作是调节国家关系的重要内容。如果各国只强调竞争而忽视合作，那么世界会变成浓烟四起的战场，和平、稳定与发展将付诸东流。因此，国与国之间既有竞争又有合作，两国之间才会互利共赢，持久发展。对于那些一味地坚持单边主义而逆国际潮流大势的国家，终将以付出沉重代价而收场。

所谓单边主义，是指那些对世界政治经济起主导作用的大国，推崇霸权主义和强权政治，不考虑大多数国家的愿望，甚至不惜损害别国利益，将国际社会规则置身事外，有损于全局或局部的和平、发展和进步的一种行为倾向。单边主义不利于世界的和平与稳定。目前，美国就是推崇单边主义的一大代表。习近平指出，必须旗帜鲜明地反对单边主义。

经济全球化使国与国之间的关系日趋紧密，全球性问题阻碍着世界的和平与发展，关乎全体国家的切身利益，愈来愈受到各个国家的高度关注。单边主义是造成部分全球问题出现的重要原因。这些问题包括以下几方面：恐怖主义活动愈演愈烈，资源短缺与环境污染危及全球，人口爆炸问题有待解决，再如和平赤字、发展赤字、治理赤字是摆在全人类面前的严峻挑战。

恐怖主义活动。恐怖主义作为全世界共同面对的难题，一直受世界各国高度关注。恐怖主义的发生，不仅危害他人的生命、财产安全，而且造成整个社会公共安全设施遭受破坏，不利于世界的稳定发展，对世界造成的危害极大，被称为"21世纪的政治瘟疫""一场无休止的地下世界大战"。国际恐怖分子不仅针对发达国家，也针对发展中国家，还对中国边境造成威胁。一些国际恐怖分子还受到特定国家的支持，如新疆"东突"势力一直受到国外多方势力的支持，形成了"以南亚和伊叙为主要活动基地，以东南亚为主要偷逃通道和以中亚为跳板的跨境暴恐网络"[①]，"东突"势力多次在中国和中亚开展恐怖活动。而"伊斯兰国"公布的地域版图中包括中国的新疆，认为新疆属于其领土范围。这其中就有一些国家为了本国利益，施行单边主义为国际恐怖分子提供援助。由于经济特区开放范围的扩大和程度的加深，受到的恐怖主义的威胁也在加大。

资源短缺与环境污染。经济全球化的发展推动资源在全球范围内的流动，实现资源的优化配置。但是，由于早期人类盲目注重经济和产业的发展，忽视资源的合理开发和环境的有效保护，导致现阶段全球资源短缺、环境污染，对全球资源和生态造成了难以估量的损失，这些问题的解决不是一国能解决的，需要多国甚至是世界各国的共同努力才能解决。但是，由于个别大国在单边主义影响下，对资源短缺和环境污染等全球性问题进行选择性的应对，如美国特朗普当选总统不久就退出了旨在保护全球气候变暖的国际公约《巴黎气候协定》。我国实行对外开放，设立经

---

① 李伟：《"伊斯兰国"正在开辟域外"战线"》，《世界知识》2015年第3期。

济特区的同时，会受到其他国家资源掠夺、环境污染的风险。经济特区在引进其他国家产业和企业的同时，难免会遇到发达国家转移高耗能高污染产业的情况，这对于经济特区的资源和环境是难以承受的打击，从长远看，这不利于我国经济特区的可持续发展。

人口问题。到目前为止，全世界人口数量已经高达76亿，而且每年以8000多万人的速度不断上升，据统计，预计到21世纪中叶，世界人口将达到100亿。随着生产力水平的提高，尤其是工业革命，科学技术的发展，医疗卫生的进步，人口寿命逐年大幅度提高，人口总量呈上涨趋势。部分第三世界国家，面对本国人口过多，而无法满足人们对物质生产资料的基本需求，不得不通过过度捕捞、过度放牧、过度破坏森林的方式来满足日益增长的人口需要，造成了一系列的社会问题。经济压力如果长期得不到解决，最终就会转化为社会压力，贫穷、饥饿、暴力、战争等社会问题频频发生。西方一些发达国家却进入人口老龄化的社会，由此必然会带来社会保障问题、劳动力严重不足、社会创新创造能力弱化等一系列的社会问题。人口问题引发的一系列生态问题、经济问题、社会问题等，对人类社会所造成的危害巨大。我国经济特区主要集中在我国东部沿海，由于经济发展需要，不仅吸引了大量全国各地的人力资源，而且还吸引了来自世界各地的有志之士，如深圳户籍人口400万左右，但常住人口达2000万，其中不乏长期居住的海外工作者。

三 维护世界文明多样性与鼓吹"文明冲突"并立

当今世界呈现出世界文明多样性的特点，世界上的240多个国家和地区中拥有2500多个民族，构成世界人口总数达70多亿，造就了6000多种不同的语言，这些不同国家、民族和历史文化背景的劳动人民创造出来灿烂辉煌的世界文化，形成了丰富多彩的文明。尽管在世界上仍有少数国家大肆宣扬种族、民族优越性，然而文明多样性的趋势已无法阻挡，这已成为不争的事实，文明多样性使得各民族国家的文明交流互鉴，取长补短，推动人类社会不断向前。

一些西方国家为了一己之私利，杜撰理论，人为地把不同的人种划分为优等民族和劣等民族，并自诩自己为优等民族，而其他民族为劣等民族，自然自身文明就处在文明的制高点上，从而比其他民族文明优越，而其中的主要文明冲突很可能成为世界政治的主要矛盾。后来这一认识成为西方国家观察冷战后的世界文明冲突的重要参考。以"9·11"事件为例，受亨廷顿"文明冲突论"的影响，西方国家将恐怖主义直接与宗教，特定的民族联系起来，认为这次恐怖袭击直接与极端伊斯兰主义有关，把恐怖主义当成全人类公敌的同时，也将特定的宗教、民族当成全社会的公敌，很显然，这种做法是不明智的。实践证明，"文明冲突论"不仅没有预见到冷战结束以来的国际冲突形式，而且也没有阐明时代发展的大势，其根本原因在于该理论所秉持和固守的"文明优越"论，只看到文明的差异性，没有看到文明的共同性——以和平与发展为核心的人类共同价值追求的存在。因此，这种理论在价值观层面上是消极的和破坏性的，为西方发动的各种战争提供了"合理"的理论外衣，对冷战后世界政治经济新秩序的重构具有不可忽视的负面影响，从某种意义上讲还是引发世界动荡不安的思想根源之一。

"文明冲突论"另一看点是亨廷顿如何看待中国的儒家文明。他认为中国的崛起是中国经济和军事迅速发展的必然结果，势必成为霸权国家，并最终将与美国和亚洲其他国家之间产生冲突，那么中国这些邻国要么"搭便车"适应这一发展，要么"用均势来平衡"和试图遏制中国的影响。但是，中国的大国辐射力量将促成东亚地区的和平稳定，这样会造成美国和西方各国在东亚的影响力减弱，在这种情况下美国有两种选择。要么防止中国的崛起，要么接受中国的崛起和自己在太平洋影响力量的下降。可见，"文明冲突"论是"中国威胁"论的理论依据。前美国国务院政策规划司主任斯金纳就曾表示，美国与中国目前的较量是美国与一个不同的文明和不同意识形态之间的争斗，是美国第一次面临一个强大的非高加索人种的竞争对手。对此，外交部发言人耿爽指出，用"文明冲突"甚至种族主义观点看待中美关系是极其荒唐和完全不可接受的。

世界上各种文明之间确实存在着差异，甚至是较大的差异，文明多样化成为大势所趋，人类文明交流互鉴的基本前提是各文明之间相互尊重，彼此平等。习近平强调，不同民族、不同文明多姿多彩、各有千秋，没有优劣之分，只有特色之别。[①] 党的十八大以来，以习近平同志为核心的党中央，形成以"合作共赢—和平发展道路—人类命运共同体"为引领的中国新文明观："平等、互鉴、对话、包容。"呈现出完全不同于西方"文明冲突论"的中国主张和中国方案。

中国一直以来尊重和捍卫文化的多样性，积极加强与各国人民的文化交流。近年来，传统的中外文化合作机制无论在层次上还是在数量上都有了很大的发展。从层次上来看，文化交流从过去的政府之间的交流向现在的政府之间、政府与民间组织之间、民间组织之间方面扩展，形式也日趋丰富。从数量上看，我国过去与少数几个国家之间进行文化互动扩大到同 149 个国家签订政府之间文化合作协定。同时，中国提出的人类命运共同体和"一带一路"倡议被大多数国家接受并支持。2018 年 10 月，习近平向太湖世界文化论坛第五届年会致贺信时强调，我们愿同国际社会一道，推动不同文明相互尊重、和谐共处，让文明互学互鉴成为推动构建人类命运共同体的积极力量。因此，正确处理民族文化与外来文化、传统文化与现代文化之间的关系，正确对待文化的共性与个性是关乎全世界人民维护文化多样性的重要问题。新时代背景下，我们要积极发扬优秀传统文化，弘扬中国红色革命文化，学习和借鉴外来先进文化，将中华民族优秀文化与外来文化融合发展，实现世界文化多样性。

在经济全球化的进程中，每个国家，每个民族，每个文明彼此之间交流更加紧密，各个文明的相互碰撞使得文化多样性特征凸显，文化多样性所面临的挑战愈来愈多。在文明交流的进程

---

① 习近平：《文明因交流而多彩 文明因互鉴而丰富》，《人民日报》2019 年 5 月 15 日第 13 版。

中，一个民族的文化很容易受到冲击甚至被同化，如何保持一个民族特有的本质，并积极融入世界文明进程中成为文明交流面临的重大难题。随着中国开放的大门越开越大，西方文化也随着经济、政治交流传入中国，我们不能不时刻警惕西方文化所谓的"普世价值"的毒瘤入侵，这种所谓宣称"自由、民主、平等"在以极其隐秘的方式冲击着社会主义的核心价值，以实现其文化霸权，最终在精神上达到统治国民的目的。

经济特区作为对外开放的窗口，来自世界不同国家不同民族与经济特区进行经济、政治、文化、体育等方面的合作与交流，在此过程中，各种文化直接交融、互鉴、学习，文明多样性展现无遗，从而加深了经济特区人民与这些不同国家和民族人民的友谊和关系，预示着经济特区有一个更加宽广的空间，去这些国家开拓市场。所谓"文明冲突""文化对立"在这里则完全没有市场。也正因为经济特区的国际性和文化多样性，使其更容易受到西方意识形态消极面的影响，更容易对经济特区进行文化渗透，对经济特区人民的价值取向产生潜移默化的影响。对此，必须引起我们的高度警惕。

总之，当前世界面临百年之大变局。经济上，世界最强大的美国长期作为经济全球化的主导者，现在却变成了反对者，从一个常量成为变量前所未有，不仅对自认为的"流氓国家""专制国家""对手"等进行各种制裁，而且对"二战"后的众多盟友也挥舞贸易制裁大棒，使盟友们不知所措。政治上，特朗普"美国优先""美国第一"的单边主义政策使世界更加混乱，小国弱国更加边缘化。在国际社会看来，美国大有不把"二战"后建立的多边和全球治理机制搞垮誓不罢休之"气概"。由此可以看出，世界上包括中国在内的各个国家都在努力维护国际政治经济秩序时，美国却肆意破坏国际秩序。新时代，经过40年改革开放的中国，综合国力极大提高，在国际社会的影响力与日俱增。且中国作为负责任的大国，努力维护世界经济全球化和政治多极化。在经济合作方面，倡导构建人类命运共同体，推动共建"一带一路"，为世界经济发展增添活力，推动世界经济朝着良性互动趋势发展。在国际政治领域,积极推动世界多极化深入发展,倡导和平主义,主张国际社会加强团结、深化合作,共同推动世界多极化深入发展,共同推进人类命运共同体建设。由此,预示着世界正处在巨变的前夜,预示着经济特区发展将会面临更加复杂的世界舞台。

第二节　中国处于近代以来最好的发展时期

中国处于近代以来最好的发展时期,是以习近平同志为核心的党中央对当前我国总体形势作出的一个基本判断,是经济特区迈入新时代的重要标志,也是经济特区面临的新国情。党的十九大报告指出:"我们比历史上任何时期都更接近、更有信心和能力实现中华民族伟大复兴的目标。"① 党中央这一基本判断,为新时代经济特区"撸起袖子加油干",继续发挥经济特区"敢闯""敢干""先行先试"等精神,率先实现中国特色社会主义现代化增添了无穷的信心和力量。

一　我国社会主要矛盾的转变

党的十九大报告指出,新时代,我国社会主要矛盾从人民日益增长的物质文化需要同落后的社会生产之间的矛盾,"转化为人民日益增长的美好生活需要和不平衡不充分的发展之间的矛盾"②。面对新时代的新矛盾,党和国家也迎来了新挑战:如何在稳步推进当前发展的同时提升发展的质量和效益,破解经济增长和社会进步的不同步的发展难题,加强在民主、法治、公平、正义、安全等方面的建设,从而为人民的全面发展和社会的多维进步提供坚实保障,成为我国未来工作的攻坚难题。也预示着经济特区发展规划、战略策略的制定必须以此作为重要依据。

---

① 习近平:《决胜全面建成小康社会　夺取新时代中国特色社会主义伟大胜利——在中国共产党第十九次全国代表大会上的报告》,《人民日报》2017年10月28日第1版。

② 同上。

从党的十一届六中全会到党的十九大主要矛盾的转变，这不仅生动地说明了改革开放以来，特别是党的十八大以来我国经济社会建设发展所取得的重大成就，而且对我国的发展阶段作出了重大判断，突出了我们党心系于民的情怀，强调了我们党为满足人民美好生活需要的迫切愿望，为我们指明了今后发展的方向和动力，避免掉入发展中国家"有增长，无发展"的陷阱[1]。今后，我国的经济发展要保证稳定增长的同时，实现与社会的协同发展成为经济发展过程中的重要课题。

人民的美好生活需要一方面表现在物质文化这些基本需求，在新时代下，人民不再满足于最低生活消费标准，对物质方面的需求提出了更高的要求，在全面建成小康社会里可以接受公平高质的文化教育，稳定满意的工作收入，可靠殷实的社会保障，高效低费的医疗卫生，廉价宽敞的社会居房，美好清新的自然环境，丰富多彩的文体活动，等等。另一方面则是随着人们的受教育水平不断提高，人们对社会公平正义的追求，对社会法治体系健全的迫切希望，对维护自身权利的热切愿望不断增强，人们要求更高层次、更广泛的需求，以实现自身自由而全面的发展。也就是说，人民的需要从点到面、从低到高、从对物质文化需求向物质、政治、精神、社会、生态等方面全面发展。从人民需求所发生的改变来看，这种美好生活的盼望表明了我国改革开放近40年来，社会发展的快速进步，同时也表明了我国发展始终坚持群众观点、群众路线，更体现出以习近平同志为核心的党中央心系群众，以人民为中心的思想，鲜明地显示了中国共产党坚持全心全意为人民服务的宗旨。

物质文化需要。近代以来，中国人民和中华民族一直追求生产上和生活上所需要的物质资料基本满足，党的十一届六中全会确立的社会主要矛盾，表明了面对物质生产极不丰富的条件下，我国人民对物质文化需要的热切愿望。40年的改革发展，物质生产水平得到了极大的提高，但发展不充分不平衡的问题比较突

---

[1] 李玉山：《人类社会演化发展运动论——人类社会四维空间生命系统》，中国致公出版社2002年版，第20页。

出。我国的生产力发展水平还没有达到小康水平，满足人民在衣、食、住、行方面的基本需求仍是我国经济发展需要解决的首要问题。中国共产党历来将文化工作摆在重要的位置，中国共产党的诞生就处于五四运动和新文化运动激烈的历史洪流中。革命时期，中国共产党将思想文化建设作为党的建设的重要内容。新中国成立后，我党为了发展文化提出了"百花齐放、百家争鸣"的方针，文化工作取得了一定成就，但是总体来说，文化产品仍不能满足人民对它的极大需求。随着改革开放政策的实施，文化产品不仅包括本土文化，外来文化也加入到中国人民的文化产品的行列中，文化产品得到极大丰富。但是，在文艺创作方面存在的问题仍比较多，文化产品数量泛滥，但质量有待提高，抄袭、模仿现象屡禁不止等。随着社会发展水平的不断提高，人们对文化产品也突出了越来越高的要求。

民主法治需求。民主是人类未来发展的大趋势，近代以来，无数革命先烈、爱国人士无不把民主作为自己心目中所憧憬的"完美"政体的重要组成部分。新中国成立后，我们党一直坚持人民群众的主体地位，坚持社会主义道路，并通过宪法确立了"一切权力属于人民"的原则，制定了一系列民主制度来保障人民在国家中的地位。民主是一个政党生存的重要基础，也是人们过上美好幸福生活的重要保障。法治是一个国家治国的原则和方法，是相对于"人治"而言的。法治在社会的各个层面都有所反映，于国而言，表现为依法治国；于政府而言，表现为依法行政；于立法机关而言，表现为依法司法；于每个公民而言，表现为遵纪守法。我国的法制体系随着社会的发展而不断地得以健全和完善。法治宣传工作的不断推进，人们的法治意识也在不断提高，人人遵纪守法的良好社会风气和自由平等的社会权利已成为人们对美好生活向往的重要指标。

公平正义要求。公平是社会各个领域追求的共同价值导向。无论是市场经济、民生医疗还是教育司法和共同富裕之路，公平都成了人们提倡的首要保障。公平不仅仅是人类社会政治的普遍追求，更是马克思主义一直倡导的社会主义导向，是人们对美好生活追求不容忽视的重要内容。新中国成立至今，随着时代的发展，追求公平正义越来越受到人们的高度重视。公平正义在分配制度中表现尤为突出。从20世纪90年代追求的效率优先，兼顾公平，到党的十七大处理好效率与公平的关系，再到党的十八大的兼顾效率与公平，再分配更加注重公平。党的十九大将正义与公平相结合，不仅凸显了公平的重要作用，而且也强调了正义的真正意义。公平正义成为人民追求美好生活的重要内容。

安全和环境需要。随着社会的不断进步，人们的安全意识得到显著提升，大到世界和平、国家安全，小到食品健康、个人隐私，安全意识已深入人心。保障国家和人民的安全是我们义不容辞的责任。同时，随着"五位一体"总体战略的全面实施，环境问题已成为人民普遍关心的问题。能否呼吸上新鲜的空气，喝上干净清澈的水，吃上绿色健康的食物，能否与大自然和谐共生，这些问题已成为关乎人们切身利益的问题。

发展不平衡。发展不平衡主要指区域之间、城乡之间、各领域之间的发展水平差距悬殊，从而导致整体发展水平较低。城乡发展不平衡是由历史和现实的多重因素造成的。过去重视城市的发展与建设，而忽视了农村的作用。农村与城市生产力和生产方式差距较大等原因，使得两者发展不协调的现象凸显出来。具体表现在城乡基础设施差距较大，城乡居民收入水平悬殊，城乡公共服务水平相去甚远等。区域之间发展不平衡是指受地理条件、资源环境等综合因素的影响，各区域之间生产力发展水平差距较大。其中东部与中西部地区，沿海与内地地区，南北地区的经济发展不平衡。改革开放后为了在最短时间内恢复和提升生产力，我国采取了非均衡发展战略。受国家政策倾斜的影响，东部一些地区、省份率先获得了发展，但受地理环境和自然环境的影响，仍有部分区域处在相对落后的生活环境，不能同等享受到改革发展的社会红利。改革开放政策实施以来，过去的计划经济体制被市场经济体制取代，为改革发展增添了活力，但是不同群体之间贫富差距拉大，不同群体之间出现不平衡现象。尽管我国经济总量已达到世界第二，大多数人已解决温饱问题，但我国的贫富差距悬殊，社会仍存在"极贫""极富"现象，截至2018年末，我国的贫困人口数量达到1660万，脱贫攻坚任务仍非常艰巨。发展领域不平衡是指在某些领域我国的发展已经远远领先于世界，但同时也存在一些领域仍落后于世界平均水平的现象。在国内，我国的三大产业之间的发展仍存在不平衡现象。

发展不充分是常态问题但并不意味着搁置不理，必须对这个问题进行认真解决。虽然改革开放以来我国取得了巨大的成就，但在经济全球化下，全球经济下滑已经对我国经济造成一定的冲击，如何面对产能过剩问题，如何将过度依赖自然资源向依靠人才资源靠拢，保持中国经济的可持续增长等，法制体系不完善，依法治国有待充分推进是当前我国面临的突出性问题。精神文明水平有待充分提高。物质文明和精神文明是衡量一个社会文明程度的重要标志，改革开放以来特别是党的十八大以来，我国的精神文明建设取得了伟大成就，但是受网络技术和全球化影响，社会主义核心价值观面临市场经济的挑战，传统的教育方式受新媒体的挑战，精神文明建设需引起高度重视。环境治理成果显著，但仍需充分改善。长期以来，我国一直坚持可持续发展，高度重视生态平衡，污染防止战略所取得的成果显著。但是，在防污治污方面，突出问题仍然显著，防污目标的达到还有一定距离，污染防治水平和能力建设相对比较薄弱，部分地区短期内环境质量大幅提升的空间比较有限。创新能力有待充分提高，尽管目前我国的科技创新成果显著，但与发达国家相比差距仍比较大。自主创新能力不足，人才资源短缺，许多核心技术领域仍受别国掌控，创新成果应用于现代生活水平不高，创新氛围不浓厚等。

虽然新时代我国社会主要矛盾发生了变化，但必须认识到这"没有改变我们对我国社会主义所处历史阶段的判断，我国仍处于并将长期处于社会主义初级阶段的基本国情没有变，我国是世界最大发展中国家的国际地位没有变"①。经济特区仍处于社会主义初级阶段，虽然发展总体上领先、发达于我国其他一些地区，

---

① 习近平：《决胜全面建成小康社会 夺取新时代中国特色社会主义伟大胜利——在中国共产党第十九次全国代表大会上的报告》，《人民日报》2017年10月28日第1版。

但仍然要坚持发展为第一要务，以经济建设为中心。对于经济特区来说，虽然生产力发展的目标不能再是单纯的经济增长指标，而是更应注重发展中的不平衡与不充分问题，注重人民对美好生活全方位、多层次、高质量的追求。矛盾的一方从"物质文化需要"转变为"美好生活需要"，进一步反映了生产力水平的提高和科学技术进步深刻影响了人们的需求变化。人民对美好生活的追求与现实中发展不充分不平衡之间产生矛盾给经济特区带来了经济社会体制改革新的动能。促进社会主要矛盾的解决，是今后改革关注的重点。

随着社会主要矛盾的转变，经济特区人民群众基本物质文化生活已经得到相当满足，是中国首先富起来的一部分人和地区。新时代，经济特区的改革、开放、发展不能仅仅用经济目标，要更多考虑环境、资源和社会权力分配结构的调整，但这些改革内容都不属于增量收益调整，而是存量利益调整，所以在今后的改革中，一些人将不再仅仅是受益者，也可能面临利益受损，从而使经济特区改革面临诸多难题。因此，我们需在经济特区更广的层面上确立新的改革要求和目标，不能仅仅采用"摸着石头过河"的传统改革模式，还要坚持顶层设计、全面推进的新模式，强化党和政府在改革中的自觉意识和主导作用。

二 新时代是近代以来最好的发展时期

为实现中华民族的伟大复兴，实现共同富裕的伟大目标，中华儿女在中国共产党带领下进行了革命、建设、改革的伟大实践，实现了从站起来、富起来到强起来的伟大飞跃。自此中华民族进入了新时代，踏上了实现社会主义现代化强国的新征程，迎来了近代以来最好的发展时期。

中国作为四大文明古国之一，已有5000多年的历史文化，曾经在历史上生产力发展水平遥遥领先于世界，为世界各国人民所膜拜。但在17世纪中叶之后，由于当时的中国盲目自信，实行闭关锁国的政策，而西方率先开始了工业革命，东方开始落后于西方。直到鸦片战争，西方列强打开了中国的大门，中国逐渐沦落到国破家亡的境地，面对家徒四壁，民族危亡。有识之士为了拯救中华民族，开始踏上了救亡图存的道路。从鸦片战争到太平天国运动，从洋务运动到甲午战争，从戊戌变法到辛亥革命，中华民族在经历一次次的失败中不断成长，要想推翻压在人民头上的三座大山，要想摆脱如此不堪的境遇，仅仅通过学习西方的器物和制度是注定会失败的。

十月革命胜利后，马克思主义开始在中国传播，中国人民看到了未来的曙光。人们认识到只有马克思主义才能救中国，中国摆脱半殖民地半封建社会的唯一出路是走非资本主义的，社会主义的现代化道路。在革命先辈的共同努力和共产国际的帮助下，代表最广大人民群众利益的中国共产党诞生。1921年7月中国共产党成立是近代中国革命历史上划时代的里程碑。中国共产党以马克思主义为指导，高举实现共产主义的伟大旗帜，团结带领中国人民进行浴血奋战，打败日本帝国主义，推翻国民党反动统治，取得了新民主主义革命的胜利，建立了中华人民共和国。从此，中国人民站了起来，成为国家的主人。

中华民族站起来后，如何让人民过上富足的生活成为党面临的首要问题，以毛泽东为代表的中国共产党，在新中国成立后，为了找到一条符合本国国情的道路，先后进行了农业、手工业和资本主义工商业的改造，这在富起来中起着重要作用，但是后来由于受国际国内各方面的影响及对社会主义认识的偏差，最终导致严重的"左"倾错误，富起来的进程受到阻碍。党的十一届三中全会把富起来的进程转入正轨，改革开放以来，历届党的领导集体坚持把马克思主义与中国实际相结合，分别加强对经济、政治、文化、社会、生态等方面的建设，人民生活质量和水平日益改善，中国人民的物质需求得到极大的满足，中国人民富起来了。

党的十八大以来，在以习近平同志为核心的党中央领导下，在实践中形成了"五位一体"总体布局，"四个全面"战略布局，新发展理念以及一整套适应和引领经济发展新常态的经济政策框架，在实践中党和国家实现了深层次、根本性的变革，取得了全方位、多领域、具有开创性意义的成就,中华民族强筋壮骨,日益强起来。中国特色社会主义进入了新的发展阶段,我国社会发展的主要矛盾发生了变化,中华民族正在强起来的过程,是在前所未有地走进世界舞台中央的过程,也是正在带动全球共同发展的过程,是我国处于近代以来最好的发展时期,而经济特区正是我国处于近代以来最好发展时期的代表。

三 实现中国梦的重大机遇期

2018年中央经济工作会议指出,我国发展仍处于并将长期处于重要战略机遇期。中国共产党自成立之日起就坚持马克思主义,这为实现中华民族的伟大复兴中国梦提供了理论指南。实现中华民族伟大复兴的中国梦是中国共产党自成立以来一直坚守的初心和使命。这个初心和使命是激励一代又一代中国共产党人为实现共产主义的伟大理想而不断前进,不断探索的根本动力,这个初心和使命为中国共产党在革命、建设、改革和党的十八大以来所取得的伟大成就提供了精神支撑,这个初心和使命为中华民族屹立于世界的东方,中国走向世界舞台中央奠定了思想基础。

2012年11月习近平把中国梦定义为"实现中华民族伟大复兴,就是中华民族近代以来最伟大梦想",并且表示这个梦想一定能实现。他指出,实现中华民族伟大复兴的中国梦,就是要实现国家富强、民族振兴和人民幸福。中国梦的具体目标体现在两个方面:一是两个百年发展战略目标,即中国共产党成立100年时全面建成小康社会,新中国成立100年时建成富强、民主、文明、和谐、美丽的社会主义现代化国家;二是民族复兴目标,中华民族自秦汉以后就进入盛世,其疆域版图辽阔,经济规模巨大,为世界文明做出了巨大贡献。实现中国梦是要通过改革和发展,实现中国的和平崛起,为世界发展贡献力量,实现中华民族的伟大复兴。

中国梦不是一个人的梦,是整个民族的梦,需要无数中国人民努力才能实现的梦。改革开放以来,我国所取得的成就有目共睹,世界人民都对曾经一穷二白,生产力水平极低的国家变为物质财富丰富,经济实力迅速上升到世界第二的国家而感到钦佩。但是,新时代的中国要想实现中国梦,还面临许多困难和挑战。"发展不平衡不充分的一些突出问题尚未解决,发展质量和效益还不高,创新能力不够强,实体经济水平有待提高,生态环境保护任重道远;民生领域还有不少短板,脱贫攻坚任务艰巨,城乡区域发展和收入分配差距依然较大,群众在就业、教育、医疗、居住、养老等方面面临不少难题;社会文明水平尚需提高;社会矛盾和问题交织叠加,全面依法治国任务依然繁重,国家治理体系和治理能力有待加强;意识形态领域斗争依然复杂,国家安全面临新情况;一些改革部署和重大政策措施需要进一步落实;党的建设方面还存在不少薄弱环节。"[1] 这些都表明,目前我国依然处于并将在以后很长时期内处于社会主义初级阶段,这是我们一切工作的起点和出发点。

新中国成立以来,无数中国共产党人为实现中国梦的进程不断地在探索中前进。以毛泽东同志为代表的中国共产党人,根据新中国成立之初的实际国情,提出了当时中国的历史使命,即一方面集中精力发展经济,另一方面摆脱帝国主义对新生政权的威胁压迫,完成社会主义制度的建设。这一时期的中国共产党人,为实现民族复兴贡献了全部力量。以邓小平同志为核心的第二代领导集体,为了改变中国经济落后的现状,提出了建成小康社会和社会主义现代化建设的目标,阐明了中国梦的实现要坚持改革开放和中国特色社会主义道路。以江泽民同志为代表的中国共产党人,为了应对世纪之交的中国面临的国内外复杂局势,在继承邓小平"三步走"战略的基础上,提出了新"三步走"战略,这一战略思想丰富和发展了实现"小康社会"和现代化建设目标。以胡锦涛为代表的中国共产党人,对建成小康社会目标更加具体化,指出要为实现"富强、民主、文明、和谐的目标而奋斗"。进入新时代,以习近平同志为核心的中国共产党人面对百年未有之大变局,面对国内外复杂形势的变化,提出了"两个一

---

[1] 习近平:《决胜全面建成小康社会 夺取新时代中国特色社会主义伟大胜利——在中国共产党第十九次全国代表大会上的报告》,《人民日报》2017年10月28日第1版。

百年"奋斗目标,首次将"美丽"和"强国"写入战略目标中,与"五位一体"总体布局相互呼应,也阐述了到2050年我们将实现社会主义现代化强国目标,使整个发展目标更具体,更有层次,更深入,把发展目标上升到新的高度。

由此可以看出从现在到中国梦基本实现还有30多年的时间。中国梦的实现不是朝夕之间而是任重道远,必须从当前起步,分阶段逐步实施不能急于求成。为此,要对今后的改革和发展推行总体规划,强化顶层设计。要吸取40年来改革开放的经验,统筹考虑各项发展目标把握好改革的节奏和时序。要动员广大人民群众积极参与中国梦的伟大实践,凝聚全民族的智慧和力量。

中国梦最基本的特征就是实现综合国力的大幅度提升。中华民族要自立于世界民族之林,要在国际事务以及在促进世界和平与发展中发挥重要的作用,没有坚强的实力后盾是根本做不到的。中国自古以来都是以大国形象面向世界,然而自近代以来中国不但在国际事务中失去了发言权,而且沦为列强瓜分和欺辱的对象,原因就是积贫积弱实力不足。改革开放以来中国这头东方雄狮开始觉醒,建立和完善市场经济体制,以开放的姿态与世界各国开展交流合作,经济实现了连续30多年的快速增长,综合国力迅速提升,2010年中国国内生产总值超越日本成为世界第二大经济体。

中国梦最真切的落脚点是广大人民的幸福生活。只有国家强大是不够的,还必须使广大人民的生活水平得到提高、生活质量得到改善。中国共产党领导全国各族人民共圆中国梦,其根本目的是要实现好、维护好、发展好最广大人民的根本利益。虽然我国总体经济实力已经位居世界第二,但由于人口众多人均国内生产总值不高,加上区域、城乡之间发展的不平衡,贫富差距较大,我国仍然有相当数量的人口生活贫困。国际货币基金组织(IMF)官方网站于2013年4月发布的各国生产总值预测数据显示2013年世界各国人均GDP排名最高的国家有卢森堡、挪威、卡塔尔、瑞士、澳大利亚、加拿大和新加坡等国,它们的人均GDP都超过2万美元而中国的人均GDP刚刚超过6000美元,仅排在世界第86位。2013年中国的贫困人口还有一亿,超过世界上许多中小国家的人口数量,国强和民富是中国梦的两个重要方面,二者缺一不可。人民生活不富裕,中国梦就没有根基,就不是广大人民的梦,就不能动员广大人民群众积极参与中国特色社会主义建设,国家的凝聚力就不能提升,和谐社会就不可能真正实现。反过来,只有广大人民群众的收入水平提高生活富裕,幸福指数上升国家才能真正变得强大,实现中国梦的根本是要切实保障和改善民生。包括千方百计地促进就业、积极推进教育和医疗体制改革、深入进行分配领域改革等。

中国梦是全体中国人民的梦,是实现国家富强、民族复兴、人民幸福的进步之梦。中国梦也是特区梦,经济特区的改革与发展为实现中国梦做出了宝贵的先行探索,特区的成长之路是中国现代化的探索之路,中国梦的实现有赖于特区先锋示范作用的进一步发挥,且党中央要求经济特区率先实现社会主义现代化,即率先实现中国梦。

第三节 经济特区面临的新机遇新挑战

世界处于百年未有之大变局、我国处于近代以来最好的发展时期,决定着经济特区面临着新的机遇和挑战,这些新机遇和新挑战是经济特区迈入新时代的重要标志,也是经济特区面临的新区情。回顾过去40年,在中央政策的支持下,经济特区的对外开放程度大大提高,促进了特区经济的发展,使特区实现了历史性的跨越。中国特色社会主义进入新时代以来,特区面貌发生了巨大的变化,在多个领域取得了显著的成果。当前经济特区机遇与挑战并存,只有正确认识当前经济特区面临的新环境,才能将挑战转化为机遇,推动经济特区的全面发展。

一 40年经济特区的成就

40年来,在党中央领导和全国支持下,经济特区广大干部群众不辜负党和国家的期望，坚持锐意改革、开拓进取，勇于突破传统经济体制束缚，是经济体制改革的"试验田"，是对外开放的"窗口"，是社会体制机制创新的"领头羊"，在经济社会发展模式转型中发挥了先行先试作用，在法治化、国际化、便利化营商环境建设中发挥了示范作用，经济特区40年来在改革开放和社会发展方面取得了辉煌的成绩。回顾并总结经济特区的历史性成就，对于经济特区今后的发展具有重要的理论意义和现实意义。

经济总量大幅提升。实践证明，党中央关于建设经济特区的相关政策是正确的，使经济特区在短短四十几年的时间里得到了飞速的发展，国民生产总值大幅度提升，经济实力显著增强。1980年，四个经济特区和海南的GDP为41.27亿元，仅占全国的0.91%；1990年，五大特区的GDP增加到445.13亿元，占全国的2.39%；2000年，五大特区的GDP增加到3493.08亿元，占全国的3.91%；2008年，五大特区的GDP达到12722.63亿元，占全国的4.2%。而到了2018年，五大特区的GDP为39104.51亿元，占全国的4.34%。这表明经济特区的建立推动了特区经济快速发展，特区对我国经济的影响也越来越大。

外向型经济快速发展。经济特区建立以来，不断扩大对外贸易和对外技术的交流与合作，优先发展出口产品的生产，积极开展国际合作和国际交流，推动外向型经济的形成与发展，成为连接中国与世界的重要门户。五大经济特区充分利用国际国内两个市场、两种资源，吸收和利用外商对本地区进行投资，引进国外先进的技术和丰富的管理经验，促进本地区经济社会的发展。40年来，五大经济特区在发展外向型经济方面取得了明显的成绩，尤其是深圳经济特区。2017年，深圳贸易进出口总额为28011.5亿元，对外承包工程营业额145.4亿美元，占全省的80.3%，连续7年居我国首位，截至2017年10月，历年累计批准外商投资项目63831个，累计使用外资金额892.77亿美元，有近100个国家的外商来深圳投资，企业投资由低端领域向高端领域发展。五大经济特区的外向型经济得到了充分的发展，进出口贸易的规模不断扩大，为我国与世界其他国家的交流提供了很好的平台。

自主创新能力提高。当今时代，创新成为综合国力竞争的重要因素。经济特区高新技术产业的产值迅速提升，具有自主知识产权的产品占比近一半。五大经济特区实施创新驱动战略，建设国家创新型城市，在创新方面取得了优异的成绩，形成了特区独有的优势，提高了我国的创新能力。深化供给侧结构性改革，实施创新驱动发展战略，构建高质量发展的体制机制。截至2017年末，深圳已经拥有各类专业技术人员153.8万人，全社会研发投入金额超过900亿元，占GDP比重4.13%，赶超许多发达国家水平。深圳在自主创新方面取得了很大的成就，使创新成为企业的内生动力。不仅提升了经济特区的创新能力，还促进了我国整体创新能力的提高，推动我国以创新驱动经济加速走向高质量高效益的发展时代。

经济特区产业结构优化升级。由于长期以来我国是一个以农业为基础的国家，在经济特区建立之前，特区基本上是第一产业占主导地位，第二产业次之，第三产业所占的比重最小。经济特区自建立以来，产业结构发生变化，第一产业比重减小，第二、三产业比重增加。产业结构的调整对于特区至关重要，在推动特区经济发展的同时，可以促进其他产业的优化。1980年五大经济特区三次产业的比重是33.5∶33.6∶32.8；2000年五大经济特区三次产业的比重是11.4∶45.8∶42.8。到了2017年，深圳、厦门、海南三大经济特区的第三产业均高于全国的平均水平，而汕头和珠海则低于全国平均水平，从整体上来看，我国经济特区的第三产业已经有了跨越式的发展，第三产业所占的比重越来越大。

经济特区注重发展第三产业。以信息、金融、物流、旅游、媒体为主体的现代服务业蓬勃发展，还形成了文化产品制造业、新闻出版社、广播影视业等一大批骨干文化产业。经济特区的第三产业总体上在全国处于领先地位，为推动我国产业结构转型提供巨大的推动力，但经济特区与发达国家相比，第二产业高于发达国家，而第三产业低于它们。这表明虽然我国经济特区的产业结构与之前相比有了改善，但与发达国家相比还存在差距。

人民生活水平提高。经济特区建立以来，特区居民收入水平和消费水平全面提高，实现了由温饱向富裕的跨越。经济特区在快速发展经济、提高居民可支配收入的同时，还十分注重社会各项公共事业的发展，使特区公共服务的质量得到提高，注重提升居民生活的幸福感和满意度。此外，五大经济特区先后出台社会保险制度系列改革，不断完善社会保障体系，不断提高低收入群体的生活水平。越来越多的居民享受到良好的教育，基本上实现教育现代化。居民就业更加充分，收入分配的差距缩小，发展更具竞争力的文化产业和旅游业，教育、卫生、文化等各项事业蓬勃发展，社会和谐稳定。

以厦门为例，1980年，厦门城镇居民收入为406元，低于全国平均水平70元。1985年，厦门城镇居民收入为878元，高于全国平均水平76元。仅仅用了5年时间，厦门由低于全国平均水平变为高于全国平均水平。到了2017年，厦门居民人均可支配收入高达46630元，其中城镇居民人均可支配收入为50019元，农村居民人均可支配收入20460元。社保体系不断优化，截至2017年，参加养老保险273.79万人，参加医疗保险381.81万人。城镇化水平提高，城镇化率达到89.1%。此外，厦门还重视科教文化事业的发展，注重培养和提升居民的文化素质和文化水平，拥有各类学校总数达1291所，其中普通高等学校本专科16所，普通中等学校115所，小学298所，公共图书馆10所，博物馆4所。在医疗卫生方面，卫生医疗机构1701所，医疗人员的数量和治理也有很大的改观，居民平均预期寿命已经提高到80.45岁。此外，厦门还注重城市建设，建设了高速公路、轨道交通等基础设施，使居民出行更加方便快捷。

为改革开放提供"试验田"。建设有中国特色社会主义的道路是一项复杂的工程，没有成熟的经验供我国借鉴，这就需要我国在具体实践中不断探索适合我国发展的道路，取得经验，推广到全国。邓小平曾经强调"经济特区是一个试验田",充分肯定了经济特区的重要性。经济特区在现代化建设中发挥了示范作用;在改革中发挥了试验田作用;在对外开放中发挥了桥梁作用;在自主创新中发挥了试验作用。经济特区为我国改革开放和社会主义现代化建设积累了经验,为探索中国特色社会主义道路做出了贡献。

经济特区自建立以来,充分发挥"敢闯敢试、敢为人先、埋头苦干的特区精神"①,勇于探索,敢于创新,率先进行改革和试验。在建设特区的过程中,哪怕一个微小的决定都是大胆尝试的结果。不仅要敢于闯,还要有创造性地闯。在试验过程中,无论是成功还是失败,都是一种贡献。邓小平说过,看准了的,就应该大胆地尝试。在社会主义体制内,经济特区不走计划经济的老路,而是开市场经济的先例,激发劳动者积极性和创造性,逐步建立制度化、法制化的市场经济运行机制,得出只有市场经济体制与社会主义制度结合并不矛盾的结论。正如江泽民所说:"经济特区在经济体制改革的许多方面先行一步,为全国经济体制改革的深化提供了重要经验。"②

二 经济特区面临的新机遇

中国特色社会主义进入新时代以来,经济特区面临着新形势、新任务、新挑战,并被赋予了新的重要职责和新的历史使命,这就是经济特区新时代面临的最大机遇。2018年,习近平在海南建立经济特区30周年大会上的讲话中指出,党中央对海南改革开放发展寄予厚望,这是海南发展面临的新的重大历史机遇。

新时代,党中央、国务院还赋予了上海自贸区、雄安新区、深圳等经济特区新的重大责任和使命。如2015年4月20日,国

---

① 习近平:《在庆祝海南建省办经济特区30周年大会上的讲话》,《人民日报》2018年4月14日第2版。
② 江泽民:《在庆祝深圳经济特区建立十周年招待会上的讲话》,《人民日报》1990年11月27日。

务院印发《进一步深化中国（上海）自由贸易试验区改革开放方案》；2019年1月24日，《中共中央 国务院关于支持河北雄安新区全面深化改革和扩大开放的指导意见》发布；2019年8月18日，党中央、国务院下发了《关于支持深圳建设中国特色社会主义先行示范区的意见》。这些《方案》《意见》对不同类型的经济特区都提出了程度不同的新的目标和使命，使经济特区面临着重大的历史机遇。

从制度变迁理论和区域增长理论分析，40年改革开放进程中，无论是狭义的经济特区，还是广义的经济特区，作为中国社会制度变迁的路径选择，目的是培育经济增长极，并通过"回程效应""扩展效应"和"涓滴效应"的释放，带动区域经济发展，当然也有降低改革开放的政治风险和试错成本等意图。因此，各经济特区在中国改革开放不同时期和发展阶段中，承担着不同的先行先试职责和使命，服从国家整体发展战略，实现从均衡发展到非均衡发展，达到共享富裕与繁荣，完成国家统一进行示范的一项制度安排。

在全面深化改革、扩大开放的今天，在全面决胜小康社会的新时代，经济特区作为中国制度变迁的路径选择，既有的作用、职责和使命依然存在。当前改革到了一个重要关头，很多领域的改革突入了"无人区"和深水区，经济特区要仍处在为全国改革开放探路的"第一方阵"，担负着探索改革开放的实现路径和实现形式的重要职责和使命，经济特区仍然是改革开放的重要窗口、改革开放的试验平台、改革开放的开拓者、改革开放的实干家。

站在改革开放新的起点上，党和国家根据各经济特区面临的新形势，分别制定了不同的任务、目标和使命，但率先实现社会主义现代化、探索可复制可推广的经验、实施创新驱动发展战略、率先推进"四个全面"、实现"五位一体"战略、以人民为中心、坚持高质量发展新理念、打造人和自然共生的和谐环境等是各经济特区共有的。因此，经济特区要进一步解放思想，勇于尝试，在新时代改革开放征程中走在前列，不断形成新经验、深化新认识、贡献新方案。不忘初心、牢记使命,先行先试、大胆探索,推动改革开放实现新突破。在解决发展不平衡不充分这一社会主要矛盾的过程中,经济特区将继续作为政策高地所形成的经济增长极,在不断产生更加具有竞争力的"集聚效应"的同时,以更具辐射力和制度创新绩效的"扩散效应",带动更广泛的区域协同发展,形成更广泛的区域经济圈。

因此,新时代经济特区已经从过去一城一地的经济发展,上升到国家发展战略层面,这从党中央、国务院给经济特区下发的各种《意见》《方案》《通知》中可见一斑,从这个意义上说,各经济特区面临前所未有的新机遇。如2018年党中央对广东提出了新要求,要求广东在构建推动经济高质量发展体制机制、建设现代化经济体系、形成全面开放新格局、营造共建共治共享社会治理格局上走在前列。

中国40年改革开放历程,不仅以经济特区的成功实践证明了所选道路的正确性,而且还探索出一条转型国家实现现代化的可借鉴的发展方式,中国道路的探索过程是对人类文明的认同过程,又是为世界提出中国智慧和中国方案的过程。"经济特区作为中国道路重要的实践模式和组成部分,作为符合中国国情的社会转型的实践方式,它的实践意义与现实价值是历史性的,它将在相当长的时期里,作为中国制度变迁的独特路径而发挥着独特作用,并且将继续以不断率先改革,先行先试的示范作用印证着中国道路的正确性。"① 并努力在形成更高层次改革开放新格局上为全国提供更多可复制可推广的经验。

在新时代下,经济特区要谋划新战略,规划新目标,部署新任务,迎接新挑战,开启新征程。经济特区应该抓住新时代重大发展机遇,不断推进理论、实践、制度、文化及其他各方面创新,成为展示改革开放的窗户,成为探索扩大开放的平台。

三 经济特区面临的新挑战

从某种意义上讲,当前经济特区面临的新机遇,也是经济特

---

① 陶一桃:《新时代经济特区新使命新作为》,《深圳特区报》2018年5月8日第1版。

区面临的新挑战。目前，经济特区普遍处于高位过坎、再上台阶的关键时期，对照新时代党中央、国务院对经济特区提出的新任务、新要求、新目标、新使命，对照国际先进经贸规则和成功经验，经济特区还存在着一些不足，面临着一些新挑战。

国际环境日趋复杂，对经济特区提出了新挑战。当前，国际政治经济形势严峻，经济全球化与反全球化并行，以美国为首的少数西方国家实施了严厉的贸易保护主义政策，反全球化运动已经严重阻碍了经济全球化进程；政治多极化与单边主义并立，虽然世界大多数国家希望国际政治舞台上有自己的声音，呼唤世界政治多极化，但"美国优先"为特征的单边主义横行。我国发展的国际环境发生明显变化，美国单方面挑起的贸易战给我国经济以及世界经济发展都增加了不确定性因素，尤其是对以外向型经济为上的经济特区较大冲击。

面对国际政治形势复杂的环境，目前经济特区实体经济发展的基础支撑条件，在应对国际环境变化能力上明显不足。大多经济特区以技术、品牌、质量、营销渠道等为核心的高附加值产品和新竞争优势尚未完全形成，工业产品和出口商品低附加值问题仍然突出。这些现象的背后反映出经济特区的原始创新人才总量和能力与创新发展需要不相适应，基础研究不足，高等教育发展滞后，并远低于国际上一些创新型国家和城市的水平，调整的能力亟待提升。

因此，美国对我国的经济制裁反过来是件好事，帮助我们充分认识到我们的短板在哪里，哪些方面需要我们补强，即习近平讲的"补短板，强弱项"。同时，经济特区应积极开拓多元化国际市场，同时注重统筹国内国际两个大局，通过扩大国内需求为经济增长注入强大动能。不言而喻，美国对我国经济制裁的对象，大多指向了经济特区的处于世界核心技术领先的高新技术企业，当然根本目的是遏制我国发展，以免我国崛起对美国造成威胁。对此，经济特区应力争在关键技术和关键零部件研发上率先突破，在世界高科技舞台上有自己的一席之地。

国内政策环境宽松，对经济特区提出了新挑战。随着我国全面深化改革和全面扩大开放,经济特区所具有的制度与政策优势已经明显减弱。最突出的是"特区内地化,内地特区化"表现非常明显。这是说经济特区实行的特殊优惠政策在内地广泛实行后,经济特区与内地已经没有质的区别了。为了能够在招商引资的竞争中胜出,部分地区发布了丰厚的优惠政策来吸引外商,形成招商引资的竞争态势。这提醒经济特区要注意到今后的发展与内地之间获取政策优势等资源要素的竞争将日趋激烈,单靠政策优势已经难以为继。经济特区未来如何通过制度和政策创新,体制机制创新来培育符合新时代要求的制度、体制、机制和政策优势,是经济特区普遍面临的紧迫问题。

经济特区内部新情况,对经济特区提出了新挑战。当然有的新情况是早已存在的,只不过目前表现尤为突出。一是经济特区的总体发展水平与党中央、国务院对经济特区高质量发展等新要求有不小差距。特别是城市环境品质还无法与国际先进城市相比,基本公共服务水平与满足广大群众需要之间还存在较大差距,政府治理能力亟待提升等。二是经济特区之间发展不平衡不充分问题依然突出。特区与特区之间存在差距,大部分经济特区与上海、深圳等经济特区相比还相对落后,有的城乡二元结构还很明显,担负着快速推进城镇化进程的重任。三是经济特区在社会民生事业方面普遍存在短板,各层次的教育机构、医疗机构、文化和社会服务机构还远不能满足特区人民对美好生活的需要。四是经济特区产业结构的不合理性,各区仅仅从自身产业结构调整出发,缺乏总体协调性,在产业结构上各经济特区同质化现象严重。如大多经济特区过分依赖出口加工且水平较低,且又大多出口到欧美等国,这最容易受到国际政治经济形势的影响。

尤其强调的是随着经济特区建设的推进,我国经济特区的数量不断增多,开始出现了相互"竞争"的势头。随着我国经济的不断发展,各地区经济发展水平的差距进一步拉大,为了缩小各地区的差距,党中央、国务院不断调整政策、优化布局,着手开辟"新特区",寻找新的"试验场"。目前,除了由全国人大批准设立的7个经济特区外,还有由国务院各部委、省、自治区和直辖市批准成立的享有一定特殊政策的共计数百个各类"区",形成了"经济特区—沿海开放城市—沿海经济开放区—沿江经济开发区—国家高新技术开发区—国家经济技术开发区—综合配套改革试验区—经济园区—保税区—自贸区（港）—新区"等全方位、多层次、宽领域的特区新格局。虽然这些地区不是真正意义上的经济特区,但是却实施一些与经济特区相同甚至比特区更为优惠的政策,从而造成了经济特区之间前所未有的竞争压力。

经济特区之间有竞争可迫使各经济特区不再独享政策优势带来的福利,但是,这种竞争应该不是恶性竞争,而是良性竞争。为此,党中央、国务院应及时发现苗头,在必要时必须进行干预。经济特区要想继续发展,就需要付出比之前更多的努力去创造其他特区所不具备的优势,才能在与其竞争中脱颖而出,确保自己已有的资源不会被其他地区所吸引,从而保障自己经济社会的稳步健康发展。无论从何时何地来说,人才始终是第一资源,因此如何培养、吸引、留住、用好人才,是各经济特区竞争和发展的关键。

总之,经济特区迈入了新时代,这是经济特区发展的新的历史方位。新时代经济特区面临百年未有之大变局,面临着新机遇、新挑战,面临着"我们比历史上任何时期都更接近中华民族伟大复兴的目标"的新时代,习近平强调:"现在,我们迎来了世界新一轮科技革命和产业变革同我国转变发展方式的历史性交汇期,既面临着千载难逢的历史机遇,又面临着差距拉大的严峻挑战。"[①] 经济特区必须抓住新时代这一千载难逢的历史机遇,不断推进经济、政治、文化、社会、生态和党的现代化建设,努力实现中华民族伟大复兴的中国梦。

---

① 习近平:《在中国科学院第十九次院士大会、中国工程院第十四次院士大会上的讲话》,《深圳特区报》2018年5月8日第1版。

第二章　新时代中国经济特区理论的根本立场和历史使命

根本立场，就是经济特区认识和处理问题时的出发点、落脚点、价值取向和基本态度，历史使命是指经济特区肩负的党中央赋予的重大任务和责任。从宏观上讲，中国共产党的根本立场就是经济特区的根本立场，中国共产党的初心和使命就是经济特区的初心和使命，即以人民为中心是新时代经济特区的根本立场，包括为人民谋幸福、为中华民族谋复兴、为世界谋大同等是新时代经济特区的历史使命。可见，以人民为中心的根本立场是中国共产党历史使命的重要内容，中国共产党的三大历史使命归根结底就是不断满足包括中国人民在内的世界广大人民群众对美好生活的向往。习近平指出："坚守中国共产党人为人民谋幸福的初心，坚持人民主体地位，坚持一切为了人民、一切依靠人民，彰显了人民是历史的创造者、人民是真正英雄的唯物史观，彰显了以人为本、人民至上的价值取向，彰显了立党为公、执政为民的执政理念。"[①] 在这里，习近平很好地诠释了中国共产党的根本立场和历史使命及其关系，为经济特区发展指明了方向。经济特区根本立场和历史使命回答的是新时代中国经济特区建设"是什么""为什么"的重大理论问题。

[①] 中共中央宣传部编：《习近平新时代中国特色社会主义思想学习纲要》，学习出版社、人民出版社2019年版，第10页。

第一节 以人民为中心是新时代经济特区理论的根本立场

人民性是马克思主义最鲜明的品格,是马克思主义政党同其他政党的根本区别标志。人民群众是中国共产党的执政基础和力量源泉,以人民为中心是党的根本立场,也是新时代中国经济特区建设的根本立场。党的十八大以来,以习近平同志为核心的党中央,无论是"五位一体"总体布局、"四个全面"战略布局、五大发展理念的提出,还是"两个一百年"奋斗目标和实现中华民族伟大复兴中国梦的提出;无论是实施供给侧改革、创新驱动战略还是"放管服"改革;无论是脱贫攻坚还是对民生社会建设的高度关注,都贯穿着以人民为中心的发展思想,充分体现以人民为中心的根本立场。习近平在考察海南、深圳、上海自贸区、浦东新区、雄安等经济特区时,无不要求其建设和发展应"以人民为中心"。

一 人民立场是马克思主义的根本立场

马克思主义是关于包括无产阶级在内的全世界无产阶级和全人类彻底解放的学说,主要由马克思主义哲学、马克思主义政治经济学和科学社会主义三大部分组成。虽然我们目前仍不能准确定义什么是马克思主义,但可以从其理论体系中去发现马克思主义的内核。我们认为,这一内核就是马克思、恩格斯关于包括无产阶级在内的"全人类的解放"思想,实质就是人民立场。因为这一思想在马克思主义整个理论体系中具有"不变性"的特点,是贯穿马克思主义理论体系始终的灵魂、本质和核心,是所有自居为马克思主义的流派无论何时何地都必须坚持而不能以任何借口加以背弃的,否则就不是真正的马克思主义。不仅如此,这一"不变性"还是不同社会主义模式必须应有的普遍性或共性,否则就不是真正的社会主义。马克思主义"不变性"与马克思主义关于"一切人自由而全面地发展""自由人的联合体"等思想并无实质不同,只是同一思想的不同表述。

马克思主义理论体系是由其根本立场、观点和方法构建起来的大厦。马克思主义根本立场是指马克思主义观察、分析、解决一切问题,尤其是"全人类的解放"这一一以贯之的"不变"立足点和出发点。马克思主义的根本观点是关于无产阶级解放运动的性质、条件、目的等一系列基本原理、结论和论断。马克思主义的根本方法是指无产阶级为了解放全人类,并最终解放自己所采取的手段、方式和途径。马克思主义全部学说,即根本立场、观点和方法的理论归宿和终极价值就是"全人类的解放"。

马克思主义的根本立场就是无产阶级的立场,而无产阶级的立场就是绝大多数人的立场,绝大多数人的立场就是人民立场。对此,马克思、恩格斯在《共产党宣言》中明确指出,"过去的一切运动都是少数人的或者为少数人谋利益的运动。无产阶级的运动是绝大多数人的、为绝大多数人谋利益的独立的运动"[1]。人类社会发展的历史,首先是物质生产发展的历史,而人民群众是物质财富和精神财富的创造者,是历史的主人,是推动社会发展的根本力量。人民群众的利益、意志、愿望和要求,从根本上体现了社会发展的方向。所以在马克思、恩格斯那里,工人阶级政党如果离开了最广大人民群众的利益,党的一切斗争和理想不但会落空,而且会变得与一切剥削阶级政党并无二致。

人民利益高于一切。共产党来自于人民、植根于人民、服务于人民,其全部任务和责任,就是为实现广大人民群众的根本利益。为此,党的理论路线、方针政策和工作必须以符合最广大人民的根本利益为最高标准。对于一个真正的马克思主义政党来说,在任何情况下必须维护无产阶级和广大劳动群众的根本利益这一"不变"的根本立场,才能保证马克思主义政党不变色,从而保证社会主义国家不变质,也就不会给国际资产阶级留下攻击的口实,最终马克思主义政党才能作为一个先进政党而存在,社会主义国家才能引领人类社会的发展方向。

---

[1] 《马克思恩格斯选集》第 1 卷,人民出版社 1995 年版,第 283 页。

马克思主义根本观点主要体现在其哲学、政治经济学和科学社会主义之中。列宁指出："只有马克思的哲学唯物主义，才给无产阶级指明了如何摆脱一切被压迫阶级至今深受其害的精神奴役的出路。只有马克思的经济学说，才阐明了无产阶级在整个资本主义制度中的真正地位。"① 但是，科学社会主义才是马克思主义全部学说的理论归依和必然结论，它以马克思主义哲学特别是历史唯物主义和马克思主义政治经济学特别是剩余价值学说为理论基石，揭示无产阶级解放运动的一系列重要理论观点，是引导工人运动深入发展的真正旗帜，是无产阶级解放全人类包括最后解放自己，最终建立"自由人的联合体"的行动纲领。

恩格斯指出："……现代的唯物主义，它和过去相比，是以科学社会主义为其理论终结的。"② 马克思早在《1844年经济学哲学手稿》中提出，共产主义人的解放即是消除人的本质的异化，他在《资本论》中强调："以每个人的全面而自由的发展为基本原则的社会形式是共产主义的基本原则。"③ 1848年发表的《共产党宣言》对此作了最集中和最简练的表述，未来社会"将是这样一个联合体，在那里，每个人的自由发展是一切人的自由发展的条件"④。半个世纪后，恩格斯仍认为，只有这段话能够"概括未来新时代的精神"，并准确而又简明地表达了他和马克思关于未来的社会主义纪元的基本思想。⑤ 后来，马克思在《资本论》中又进一步指出，共产主义是"以每个人的全面而自由的发展为基本原则的社会形式"。"每个人的自由而全面发展""自由人的联合体"是马克思恩格斯为之奋斗一生的"不变"的最高追求和价值目标，亦是马克思主义的根本观点和其基本原理、结论和论断的共同指向。

马克思、恩格斯所追求的人的自由全面发展，虽然是人的一种发展方向和最终目标，但应贯穿于社会主义社会和共产主义社会发

---

① 《列宁选集》第2卷，人民出版社1995年版，第314页。
② 《马克思恩格斯全集》第20卷，人民出版社1971年版，第673页。
③ 《马克思恩格斯全集》第23卷，人民出版社1972年版，第649页。
④ 《马克思恩格斯选集》第1卷，人民出版社1995年版，第294页。
⑤ 《马克思恩格斯选集》第4卷，人民出版社1995年版，第731页。

展的每一个阶段和过程始终，而不应定格在某一点和某个阶段上。人的自由全面发展这一内核或"不变性"，就要求各个共产党和工人党的一切理论路线、方针政策和手段方法都要最大限度地有利于广大劳动群众政治、经济和文化等全方位发展，而不仅仅是经济上的"脱贫致富"。但是，在国际共产主义运动中的一个相当长的历史阶段，我们在关于人的自由而全面发展的问题上存在着重大的认识误区，将"全人类的解放"这一马克思主义内核视为资产阶级观点和唯心主义观点加以批判和反对，认为"全人类的解放"不讲阶级性，是空洞和抽象的；或者认为人的解放或自由全面发展是将来的事，现阶段没有必要加以强调。

那种认为人的解放只有到共产主义社会才有可能的认识，没有看到人的解放是一个历史过程，并寓于社会主义、共产主义发展过程中的每个阶段和过程的始终。在他们看来，马克思、恩格斯指出过，共产主义社会才是"自由人的联合体"，列宁也说过"国家完全消亡的经济基础就是共产主义的高度发展"等。于是，他们就急忙得出人的解放或自由全面发展是将来共产主义社会的事情的结论，这就把人的解放或自由全面发展的阶段实施与完全实现对立起来。马克思、恩格斯和列宁虽然指出过人的解放在共产主义社会里才能完全实现，但没有说只有到了共产主义社会才开始解决人的解放问题。人的解放是一个自然历史进程和自觉历史过程的统一，是一个由低级到高级的历史运动的实现过程。

当然，人的解放在社会主义社会和共产主义社会两个阶段实现的程度、范围和方式会有所不同。社会主义阶段人的解放为共产主义社会完全实现人的解放进行着量的积累，社会主义人的局部解放和单一发展，是共产主义社会人的全部解放的准备和基础；共产主义社会人的解放是社会主义社会人的解放的方向、趋势和结果。虽然人的解放，必须经历一个从单一发展到全面发展，从限制自由发展到自由发展，从局部解放到全部解放的漫长过程，但将人的解放视为到了共产主义才能实施的看法，割裂了人的解放之量变与质变的关系，也就割裂了人类社会发展的连续性和阶段性。将人的解放看作是共产主义社会一蹴而就的事情，显然是错误的。

还有人错误认为在条件不成熟的社会主义阶段提人的解放既不现实，还会影响经济发展和社会稳定。他们借口社会主义国家由于各种条件的制约，如果强调每个人的解放必然会影响经济建设的中心任务，进而影响整个社会的稳定。还有人认为现阶段不能提人的解放，是因为这些国家的国民文化素质低下，如此等等。的确，人的解放的内容不能超越现有的社会发展阶段，但也不能落后于现有的社会发展现实。如果人的解放落后于社会发展，那么社会发展就会失去目标和方向；如果人的解放超越社会发展，那么人的自由全面发展就会缺乏必要的物质和精神基础。同时，人的解放是在法律构架下的解放，而不是无条件的解放。因此，那种认为人的解放会影响经济发展和社会稳定的担心是多余的，相反，只要我们把握好解放的度，只会激发广大劳动群众的积极性、主动性和创造性，促进经济发展和社会稳定。

不可否认，现实的社会主义国家都是在经济文化落后的国家夺取政权的。因此，以经济发展为中心，迅速发展生产力，满足广大人民群众日益增长的物质和文化生活需要，提高综合国力，是这些国家的第一要务。但是，不能以此作为轻视甚至压制社会主义阶段人的一步一步解放和一步一步自由全面发展的借口。社会主义社会是一个综合体，人的解放和发展也是一个综合体，社会主义社会不仅仅只是经济方面的繁荣，还需要社会主义政治、文化、生态等全面发展。而且，经济繁荣如果没有政治、文化、生态等发展的支撑，就不具备可持续性。这就决定了社会主义国家各发展阶段的所有政策都必须体现广大人民的根本利益，为他们的自由全面发展创造条件，这是马克思主义的根本观点所在。

马克思主义根本方法主要包括唯物辩证法、实事求是和群众路线。要求共产党和工人党应根据本国实际和时代特征去客观地、全面地、发展地、系统地、普遍地观察、认识和处理全人类解放的问题，而不是主观地、片面地、静止地、零散地、孤立地观察、认识和处理，在矛盾对立统一过程中把握本国社会主义革命和建设的发展规律。为此，党必须坚持实事求是的思想路线，一切从本国实际和时代特征出发，理论联系实际，不断研究新情况，解决新问题。

一切依靠群众，从群众中来，到群众中去，密切联系群众，充分调动群众的创造性和主观能动性。在实际工作中要充分尊重相信群众，才能从群众那里听到真实的意见和建议，并从中汲取经验和智慧，以确保决策的可行性和正确性。同时还要求决策者在做出决策以后，必须回到群众实践中去检验决策的效果，以期对决策进行改进和完善，从而最大限度地满足广大群众日益增长的多元化物质和文化需求。

马克思主义的根本立场、观点和方法是高度统一的，其共同指向为"全人类的解放"这一"不变性"，即人民立场，只有从马克思主义的根本立场、根本观点和根本方法中去把握马克思主义的人民立场这一"不变性"，才能完整准确地掌握和运用马克思主义。但马克思主义的根本立场对于根本观点和根本方法来说处于第一位，即广大劳动人民的立场永远处在马克思主义的第一顺位，其根本观点和根本方法从属和服务于根本立场。

马克思、恩格斯不仅提出了全人类解放的理论，而且一生都在为解放全人类、实现人的自由全面发展而奋斗。让包括无产阶级在内的全人类摆脱自然界、人类社会和思想的奴役和压迫，成为这个世界的主人，是马克思主义的历史使命，是马克思主义一以贯之的最高理想、价值追求和逻辑起点。恩格斯在1880年指出，"完成这一解放世界的事业，是现代无产阶级的历史使命"。习近平指出："马克思主义第一次站在人民的立场探求人类自由解放的道路，以科学的理论为最终建立一个没有压迫、没有剥削、人人平等、人人自由的理想社会指明了方向。"[①]

二 以人民为中心的根本立场是党的宗旨和性质决定的

中国共产党自成立之日起就把全心全意为人民服务作为党的宗旨，党章明确规定：党除了工人阶级和最广大人民群众的利益，没有自己特殊的利益。党在任何时候都把群众利益放在第一位，同群

[①] 中共中央党史和文献研究院、中央"不忘初心、牢记使命"主题教育领导小组办公室编：《习近平关于"不忘初心、牢记使命"重要论述选编》，中央文献出版社、党建读物出版社2019年版，第339—340页。

众同甘共苦，保持最密切的联系，不允许任何党员脱离群众，凌驾于群众之上。我们党的最大政治优势是密切联系群众，党执政后的最大危险是脱离群众。我们国家是人民当家做主的国家，党和国家一切工作的出发点和落脚点是实现好、维护好、发展好最广大人民的根本利益。经济特区作为中国共产党领导的社会主义经济特区，也同样必须坚持以人民为中心的根本立场，以经济特区改革开放的实践成果来诠释"发展为了谁""发展依靠谁""发展成果由谁共享"这一发展中的根本问题。

以毛泽东同志为核心的第一代中国共产党人，在领导中国革命建设时期，正因为始终如一地强调和保持同人民群众的紧密联系，始终站在人民群众的立场，为中国人民谋解放、谋幸福，得到人民群众的衷心拥护和全力支持，才能领导中国人民取得新民主主义革命和社会主义革命的伟大胜利，才能激发人民群众投身社会主义现代化建设的热情，为中华民族的伟大复兴奠定良好的基础。

以邓小平同志为核心的第二代中国共产党人，在谋划和领导中国改革开放的过程中，始终强调"社会主义的财富属于人民，社会主义的致富是全民共同富裕"[①]。坚持把是否有利于发展社会主义社会的生产力、是否有利于增强社会主义国家的综合国力、是否有利于提高人民的生活水平，作为衡量一切工作是非得失的判断标准。正因为党的改革开放政策符合广大人民的利益，得到人民群众的衷心拥护和积极参与，我国改革开放才取得令世界瞩目的成绩。接着江泽民同志提出"三个代表"重要思想，其中"始终代表最广大人民的根本利益"是"三个代表"重要思想的出发点和落脚点。胡锦涛同志提出科学发展观，其中"以人为本"是科学发展观的核心要义。

党的十八大以来，以习近平同志为核心的党中央，始终坚持马克思主义"以人民为中心"的根本立场，坚持人民至上的价值观，强调要尊重人民群众的首创精神和主体地位，把实现好、维护好、

[①] 《邓小平文选》第3卷，人民出版社1993年版，第254页。

发展好最广大人民群众的根本利益作为党和国家各项工作的根本遵循。他明确指出:"人民立场是中国共产党的根本政治立场,是马克思主义政党区别于其他政党的显著标志。"①"带领人民创造幸福生活,是我们党始终不渝的奋斗目标。""尊重人民主体地位,保证人民当家作主,是我们党的一贯主张。"② 对此,他还用了"三个不能"表明中国共产党人坚持马克思主义根本立场的决心:"我们必须把人民利益放在第一位,任何时候任何情况下,与人民群众同呼吸共命运的立场不能变,全心全意为人民服务的宗旨不能忘,坚信群众是真正英雄的历史唯物主义观点不能丢。"③

从中我们可以清楚地看到一条既一脉相承又与时俱进的思想主线,这就是我党始终站在人民大众立场上,一切为了人民、一切相信人民、一切依靠人民,诚心诚意为人民谋利益。④ 中国特色社会主义进入新时代,新时代的经济特区依然是中国共产党领导的社会主义经济特区,离不开马克思主义的指导,离不开新时代中国特色社会主义思想引领,自然也必须把坚持以人民为中心作为特区改革发展的根本立场,把满足人民群众的利益作为经济特区改革开放和一切工作的出发点和落脚点。

三 坚持以人民为中心谋划和推进新时代经济特区的改革发展

新时代经济特区落实以人民为中心的根本立场,就必须坚持以人民为中心谋划和推进新时代经济特区的改革发展。首先是要坚持一切依靠人民。民心是最大的政治,人民是最大的靠山。只要通晓中国历史,几乎没有人不知晓"水能载舟亦能覆舟"的典故,正所谓"得民心者得天下,失民心者失天下"。人心向背决定党和国家的前途命运、改革发展的成败得失,也决定着新时代经济特区改革开放和建设发展的成败。

---

① 《习近平谈治国理政》第 2 卷,外文出版社 2017 年版,第 40 页。
② 习近平:《在庆祝中国共产党成立 95 周年大会上的讲话》,外文出版社 2016 年版,第 18—19 页。
③ 《习近平在 2010 年 3 月 1 日在中共中央党校春季学期开学典礼上的讲话》,中国共产党新闻网。
④ 同上。

习近平明确指出，"我们党来自人民、根植人民、服务人民，党的根基在人民、血脉在人民、力量在人民"。"在任何时候任何情况下，与人民同呼吸共命运的立场不能变，全心全意为人民服务的宗旨不能忘，群众是真正英雄的历史唯物主义观点不能丢，始终坚持立党为公、执政为民。"[①] 经济特区成立以来之所以能取得如此辉煌的成就，其中非常重要的一条原因就是我们始终坚持一切依靠人民。[②] 人民群众始终是经济特区改革开放的主力军，经济特区也十分注意充分发挥人民群众的首创精神。

如改革开放以来，深圳经济特区共计创造了在全国领先的 1000 多项改革创新举措，从一个渔村发展成为经济总量突破 2 万亿元的全球创新城市，国家级高新技术企业超过 1.4 万家。靠的就是深圳经济特区人民敢为天下先的改革创新精神。由深圳人民公开评选出的十大观念中，就有"敢为天下先""改革创新是深圳的魂、深圳的根""鼓励创新、宽容失败"等三条是与创新直接相关的内容，可见，"创新"的观念得到了广大深圳人民的高度认同，创新就是要充分发挥广大人民群众的主动性、积极性和创造性。也正是依靠深圳经济特区人民这种创新精神，才能创造多项领先全国的改革创新举措，才能创造深圳经济特区的辉煌。

因此，新时代经济特区面对新形势、新任务和新使命，只有坚持以人民为中心的发展理念，坚定不移地依靠经济特区人民来谋划经济特区新一轮改革开放，依靠经济特区人民推动经济特区建设，继续努力凝聚人民力量，汲取人民智慧，赢得人民支持，才能创造经济特区新的辉煌。

其次是要坚持一切为了人民。所谓一切为了人民，就是说要围绕增进经济特区的民生福祉这个根本目的来谋划和推进经济特区的改革与建设，始终做到一切为了人民群众、一切对人民群众负责。经济特区的党员干部心里要始终装着人民群众，想人民群众之所想，急人民群众之所急，真正做到情为民所系、利为民所谋。对

[①] 《习近平谈治国理政》，外文出版社 2014 年版，第 367 页。
[②] 郑智超：《新时代经济特区建设的新思路、新方向——学习习近平关于新时代经济特区建设的思想》，《长沙理工大学学报》（社会科学版）2018 年第 5 期。

此，习近平特别指出："干部要怀着强烈的爱民、忧民、为民、惠民之心，心里要始终装着父老乡亲，想问题、做决策、办事情都要想一想是不是站在人民的立场上，是不是有助于解决群众的难题，是不是有利于增进人民的福祉，不断增强人民群众获得感、幸福感、安全感。"①

最后是要坚持一切由人民评判。习近平多次要求在决策和推动改革中要把人民满意不满意作为一切工作的衡量标准，把是否促进经济社会发展、是否给人民群众带来实实在在的获得感，作为改革成效的评价标准。他指出："检验我们一切工作的成效，最终都要看人民是否真正得到了实惠，人民生活是否真正得到了改善，人民权益是否真正得到了保障。"② 后来他又更形象地说，"时代是出卷人，我们是答卷人，而人民是评卷人"③。

按照这个标准，经济特区改革和建设过程中，就要把满足人民群众的利益作为经济特区一切工作的出发点，要仔细倾听群众的声音，认真研究群众的诉求，主动接受群众监督，自觉接受群众的评价。凡是群众渴望解决的事情，要认真研究尽量创造条件解决；凡是群众反映的问题，要即知即改、立行立改；凡是群众提出的意见，都要认真研究分析，合理的要全部采纳，不尽合理的要求，也要做好解释和说明，争取群众的理解和支持。经济特区的所有工作，都要经得起人民群众的检验，经济特区建设得好不好，不能光看某些指标，而要看人民群众是否满意，把人民群众是否满意作为衡量新时代经济特区一切工作的标准，自觉接受人民群众的监督，牢固树立群众满意导向。

---

① 中共中央党史和文献研究院、中央"不忘初心、牢记使命"主题教育领导小组办公室编：《习近平关于"不忘初心、牢记使命"重要论述选编》，中央文献出版社、党建读物出版社2019年版，第386页。

② 《习近平谈治国理政》，外文出版社2014年版，第28页。

③ 中共中央党史和文献研究院、中央"不忘初心、牢记使命"主题教育领导小组办公室编：《习近平关于"不忘初心、牢记使命"重要论述选编》，中央文献出版社、党建读物出版社2019年版，第301页。

第二节 实现人民对美好生活的向往是经济特区理论的使命

党的十九大报告开宗明义地指出，为人民谋幸福，为民族谋复兴就是中国共产党人的初心和使命。2018年4月，习近平在会见联合国秘书长古特雷斯时又指出，我们所做的一切都是为人民谋幸福，为民族谋复兴，为世界谋大同，"三为"是中国共产党人使命的完整表述，也是我们理解习近平新时代中国特色社会主义思想的金钥匙。归根结底，中国共产党的历史使命就是首先实现包括中国人民在内的世界人民对美好生活的向往，这也是经济特区的大使命。当然党创办经济特区时，经济特区还被赋予了包括成为改革开放重要窗口和试验平台，通过经济特区的成功对我国实施"一国两制"战略起到示范作用，以及为探索实现社会主义现代化新路径积累新经验等重大任务和责任。随着全面深化改革、全面扩大开放的展开，党中央又赋予了经济特区新的历史使命。

一 经济特区要为人民谋幸福探索新路径

"人民对美好生活的向往，就是我们的奋斗目标。"[①] 把人民对美好生活的向往作为奋斗目标，从根本上回答了"为了谁"的问题，是立党为公、执政为民的生动体现，是中国共产党人始终坚守的政治灵魂和精神支柱。[②] 但是，幸福不是天上掉馅饼，而是要靠全体人民共同努力奋斗才能得来的。习近平在2018年新年贺词中说"幸福都是奋斗出来的！"幸福也不仅仅是人民物质生活富裕，而是生活水平和生活质量的普遍提高，同时还包括享有高质量的政治、文化、体育等精神生活，要让最广大人民群众有更多的获得感和幸福感。

---

① 《习近平谈治国理政》，外文出版社2014年版，第4页。
② 中共中央宣传部编：《习近平新时代中国特色社会主义新思想三十讲》，学习出版社2018年版，第86页。

中国特色社会主义进入新时代，我国社会的主要矛盾已经转化为人民日益增长的美好生活需要和不平衡不充分的发展之间的矛盾。这深刻揭示了我国当前发展状况和人民生活状况的时代特点。这就是说我们为人民谋幸福所面临的已经不是简单的经济发展和人民生活富裕的问题，重点是我们的发展不平衡不充分的问题。"不平衡"主要是指我们有的方面发展较快，有的方面发展滞后；有的地区发展快，有的地区发展落后；不同人群、不同行业之间的收入差距问题日益突出。"不充分"主要是指我们的发展质量和效益还不高，创新能力不够强，实体经济水平有待提高，生态环境保护任重道远；民生领域还有不少短板，脱贫攻坚任务艰巨，群众在就业、教育、医疗、居住、养老等方面面临不少难题。

这就要求我们要在继续推动发展的基础上，着力解决好发展不平衡不充分问题，大力提升发展质量和效益，更好满足人民在经济、政治、文化、社会、生态等方面日益增长的需要，更好推动人的全面发展、社会全面进步。那么，人民幸福的标准是什么？如何为人民谋幸福？怎样才能让老百姓感到幸福等，都需要经济特区继续发挥探路、开路的实验平台作用，在为人民谋幸福、提高人民生活水平和生活质量方面探索新路径。

在经济特区开办之初，中央明确规定经济特区的任务就是作为我国改革开放的试验场，先行一步，为我国的现代化建设和实现人民共同富裕探索道路，积累经验。1984年小平同志在视察深圳、珠海、厦门经济特区后把特区的作用概括为"四个窗口"，他说："特区是个窗口，是技术的窗口，管理的窗口，知识的窗口，也是对外政策的窗口。"[1] 这是对特区功能和定位的最准确的概括。

改革开放40年来，经济特区不仅在推进改革开放方面发挥了很好的试验田作用，而且在推进民生改革，提高民生幸福水平上也做了很好的探索。如深圳经济特区不仅在经济上取得令世人瞩目的成绩，而且在民生社会事业、精神文明建设、市民权利保障、社会公平正义等方面也做出了十分有益的探索。深圳市民评选的十大观念

---

[1] 《邓小平文选》第2卷，人民出版社1993年版，第150页。

中，"让城市因热爱读书而受人尊重""实现市民文化权利""送人玫瑰，手有余香""深圳与世界没有距离""来了就是深圳人"等，就不仅充分体现了人民的主体地位，而且在保障市民权利方面走在全国前列，随着深圳经济特区的发展，让市民生活水平和生活质量不断提高的同时，拥有更多的获得感、归属感和幸福感。

中国特色社会主义进入新时代，人民对美好生活的需要也在不断增长和变化，经济特区要继续发挥自身优势，自觉践行创新、协调、绿色、开放、共享五大发展理念，努力攻克影响民生幸福和发展不平衡不充分的难题，推动经济特区经济社会的高质量发展，为促进人的全面发展、社会全面进步，实现人民对美好生活的向往探索新路径，提供新经验，做出新贡献。

二 经济特区要为民族谋复兴提供可复制可推广的经验

实现中华民族伟大复兴是近代以来中华民族最伟大的梦想，是激励中华儿女团结奋进、开辟未来的精神旗帜[1]。也是中国共产党人的初心和使命。中国共产党自成立以来一直在为实现中华民族伟大复兴中国梦而不懈努力奋斗。中华民族伟大复兴的标志是什么？习近平指出："中国梦凝结着无数仁人志士的不懈努力，承载着全体中华儿女的共同向往，昭示着国家富强、民族振兴、人民幸福的美好前景。"[2] 也就是说国家富强、民族振兴、人民幸福就是中华民族伟大复兴的主要标志，也是中国梦的本质内涵。那么，如何实现中华民族伟大复兴的中国梦呢？

习近平指出，实现中国梦，必须坚持党的领导，必须坚持和发展中国特色社会主义道路，必须弘扬中国精神，必须凝聚中国力量，必须坚持和平发展。[3] 实现伟大梦想，必须进行伟大斗争、建设伟大工程、推进伟大事业。中华民族伟大复兴中国梦的实现绝不是轻轻松松、敲锣打鼓就可以实现的，必须准备付出更为艰巨、更

---

[1] 中共中央宣传部编：《习近平新时代中国特色社会主义思想三十讲》，学习出版社2018年版，第32页。
[2] 《习近平谈治国理政》，外文出版社2014年版，第49页。
[3] 同上书，第56—57页。

为艰苦的努力。而经济特区总结好改革开放经验和启示，不仅是对40年艰辛探索和实践的最好庆祝，而且能为新时代推进中国特色社会主义伟大事业提供强大动力，在新的历史时期，顺应党和人民的新期待，继续发扬敢闯敢试、敢为人先、埋头苦干的特区精神，始终勇立潮头，站在改革开放最前沿，在体制机制方面不断创新，为实现中华民族伟大复兴的中国梦提供可复制可推广的经验，加速中国特色社会主义现代化进程。

作为改革开放前沿的经济特区，从一开始就肩负着党赋予的从为社会主义市场经济探路，到新时代为我国改革开放和现代化开路的重任，无论是过去还是将来，始终承担着改革开放试验田、窗口和总结、传播改革开放经验的重责。因此，经济特区的意义不仅仅是经济的高速增长，更为重要的是肩负着为全国提供可复制可推广经验的历史使命。习近平在考察深圳、上海、海南、前海、横琴、雄安等地时，都要求这些经济特区为全国提供可复制可推广的经验。他在海南建省办特区30周年讲话中指出，新时代经济特区要勇于扛起历史责任，适应国内外形势新变化，根据国家发展新战略，在体制机制改革方面先行先试、大胆探索，为全国提供更多可复制可推广的经验。他殷切希望深圳"拿出更多务实创新的改革举措，探索更多可复制可推广的经验"。

经济特区作为我国改革开放的试验田和窗口，在实现中华民族伟大复兴中国梦的过程中，更应该不忘初心，牢记使命，为民族复兴做出更大的贡献。因为人民幸福、民族复兴是中国共产党人的初心和使命，也是中国共产党推进改革开放的目的，而中国共产党人的初心和使命也就是经济特区的初心和使命。因此，进入新时代，我们比历史上任何时候都更加接近实现中华民族伟大复兴的目标，更加需要经济特区继续发扬敢闯敢试的创新精神，为实现中华民族伟大复兴的目标积累更多可复制可借鉴的经验。

一是要在如何加强和改善党的领导上做出表率和形成可复制可推广的经验。党的领导是实现中华民族伟大复兴的根本保障，也是经济特区改革开放和建设发展的根本保障。可以说，没有党的坚强领导，就不可能有经济特区改革开放的伟大成就。进入新时代，面对更加艰巨的改革任务和更为严峻的国际国内形势的挑战，经济特区是民营企业和外资企业的大本营，如何将党的领导深入其中考验着特区党组织的智慧。面对新形势，经济特区更加需要加强和改善党的领导，更要深入推进党的建设新的伟大工程，始终保持党的先进性和纯洁性，不断提高党的执政能力和水平，确保党把方向、谋大局、定政策，始终总揽全局、协调各方。

二是要坚持中国特色社会主义道路和形成可复制可推广的经验。改革开放的方向正确与否，是涉及全局、关系根本的大是大非问题，也是关系改革开放成败的关键所在。坚持走中国特色社会主义道路既是我国改革开放取得重大成就的重要原因和主要经验之一，也是新时代经济特区必须坚持的正确发展方向和重要原则。对此，习近平指出："全国各族人民一定要增强对中国特色社会主义的理论自信、道路自信、制度自信，坚定不移沿着正确的中国道路奋勇前进。"[1] 经济特区是民营经济和外资企业的集中地，如何保障和维护这些企业职工的合法权益，引导这些企业沿着正确的轨道前行同样考验着特区党和政府的智慧。

三是要在弘扬中国精神上进一步做出表率和形成可复制可推广的经验。什么是中国精神？中国精神就是以爱国主义为核心的民族精神和以改革创新为核心的民族精神。这是凝心聚力的兴国之魂，强国之魂。要实现中华民族伟大复兴的中国梦，必须弘扬中国精神。经济特区地处我国改革开放的前沿，承担着为改革开放和民族复兴探路的使命和任务，没有强烈的爱国主义精神，就很难抵御西方资产阶级思想的侵蚀，很容易迷失方向；没有改革创新精神，就不可能完成中央交给经济特区的各项攻坚克难的改革任务。面向新时代，要实现中华民族伟大复兴的中国梦，经济特区面临的挑战将更为严峻，面对的矛盾将更为尖锐，面临的困难将更为严重，承担的任务将更为艰巨，因而更要大力弘扬中国精神，把敢闯敢试、敢为人先、埋头苦干为核心的特区精神与以爱国主义为核心的中国精神高度融合起来。

---

[1] 《习近平谈治国理政》，外文出版社2014年版，第40页。

四是要在如何进一步凝聚中国力量上做出示范和形成可复制可推广的经验。这个中国力量就是全国各族人民大团结的力量。实现中华民族伟大复兴的中国梦，不仅是中国共产党的初心和使命，也是每一个中国人的梦，只有全国各族人民团结一心，为实现共同梦想而努力奋斗，中华民族伟大复兴的中国梦才能实现。而要凝聚中国力量，在民族复兴伟大实践中就始终要坚持以人民为中心的根本立场。因此，经济特区在新一轮改革开放的实践过程中，也必须坚持以人民为中心的根本立场，充分调动特区人民的积极性，并在如何了解民情，倾听民意，集中民智，尊重人民主体地位和首创精神，保障人民权利，解决人民困难，凝聚民心和力量上做出表率。经济特区与一些地方相比，具有较强的包容性，宽容失败，"来了就是深圳人"，只要你是人才，就能在深圳找到你成长的位置，到了深圳就可能圆你深圳梦。

五是要在防范重大风险上积累经验和形成可复制可推广的经验。实现中华民族复兴的伟大梦想，必须进行伟大斗争。实现中华民族伟大复兴的道路注定不可能是一帆风顺的，必定会面临许多重大的挑战、风险、阻力和矛盾，这就要求我们必须随时准备进行抵御防范各种风险的伟大斗争。经济特区处于改革开放的前沿和对敌斗争的桥头堡，本身就承担着改革开放试验田的任务，要求经济特区必须承担防范化解改革开放风险的责任，在推进特区改革开放实践过程中，要提高政治站位，坚持正确的改革开放方向，在事关"道路""旗帜"问题上立场坚定，高举中国特色社会主义伟大旗帜，坚持中国共产党的领导，强化为党分忧，为国担责的历史担当，是经济特区始终不变的政治灵魂；要加强改革开放风险预判，做好防范风险预案；要加强改革的顶层设计，提高改革决策的科学性；加强改革开放过程跟踪和管理，及时纠正改革中出现的偏差，不断提高防范化解改革开放风险的能力，不断积累防范化解改革开放风险的经验，为全国做出示范。

六是要在体制机制等各方面进行创新和形成可复制可推广的经验。40年改革开放，经济特区在体制机制方面进行了大量的创新，许多经验被复制推广到全国。据不完全统计，40年来深圳的许多创新经验都在全国得到复制和推广。如率先打破大锅饭，实行"绩效工资"，该模式迅速在全国推广，在产权制度、率先取得价格改革的突破、行政管理体制、首次实现"全民医保"、科技管理体制、首次取消票证、金融体制、率先发行股票等方面率先进行改革探索，释放出巨大的改革红利和制度红利，为其他地区的改革开放和中华民族的伟大复兴提供了大量可资借鉴的经验。新时代，我国更加接近实现中国梦，但是改革开放进入到攻坚期、"深水期"和无人区，各种新旧矛盾竞相集中爆发，不进则退，习近平向全党和全国人民发出了改革开放再出发的誓言。勇于破解新时代经济社会发展的重大问题、全面深化改革开放的难点问题、全面扩大开放的热点问题、推动创新创造的关键问题，对此党中央对经济特区又赋予了新的使命，提出了更高要求。经济特区应在体制机制、国家治理体系和治理能力现代化进行新的探索，为全国提供更多可复制可推广的经验。

新时代，中央给经济特区的定位和使命由"先行先试"变为"先行示范"，意味着经济特区为我国改革开放探路的使命不仅没有结束，而且要承担更重大、更艰巨、更复杂的任务，发挥更重要、更有效的作用，不仅要"先行先试"，并且还要发挥在全国的示范引领作用，为全国的改革开放和经济社会发展提供可复制、可推广的经验。新时代经济特区如何承担好"先行示范"的历史使命？最关键的就是要赢得人民的支持与拥护，汲取人民群众的智慧，凝聚人民群众的力量，吸引广大人民群众的积极参与。如果没有人民群众的衷心拥护和积极参与，经济特区的新一轮改革开放就不可能取得成功。这就决定在经济特区新一轮改革开放过程中，必须坚持以人民为中心的根本立场和发展理念。对此，习近平强调："推进任何一项重大改革，都要站在人民立场上把握和处理好涉及改革的重大问题，都要从人民利益出发谋划改革思路、制定改革举措。"[1]

三 经济特区要为世界谋大同贡献中国智慧和中国方案

马克思主义的历史使命就是解放包括无产阶级在内的全人类，

---

[1] 《习近平谈治国理政》，外文出版社2014年版，第98页。

解放的主体是与大机器等先进生产力相联系的无产阶级，无产阶级只有解放全人类才能解放自己，因此"工人无祖国"。共产党是以马克思主义为指导思想的，解放全人类也就成为共产党的历史使命。中国共产党为世界谋大同就是马克思主义解放全人类的应有之义，世界大同和全人类解放的基本要旨就是通过现代化路径实现世界人民对美好生活的向往。

世界各国在通往美好生活的现代化征途中，有着不同的路径选择。现代化是人类社会发展过程中的一个必经阶段，反映的是生产力不断向前发展的基本规律。环顾世界现代化历史，西方少数国家得益于工业革命的机遇，率先迈入现代化的门槛。古代中国曾经长期是世界强国，但到近代以后，由于悖于世界潮流，缺乏近代化意识，中国在中华数千年未有之大变局中不断走向衰落。鸦片战争以后，面对亡国灭种的现实危险，先进的中国人把实现民族复兴、实现国家现代化作为浴血奋斗的目标。从"师夷长技以制夷"到洋务运动，从"变法图强"到"振兴中华"，无一不反映着中国试图走向现代化的重要历史见证。现代化承载着一代又一代中国人民的梦想，寄托着中华民族伟大复兴的希望。然而，没有先进政党领导、没有科学理论指引的国家难以保证任何现代化蓝图的实现。"19世纪下半叶和20世纪初期，中国在国际政治舞台上的弱势位相，在根本上归因于中国现代化理论的单维与线性，以及由此导致的中国现代化进程的蹒跚而行和屡屡受挫。"① 只有在中国共产党的领导下，中华民族才实现了从站起来到富起来再到强起来，这其中对现代化道路的探索充满着艰辛曲折和艰难困苦。

而真正找到正确路径的标志是党的十一届三中全会确定的改革开放路线。邓小平科学总结了中国近代模仿"西方模式"、新中国成立后照搬"苏联模式"，到国外资本主义现代化所暴露出的种种弊病、发展中国家模仿资本主义模式搞现代化而导致"不发达"的种种经验教训，重新提出和规划现代化建设总目标和"三步走"发展战略，开启了全面建成小康社会进而实现社会主义现代化的伟大

---

① 徐奉臻：《国内马克思现代化思想研究的进程及思考》，《哈尔滨工业大学学报》（社会科学版）2014年第3期。

历程。从中国的历史角度来说，从鸦片战争以后很多中国领导人都试图领导中国走向现代化，但只有邓小平最后找到了这条路。① 从党的十二大强调"全面开创社会主义现代化建设的新局面"，到党的十八大明确"建设中国特色社会主义的总任务是实现社会主义现代化和中华民族伟大复兴"，党在每次全国代表大会上都从不同角度和不同侧重点，聚焦和强调社会主义现代化建设问题。

"现代化不是单选题。历史条件的多样性，决定了各国选择发展道路的多样性。"② 改革开放40年来，经济特区既始终坚持面向世界，科学借鉴西方现代化建设的有益经验，又始终强调"中国特色"，坚持"走自己的路"。"中国有960多万平方公里土地、56个民族，我们能照谁的模式办？谁又能指手画脚告诉我们该怎么办？对丰富多彩的世界，我们应该秉持兼容并蓄的态度，虚心学习他人的好东西，在独立自主的立场上把他人的好东西加以消化吸收，化成我们自己的好东西，但决不能囫囵吞枣、决不能邯郸学步。"③ 在保持同世界发达国家的深度互动交往中，中国的现代化事业在诸多领域实现了弯道超车，为新时代社会主义现代化贡献了中国智慧和中国方案。

"当代中国的伟大社会变革，不是简单延续我国历史文化的母版，不是简单套用马克思主义经典作家设想的模板，不是其他国家社会主义实践的再版，也不是国外现代化发展的翻版。"④ 中国经济特区发展道路超越了西方的现代化模式，打破了发展中国家对西方现代化的"路径依赖"，开创了适应中国国情的现代化之路。习近平指出："中国人民的成功实践昭示世人，通向现代化的道路不止一条，只要找准正确方向、驰而不息，条条大路通罗马。"⑤

---

① 傅高义：《鸦片战争后只有邓小平找到中国现代化之路》，http://business.sohu.com/20130424/n374178413.shtml。

② 习近平：《在开罗阿拉伯国家联盟总部的重要演讲》，《人民日报》2016年1月22日第2版。

③ 习近平：《在庆祝全国人民代表大会成立60周年大会上的讲话》，《人民日报》2014年9月6日。

④ 习近平：《在哲学社会科学工作座谈会上的讲话》，《人民日报》2016年5月19日。

⑤ 习近平：《在庆祝改革开放40周年大会上的讲话》，《人民日报》2018年12月18日第2版。

中国同世界大多数国家一样，同属发展中国家。40年改革开放的成功实践证明中国道路是可行的，"中国特色社会主义道路、理论、制度、文化不断发展，拓展了发展中国家走向现代化的途径，给世界上那些既希望加快发展又希望保持自身独立性的国家和民族提供了全新选择，为解决人类问题贡献了中国智慧和中国方案"[1]。其中，经济特区在中国智慧和中国方案的贡献中应当居功至伟、当仁不让。因为经济特区与我国其他地方相比，是最有条件、最有能力、最有资格贡献更多中国智慧和中国方案的。

这些中国智慧和中国方案就为具有与中国相似国情的国家和民族，尤其广大发展中国家既希望加快发展又希望保持自身独立性，通过现代化路径，实现本民族对美好生活向往和民族复兴提供了重要参考。2018年4月8日，习近平在人民大会堂会见联合国秘书长古特雷斯时指出："中国在国际上磊落坦荡。中国人民不仅要自己过上好日子，还追求天下大同。"这一思想坚守为人民谋幸福的初心，承载为民族谋复兴的使命，担当为世界谋大同的责任[2]，是我们深刻理解和全面把握习近平新时代中国特色社会主义思想的金钥匙。

当前，人类正处在大发展大变革大调整时代，为顺应经济全球化带来的全球命运与共、合作共赢的时代潮流，应对人类面临的全球性问题和层出不穷的挑战，习近平提出构建人类命运共同体的重要战略思想，呼吁世界各国人民同心协力，构建人类命运共同体，建设持久和平、普遍安全、共同繁荣、开放包容、清洁美丽的世界。党的十八大以来，以习近平同志为核心的党中央深刻洞察人类前途命运和时代发展趋势，推动构建新型国际关系、构建人类命运共同体，携手世界共建"一带一路"，自觉承担起为世界和平与发展贡献中国智慧、中国方案、中国力量的历史责任。

---

[1] 中共中央宣传部编：《习近平新时代中国特色社会主义思想学习纲要》，学习出版社、人民出版社2019年版，第14—15页。

[2] 杨建：《牢记改革开放的初心和使命，为中国方案做出深圳贡献》，《特区理论与实践》2019年第4期。

经济特区大都地处沿海、沿江地区或"丝绸之路经济带""海上丝绸之路"的战略要冲，地理位置优越，是中国进行"一带一路"建设的主力军；经济特区作为我国改革开放的实验平台，有非常坚实的改革开放和活力基础，有利于在"一带一路"建设中发挥重要作用；经济特区得改革开放风气之先，在对外合作中具有明显的体制机制优势；经济特区产业结构调整及时，经济发展水平相对较高，具有非常明显的经济优势；经济特区对外开放最早，国际化程度较高，具有走出去的经验和优势。

邓小平在谈到中国的改革意义时指出，"我们的改革不仅在中国，而且在国际范围内也是一种试验，我们相信会成功。如果成功了，可以对世界上的社会主义事业和不发达国家的发展提供某些经验"。"这不但是给占世界总人口四分之三的第三世界走出了一条路，更重要的是向人类表明，社会主义是必由之路，社会主义优于资本主义。"[①] 因此，在构建人类命运共同体，为世界谋大同过程中，经济特区大有可为，也应该大有作为。要自觉承担起"为世界谋大同"，肩负着贡献更多中国经验的光荣使命，发挥好先行示范、协调推进、创新驱动、高质量发展等更丰富、更全面的作用，创建一套更完备、更有效、更稳定的制度体系，提出并践行一套彰显中华文明价值的人类文明新理念，形成一种可复制、可借鉴的现代化发展路径，不断为世界和平与发展贡献中国智慧、中国方案、中国力量，为实现世界各国人民对美好生活的向往贡献中国智慧、中国方案、中国力量。

总之，经济特区改革发展不仅要以经济特区人民为中心，以实现经济特区人民对美好生活的向往为目标，而且还要惠及全国人民。要辐射带动周边地区联动协调发展，对口支援贫困落后地区发展，在国家脱贫攻坚战略实施中发挥中坚力量作用，更为重要的是要为全国改革开放提供更多可复制、可借鉴的经验，推动全国改革开放的不断深入，促进地区之间的均衡发展。

[①]《邓小平文选》第3卷，人民出版社1993年版，第118—225页。

第三节　特区人民是创造经济特区奇迹的主体力量

"人民是历史的创造者，是决定党和国家前途命运的根本力量"，要"依靠人民创造历史伟业"①。回顾我国经济特区建立40年的历史，经济特区之所以能够取得如此光辉的成就，与经济特区广大人民群众对改革开放的积极支持和实践是分不开的，与经济特区广大人民群众勇于改革创新和艰苦努力是分不开的。正如习近平在海南建省办经济特区30周年大会上的讲话中所说，"改革开放在认识和实践上的每一次突破和深化，改革开放中每一个新生事物的产生和发展，改革开放每一个领域和环节经验的创造和积累，无不来自亿万人民的智慧和实践。没有人民支持和参与，任何改革都不可能取得成功。只有充分尊重人民意愿，形成广泛共识，人民才会积极支持改革、踊跃投身改革"②。当前，面对新形势、新任务、新使命，经济特区更要坚持依靠人民推动改革开放不断深化，依靠人民的力量，发挥人民群众的智慧，推动经济特区的建设和发展。

一　在思想上要牢固树立人民群众的主体地位

历史唯物主义认为，人类社会历史是由人民群众创造的，他们才是推动社会发展的根本动力和主体力量。毛泽东说："人民，只有人民，才是创造世界历史的动力。"③党的十八大以来，以习近平同志为核心的党中央继承和创造性地发展了唯物史观的基本观点，认为"人民是推动发展的根本力量"④。反复强调"要牢固树立以人民

---

① 习近平：《决胜全面建成小康社会　夺取新时代中国特色社会主义伟大胜利——在中国共产党第十九次全国代表大会上的报告》，人民出版社2017年版，第21页。
② 习近平：《在庆祝海南建省办经济特区30周年大会上的讲话》，《人民日报》2018年4月14日第2版。
③ 《毛泽东选集》第3卷，人民出版社1991年版，第103页。
④ 《中共中央关于制定国民经济和社会发展第十三个五年规划的建议》，《人民日报》2015年11月4日。

为中心的发展思想，常怀忧民、爱民、惠民之心，采取针对性更强、覆盖面更大、作用更直接、效果更明显的举措，解决好同老百姓生活息息相关的教育、就业、医疗卫生、社会保障、社会稳定等民生问题，使人民获得感、幸福感、安全感更加充实、更有保障、更可持续"[1]。

新时代经济特区承担着"先行示范"的重要使命和任务，经济特区各级党组织和党员干部必须在思想上牢固树立人民群众的主体地位。要充分认识到，人民群众是承担经济特区"先行示范"艰巨任务和光荣使命的主体，只有充分尊重人民群众的主体地位，充分发挥经济特区人民群众的作用，才能履行起新时代经济特区的新使命，完成中央交给新时代经济特区的历史重任。比如厦门经济特区在创建全国文明城市过程中就始终坚持人民城市人民建、建好城市为人民的工作导向，激发群众对城市的认同感归属感自豪感，增强市民的获得感幸福感安全感，从而激发了全体市民参与城市文明建设的积极性和主动性，有力地促进了城市文明建设，该市自2005年10月荣获首届全国文明城市称号后，在历届全国文明城市创建中获得佳绩。厦门文明城市创建实践证明，充分尊重人民群众的主体地位是厦门城市文明建设取得成功的关键，只有"始终坚持创建为民、创建靠民、创建惠民，持续深化全国文明城市创建，才能建设人民满意的文明城市"[2]。

二 尊重人民群众的首创精神，最大限度地激发人民的创造热情

人民群众是兼具智慧和探索精神的社会主体，是推动发展的动力之源。经济特区改革开放和建设发展，归根结底是广大人民群众自己的实践。事实上，经济特区建立以来，各个经济特区许多的创

---

[1] 中共中央党史和文献研究院、中央"不忘初心、牢记使命"主题教育领导小组办公室编：《习近平关于"不忘初心、牢记使命"重要论述选编》，中央文献出版社、党建读物出版社2019年版，第86页。

[2] 《坚持以人民为中心　建设人民满意的文明城市——福建厦门市创建全国文明城市的探索实践》，http://www.12371.cn/2019/07/19/ARTI1563507057217487.shtml。

新举措，都来自于人民群众的创造。如深圳在全国首创的1000多项改革创新举措，大部分来自于人民群众的首创，深圳十大观念的提出，也是对深圳经济特区人民改革开放实践经验的总结和提炼。新时代面对经济特区的新定位、新任务、新使命，必须努力营造良好的创新氛围，建设以创新为荣，鼓励创新、宽容失败的创新文化，极大地激活经济特区人民的创新创造意识和创新精神，提升整个经济特区的创新能力。必须坚持以人民为师，问需于民、问计于民，耐心倾听和反映人民的发展诉求，虚心听取和采纳人民的发展意见，及时发现、总结、概括人民群众创造出来的新鲜经验，推动经济特区改革开放和建设发展，更好地发挥经济特区"先行示范"作用。

三 凝聚人民力量，汲取人民智慧，赢得人民支持

人民是历史的创造者，是我们力量的源泉。我们改革开放的政策最终要靠广大人民群众的积极参与和落实。我国改革开放之所以成功，关键就在于我们一开始就使改革开放事业深深扎根于人民群众之中，得到广大人民群众的衷心拥护和积极参与。因此，习近平指出："在全面深化改革进程中，遇到关系复杂、难以权衡的利益问题，要认真想一想群众实际情况怎样？群众到底在期待什么？群众利益如何保障？群众对我们的改革是否满意？提高改革决策的科学性，很重要的一条就是要广泛听取群众的意见和建议，及时总结群众创造的新鲜经验，充分调动群众推进改革的积极性、主动性、创造性，把最广大人民智慧和力量凝聚到改革上来，同人民一道把改革推向前进。"①

为了更广泛、更快捷、更有效地听取群众意见，深圳市委市政府除了常规渠道外，还充分利用现代信息技术手段，创办网上问政深圳平台，及时解民忧聚民心。该平台的一大特点是政府部门主动接近网民、发现问题、化解矛盾。在问政深圳平台上，你的问题必然有人回应，你的不满必定有人倾听。群众有所呼，政府必有所

---

① 《习近平谈治国理政》，外文出版社2014年版，第98页。

应，每个人的诉求都能得到回音，得到落实。该平台的另一个特点是广场效应，百姓的问题是开放的，政府的回应也是开放的。"这种开放化、讨论式的问题解决方式不仅给了具体市民、具体事件解决问题的机会，更有利于整个社会形成通过官方渠道、阳光手段解决问题的习惯和信心。"成为深圳市政府听取市民意见、解决市民问题、凝聚市民力量的重要载体。仅2019年1月到9月，"问政深圳平台共收录问政网帖3500多条，120多个政府部门参与问政，回应总数1030多次，相关话题总点击量近4000万"[1]。人民群众的问题和要求越是能够得到及时解决，群众对党和政府的满意度就越高，参与经济特区改革建设的积极性就越高，就越能凝聚更多的人民力量。因此，这样一种凝聚人民力量的方式和创新的思维值得其他经济特区和全国各地政府部门借鉴和学习。

群众是真正的英雄，人民群众中蕴藏着无穷的智慧。能不能、善不善于汲取人民群众的智慧，直接关系到经济特区改革开放的成败。习近平强调"人民群众有着无尽的智慧和力量，在人民面前，我们永远是小学生。必须充分尊重人民所表达的意愿、所创造的经验、所拥有的权利、所发挥的作用，自觉拜人民为师，向能者求教，向智者问策"。[2] 因此，面向新时代，经济特区广大党员干部要大兴调查研究之风，经常深入群众，勤进百家门，多谈百家事，虚心向人民学习，自觉拜群众为师，做到问需于民、问计于民、问政于民，才能得到人民群众的衷心拥护和积极参与，才能创造经济特区新的辉煌。

新时代经济特区改革开放与建设发展，要想取得成功，关键就是要努力赢得经济特区人民群众的支持。而要赢得人民群众的支持，除了我们的各项政策举措要符合最广大人民群众的根本利益之外，还有一条就是我们的广大党员干部，要增强做群众工作的看家本领，能够有效地发动群众、组织群众积极参与经济特区改革建设。要学懂、弄通、做实习近平新时代经济特区思想，全面掌握党

---

[1] 《问政深圳平台"以人民为中心"解民忧聚民心》，2019年9月15日，深圳新闻网。
[2] 中共中央宣传部编：《习近平新时代中国特色社会主义思想学习纲要》，学习出版社、人民出版社2019年版，第43页。

的大政方针,经济特区改革开放和建设各项事业才能真正得到广大人民群众的衷心拥护和支持。

总之,作为中国改革开放的前沿和试验田,经济特区要不忘初心,牢记使命,始终坚持以人民为中心的发展思想,不断满足人民日益增长的美好生活需要,让改革发展成果更多更公平惠及人民。要充分尊重人民意愿,形成广泛共识,充分调动人民群众支持改革、踊跃投身改革的积极性。要坚持人民主体地位,发挥群众首创精神,紧紧依靠人民推动改革开放。要坚持从人民群众普遍关注、反映强烈、反复出现的问题背后查找体制机制弊端,找准深化改革的重点和突破口。要始终把人民利益摆在至高无上的地位,加快推进民生领域体制机制改革,尽力而为、量力而行,着力提高保障和改善民生水平,不断完善公共服务体系,不断促进社会公平正义,推动公共资源向基层延伸、向困难群体倾斜,着力解决人民群众关心的现实利益问题。在现代化进程中要积极探索和积累攻克实现人民群众对美好生活向往的民生难题经验,示范和带动落后地区发展,让经济特区改革经验和成果惠及全国人民和世界人民。

第三章　新时代经济特区发展的根本保障和根本方向

党的领导是经济特区发展的根本保障，中国特色社会主义是经济特区发展的根本方向，它回答的也是新时代中国经济特区"是什么""为什么"这一重大理论问题。新时代经济特区建设的根本保障和根本方向是必须坚持党的领导和中国特色社会主义方向。党的领导与中国特色社会主义是一币两面关系，言及党的领导必谈及中国特色社会主义，谈及中国特色社会主义则必言及党的领导。习近平指出："改什么，怎么改必须以是否符合完善和发展中国特色社会主义制度、推进国家治理体系和治理能力现代化的总目标为根本尺度，该改的、能改的我们坚决改，不该改的、不能改的坚决不改，决不能在根本问题上出现颠覆性错误。必须充分发挥党总揽全局、协调各方的领导核心作用，坚持走中国特色社会主义道路不动摇，坚持社会主义基本制度不动摇，坚持党的领导不动摇，确保改革开放始终沿着正确方向前进。"[①] 那么什么是"不该改的、不能改的"呢？这就是党的领导和中国特色社会主义。这既是对改革开放40年经验的总结，也是对经济特区改革开放与建设发展经验的总结。面向新时代，经济特区要完成党中央赋予的新使命、新任务，取得新发展、创造新辉煌，更加需要加强和改进党对经济特区的领导，坚定中国特色社会主义方向。

[①] 中共中央宣传部编：《习近平新时代中国特色社会主义思想学习纲要》，学习出版社、人民出版社2019年版，第86页。

第一节　党的领导是新时代经济特区
发展的根本保障

党的领导，是新时代中国特色社会主义发展新局面不断开启和改革开放得以向纵深推进的根本保证，也是新时代中国经济特区发展的根本保障。2018年4月13日，习近平在庆祝海南建省办经济特区30周年大会上指出，"坚持党的领导，全面从严治党，是改革开放取得成功的关键和根本"①。党的领导地位既是近代以来中国历史发展的必然选择，也是中国改革开放40年来历史证明正确的选择，更是由中国经济特区的性质和发展需要决定的。

一　坚持党的领导是中国近代历史发展和中国人民的选择

自鸦片战争以来，无数仁人志士，为了中华民族的独立和富强，进行了不懈的努力，从以林则徐、魏源为首的地主阶级经世派领导的"师夷长技以制夷"，到以洪秀全、洪仁玕为首的农民起义领袖领导的太平天国革命；从以曾国藩、李鸿章为首的洋务派领导的洋务运动，到以康有为、梁启超为首的资产阶级改良派领导的戊戌变法，再到以孙中山为代表的资产阶级革命派领导的辛亥革命，最后都失败了。

历史选择了以马克思主义为指导的中国共产党，领导中国人民推翻了帝国主义、封建主义、官僚资本主义等压在中国人民头上的三座大山，取得了新民主主义革命的胜利，获得了民族的独立和解放。中国共产党成立时只有50多名党员，但是由于中国共产党的纲领和主张代表了中国人民的利益，得到了广大中国人民的支持和拥护，因而由弱到强，最终领导中国人民打败了日本帝国主义的侵略，推翻了国民党的反动统治，建立了人民当家做主的中华人民共和国。因此，坚持党的领导，是历史和人民的选择。历史证明，没

---

　　① 习近平：《在庆祝海南建省办经济特区30周年大会上的讲话》，《人民日报》2018年4月14日第2版。

有中国共产党的领导，就没有中华民族的独立解放和繁荣富强；没有中国共产党的领导，就没有中国改革开放的成功，中华民族伟大复兴的中国梦也就不可能实现。

二 坚持党的领导是确保新时代经济特区的正确发展方向的需要

举什么旗、走什么路，这是经济特区改革发展的方向问题。苏联解体、东欧剧变，究其根本原因，是选择了错误的改革方向和发展道路。①改革开放以来，我国经济特区改革发展之所以能取得重大成功，关键就在于始终坚持党对经济特区的领导，确保经济特区正确的改革方向，确保经济特区是中国共产党领导下的社会主义性质的经济特区。

党的十八大之后，面对经济特区发展的新形势、新任务、新使命，习近平在广东考察工作时特别强调指出："我们的改革开放是有方向、有立场、有原则的。我们当然要高举改革旗帜，但我们的改革是在中国特色社会主义道路上不断前进的改革，既不走封闭僵化的老路，也不走改旗易帜的邪路。"②中国经济特区处于改革开放的前沿和对敌斗争的桥头堡，又承担着改革开放试验田的任务，一直是国内外敌对势力重点渗透和打击的对象，实施和平演变战略的突破口。如果不加强和改进党对经济特区的领导，经济特区的改革发展就有可能偏离方向，反过来成为国内外敌对势力对我国进行和平演变的桥头堡。因此，在新时代推进经济特区改革开放实践过程中，我们必须提高政治站位，坚持正确的改革开放方向，在事关"道路""旗帜"问题上立场坚定，高举中国特色社会主义伟大旗帜。

坚持中国共产党的领导，强化为党分忧，为国担责的历史担当，是经济特区始终不变的政治灵魂。正如习近平所说：海南等经济特区的成功实践，"充分证明了无论改什么、改到哪一步，都要坚持党的领导，确保党把方向、谋大局、定政策，确保党始终总揽全

---

① 慎海雄主编：《习近平改革开放思想研究》，人民出版社2018年版，第345页。
② 中央文献研究室编：《习近平关于全面深化改革论述摘编》，中央文献出版社2014年版，第14页。

局、协调各方"①。

三 坚持党的领导是落实经济特区"先行示范"新使命的需要

中国特色社会主义进入新时代，表明改革开放站在了新的历史起点，我们面临的挑战将更为复杂，改革的任务将更为艰巨。经济特区的战略定位及其在改革开放中所扮演的角色也要发生变化，既由原来的"先行先试"转变为"先行示范"，既要"先行先试"，又要"示范引领"，要继续为全面深化改革，构建全面对外开放格局攻坚克难，探索新路，并且形成可持续、可复制、可借鉴的经验和制度成果，发挥经济特区的示范引领作用。

《中共中央 国务院关于支持深圳建设中国特色社会主义先行示范区的意见》给深圳的战略定位就是"高质量发展高地""法制城市示范""城市文明典范""民生幸福标杆""可持续发展先锋"。② 从中可以看出，中央对深圳的要求，不仅要在经济发展领域起先行示范作用，而且要体现"五位一体"全面发展要求和践行五大发展理念上做出表率。深圳不能仅做"单项冠军"，而要全面领先。③ 说明中央对经济特区的要求更高了，经济特区所要承担的使命和责任更大了。怎么示范、如何引领？最重要的就是要坚持党的领导，确保党把握大政方针、总揽全局、协调各方。最关键的是要不断完善党的领导，提高党对经济特区的领导能力和执政能力，不断适应经济特区的新形势、新变化，牢牢把握经济特区改革开放的正确方向，确保经济特区各项事业健康持续快速发展。只有这样，才能发挥经济特区全面的"先行示范"作用。

四 坚持党的领导是化解经济特区面临的复杂矛盾和风险的需要

改革开放是一场伟大的社会革命，也是一项复杂的系统工程。

---

① 习近平：《在庆祝海南建省办经济特区 30 周年大会上的讲话》，《人民日报》2018 年 4 月 14 日。

② 《中共中央 国务院关于支持深圳建设中国特色社会主义先行示范区的意见》，人民出版社 2019 年版，第 3 页。

③ 王小广：《中国特色社会主义先行示范区怎么干》，《瞭望》2019 年 8 月 3 日。

在推进改革开放过程中也伴随着巨大风险和挑战，这是由改革开放的性质和所处社会环境决定的。随着改革不断向纵深推进，改革进入攻坚期和深水区，改革面临着改革领域多、利益关联广、突破阻力大、矛盾复杂尖锐等问题，改革的难度和复杂性越来越大，都是难啃的硬骨头，稍有不慎就有可能导致改革失败，甚至影响全面建设小康社会和中华民族伟大复兴的历史进程。

新时代的改革开放，从广度来看，不是局部改革、某一领域改革，而是涉及经济、政治、文化、社会、生态文明以及党的建设等领域系统性的全面改革；从深度来看，新时代改革开放不是修修补补和点滴改良，而是对制约社会全面进步和人民美好生活实现的思想观念束缚、利益固化樊篱和体制机制障碍等的根本性破解；从外部环境来看，当今世界正处于大发展、大变革、大调整时期，世界上一些国家炮制所谓"中国威胁论"和"中国殖民论"，试图阻碍和限制中国的发展；从领导者来看，面对云谲波诡的国际形势、复杂敏感的周边环境、艰巨繁重的改革发展稳定任务，也不断考验着各级领导干部的思想水平、信念意志、斗争精神、能力智慧；从意识形态领域来看，国内外还有一些人否定改革开放，西方敌对势力和平演变中国的阴谋从来也没有放弃过，而且手段更加隐蔽，给我国意识形态安全带来严峻挑战。

经济特区处于改革开放前沿，对全面加强党的领导和党的建设有着更高要求。广大党员、干部要坚定维护党中央权威和集中统一领导，自觉在思想上政治上行动上同党中央保持高度一致，自觉站在党和国家大局上想问题、办事情，在践行"四个意识"和"四个自信"上勇当先锋，在讲政治、顾大局、守规矩上做好表率。要用新时代中国特色社会主义思想武装头脑，帮助广大党员、干部坚定理想信念、更新知识观念、掌握过硬本领，更好适应新形势新任务的需要。要加强基层组织建设，把每一个基层党组织都打造成坚强的战斗堡垒。要以改革创新精神抓好党建，持之以恒正风肃纪，深入推进反腐败斗争，教育引导广大党员、干部自觉抵制不良风气对党内生活的侵蚀，营造风清气正的良好政治生态。

第二节　新时代经济特区党的领导和 建设面临的新形势

改革开放以来，经济特区坚持党的领导，坚持社会主义改革方向，不仅在经济社会发展上取得了令世界瞩目的成就，而且在党的建设上先行先试，探索和积累了一系列党建新经验，为经济特区的改革开放与建设发展提供了坚强的保障。进入新时代，一方面国际国内形势发生了深刻变化，给经济特区党的领导与建设带来了新的挑战；另一方面党中央对经济特区提出了新的定位和新的使命，也给经济特区党的领导和建设提出了更高的要求。对此，经济特区一方面要坚定抓好特区党建工作的自信，另一方面又必须充分认识新时代经济特区党的领导与建设面临的新形势，不断提高经济特区的党建水平，不断加强和改善经济特区党的领导，为新时代经济特区的持续健康发展提供坚强的保障。

一　国际形势深刻变化给经济特区党的领导建设提出严峻挑战

虽然和平与发展仍然是当今世界发展的主流，但是人类依然面临诸多难题和挑战，国际金融危机深层次影响继续显现，形形色色的保护主义明显升温，地区热点此起彼伏，霸权主义、强权政治和新干涉主义有所上升，军备竞争、恐怖主义、网络安全等传统安全威胁和非传统安全威胁相互交织，维护世界和平、促进共同发展依然任重道远。[①] 尤其是2008年国际金融危机以来，全球经济增长放缓，贸易保护主义明显抬头，有利于全球贸易增长的环境发生转变。

欧美等发达国家为了维持其在全球经济中的主导地位，正积极谋划制定新的全球贸易规则。目前，由欧美主导的跨太平洋伙伴关系协议（TPP）、跨大西洋贸易与投资伙伴协定（TTIP）和多边服务

---

① 习近平：《论坚持推动构建人类命运共同体》，中央文献出版社2018年版，第5—6页。

业协议（PSA），欲利用发达国家在国际经济中的主导地位，重新构建国际贸易与投资规则，进而影响世界经济运行。在这些谈判中，中国均被排除在外。尤其是 TPP/TTIP/PSA 将在投资、金融、政府采购、标准与认证、竞争政策、物联网、互联网以及知识产权等新领域建立规则，其中 TPP 将涵盖市场准入、知识产权保护、劳工标准、环境标准、安全标准、技术性贸易壁垒、动植物卫生检疫、促进中小企业发展、竞争政策、政府补贴、反贪、限制国有企业、海关合作等内容，标准之高和覆盖领域之广远远超过一般自贸协定。一旦这些谈判达成，将使 WTO 和非成员国双边自贸协定面临被边缘化的危险，提升非成员国参与全球化的成本和难度。[1]

美国更是公然挑起对华贸易战，对中国输出商品加征关税，对中国基于出口导向的发展模式进行围堵。而我国现阶段的自由贸易区发展水平较低，对外开放总体水平远远低于 TPP 和 TTIP 的新标准和新规则。[2] 经济特区作为我国对外开放的"窗口"和改革开放的前沿，国际形势的深刻复杂变化直接影响到经济特区的改革与发展。如何应对复杂多变的国际形势，求得经济特区的持续稳定发展和改革开放的不断深化，考验着经济特区党的领导能力和执政能力。

二 经济特区自身发展对特区党的领导和建设提出了更高要求

改革开放 40 多年来，我国发生了翻天覆地的变化。一方面，有力地促进了经济特区自身经济社会的发展，不仅为全国改革开放和社会主义现代化建设提供了宝贵的示范和重要的参照，为全国改革开放事业行稳致远提供了可复制、可学习、可借鉴的智慧、经验和模式。[3] 而且为发展中国家的改革发展贡献了中国智慧和中国模式。另一方面，中国经济特区的快速发展也使一些西方敌对势力感到了

---

[1] 陈爱贞、刘志彪：《自贸区：中国开放型经济"第二季"》，《学术月刊》2014 年第 1 期。

[2] 袁波、李光辉：《新时期自由贸易试验区建设的重要作用与对策研究》，《国际贸易》2015 年第 10 期。

[3] 郑智超：《新时代经济特区建设的新思路、新方向——学习习近平关于新时代经济特区建设的思想》，《长沙理工大学学报》（社会科学版）2018 年第 5 期。

威胁，导致他们采取各种办法阻碍和打压经济特区的发展，如美国近年来先后对中兴通讯、华为等经济特区企业进行打压和制裁，就是西方敌对势力打压经济特区经济发展的典型案例。

可以想见，随着经济特区改革发展对中国经济社会示范带动作用的日益增强，必将进一步带动中国经济的迅速崛起，也必将导致西方敌对势力更加严厉的打压，经济特区发展面临的国际环境将更加恶劣。这就要求经济特区必须增强忧患意识，紧紧抓住和利用好一切有利时机，实施创新驱动战略，推动以科技创新为核心的全面创新，示范和引领全国的创新发展。

《中共中央 国务院关于支持深圳建设中国特色社会主义先行示范区的意见》明确要求深圳要"深化供给侧结构性改革，实施创新驱动发展战略，建设现代化经济体系，在构建高质量发展的体制机制上走在全国前列"[①]。具体来说，第一，要更新观念，牢固树立以科技创新为核心，带动产业、企业、市场、产品、业态、管理全面创新的理念。第二，要把科技创新作为创新驱动发展战略的核心和基础，把创新的重点放在科技创新上，加大科技创新的投入，力争在一些重要基础研究和重大科技创新上有重大突破，不断提高科技自主创新能力。第三，要加大体制机制创新的力度，建立鼓励创新、宽容失败的激励机制和良好环境。第四，要加强科技人才队伍建设，努力建设一支政治过硬、业务精湛、覆盖各个方面的高素质创新人才队伍。第五，要不断总结经济特区实施创新驱动发展战略的经验，研究和把握创新发展规律，为推动全国创新发展提供引领和示范。

落实这些举措和目标都离不开党的坚强而正确的领导，这就给经济特区党的领导和建设提出了更高的要求，一方面经济特区党组织和政府要不断提高科学决策能力、执政能力和应对风险的能力，引领经济特区经济社会发展朝着正确的方向前进；另一方面又要不断提高党组织的凝聚力、战斗力，充分发挥党组织的战斗堡垒作用和广大党员的先锋模范作用，为经济特区持续健康发展提供强有力

---

① 《中共中央 国务院关于支持深圳建设中国特色社会主义先行示范区的意见》，人民出版社2019年版，第3页。

的组织保障。

三 意识形态领域的斗争将更加激烈

经济特区是我国对外开放的"窗口"。随着经济上的对外开放及其范围的不断扩大，文化上的对外开放也不断发展。随着经济特区引进外资规模和范围的不断扩大，与世界各国发展贸易关系的不断进展，与各国和地区相互交往的日益频密，国外文化对经济特区文化发展的影响也越来越大。尤其在中国正式加入"WTO"之后，按照我国的承诺，包括文化在内的服务领域逐步开放，国外的文化产品和服务以前所未有的规模进入我国，从而使经济文化发展受国外文化影响的程度进一步加大，冲击着主流意识形态的影响。

尤其是深圳，毗邻香港，在香港设有分支机构的世界主要媒体以及香港本地的媒体，每年都派出大量记者通过各种途径来深圳采访，境外媒体时刻关注着深圳的发展和变化。随着互联网技术和自媒体等新型传播媒体的发展，舆论生态环境日趋复杂，这使得各种思想文化和道德观念的交流碰撞显得格外活跃与激烈，很容易导致一些市民价值观非主流化，加速思想文化的多元化走向。

另外，经济特区作为我国体制改革的"试验场"，在全国率先突破计划经济体制，实行一系列"敢为天下先"的市场化改革，率先形成以"十大体系"为内容的社会主义市场经济体制框架，经济体制改革引起生产关系的调整，推动了社会转型，也深刻影响着人们思想观念的变化和文化的发展。体制上的巨大变革不仅带来了物质财富的极大增长，迅速改变了人们的生活条件，而且引起了精神领域的深刻变革，激发了人们的进取意识和创新精神，形成诸如追求平等、崇尚竞争、珍惜时间、讲究效率、注重信用、提倡法治等具有现代意义的价值观念，对社会主义意识形态建设起着积极的促进作用。

但是，市场经济的交换原则、价值原则和利益原则，在一定条件下也容易诱发商品拜物教和金钱拜物教，滋长唯利是图、损人利己、投机倒把等腐朽落后的思想和行为，阻碍甚至破坏社会主义意识形态建设。更加上西方敌对势力和平演变的阴谋一直没有变，通过各种途径对我国尤其是青少年进行西方意识形态的渗透，经济特区更是他们首选的目标。因此，经济特区意识形态领域的斗争将更加激烈，对特区意识形态建设和文化建设提出了严峻的挑战，也考验着特区党组织的意识形态斗争能力和意识形态建设水平。

四 经济特区管党治党任务更加紧迫

中国特色社会主义进入新时代，经济特区管党治党面临更为艰巨的任务。一方面，决胜全面建成小康社会、实现中华民族伟大复兴，需要经济特区更好地发挥"先行示范"作用，对经济特区党的领导和党的建设提出了前所未有的新要求。另一方面，随着经济特区改革开放的不断深入，党面临的执政考验、改革开放考验、市场经济考验、外部环境考验，面临的精神懈怠危险、能力不足危险、脱离群众危险、消极腐败危险同样是复杂的、严峻的，甚至从某种程度上说，经济特区管党治党的任务更加艰巨、紧迫。

主要表现在：一是党的执政地位给党员、干部队伍建设带来严峻挑战。正如习近平所说："在长期执政条件下，各种弱化党的先进性、损害党的纯洁性的因素无时不有，各种违背初心和使命、动摇党的根基的危险无处不在，如果不严加防范、及时整治，久而久之，必将积重难返，小问题就会变成大问题、小管涌就会沦为大塌方，甚至可能酿成全局性、颠覆性的灾难。"[①] 尤其是经济特区，作为我国对外开放的窗口，党员、干部面临的诱惑更多，受西方腐朽思想冲击更大，如果不从严管党治党，党员、干部中出现上述问题的概率就更大、更严重。二是党风廉政建设和反腐败斗争形势依然严峻复杂。党的十八大以来，以习近平同志为核心的党中央把全面从严治党纳入"四个全面"战略布局，把党风廉政建设和反腐败斗争作为全面从严治党的重要内容，正风肃纪，反腐惩恶，着力构建不敢腐、不能腐、不想腐的体制机制。取得了显著成效，反腐败斗争压倒性态势已经形成，党内政治生活呈现新的气象。但是，党风廉政建设和反腐败斗争形势依然严峻复杂。"四风"问题积习甚深，

---

① 习近平：《牢记初心使命，推进自我革命》，《求是》2019年第15期。

作风建设永远在路上；贪污腐败现象尚未有效遏制，一些腐败分子一意孤行，仍然没有收手，甚至变本加厉；破坏党的政治纪律和政治规矩问题依然严重，组织纪律松弛已经成为党的一大隐患。[①] 三是党的建设面临不少难题。如在经济全球化、社会多样化带来人们思想的多元化、复杂化情况下，如何有效统一党内思想，加强党的思想建设？在改革开放和社会主义市场经济改革不断深化的情况下，如何保持经济特区党组织的先进性和纯洁性？在各种非公有制经济和社会组织中如何加强党的组织建设，有效发挥党组织的作用？在现代信息技术高速发展情况下，如何创新党组织生活方式，提高党组织的凝聚力和战斗力？如何有效发挥党统领全局、协调各方作用，如何提高经济特区党组织把方向、谋大局、定政策、促改革的能力？等等问题在经济特区表现尤为突出，迫切需要我们在党的建设实践过程中予以研究解决。

第三节　经济特区要全面加强党的领导和建设

改革开放越深入，经济特区担负的使命和责任越重，面临的问题与困难越多，越需要加强党的领导和党的建设。那么，经济特区要如何加强党的领导和党的建设，才能承担起中央赋予经济特区的新使命和新任务，保证经济特区的健康、持续和稳定发展？笔者认为，重点应该从积极探索党领导经济特区的科学方式、提高党的执政能力、牢牢掌握意识形态工作的领导权、加强经济特区党组织建设、提高党组织的凝聚力和战斗力等方面下功夫。

一　坚决维护党中央权威和集中统一领导

经济特区是中国共产党领导下的社会主义经济特区，维护党中央权威和集中统一领导，是全面从严治党的重要内容，也是经济特区健康持续发展的重要保障，是有效贯彻落实党中央对经济特区定

[①] 张英伟主编：《全面从严治党永远在路上》，中国社会科学出版社2019年版，第47页。

位和要求的前提条件。因此,经济特区不仅要在推进改革开放发挥先行示范作用,而且要在维护党中央权威和集中统一领导方面做出示范。

广大党员干部在思想上、行动上要自觉与党中央保持高度一致,自觉站在党和国家大局上想问题、办事情。经济特区党组织要"坚持把党的政治建设摆在首位,增强'四个意识',坚定'四个自信',做到'两个维护'"①。要牢牢把握改革正确方向,在涉及道路、理论、制度等根本性问题上,必须立场坚定、旗帜鲜明。对此,习近平明确指出"改革开放是一场深刻革命,必须坚持正确方向,沿着正确道路前进。方向决定道路,道路决定命运。我国改革开放之所以能取得巨大成功,关键在于我们把党的基本路线作为党和国家的生命线,始终把坚持以经济建设为中心同四项基本原则、改革开放这两个基本点统一于中国特色社会主义伟大实践,既不走封闭僵化的老路,也不走改旗易帜的邪路"②。只有这样才能保证经济特区这艘航船沿着正确的方向和道路前进,才不会犯颠覆性、全局性错误。

二 不断提高党领导经济特区的能力

经济特区是我国改革开放的前沿和窗口,经济社会发展水平较高,国际化程度高,市场化程度高,对党的执政能力要求也高。因此,经济特区党组织要善于把马克思主义普遍原理和党的方针政策与经济特区发展的具体实际有机结合起来,进一步改进党领导经济特区的方式方法,不断加强和改善党对经济特区的领导,切实把党对经济特区的领导落实到位。

具体来说,第一,要准确定位。中国共产党的领导是中国特色社会主义最本质的特征,是中国特色社会主义制度的最大优势。党政军民学,东西南北中,党是领导一切的。这一点是不容质疑

---

① 《中共中央 国务院关于支持深圳建设中国特色社会主义先行示范区的意见》,人民出版社2019年版,第11页。

② 中央文献研究室编:《习近平关于协调推进"四个全面"战略布局论述摘编》,中央文献出版社2015年版,第14页。

的。但是加强党的领导不是管得越多越好，管得越细越好，党的领导主要是政治、思想和组织领导。是指引、保证、协调、服务的有机统一。① 习近平指出："我们党要总揽全局、协调各方，坚持科学执政、民主执政、依法执政，完善党的领导方式和执政方式，提高党的执政能力和领导水平，不断提高党把方向、谋大局、定政策、促改革的能力和动力，确保改革开放这艘航船沿着正确航向破浪前行。"② 这就是说，党的领导主要体现在政治、思想和组织领导上，体现在把方向、谋大局、定政策、促改革、保落实上，最终把党总揽全局、协调各方落到实处。经济特区党组织要按照"把方向、谋大局、定政策、促改革、保落实"的总要求，充分利用法律、政策、制度等手段，落实党的意图，实现党的领导，不断提高各级党委领导经济社会发展的工作能力和水平。

第二，要坚持用党的创新理论武装广大党员干部头脑，不断提高经济特区党员干部的理论水平。当前，改革开放又到了一个新的历史关头。推进改革开放的复杂程度、敏感程度、艰巨程度都不亚于40年前。同时，党中央对经济特区的定位和要求也更高了。如果没有正确的理论武装，没有思想上的大解放，就不可能拿出创新性的改革开放举措。就不可能解决深层次的矛盾和问题，更不可能发挥经济特区"先行示范"作用，为全国深化改革开放提供可复制、可推广的先进经验。因循守旧没有出路，畏缩不前只会坐失良机。因此，经济特区党组织要坚持用习近平新时代中国特色社会主义思想尤其是习近平新时代经济特区思想武装党员干部头脑，深刻领会习近平新时代经济特区思想的深刻内涵，帮助广大党员、干部坚定理想信念、解放思想、更新观念，提高领导能力。更重要的是要把理论武装贯穿到凝聚改革共识、破除改革阻力、攻克改革难题的全过程，使学习成果转化为推进经济特

---

① 苗庆旺：《提高党的领导和执政水平应注意解决的几个问题》，《求实》2000年第3期。

② 中共中央党史和文献研究院、中央"不忘初心、牢记使命"主题教育领导小组办公室编：《习近平关于"不忘初心、牢记使命"重要论述选编》，中央文献出版社、党建读物出版社2019年版，第372页。

区深化改革开放的先进理念、正确思路和有力举措，转化为推动经济特区发展的动力。

第三，要在建立与社会主义市场经济体制相适应的党政权力结构和运作机制上有所作为。要以党的政治建设为统领，"全面推进党的政治建设、思想建设、组织建设、作风建设、纪律建设，把制度建设贯穿其中"①，不断加强和改善经济特区党的领导，提高党的执政能力和领导科学发展的能力；要继续深化机构和行政体制改革，努力从机构职能上解决党对一切工作领导的体制机制问题；要改革干部选拔任用制度，不断完善体现科学发展观和正确政绩观的干部实绩考核评价标准，充分调动广大干部的工作积极性，努力营造干事创业的良好氛围。

第四，要密切党同人民群众的联系，赢得人民对经济特区改革开放与建设发展的支持。密切联系群众是中国共产党最大的政治优势，人民是历史的创造者，人民是真正的英雄。历史证明，离开了人民群众的参与和支持，任何改革都不可能成功。而要赢得人民群众对经济特区改革开放与建设发展的支持，就必须让经济特区改革发展的成果更多更公平惠及全体人民。对此，习近平反复强调，要"把以人民为中心的发展思想体现在经济社会发展各个环节，做到老百姓关心什么、期盼什么，改革就要抓住什么、推进什么，通过改革给人民群众带来更多获得感"②。因此，经济特区各级党组织要坚持人民主体地位，发挥群众首创精神，紧紧依靠人民推动经济特区改革开放与建设发展；要坚持问题导向，从人民群众普遍关注、反映强烈、反复出现的问题背后找准深化改革的重点和突破口，并且为全国解决此类问题积累经验；要始终把满足人民群众的要求作为改革的出发点和落脚点，加快推进民生领域体制机制改革，着力解决人民群众关心的现实利益问题。只有这样，经济特区的改革开放才不会偏离群众利益，才能获得人民群众的衷心拥护和支持，党对经济特区的领导才能建立在雄厚的群众基础之上，永远立于不败

---

① 习近平：《决胜全面建成小康社会 夺取新时代中国特色社会主义伟大胜利——在中国共产党第十九次全国代表大会上的报告》，人民出版社2017年版，第62页。

② 《习近平谈治国理政》第2卷，外文出版社2017年版，第103页。

之地。

第五，要大力加强干部队伍建设，努力造就高素质干部队伍。毛泽东同志说："政治路线确定之后，干部就是决定因素。"经济特区进一步深化改革开放，推动建设发展同样需要一支高素质的干部队伍，这既是新时代经济特区再创辉煌的重要组织保障，也是提高党领导经济特区能力的重要组成部分。

《中共中央 国务院关于支持深圳建设中国特色社会主义线性示范区的意见》明确指出：要"贯彻落实新时代党的组织路线，激励特区干部新时代新担当新作为"[①]。所谓"新担当"就是经济特区各级领导干部要切实担负起新时代中央赋予经济特区"先行示范"的责任和使命。进入新时代，改革开放进入深水区、攻坚期，中央要求经济特区不仅要先行先试，担当起攻坚克难的责任，而且还要积累可复制、可借鉴的经验，探索攻克改革难题的规律，为全国深化改革做出示范。这就特别要求经济特区广大干部要坚定推进改革开放的信心和勇气，要有强烈的推进改革开放的责任感和使命感，勇于挑最重的担子、啃最硬的骨头。对此，习近平强调"为了党和人民的事业，我们的干部要敢想、敢做、敢当，做我们时代的劲草、真金"[②]。所谓"新作为"是指面对新时代经济特区的新定位、新使命和新任务，经济特区的广大干部要练就领导改革开放的真本领，以真抓实干的工作作风，创造出实实在在的工作业绩。一分部署，九分落实。当前改革开放进入了一个新的阶段，改革将进一步触及深层次利益格局的调整和体制机制的重大变革，改革的复杂性、敏感性、艰巨性更加突出；对外开放也进入更全面、更深入、更高水平的开放阶段，面临的问题与挑战非常突出。在这种情况下，能否坚定信心、攻坚克难，抓好落实，确保各项改革举措落地生根，直接决定着经济特区改革开放的成败。

对此，习近平强调指出"党政负责同志是抓改革的关键，要把改革放在更加突出位置来抓，不仅亲自抓、带头干，还要勇于挑最

[①] 《中共中央 国务院关于支持深圳建设中国特色社会主义先行示范区的意见》，人民出版社2019年版，第11页。
[②] 《习近平谈治国理政》，外文出版社2014年版，第416页。

重的担子、啃最硬的骨头,做到重要改革亲自部署、重大方案亲自把关、关键环节亲自协调、落实情况亲自督查,扑下身子,狠抓落实"①。只有这样,才能在落实中央各项改革举措上取得实效,在深化体制机制改革上取得新进展,在落实创新驱动战略、实现高质量发展上取得新成效,在落实新发展理念上取得成就,在提高民生幸福水平上达到新高度,在"两个文明"建设上创造新辉煌。

三　牢牢掌握意识形态工作的领导权

意识形态决定文化前进方向和发展道路,对一个政党、一个国家、一个民族的生存发展至关重要。习近平指出,"经济建设是党的中心工作,意识形态工作是党的一项极端重要的工作。面对改革发展稳定复杂局面和社会思想意识多元多样、媒体格局深刻变化,在集中精力进行经济建设的同时,一刻也不能放松和削弱意识形态工作,必须把意识形态工作的领导权、管理权、话语权牢牢掌握在手中,任何时候都不能旁落,否则就要犯无可挽回的历史性错误。要按照高举旗帜、围绕大局、服务人民、改革创新的总要求,做好宣传思想工作,加强社会主义文化建设,壮大主流思想舆论,重点推动统一思想、凝聚力量"②。因此,"能否做好意识形态工作,事关党的前途命运,事关国家长治久安,事关民族凝聚力和向心力"。

经济特区地处我国改革开放的前沿,国外各种思想文化首选从经济特区传入,意识形态斗争尤为尖锐复杂。因此,经济特区党组织更加要绷紧意识形态安全这根弦,牢牢掌握意识形态的领导权,确保经济特区意识形态的安全。一是牢牢把握意识形态工作的正确方向,要旗帜鲜明坚持党管意识形态、党管舆论导向、党管新媒体、党管干部不动摇;坚持政治家办报、办刊、办台、办新闻网站,在政治立场、政治方向、政治原则、政治道路上同以习近平同志为核心的党中央保持高度一致,在舆论导向、价值取向上立场坚

---

① 《习近平谈治国理政》第 2 卷,外文出版社 2017 年版,第 106 页。
② 中共中央文献研究室编:《习近平关于全面深化改革论述摘编》,中央文献出版社 2014 年版,第 86 页。

定。如2005年，深圳市委宣传部为有效引导舆论，成立了新闻协调组、新闻评阅组，做到事前有策划、过程有协调，事后有评估。坚持新闻通气制度和新闻阅评制度，确保了深圳报刊坚持正确的舆论导向。构建和加强广播电视监听监看系统建设，保证广播电视正确的舆论导向。同年，深圳市建立和健全新闻发言人制度，在推动政务公开、引导社会舆论方面发挥了积极作用，全市各级新闻发言人积极与市民沟通，加深了市民对政府政策和措施的理解，发挥了很好的舆论导向作用。[1] 这样一些好的经验值得各经济特区学习和借鉴。

二是要坚持"有所引进，有所抵制"和"排污不排外"的正确方针。既坚持马克思主义指导地位和"四项基本原则"，保证经济特区改革开放的正确方向；又大胆引进，认真学习、借鉴、消化和吸收国外及港澳台的一切先进的科学技术、管理经验和人类文明的优秀成果，体现出经济特区解放思想、敢闯敢试的全新精神风貌，推动经济特区的改革发展。

三是严格落实意识形态工作责任制，建立意识形态工作安全长效机制。要全面落实意识形态工作责任制，压紧压实各级党组织做好意识形态工作的政治责任、领导责任，切实筑牢意识形态安全的长城。要加强意识形态阵地建设和管理，认真贯彻主管主办和属地管理原则，使各类意识形态阵地始终成为传播先进思想文化的坚强阵地，尤其要加强青年知识分子聚集的高校意识形态阵地的建设和管理，确保高校意识形态安全和稳定。要发扬斗争精神，始终站在意识形态斗争第一线，敢抓敢管，敢于亮剑，与否定党的领导、否定中国特色社会主义制度等错误言行做不懈斗争。意识形态领域敏感度高、关注度高，在管理和引导上要注意把握好时度效，掌握好时机、节奏、力度和范围，讲究方式方法，不断提高意识形态工作的实效性。

四是要切实抓好网络意识形态工作。当前，互联网技术的迅猛发展和普及，互联网日益成为人们尤其是年青一代获取信息的主要

---

[1] 陈秋明、谭属春：《社会主义先进文化建设的深圳探索与理论研究》，商务印书馆2018年版，第220页。

途径，网络舆论直接影响着人们的思想观念和价值取向。互联网是一把"双刃剑"，一方面为我们做好意识形态工作提供了新的阵地和平台，为创新意识形态工作理念、手段和方式方法，提高先进思想文化的传播效率创造了条件；但另一方面目前网络是西方文化主导的世界，西方国家通过网络传播其意识形态，发布网络信息技术高、信息量大、内容紧紧围绕学生兴趣点潜移默化地进行，① 对年青一代尤其是青年学生负面影响很大。另外，网上信息良莠不齐，鱼目混珠，挤占年轻人大量的时间和思想空间，不利于正面信息的传播和发展。目前，意识形态领域许多新情况新问题，往往因网而生、因网而增，许多错误思潮也都以网络为温床生成发酵。②

因此，经济特区各级党组织要高度重视互联网上的斗争，一方面要加强互联网内容建设，理直气壮地唱响网上主旋律，巩固壮大主力思想舆论，同时，要创新网上舆论和宣传的形式，不断提高正面网站的吸引力，形成网上正面舆论强势；另一方面要加强网络综合治理，加大网络技术和管理人才培养力度，提高网络综合治理能力，形成党委领导、政府管理、企业履责、社会监督、网民自律等多主体参与，经济、法律、技术等多种手段相结合的综合治理格局，努力营造健康清朗的网络空间。

五是要坚持"两个文明一起抓"。经济特区各级党组织在抓改革开放，抓经济发展和物质文明建设的同时，一定要同时抓好精神文明建设，努力打造经济特区人的精神家园，努力提高经济特区先进文化发展水平和城市文明发展水平，不断满足经济特区人民对高质量文化生活的需要，充分发挥社会主义先进文化引领人、教育人的作用。

四 创新党建工作机制

党的基层组织是党的组织的重要组成部分，是党直接联系群众、服务群众、沟通党群关系的桥梁和枢纽，是党的全部工作的基础和

---

① 李忠晓、王龙：《大学生思想政治实效性问题研究》，《中国青年研究》2006年第5期。
② 中共中央宣传部编：《习近平新时代中国特色社会主义思想三十讲》，学习出版社2018年版，第220页。

战斗堡垒。经济特区私营企业、外商投资企业、港澳台商投资企业、股份合作企业、民营科技企业、个体工商户、混合所有制经济组织等各类非国有集体独资的新经济组织较多，是推动经济特区经济发展的重要力量，各种社会团体和民办非企业单位等新社会团体也非常活跃。更加上经济特区处于改革开放的前沿，思想文化多元化特征比较明显，给经济特区基层党组织建设提出了新的挑战。

经济特区应根据自身的特点，不断创新党建工作机制，增强党组织的创造力、凝聚力和战斗力。一是要继续扩大经济特区党组织的覆盖面。改革开放以来，经济特区针对两新组织数量多、地位重要和经济特区外来流动人口多、流动党员数量大的特点，在创新基层党组织的组织形式，扩大基层党组织的覆盖面上做了大量工作，普遍在具有一定规模的"两新组织"设立党组织，通过园区党建扩大非公企业基层党组织的覆盖面，加强城市社区党建工作，强化党在基层社会的组织建设。

如到 2017 年，深圳全市 309 个产业园区设立党委，建设 369 个党群服务中心，实现园区规模以上非公企业党组织覆盖率 100%，带动全市规模以上非公企业党组织覆盖率增至 95%。[①] 同时，自 2015 年以来，深圳还大力推动党建标准化工作，在全市 645 个社区建设社区党群服务中心，按照"统一场所、统一系统、统一内容、统一制度、统一保障、统一标识"的标准，把社区党群服务中心打造成一站式、综合性、多功能的社区公共服务中心。[②] 面向新时代，经济特区要根据经济结构、社会结构和人口结构的不断变化，继续创新基层党组织的组织形式，在整个经济特区都要做到基层党组织全覆盖，不留任何死角。

二是要创新基层党组织的活动方式，在提高基层党组织的吸引力、凝聚力和战斗力上下功夫。党的基层组织建设的根本目的是要提高党组织的吸引力、凝聚力和战斗力，充分发挥基层党组织的战

[①] 杨丽萍：《鲜红的党旗在特区高高飘扬——十八大以来深圳党建工作综述》，《深圳特区报》2017 年 7 月 1 日。

[②] 陈家喜、肖丽达：《改革开放四十年深圳党的建设基本经验》，《特区理论与实践》2018 年第 4 期。

斗堡垒和广大党员的先锋模范作用，巩固党执政的群众基础。目前，经济特区在扩大基层党组织覆盖面上虽然取得了令人满意的成绩，但是，在如何发挥这些基层党组织的作用方面还有很大的提升空间。这就需要我们在继续巩固和扩大经济特区基层党组织覆盖面的基础上，重点要在如何发挥基层党组织作用上下功夫，只有基层党组织的战斗堡垒作用和广大党员的先锋模范作用得到真正的发挥，党组织在群众中的威信才能真正建立起来，党执政的群众基础才能不断巩固，党组织的覆盖面也才能不断扩大和巩固。如通过服务型、学习型等特色党支部建设，提高党组织的影响力；根据党员的需求和特点创新基层党组织的活动方式和学习形式，提高党组织的吸引力；通过建立党员互帮互学机制，提高党组织的凝聚力；通过开展党建标准化建设，提高基层党组织的凝聚力和战斗力；等等。

三是适应信息化社会要求，提高党建工作信息化水平。现代信息技术的飞速发展，极大地改变了人们的学习方式和生活方式，也给党建工作提出新的要求和挑战。经济特区信息化水平普遍高于全国其他地区，更应该主动适应信息化时代的新变化，积极探索信息化背景下的党建工作创新，在智慧党建建设上先行先试，形成线上线下有机结合的基层党建新格局。

五　坚持全面从严管党治党

打铁必须自身硬。要加强和改善党对经济特区的领导，就必须坚持全面从严管党治党，不断保持党的先进性和纯洁性，把党自身建设好。2012年11月，在中央政治局常委同中外记者见面会上，习近平首次提出："打铁还需自身硬。我们的责任，就是同全党同志一道，坚持党要管党、从严治党，切实解决自身存在的突出问题，切实改进工作作风，密切联系群众，使我们党始终成为中国特色社会主义事业的坚强领导核心。"① 在党的十九大报告中他进一步提出："中国特色社会主义进入新时代，我们党一定要有新气象新

---

① 《习近平谈治国理政》，外文出版社2014年版，第4—5页。

作为。打铁必须自身硬。"① 他反复强调："各级党组织要担负起全面从严治党主体责任。全面从严治党，核心是加强党的领导，基础在全面，关键在严，要害在治。"②

从严管党治党，一是要从严抓好党的思想建设。要对经济特区党员干部进行严格的思想教育，当前尤其要按照中央的统一部署和要求，结合经济特区发展实际，从严抓好"不忘初心、牢记使命"主题教育活动，引导广大党员干部进一步坚定理想信念，增强"四个自信"，"补足共产党人精神上的钙"。习近平指出："理想信念坚定骨头就硬，没有理想信念，或理想信念不坚定，精神上就会'缺钙'，就会得'软骨病'"，"就可能导致政治上变质、经济上贪婪、道德上堕落、生活上腐化"。③ 经济特区作为我国改革开放的前沿，环境更为复杂，党员干部面临的诱惑更多，经受的考验更为严峻，更需要坚定理想信念。要坚持用习近平新时代中国特色社会主义思想武装经济特区广大党员干部头脑，永远不忘为中国特色社会主义事业锐意探索的初心。

二是要从严抓好作风建设。党的作风代表党的形象，事关人心向背，事关党的生死存亡。因此，习近平深刻指出：工作作风上的问题绝对不是小事，如果不坚决纠正不良风气，任其发展下去，就会像一座无形的墙把我们党和人民群众分开，我们党就会失去根基、失去血脉、失去力量。④ 抓作风建设是全面从严治党的重要切入点和着力点。在作风建设上，要坚持常抓不懈，久久为功，才能抓出成效。

对于经济特区来说，抓作风建设，一方面要大力传承和发扬党的优良传统和作风。理论联系实际、密切联系群众、批评与自我批

---

① 习近平：《决胜全面建成小康社会　夺取新时代中国特色社会主义伟大胜利——在中国共产党第十九次全国代表大会上的报告》，人民出版社2017年版，第61页。
② 习近平：《在第十八届中央纪律检查委员会第六次全体会议上的讲话》，人民出版社2016年版，第16页。
③ 中共中央宣传部编：《习近平系列重要精神讲话读本（2016年版）》，学习出版社、人民出版社2016年版，第106—107页。
④ 中共中央文献研究室编：《习近平关于全面从严治党论述摘编》，中央文献出版社2016年版。第148页。

评、谦虚谨慎、艰苦奋斗是我们党的优良传统和作风，是我们党建设的一笔宝贵的精神财富，每一条都十分切合新时代经济特区发展实际和发展需要，新时代经济特区特别需要继承和发扬这些优良传统和作风。另一方面要下功夫清除作风之弊。形式主义、官僚主义、享乐主义和奢靡之风，是严重违背党的性质和宗旨的问题，是人民群众深恶痛绝、反映最强烈的问题，也是损害党群干群关系的重要根源。整治形式主义、官僚主义、享乐主义和奢靡之风，是全面从严治党、净化党内政治生态、营造风清气正政治环境的必然要求，也是不断提高人民群众幸福感、获得感、安全感的基础条件，更是作风建设永远在路上的应有之举。整治"四风"问题，党员干部首先要高度重视、统一思想，深刻认识"四风"的危害性、顽固性、反复性，进一步提高政治站位，从思想上查起，从认识上抓起。唯有从心里重视作风建设，各项整治"四风"的措施才能落实到位。其次，整治"四风"问题要做到三抓，抓"关键少数"，抓党员干部，抓机制制度。抓"关键少数"，就是抓领导干部。领导干部要以上率下、率先垂范，认真查摆存在的"作风问题"，积极整改落实，自上而下形成良好的环境氛围。抓党员干部，就是要督促其积极落实相关部署举措，严明政治规矩和政治纪律，坚守工作岗位，积极履职尽责。抓机制制度，要把整治"四风"问题形成制度化、机制化、常态化，将作风建设抓长抓常抓细。

  三是要从严抓好反腐倡廉建设。反腐倡廉建设是一项厚植党的执政根基的工程，关乎党心民心。党的十八大以来，以习近平同志为核心的党中央高度重视反腐倡廉建设，坚持以零容忍态度惩治腐败。习近平指出："腐败问题对我们党的伤害最大，严惩腐败分子是党心民心所向，党内决不允许有腐败分子藏身之地。这是保持党同人民群众血肉联系的必然要求，也是巩固党的执政基础和执政地位的必然要求。"[①] 党的十九大报告做出了"强化不敢腐的震慑，扎牢不能腐的笼子，增强不想腐的自觉，通过不懈努力换来海晏河

[①] 中共中央文献研究室编：《习近平关于党风廉政建设和反腐败斗争论述摘编》，中央文献出版社、中国方正出版社2015年版，第7页。

清、朗朗乾坤"①的战略部署，并将"深入推进党风廉政建设和反腐败斗争，以零容忍态度惩治腐败，构建不敢腐、不能腐、不想腐的有效机制"②写入党章。表明了党中央坚决反对腐败的决心和信心。

经济特区处于我国改革开放的前沿，反腐倡廉建设不仅形势严峻，任务重，近年来，在党中央严厉打击腐败的高压态势下，仍然有人顶风作案；而且经济特区一旦发生腐败问题，对党的形象影响极其恶劣。因此，加强和改善党对经济特区的领导，必须严格落实党中央反腐倡廉的战略部署。首先要厘清和严格落实党委主体责任和纪委监督责任，强化责任追究，健全反腐败的领导体制和工作机制。其次要努力构建不敢腐、不能腐、不想腐的长效机制。即构建不敢腐的惩戒机制，减少和消除腐败存量，坚决遏制腐败现象滋生蔓延势头；构建不能腐的约束机制，织密制度网，把权力关进制度的笼子；构建不想腐的自律机制，加强理想信念教育，弘扬家国情怀，坚守为人民服务的宗旨。③三者是一个有机整体，缺一不可。经济特区要结合特区的具体实际，积极探索反腐倡廉的长效机制，为全国反腐倡廉建设做出示范，为实现"海晏河清、朗朗乾坤"的反腐倡廉目标做出经济特区应有的贡献。最后要加强经济特区纪检监察机关自身建设。要加强纪检监察机关的思想建设，坚持用习近平新时代中国特色社会主义思想武装纪检检察机关广大党员干部的头脑，坚定理想信念宗旨，把维护党中央权威和集中统一领导落实到纪律建设、监督执纪、巡视巡察、责任追究各个环节。④要充分发挥经济特区的立法优势，注重用法治思维和法治方法反腐败，不断提高反腐倡廉的能力。要加强纪检监察队伍建设，努力打造一支对党忠诚、勇于担当、作风优良、本领高强、清正廉洁的纪检监察

---

① 习近平：《决胜全面建成小康社会 夺取新时代中国特色社会主义伟大胜利——在中国共产党第十九次全国代表大会上的报告》，人民出版社2017年版，第67页。
② 《中国共产党章程》，人民出版社2017年版，第21页。
③ 刘立明：《党风廉政建设和反腐败斗争的"破"与"立"》，《学习月刊》2019年第8期。
④ 何毅亭主编：《全面加强党的领导和党的建设》，人民出版社、党建读物出版社2019年版，第173页。

队伍。

总之,经济特区是为中国共产党领导的改革开放探路的实验区,改革开放以来,经济特区之所以能取得令世界瞩目的伟大成就,关键就在于坚持党对经济特区的领导。面向新时代,经济特区不仅要"先行先试",继续为全国改革开放探路,而且要"先行示范",为全国改革开放的不断深化积累可复制、可推广的经验。经济特区面临的任务更重了,形势也更为复杂了,挑战与困难也更多了,更加需要坚持党的领导,更加需要加强经济特区党的建设,为经济特区健康持续快速发展提供坚强的政治、思想和组织保障。习近平指出:"中国特色社会主义最本质的特征是中国共产党领导,中国特色社会主义制度的最大优势是中国共产党领导,党是最高政治领导力量。"[1]

第四节 中国特色社会主义是经济特区发展的根本方向

经济特区是中国的经济特区,经济特区必须坚持党的领导,其发展方向当然是中国特色社会主义。经济特区是改革开放的产物,但经济特区的"改革不是改向,变革不是变色"。习近平指出"不论怎么改革、怎么开放,都始终坚持中国特色社会主义道路、理论、制度、文化,全面贯彻党的基本理论、基本路线、基本方略"[2]。新时代,推进经济特区建设必须牢牢把握中国特色社会主义这个根本方向,既不能走封闭僵化的老路,更不能走改旗易帜的邪路。

一 从法理上看,经济特区必须坚持中国特色社会主义

从法理性看,中国共产党党章和中华人民共和国宪法都明确指

---

[1] 中共中央宣传部编:《习近平新时代中国特色社会主义思想学习纲要》,学习出版社、人民出版社2019年版,第21页。

[2] 同上书,第27页。

明了中国未来现代化建设必须是社会主义的发展方向。

中国共产党章程规定，中国共产党是中国工人阶级的先锋队，同时是中国人民和中华民族的先锋队，是中国特色社会主义事业的领导核心，代表中国先进生产力的发展要求，代表中国先进文化的前进方向，代表中国最广大人民的根本利益。党的最高理想和最终目标是实现共产主义。"中国特色社会主义是党的最高纲领和基本纲领的统一。"[①] 中国共产党作为执政党，在带领全国人民进行现代化建设过程中起着把方向、谋大局、定政策的作用。早在改革开放之初，邓小平就敏锐指出，"我们干的是社会主义事业，最终目的是实现共产主义"[②]。

坚持党的领导和坚持中国特色社会主义是内在统一的。党的领导是中国特色社会主义最本质的特征。中国共产党作为一个用马克思主义武装起来的政党，从成立的那天起，就一直把实现社会主义、共产主义的伟大理想作为自己的奋斗目标，体现在自己的全部建党实践中，并在带领全国人民积极投身社会主义建设过程中不断丰富和深化对马克思主义的认识。在中国进行社会主义现代化建设，就是中国共产党把马克思主义基本原理应用到中国实践的过程。正是在中国共产党的领导下，我们坚持解放思想、实事求是，汇聚全党全国人民的智慧，逐步形成了中国特色社会主义的道路自信、理论自信、制度自信和文化自信。

也正是在中国共产党的领导下，中国才在坚持中国特色社会主义的道路上，把国家领上富强之路，把民族领上复兴之路，把人民领向幸福之路，赢得了各族人民的拥护，展示了中国共产党执政的深厚历史根基和蓬勃生命力。"中国共产党与中国特色社会主义在价值取向上是根本一致的。"[③] 中国共产党推动中国特色社会主义现代化建设是为了发展社会生产力，是为了增进人民福祉，实现全体人民共同富裕。

在党的十二大上，邓小平响亮提出"走自己的道路，建设有中

---

① 习近平：《关于坚持和发展中国特色社会主义的几个问题》，《求是》2019年第4期。
② 《邓小平文选》第3卷，人民出版社1993年版，第110页。
③ 秦刚：《坚持党的领导是中国特色社会主义的最本质特征》，《求是》2016年第12期。

国特色的社会主义"这个重大命题。此后,历次党的全国代表大会报告标题都有中国特色社会主义这个主题词。党的十九大报告的题目就是:"决胜全面建成小康社会,夺取新时代中国特色社会主义伟大胜利",大会的主题是:"不忘初心,牢记使命,高举中国特色社会主义伟大旗帜,决胜全面建成小康社会,夺取新时代中国特色社会主义伟大胜利,为实现中华民族伟大复兴的中国梦不懈奋斗。"由此可以看出,坚定不移走中国特色社会主义道路,这是中国共产党向全中国、全世界作出的一个公开的、庄重的政治宣示和必然选择。

作为中国特色社会主义的重要组成部分,中国特色社会主义理论体系是党的历史使命、政治主张、纲领路线的集中体现,是改革开放以来党的全部理论和实践的主题。这一理论体系科学地回答了什么是社会主义、怎样建设社会主义;建设什么样的党、怎样建设党;实现什么样的发展、怎样发展;新时代坚持和发展什么样的中国特色社会主义、怎样坚持和发展中国特色社会主义等重大问题,成为新时代实现国家繁荣富强和人民共同富裕这一历史任务的行动指南。尤其是在改革开放新的历史起点上,以习近平同志为核心的党中央就坚持和发展中国特色社会主义、实现中华民族伟大复兴中国梦等重大问题,提出并确立了习近平新时代中国特色社会主义思想,为中国特色社会主义理论体系注入了新的时代精神和丰富内涵。中国特色社会主义理论体系蕴含着丰富的中国特色社会主义发展思想:"改革是社会主义社会发展的重要动力,对外开放是实现社会主义现代化的必要条件"、"发展才是硬道理"、"发展是党执政兴国的第一要务"、"发展是解决中国一切问题的关键"、"发展应该是以人为本、全面协调可持续的科学发展",要坚持"创新、协调、绿色、开放、共享"的发展理念、"改革创新是高质量发展的强大动能",等等。

宪法在国家法律体系中具有最高的地位、权威和效力,是国家政治和社会生活的最高行为规范,是国家的根本大法。与一些外国宪法不同,我国宪法的一大特色就是明确规定了国家的根本任务、发展道路、奋斗目标及国家各项建设和各方面事业的要求。我国宪法确立的一系列制度、原则和规则，确定的一系列大政方针，反映了我国各族人民共同意志和根本利益，是保证我国社会主义现代化建设始终沿着中国特色社会主义道路前进的根本法治保障。

中华人民共和国宪法规定：中华人民共和国是工人阶级领导的、以工农联盟为基础的人民民主专政的社会主义国家。这就从最基本、最高级的法源上决定了我们国家的根本任务是沿着中国特色社会主义道路，集中力量进行社会主义现代化建设。十三届全国人大一次会议通过的宪法修正案将习近平新时代中国特色社会主义思想确立为国家的指导思想。这样就把党的主张、国家意志、人民意愿达成了高度统一。

经济特区是中国共产党领导下的经济特区，因此沿着中国特色社会主义方向前行是经济特区遵守宪法和党章的必然要求。40年来，经济特区正是在中国特色社会主义理论体系指导下，全面推进各个领域的改革发展，不断拓展对外开放的广度和深度，取得了举世瞩目的成就。

二　从成就上看，经济特区必须坚持中国特色社会主义

在中央决定实行改革开放政策后，经济特区在"摸着石头过河""杀出一条血路"的理念下，充当探索社会主义发展道路的重大使命。在特区建设的实践中，党中央不断深化对"什么是社会主义""怎样建设社会主义"这一重大课题的认识。在姓"资"还是姓"社"争论的关键时期，邓小平以极大的政治勇气和理论勇气明确指出，"我们引进外国先进技术是为了发展生产力，从而可以提高人民的生活水平，这是有利于我们的社会主义国家和社会主义制度。至于怎么能发展的多一点、好一点、快一点、省一点，这更不违背我们的社会主义制度"[①]。经济特区搞一些资本主义生产方式的东西，只是社会主义经济的补充，不会对社会主义制度造成较大冲击，更不会让中国重新回到资本主义。搞经济特区，不是资本主义旧租界的复活，更不是让资本主义制度复辟。"四个现代化"是

[①] 《邓小平文选》第2卷，人民出版社1993年版，第133页。

"社会主义的四个现代化"。"我们实行改革开放,是怎样搞社会主义的问题,作为制度来说,没有社会主义这个前提,改革开放就会走向资本主义,比如说两极分化。"[①] 邓小平同志作为中国改革开放的总设计师,为中国特色社会主义现代化建设指明了前进方向,从而保证了我国在"文革"结束后,没有走封闭僵化的老路;在80年代末90年代初的世界社会主义风云变幻中,更没有走改旗易帜的邪路。

改革开放40年以来,特区人民发挥"敢为人先"的精神,大胆闯、大胆试、自主改,"做些和别人不一样的事","利用资本主义来为社会主义服务",开启了中国特色社会主义现代化的征程。经济特区打破了原教旨主义指导下的社会主义发展模式,鼓励一部分地区、一部分人先富起来,使非均衡发展成为中国社会经济发展的路径选择。正是这种非均衡的社会主义发展道路,使中国能在一个较短的时间内迅速有效地配置各种资源要素,集中力量办大事,充分发挥计划调节与市场调节这两种经济运行管理的优点,率先在经济特区完成了中国社会主义发展道路由计划经济向市场经济转型的"软着陆"。经济特区通过一系列经济体制改革探索和试验改变了对社会主义传统观念的束缚。中国共产党通过不断地解放思想,实事求是,与时俱进,在带领全国各族人民成功建设中国特色社会主义过程中形成了道路、理论、制度、文化的自信,并成功地把中国特色社会主义推进了新时代。党的十八大以来,以习近平同志为核心的党中央从十个方面回顾了改革开放40年历程,总结了推进改革开放的"九个必须坚持"宝贵经验,成为今后中国特色社会主义建设的重要指引,确保新时代改革开放方向不变、道路不偏、力度不减。

由此可以看出,中国特色社会主义是改革开放以来党的全部理论和实践的主题,改革开放是坚持和发展中国特色社会主义的必由之路。正是在改革开放与中国特色社会主义有机统一的历史进程之中,中国走上了一条中国特色社会主义发展的康庄大道。中华民族

---

① 《邓小平年谱(1957—1997)》,中央文献出版社2004年版,第1317页。

迎来了从站起来到富起来到强起来的伟大飞跃。中国人民书写了"风景这边独好"的社会主义发展篇章！这正如习近平所指出的，"中国的昨天已经写在人类的史册上，中国的今天正在亿万人民手中创造，中国的明天必将更加美好"①。

"鞋子合不合脚，自己穿了才知道。"道路走得怎么样，最终要用事实来说话、由人民来评判。改革开放40年来，我们用几十年时间走完了发达国家几百年走过的工业化历程，成功地实现了经济建设和社会进步等全方面发展的弯道超越，我国人民生活水平大幅度地提高，综合国力和国际地位大跨度地提升，中国越来越走向世界舞台的中央，中华民族离实现"两个一百年"的奋斗目标越来越接近。事实充分证明，在中国，除了社会主义道路，没有任何其他道路能够给中国带来这样的发展，能够改变中华民族的前途和命运。这正如习近平所说，"找到一条好的道路不容易，走好这条道路更不容易"。"中国特色社会主义这条道路，我们看准了、认定了，必须坚定不移走下去。""这条路，走得通、走得对、走得好。"② 在中国共产党的领导下，通过中国特色社会主义来发展中国、繁荣中国，这是改革开放40年来得出的基本结论，也是中国共产党能够赢得全体人民拥护的根本原因。

从国内现实情况看，经过改革开放40年的发展，我国社会生产力水平显著提高。按照不变价计算，2018年，我国国内生产总值突破90万亿元，占世界经济比重接近16%，比1952年增长174倍，年均增长8.1%。人均GDP接近6.5万元，高于中等收入国家平均水平，比1952年增长70倍。尤其是2019年上半年，我国的GDP达到6.65万亿美元，超过欧元区19国的经济总量。目前，我国已成为世界第二大经济体，在对外贸易、外汇储备等方面都位居世界前列。全国7亿多农村贫困人口实现脱贫，近14亿人民摆脱了物质短缺，生活总体达到小康水平。

---

① 习近平：《在庆祝中华人民共和国成立70周年大会上的讲话》，《人民日报》2019年10月2日第2版。

② 中共中央宣传部编：《习近平新时代中国特色社会主义思想学习纲要》，学习出版社、人民出版社2019年版，第27、28、26页。

在这些巨大的成就中，经济特区功不可没。如从经济发展角度看，深圳经济总量从建市之初的约 2 亿元增长到 2017 年的 2.24 万亿元，特区成立以来年均增长率达到 23%。按照中国社会科学院发布的城市竞争力排行榜，深圳综合经济竞争力近 4 年连续位居全国第一，宜居竞争力和可持续竞争力也都进入全国前十。就深圳的国际影响力而言，在中国社会科学院 2017 年推出的 2017—2018 年全球城市经济竞争力和可持续竞争力榜单上，深圳分别位居全球第 6 位和第 35 位，而在世界知识产权组织 2017 年推出的全球创新聚落排名中，深圳＋香港位居全球第 2 位。

经济特区这些成就，就是在坚持和发展中国特色社会主义前提下取得的。习近平指出："只有社会主义才能救中国，只有中国特色社会主义才能发展中国，只有坚持和发展中国特色社会主义才能实现中华民族伟大复兴。"①

三 从发展上看，经济特区必须坚持中国特色社会主义

党的十八大承前启后、继往开来，以习近平同志为核心的党中央接过历史的接力棒，开启了中国特色社会主义新时代。中国特色社会主义进入了新时代，这是我国发展的新的历史方位。新时代意味着新任务、新要求，新方位意味着新起点、新作为。迈入新时代、站在新起点的中国经济特区面临着新的形势、新的任务和新的挑战，肩负起了新的历史使命。习近平明确指出："在决胜全面建成小康社会、夺取新时代中国特色社会主义伟大胜利的征程上，经济特区不仅要继续办下去，而且要办得更好、办出水平。""新形势、新任务、新挑战，赋予经济特区新的历史使命，经济特区要不忘初心、牢记使命，在伟大斗争、伟大工程、伟大事业、伟大梦想中寻找新的方位，把握好新的战略定位。"② 新时代的经济特区要在新起点上推动改革开放实现新突破，形成更高层次改革开放新格

---

① 中共中央宣传部编：《习近平新时代中国特色社会主义思想学习纲要》，学习出版社、人民出版社 2019 年版，第 21 页。

② 习近平：《在庆祝海南建省办经济特区 30 周年大会上的讲话》，《人民日报》2018 年 4 月 14 日第 2 版。

局，成为新时代全面深化改革开放的新标杆，发挥改革开放的重要窗口、改革开放的试验平台、改革开放的开拓者和改革开放的实干家的作用，打造实践中国特色社会主义的生动范例，为全国提供更多可复制可推广的经验，为实现"两个一百年"奋斗目标、实现中华民族伟大复兴的中国梦做出更大贡献。

但同时我们也应该看到，我国经济持续高速发展的阶段已经结束，伴随着新旧动能的转换和经济结构的调整，正在进入一个中速增长时期，发展不可避免会出现波动、震荡甚至反复。在生产力显著提高的同时，财富积累和分配问题日益突出，贫富分化和阶层固化问题更趋敏感。此外，环境问题、老龄化问题、腐败问题等也需要下大力气解决。我国社会主要矛盾和阶段性奋斗目标也发生了变化，开始从"物质文化需要"向"美好生活需要"转变，从"落后的社会生产"向"不平衡不充分的发展"转变，从"全面建设小康"向"全面建成小康"转变。

从当前国际形势看，世界经济政治新秩序处于"乱""变"交织新时期。全球央行的传统货币政策效果欠佳，世界经济低迷、放缓的趋势没有得到明显转变。促进全球经济复苏的新动能还没有完全释放出来。中美经贸关系的竞争性还将继续增强。同时，国际政治新秩序受到严峻挑战，霸权主义和强权政治使世界陷入"失序"的风险和动荡之中。中国作为迅速崛起的新兴大国，面对的竞争对象并非仅仅只有美国，而是来自整个资本主义阵营的西方文明抵制。"中国作为新秩序的建设者，面临的困难将是超出想象的。"[1]

经济特区在新的起点上实现更大发展，需要经济特区有新的思路、新的观念、新的战略。为此，习近平对新时代经济特区提出了殷殷嘱托，希望经济特区适应国内外形势新变化，按照国家发展新要求，顺应人民新期待，始终站在改革开放最前沿，在各方面体制机制改革方面先行先试、大胆探索，为全国提供更多可复制可推广的经验。[2]

---

[1] 左希迎：《国际秩序的功能失调与治理危机》，《教学与研究》2017年第10期。
[2] 习近平：《在庆祝海南建省办经济特区30周年大会上的讲话》，《人民日报》2018年4月14日第2版。

在新时代推进经济特区发展，最重要的就是要深入学习贯彻落实习近平新时代中国特色社会主义思想，就是要贯彻新发展理念，着力解决好发展不平衡不充分的问题，积极引进和培育新技术、新模式、新业态、新产业等"四新"项目落户，建设现代化经济体系；就是要积极推进基层民主政治建设，创新城市治理新模式，调动人民群众投身社会主义现代化建设的积极性；就是要推动社会主义先进文化的落地、生根、开花，积极培育城市精神，颂扬时代先锋，为特区发展提供源源不断的精神动力和文化食粮；就是要高度重视民计民生问题，解决好老百姓最关心、最直接、最现实的利益问题，从收入、住房、医疗、教育、社会保障和文化体育等方面入手，更好地满足人民群众日益增长的美好生活需要；就是要树立绿色发展、可持续发展的科学发展观，加快生态文明建设，形成人与自然和谐发展的城市发展新格局，创建宜居、宜业、宜游的美丽城市。

总之，从法理上看，经济特区坚持和发展中国特色社会主义具有合法性。从成就上看，近代中国的现代化艰辛探索历程和新中国成立70年的发展成就一再表明：没有改革开放，就没有现代化的中国；不坚持社会主义方向的改革开放，只能让中国进入发展的死胡同。从发展上看，中国进入新时代，这个时代的底色是中国特色社会主义，新时代推进"四个全面"和"五位一体"的艰巨任务，必须坚定中国特色社会主义方向这个根本原则，确保改革开放始终沿着正确方向前进。

第四章　新时代经济特区发展的根本动力

新时代中国经济特区发展的根本动力是全面深化改革，它回答的是新时代经济特区"怎么样""如何办"这一重大实践问题。习近平指出："我们必须把创新作为引领发展的第一动力，把人才作为支撑发展的第一资源，把创新摆在国家发展全局的核心位置，不断推进理论创新、制度创新、科技创新、文化创新等各方面创新，让创新贯穿党和国家一切工作，让创新在全社会蔚然成风。"① 人类社会发展动力是一个复杂的动力系统，但无论哪一种动力，都离不开主体（人）、杠杆（科技）和客体（社会）这三大要素的功用，其关系体现为人通过工具或方法等杠杆作用于所指向的目标对象，使社会或前进或停滞或倒退。现代社会的发展早已离不开具有高知识的人，离不开高科技等杠杆。推动新时代经济特区发展，离不开全面深化改革，离不开以科技为核心的创新引领，离不开人才的支撑。

第一节　全面深化改革是经济特区发展的根本动力

改革即组织的自我调整，包括两层含义，"改"是指把旧的不适应新环境的部分改成新的，使之能适应新环境；"革"则是彻底剔除不适应新环境的旧的思想观念、体制机制等，建立能适应新环

---

① 李贞：《习近平谈创新》，《人民日报海外版》2016年3月1日第9版。

境的制度内容。可见，改革的本质就是破旧立新，就是创新。新时代，改革开放进入到攻坚区、深水区和"无人区"，面临着前所未有的复杂多变的国内外形势，改革开放要从单兵突围到集团作战，必须全面深化改革。为此，党中央专门成立了习近平任组长的中央全面深化改革领导小组，他特别指出："新时代坚持和发展中国特色社会主义，根本动力仍然是全面深化改革。"[1]

一 全面深化改革的推进

党的十八届三中全会通过了《中共中央关于全面深化改革若干重大问题的决定》（以下简称《决定》），《决定》提出了我党新形势下全面深化改革新的宏伟蓝图，同时还指明了全面深化改革的指导思想、目标任务、战略重点、主攻方向、基本原则、实施步骤等时间表和路线图，改革涵盖经济、政治、文化、社会、生态文明、党建等六大领域、15个方面和60项具体任务。全会是我们党在新时代起点上全面深化改革航程上树起的新航标，必将对中国特色社会主义事业产生广泛而深远的重大影响。对此，"必须坚持和完善中国特色社会主义制度，不断推进国家治理体系和治理能力现代化，坚决破除一切不合时宜的思想观念和体制机制弊端，突破利益固化的藩篱，吸收人类文明有益成果，构建系统完备、科学规范、运行有效的制度体系，充分发挥我国社会主义制度优越性。"[2] 总之，全面深化改革的总路线图已经绘就，要把改革的新蓝图、新愿景、新目标变为现实，在党中央，特别是全面深化改革领导小组领导下，各级各部门真抓实干。

全面深化改革是新时代中国改革开放历史进程的必然逻辑。习近平进一步指出，我们的改革既不走封闭僵化的老路，也不走改旗易帜的邪路，这为新时代的我们在纷繁复杂的形势下推进改革指明了政治遵循。回顾党的十八大前的改革开放历史，我们清晰地看

---

[1] 中共中央宣传部编：《习近平新时代中国特色社会主义思想学习纲要》，学习出版社、人民出版社2019年版，第83页。

[2] 习近平：《决胜全面建成小康社会 夺取新时代中国特色社会主义伟大胜利——在中国共产党第十九次全国代表大会上的报告》，《人民日报》2017年10月28日第1版。

到，党中央根据不同时期和发展阶段的形势和任务，就改革重大问题分别作出过顶层设计。如：1984年经济体制改革；1993年建立社会主义市场经济体制；1998年农业和农村工作；2003年完善社会主义经济体制；2004年党的十六届四中全会、2009年加强党的执政能力建设和改进新形势下党的建设；2006年构建社会主义和谐社会；2008年就农村改革发展；2011年深化文化体制改革等。

从上述改革开放进程我们不难得出四个结论："改革开放已成为中国最鲜明的特色，当代中国共产党人最鲜明的品格"[①]；不管国内外形势如何变化，坚持改革开放这一基本国策毫不动摇；根据变化了的国内外形势，改革开放在不同发展阶段会有不同的侧重点；改革开放的范围越来越广，领域越来越宽，力度也越来越大。由于改革开放前期是在毫无经验可循的基础上进行的，只能沿着从易到难、由浅入深、由乡村到城市、从局部到全局、从增量到存量、由经济领域不断向其他领域拓展的摸着石头过河的路径进行试错探索。40年改革开放取得了巨大成就："充分证明了改革开放是决定当代中国命运的关键抉择，是当代中国发展进步的活力之源，是党和人民事业大踏步赶上时代的重要法宝，是坚持和发展中国特色社会主义、实现中华民族伟大复兴的必由之路。"[②] 今天，改革开放进入到新时代，要求有全新的改革理念指引改革开放新实践。

全面深化改革更是中国改革开放现实发展的客观需要。新时代虽然与过去改革开放有着必然的联系，但也存在明显的不同。一方面，我国经济社会发展实现了从温饱不足向总体小康的历史性飞越。"在新中国成立以来特别是改革开放以来重大成就基础上，我国发展站到了新的历史起点上。社会生产力水平总体上显著提高，国家经济实力、科技实力、国防实力、国际影响力显著提升。"[③] "中国人民的精神面貌、中华民族的精神面貌、中国社会主义的面

[①] 中共中央宣传部编：《习近平新时代中国特色社会主义思想学习纲要》，学习出版社、人民出版社2019年版，第80页。

[②] 习近平：《在庆祝海南建省办经济特区30周年大会上的讲话》，《人民日报》2018年4月14日第2版。

[③] 中共中央宣传部编：《习近平新时代中国特色社会主义思想学习纲要》，学习出版社、人民出版社2019年版，第3页。

貌、中国共产党的面貌都发生了历史性的变化",从而表明"当代中国正处于近代以来最好的发展时期",即中华民族处于近代以来更接近伟大复兴的目标,使我们更有信心和更有能力去实现这个伟大目标。

另一方面,我国经济转型和社会转轨等经济社会发展历史原因积累下来的,新阶段新出现的各种矛盾和问题与此前相比更为复杂,这些矛盾和问题躲不开绕不过,是客观存在的事实,从而使我国目前又面临着前所未有的挑战和风险,诸如贫富差距拉大,经济社会之间、城乡之间、地区之间发展不平衡、不充分日益突出,自然资源紧缺、环境污染严重以及消极腐败现象多发等现象日益严重。而且这些矛盾和问题、挑战和风险新旧交织、错综复杂、缠绕叠加,牵一发而动全身。如果解决不好,稍有不慎就有可能使社会不稳定性加深,陷入中等收入陷阱。

可见,在新的历史条件下,"随着改革进入攻坚期和深水期,遇到的阻力越来越大,面对的暗礁、潜流、漩涡越来越多"。"容易的、皆大欢喜的改革已经完成了,好吃的肉都吃掉了,剩下的都是难啃的硬骨头。"① 面对这些错综复杂的矛盾和问题,能不能保持我国经济社会持续健康发展,2020年能否如期全面建成小康社会,不是只开出针对个别问题和矛盾的药方,而是要站在全局的高度,对整个经济社会进行全面体检,然后开出套餐式的治理方案。40年的改革开放,使党对改革理解得更全面、更透彻,新一轮改革要更有力度,要上更高台阶。新时代,改革开放站在新的历史高度,植根于国内外政治经济形势发展的基础上,统筹国内国际两个大局,进行全面深化改革。这就要求我们经济社会改革措施的制定和政策的出台必须进行顶层设计,"确保党把方向、谋大局、定政策,确保党始终总揽全局、协调各方"②。注重政策和措施的相互照应,统筹兼顾,尤其突出政策和措施的全面性、系统性、整体性、协同性,

---

① 中共中央宣传部编:《习近平新时代中国特色社会主义思想学习纲要》,学习出版社、人民出版社2019年版,第81页。
② 习近平:《在庆祝海南建省办经济特区30周年大会上的讲话》,《人民日报》2018年4月14日第2版。

不能顾此失彼。

新时代虽然全面深化改革涉及各方面,但不是没有重点,更不是各领域平均用力。居于"四个全面"之首的全面深化改革根本在"改革",关键在"深化",重点在"全面",并将成为经济特区发展的根本动力。"改革开放是决定当代中国命运的关键一招,也是决定实现'两个一百年'奋斗目标、实现中华民族伟大复兴的关键一招。"① 习近平这一重要论述深刻揭示了改革开放在当代中国发展中的决定性意义和关键性意义。他强调,全面深化改革之全面者,就是要统筹推进各领域改革,零敲碎打的调整不行,碎片化修补也不行,必须是各领域全面的系统的改革和改进的联动和集成。而深化则是指改革不能浮于表面,要深入到各层面、各领域、各要素,要敢于啃硬骨头,包括涉及改革者的切身利益,要勇于和敢于自我革命。

经济特区处在改革开放的最前沿,也是全面深化改革的前沿地,从某种意义上讲,经济特区全面深化改革的水平如何,决定着全国全面深化改革的广度和深度,决定着全国全面深化改革的进程。对于什么是改革,如何改革?经济特区最有发言权。新时代,经济特区是全面深化改革的排头兵,是试验田,其实践经验对于我国其他地区来说具有别样的"窗口"作用和较强的借鉴意义,必将推动中国特色社会主义全面深化改革和全面扩大开放进程。2018年,习近平指出:"新时代,海南要高举改革开放旗帜,创新思路、凝聚力量、突出特色、增创优势,努力成为新时代全面深化改革开放的新标杆,形成更高层次改革开放新格局。"② 2015年习近平首次对深圳工作作出专门批示,要求深圳"全面深化改革",2018年12月26日,他对深圳工作再次作出重要批示,仍然要求深圳"坚持全面深化改革",2019年8月18日,党中央则要求深圳:"在更高起点、更高层次、更高目标上推进改革开放,形成全面深化改革、全面扩

---

① 中共中央宣传部编:《习近平新时代中国特色社会主义思想学习纲要》,学习出版社、人民出版社2019年版,第81页。

② 习近平:《在庆祝海南建省办经济特区30周年大会上的讲话》,《人民日报》2018年4月14日第2版。

大开放新格局。"① 中共中央、国务院对雄安则是直接下发了《关于支持河北雄安新区全面深化改革和扩大开放的指导意见》。对于上海自贸区等其他经济特区，党中央、国务院也同样要求"全面深化改革"。

可见，新时代，全面深化改革不仅已经成为经济特区经济社会发展，而且也成为中国特色社会主义前进的根本动力。

二　全面扩大开放的跟进

2018年10月，习近平在广东考察时首次提出"全面扩大开放"的概念，他说当前国内外形势广泛而深刻的变化，使我国改革开放面临着新形势、新任务和新挑战，我们必须抓住机遇迎接挑战，继续高举改革开放旗帜，"全面深化改革、全面扩大开放"。由此，在全面深化改革提出5年后，全面扩大开放终于成为中国的又一主流政治话语，推动我国经济社会发展的"双轮"之一的"开放"之轮实现了"开放—扩大开放—全面扩大开放"的飞跃。同年12月，他在致北京第三届"读懂中国"国际会议贺信中说，中国将继续"全面深化改革、全面扩大开放"。全面扩大开放，是中国经济和世界经济发展的内在逻辑，是破解中国经济与世界经济发展难题的要求，是贯彻新时代新发展理念，统筹国际国内两个大局，推进中国经济向更高层次更高质量发展和供给侧结构性改革的结果，体现了新时代党中央主动革新的积极进取态度，是实现中华民族伟大复兴的中国梦，推动构建人类命运共同体，为中国和世界提供更多合作机遇的重大战略部署。

全面扩大开放内涵十分丰富，从开放的内容看，是以经济领域为引领的金融、教育、文化、科技、环境保护、服务等方面。习近平2018年在博鳌亚洲论坛年会向全世界宣布，中国决定在市场准入、投资环境、知识产权保护、进口等方面采取更加积极主动的开放举措。从开放的对象看，不仅是对发达国家开放，而且对发展中国家开放；不仅对国有企业开放，而且对民营企业开放；不仅对组

---

① 《关于支持深圳建设中国特色社会主义先行示范区的意见》，《人民日报》2019年8月19日第1版。

织开放，而且对个人开放。从开放的布局看，沿海开放与内陆沿江沿边开放结合，经济特区、自贸区（港）、新区、高新区、综改区、试验区等并举，推动形成陆海内外联动、东西双向互济的开放新格局。从开放的方式看，坚持"引进来"与"走出去"高质量地结合，不断拓展双边、多边经贸发展空间。从开放的水平看，在反全球化思潮、贸易保护主义、单边主义日盛的生态下，中国应旗帜鲜明地支持多边贸易体制，积极参与全球治理体系改革和建设，从国际秩序的被动接受者，到积极的参与者、建设者、引领者，推动建设开放型世界经济。从开放的目的看，为世界的和平、发展、合作、共赢，推动全球治理体系改革和建设，推动建设新型国际关系和构建人类命运共同体贡献中国智慧、中国方案，为实现"两个一百年"奋斗目标的中国梦创造有利的国际环境。

全面扩大开放是适应全面深化改革的需要。在中国的政治话语体系里，谈改革，必言及开放，谈开放，必言及改革。改革与开放是一币两面的关系，改革就是开放，开放就是改革，虽然二者有明确的指向，改革的指向是国内，开放的主要指向是国外，也有在国内要打破相互设置的各种壁垒，向对方开放的意思表达，但改革开放常常作为一个词来使用。改革、开放是党的十一届三中全会以后我国社会主义现代化建设的两个关键词，是推动中国经济社会发展的"双轮"。党的十八届三中全会以来，改革从深化改革，再被提升为全面深化改革，开放也一样，从"扩大开放"到"全面扩大开放"。也只有这样，全面深化改革才会得到支撑。全面扩大开放，既是全面深化改革的重要内容，又是推动全面深化改革的强大动力；全面深化改革必然要求全面扩大开放，为全面深化改革提供借鉴。如果没有全面扩大开放，全面深化改革就会失去参照，也就难以为继。随着经济全球化的快速发展，人员、文化、信息、经济、科技等要素在全球范围内不断地流动并交融，从而促使各国和人民之间的交流越来越频繁，联系越来越紧密，这就要求我们加大改革的力度，扩大开放的程度。2018年10月，习近平在珠海、深圳、广州等地进行考察时指出，在新的国际环境下，我们要紧抓机遇、直面挑战，始终坚持改革开放，以全面扩大开放促进全面深化改革,使二者相互促进、相互扶持。

我国目前实施的各种国家战略,都不同程度地推动了各地全面深化改革和全面扩大开放。随着开放的梯度推进,就使原来相对落后、封闭的西部地区越来越开放,而开放的西部地区却发现内部的体制机制有碍开放进程,于是又推进全面深化内部改革。可见,全面扩大开放可以倒逼国内深层次改革。

全面扩大开放是新时代顶层设计需要。从国际层面看,当今国际形势异常复杂,总体使我国改革开放面对前所未有的多重压力。从国内层面看,虽然改革开放已达40年,但区域之间的各种壁垒仍然没有完全消除,并成为全面深化改革和全面扩大开放的阻碍。在这种情况下,零敲碎打的改革开放已经很难再现往日的辉煌,只有必须发挥党中央总揽全局、整体协调、宏观谋划等的优势和作用,才有全面扩大开放,也只有党中央才有这个能力和勇气。为此在制度设计上,要大力提升开放的整体性和协同性,注重开放的系统集成,协同推进不同开放领域的各项制度创新。

全面扩大开放是实施"一带一路"倡议的需要。"一带一路"倡议是我国一项重大国家战略,在当前面临以美国为首的少数西方国家对我国经济发展进行极限施压的恶劣环境下,彰显了以习近平同志为核心的党中央作出"一带一路"倡议的高瞻远瞩和英明伟大。在当前我们同欧美少数发达国家发展经济贸易关系受阻的情况下,加大推进"一带一路"发展进程就具有特别重要意义。新形势下,以"一带一路"建设为契机,为我国企业"走出去",与这些国家经济社会发展形成有效对接,延伸及拓展企业的市场边界创造有利条件。习近平强调,"推动全面开放,要以'一带一路'建设为重点,坚持'引进来'和'走出去'并重,遵循共商共建原则,加强创新能力开放合作,形成陆海内外联动、东西双向互济的开放格局"①。

全面扩大开放是加快推进自贸区建设的需要。自贸区是新时代的经济特区,是习近平亲自谋划、部署和推进的,肩负着服务国家

---

① 中共中央宣传部编:《习近平新时代中国特色社会主义思想学习纲要》,学习出版社、人民出版社2019年版,第93—94页。

重大战略的责任。为了进一步推进自贸区建设，未来应进一步完善自贸区格局，及时总结自贸区经验，积极推动自由贸易港建设，探索可推广可复制的一大批制度成果，加快构建开放型经济新体制。对此，在全面扩大开放格局中，经济特区、自贸区和雄安新区最具代表性。设立和建设自贸区是党的十八大以来我国全面深化改革和扩大开放、全面扩大开放的重大战略举措。从 2013 年 9 月上海自贸区成立至今全国共有 18 家，数量逐年增多，尤其是 2019 年，党中央、国务院一下批准成立 6 家，经验日渐成熟，覆盖区域从东部沿海拓展到中西部地区，对于全面深化改革、全面扩大开放发挥着重大示范带动作用。

自贸区成立以来，在加快推进政府职能转变、投资管理体制改革、贸易监管模式创新、贸易发展方式转变、深化金融和服务业开放、完善事中事后监管和风险防范体系等方面，取得了许多重大进展，一批重要成果复制推广到全国，如海关总署已将两批、共 25 项贸易监管创新举措向全国推广复制；国家税务总局将自贸试验区电子发票网上申领、网上自主办税等 10 项措施在全国推行，并带动和引领全国的改革开放，国内许多地区主动依据这些举措和经验推进本地相关领域的改革开放，取得了积极进展。总体上实现了党中央、国务院设立自贸区的初衷和目的。

新形势下，加强自贸区建设要将顶层设计与发挥地方主体改革创新的积极性、主动性和创造性有机结合起来。加大国务院自由贸易试验区工作部际联席会议的牵头与协调功能，建立自贸区与社会力量共同参与的制度创新与推进体系。上级要进一步加大简政放权的力度，增强地方政府和自贸区更大的自主权和创新空间，尝试研究建立自贸区改革创新容错机制，为大胆尝试、勇于创新的广大干部群众提供制度保障。各自贸区在服务国家重大发展战略的基础上，还应根据各自的目标定位，发挥"政策叠加"优势，以目标和问题为导向，探索差异化协同发展模式，促进自贸区与区域经济深度融合发展。[①]

[①] 赵晋平：《全面深化改革和扩大开放的制度创新高地》，《学习时报》2018 年 6 月 19 日。

"经济特区是我国最早对外开放的地区，是对外经济交流最活跃的地区，也是最能代表改革开放形象的地区。"① 习近平参加十三届全国人大一次会议广东代表团审议时，明确表示"广东既是展示我国改革开放成就的重要窗口，也是国际社会观察我国改革开放的重要窗口"，勉励广东"继续深化改革、扩大开放，为全国提供新鲜经验"。② 因此，经济特区在新时代理应继续走在全面扩大开放的最前沿，理应为全面深化改革提供新思路，为全面深化改革提供强大的动力支持。

三　全面深化改革开放是经济特区持续发展的动力

习近平指出："改革开放是党在新的历史条件下领导人民进行的新的伟大革命，是决定当代中国命运的关键抉择。中国特色社会主义之所以具有蓬勃生命力，就在于是实行改革开放的社会主义。我国过去三十多年的快速发展靠的是改革开放，我国未来发展也必须坚定不移依靠改革开放。"③ 经济特区是中国特色社会主义的亮丽名片，全面深化改革，必将成为经济特区这张亮丽名片上的烫金字，也必然成为经济特区发展的根本动力，并决定经济特区能否继续保持领先发展的活力之源，能否保持持续全面发展的重要法宝，能否成为中国特色社会主义先行示范区的必由之路。

经济特区全面深化改革的总目标当然与国家全面深化改革的总目标保持一致，即完善和发展中国特色社会主义制度、推进国家治理体系和治理能力现代化，但对于各个经济特区来说还有不同的具体目标。2018 年 4 月 30 日，中共广东省委颁布的《关于加快推进新时代全面深化改革的若干意见》指出："坚持经济特区新的历史使命，准确把握改革开放的重要窗口、试验平台、开拓者、实干家的战略定位，抢抓历史机遇，加大各方面体制机制改革力度，把经

---

①　习近平：《在庆祝海南建省办经济特区 30 周年大会上的讲话》，《人民日报》2018 年 4 月 14 日第 2 版。

②　张振：《习近平：中国将继续全面深化改革、全面扩大开放》，《人民日报海外版》2018 年 12 月 17 日第 1 版。

③　中共中央文献研究室编：《习近平关于全面深化改革论述摘编》，中央文献出版社 2014 年版，第 1 页。

济特区办得更好、办出水平。深圳经济特区要以新时代全面深化改革开放标杆为目标，加快建设全球中心城市和国家科技产业创新中心，打造粤港澳大湾区核心引擎城市，擦亮经济特区'金字招牌'。珠海经济特区要按照生态文明新特区和国际宜居城市标准，积极参与粤港澳大湾区建设，加快打造珠江口西岸核心城市，努力成为广东改革发展的重要一极。汕头经济特区要充分利用民资民智和侨乡资源优势，大力破除阻碍发展的体制机制弊端，不断积累发展优势，加快打造省域副中心城市。"[1] 并且，"鼓励各地各部门先行先试，以制度创新为核心，大胆探索实践"[2]。可见，广东省对辖区各个经济特区提出了深化改革的具体目标，还要求各经济特区"抢抓历史机遇，加大各方面体制机制改革力度"。

为了贯彻落实党中央全面深化改革精神，充分发挥全面深化改革在经济特区建设中的动能，2019年4月25日，深圳全面深化改革委员会发布了首份"改革计划"——《深圳市委全面深化改革委员会2019年工作要点》。根据工作要点，2019年深圳的主要改革任务是："贯彻习近平对全面深化改革的系统性、整体性、协同性的要求，聚焦深圳经济社会发展的突出问题和短板，协调有序推动经济体制、机构和行政管理体制、民主与法治、文化、社会治理、重大民生、城市建设和生态文明、党的建设、纪检监察等各领域改革，不断增创体制机制优势，在全面深化改革上先行示范。深圳还将部署市各改革专项小组推进实施各领域改革任务9大类40项，审议出台一批重要改革文件，总结和复制推广一批行之有效的经验做法，聚焦重点领域和关键环节攻坚突破。"[3]

2017年3月30日，国务院发布了《关于印发〈全面深化中国（上海）自由贸易试验区改革开放方案〉的通知》[4]。2019年3月28

---

[1] 《中共广东省委关于加快推进新时代全面深化改革的若干意见》，《南方日报》2018年8月8日。

[2] 同上。

[3] 余俐洁：《深圳发布2019"改革要点"涵盖9大类40项举措》，深圳新闻网（http://www.sznews.com/news/content/2019-04/25/content_21697882.htm）。

[4] 《关于印发〈全面深化中国（上海）自由贸易试验区改革开放方案〉的通知》，国发〔2017〕23号。

日，上海市人民政府印发了《本市贯彻〈关于支持自由贸易试验区深化改革创新若干措施〉实施方案》的通知，2019年4月18日，国务院关于印发《全面深化中国（上海）自由贸易试验区改革开放方案》的通知等，对上海自贸区全面深化改革也作出了具体部署。其他经济特区如浦东、海南、雄安等也先后制定了全面深化改革的具体方案。

总结中国实施改革开放40多年的经验有很多很多，其中持续不断地改革开放是经济特区发展的强大动力和重要经验。新时代，全面深化改革也必须成为经济特区持续发展的不竭动力。当前，改革步入了攻坚期和深水期，需要改革者壮士断腕、破釜沉舟的决心与毅力。2013年，习近平就全面深化改革强调："必须以更大的政治勇气和智慧，不失时机深化重要领域改革，攻克体制机制上的顽瘴痼疾，突破利益固化的藩篱，进一步解放和发展社会生产力，进一步激发和凝聚社会创造力。"[①]

第二节　创新是引领经济特区发展的第一动力

习近平指出，"创新是引领发展的第一动力，创新发展注重的是解决发展动力问题，必须把创新摆在国家发展全局的核心位置，让创新贯穿党和国家一切工作"[②]。党的十八大以来，"创新"一词已成为习近平讲话和报道中频繁出现的热词之一。在他相关创新的论述中，包括理论、制度、实践、文化、科技、人才、文艺、军事等方面的创新等。新时代，中国经济社会发展将以"创新、协调、绿色、开放、共享"新发展理念为指导，这将是我国较长时期内的发展思路、方向和着力点，而"创新"是作为新发展观第一理念的。从40年经济特区发展史来看，创新更是经济特区发展的生

[①]《习近平在武汉召开部分省市负责人座谈会》，http://www.xinhuanet.com//politics/2013-07/24/c_116670797.htm。

[②] 中共中央宣传部编：《习近平新时代中国特色社会主义思想学习纲要》，学习出版社、人民出版社2019年版，第110页。

命力，而作为经济特区两个关键词的改革、开放的内核，从一定意义上说也是创新。新时代，经济特区仍然必将创新视为其生命力。

一 创新是民族进步的灵魂和国家兴旺发达的不竭动力

2013年10月21日，习近平在欧美同学会成立100周年庆祝大会上指出："创新是一个民族进步的灵魂，是一个国家兴旺发达的不竭动力，也是中华民族最深沉的民族禀赋。在激烈的国际竞争中，惟创新者进，惟创新者强，惟创新者胜。"[1] 可见，创新在当今残酷激烈的国际竞争中是多么的重要，直接决定着一个国家和民族的兴盛衰亡。经济特区40年，经济社会发展能有今天巨大的成就，其重要原因就是特区始终将创新视为自己的生命力。

创新是人类特有认识世界和改造世界的能力，是人类区别于一般动物的重要标志，有更新、创造和改变三层意思，意指人们以新思维、新发明和新描述为特征的一种概念化过程或结果。一般认为，创新是指人们在既有的思维模式和实践基础上提出有别于常规的新见解，进而"改进或创造新的事物、方法、元素、路径、环境，并能获得一定有益效果的行为"[2]。目前，创新是被广泛运用在经济、技术、社会以及建筑等学科领域研究中的"热词"。从人类发展历史长河中观察，一个民族和国家要想立于时代潮头，就一刻也不能停止创新。

创新是人的本能决定的。趋利避害，满足自身不断增长的物质和精神需要是人的本能。创新是主体人改造物质世界和精神世界的统一。人作为高级动物，从不满足于自然界所赐予的现成物，总是不是为了满足日益增长的物质生活与精神生活的需要，就是对自然和自身好奇，去认识和改造现有的物质生产和精神生产状态，不断创造出不同于现存的物质和精神新产品，来满足自身持续增长的物质和精神需要。人的这种持续创造的本性，如果说在人类早期还是

---

[1] 习近平：《在欧美同学会成立100周年庆祝大会上的讲话》，http://politics.people.com.cn/n/2013/1021/c1024-23277753.html。

[2] 百度百科：《创新》。

一种不经意的活动，那么到了近代以来就是一种自觉的有目的的有意识的行为了，从而促使人类社会不断进步，物质文明和精神文明不断发展的同时，实现了人改造客观世界和主观世界的统一。因而，创新就是人有目的地改造客观世界和主观世界的创造性活动。从这个意义上说，整个人类社会从低级到高级、从简单到复杂、从原始到现代的发展历程，就是一个持续创新的过程，就是一个新的物质形式和新精神形式不断取代旧的物质和旧的精神形式的过程。创新既是一个自然的历史过程，更是一个人的自觉的主观能动过程。可见，没有创新，就没有人类的进步，人类也就没有了未来，一个民族是如此，一个国家也是如此。福特公司创始人亨利·福特就曾说过不创新，就灭亡。

随着经济社会的发展，创新的内容由单数变成了复数，这是时代发展的必然，是社会进步的体现。创新涵盖众多领域，包括思维、政治、军事、经济、社会、文化、科技等各个领域的创新。但思维创新是前提，科技创新是关键，制度创新是保障。习近平在谈到党的理论创新和实践创新问题时强调："我们党之所以能够历经考验磨难无往而不胜，关键就在于不断进行实践创新和理论创新。"[①]

思维创新是创新活动的发动机。思想自由又是思维创新的前提，无思想自由最终不会有创新。自由是人通过有意识有目的的活动对束缚自身枷锁的挣脱，这种挣脱客体束缚且要求驾驭客体的主观能动性，就是人争取自由的创新精神，创新可以最大限度地将人类从必然王国带向自由王国，从实然向应然进发。不难看出，创新就是解放思想，就是否定阻遏经济社会发展的僵化守旧的思想观念，进而抛弃落后阻滞经济社会进步的旧生产方式。更为重要的是创新在否定旧的思想观念和抛弃旧的生产方式基础上，诞生出适应新社会的新思想，创造出适应新环境的新生产方式，这就是创新的本质。由于认识的无限性，创新也就无止境。对于社会存在而言，创新不是一次就终结，而是遵循否定之否定的逻辑，新建立起来的思想观

[①] 靳书君：《马克思主义中国化研究的问题、视野与范式》，人民出版社 2016 年版，第 1 页。

念和生产方式又会随着生产力的发展逐渐变得不适应更新的思想观念和更新的生产方式，而成为旧的思想观念和生产方式。在此过程中，创新便会不断批判现存思想观念和生产方式丧失必然性的内容，促使其作出量的改变，促进旧体制向新体制转变，必要时实现旧制度向新制度的质变。

当然在人类社会早期，这种创新性还处于偶发状态，那时人类生产力水平不高，靠天吃饭是那时经济社会生活的常态，创新只是简单的手工工具的改造。农业社会生产力虽然有一定提高，但经济发展仍是以消耗自然资源和人力为主的自给自足式的自然经济，创新性实践也只是停留在工具层面，还是偶发的和局部的。只有到了工业社会，创新性实践才得以大发展，从工具、技术等实践层面扩展到了知识、理论层面，从经济层面向政治、教育、文化、制度、体制、机制等各方面扩散。因为围绕工业化大机器生产，除了涉及能源、人力、资本等还需要维系这些要素正常运转的关系成本，即处理大量的企业内外部关系，为了减少企业主与工人的矛盾，理顺政府与企业的关系，进行科技创新、制度创新、文化创新等就是必要的，而当这些创新的有效性迸发后，就会产生出强大生产力。随着经济全球化的到来，以大数据、互联网+、石墨烯、基因、虚拟现实、量子信息技术、可控核聚变、清洁能源以及生物技术为技术突破口的新一轮科技革命正在爆发出巨大创造力，不仅改变着传统依靠劳动力、土地、资本等要素的经济生产形态和实体市场格局，还极大地改变着人们的价值观念，重塑着人们的社会生活方式和交往模式等。创新正以前所未有的深度、宽度、高度从科技和经济领域向社会各个领域延伸，成为引领经济社会发展的"第一动力"。

习近平指出，"纵观人类发展历史，创新始终是推动一个国家、一个民族向前发展的重要力量，也是推动整个人类社会向前发展的重要力量"[①]。人类发展历史无数事实证明，创新在社会经济发展过程中是决定一个民族进步的灵魂和国家繁荣富强的不竭动力，所以

---

① 中共中央文献研究室编：《习近平关于科技创新论述摘编》，中央文献出版社2016年版，第4页。

有所作为的国家和民族无不重视创新工作。为此，许多国家推出了以创新为内核的建设创新型国家的发展战略。创新型国家是指那些将科技创新作为基本战略，以技术创新为经济社会发展核心驱动力，在世界具有强大竞争优势的国家。其主要特征为：高投入（R&D 支出占 GDP 的比例一般在 2% 以上）；高收益（经济的科技进步贡献率达 70% 以上）；自主创新能力强（国家的对外技术依存度指标一般低于 30%）；创新产出高（世界上公认的 20 个左右的创新型国家所拥有的发明专利数量占全世界总数的 99%）。① 据世界知识产权组织全球创新指数，从科技投资指标看，2019 年中国已经跻身世界创新国家前列，从 3 年前的第 25 位上升到现在的第 14 位，表明中国在科技上的自主创新能力越来越强，中国经济发展的含金量越来越高，标志着中国未来经济社会发展将从紧跟到引领世界大潮——创新的大势。

新时代的经济特区，尤其要着力实施创新驱动发展战略，这也是党中央对经济特区的一再要求。抓住了创新，就抓住了牵动经济社会发展全局的"牛鼻子"。抓创新就是抓发展，谋创新就是谋未来。"我们必须把发展基点放在创新上，通过创新培育发展新动力、塑造更多发挥先发优势的引领型发展，做到人有我有、人有我强、人强我优。"② 党和国家作出兴办经济特区重大战略部署以来，深圳经济特区作为我国改革开放的重要窗口，各项事业取得显著成绩，"已成为一座充满魅力、动力、活力、创新力的国际化创新型城市"③。

二 科学技术是第一生产力

生产力是由生产资料、劳动对象和劳动者等基本要素构成的，马克思指出，"生产力中也包括科学"④，并强调"社会劳动生产

---

① 百度百科：《创新型国家》。
② 《习近平谈治国理政》第 2 卷，外文出版社 2017 年版，第 203—204 页。
③ 《关于支持深圳建设中国特色社会主义先行示范区的意见》，《人民日报》2019 年 8 月 19 日第 1 版。
④ 《中共中央文献研究室·论科学技术》，中央文献出版社 2001 年版，第 9 页。

力,首先是科学的力量"①,科学技术是历史进步有力的"杠杆",是"最高意义上的革命力量"。②习近平在2014年国际工程科技大会上的主旨演讲中指出,发展是解决中国所有问题的关键,"要发展就必须充分发挥科学技术第一生产力的作用。我们把创新驱动发展战略作为国家重大战略,着力推动工程科技创新,实现从以要素驱动、投资规模驱动发展为主转向以创新驱动发展为主"③。可见,现代社会,科学技术在生产力系统要素中处于第一生产力的地位,对经济社会发展起着决定性作用。

科学技术已经成为推动现代生产力发展中的重要因素和重要力量。现代社会,不仅生产资料是同一定的科学技术相结合的,而且劳动者也同样是掌握了一定的科学技术知识,有的劳动对象也越来越具有科学技术,而且是科技含量较高的科学技术。现代科学技术的发展呈现出四大特点,一是现代科学技术向生产力转化的速度之快,二是科学与技术融合之紧,三是科学技术对经济社会影响之广,四是科学技术与社会科学结合之深,都达到了前所未有的水平。现代科学技术已经极大改变了传统生产力中的劳动者、劳动工具、劳动对象的三要素结构,建构起了包括衍生的科技、管理、协同、创新、制度等在内的新要素。由于科学技术为劳动者所掌握,使其成为高科技人才,从而极大地提高了劳动者认识自然、改造自然和保护自然的能力,提高了劳动者本身的生产劳动技能。因此,在现代生产力系统中,科学技术已经成为推动现代生产力发展的重要因素和重要力量。

科学技术已经成为现代生产力发展和经济增长的第一要素。长期以来,社会生产力发展和经济增长的模式,主要靠人为不断投入劳动力和资本,以及对自然资源占有的禀赋,然而劳动力、资本、自然资源本身具有有限性的特点,劳动力具有社会性、资本具有逐利性、自然资源具有稀缺性,传统的经济发展模式造成的劳动力短

---

① 《中共中央文献研究室·论科学技术》,中央文献出版社2001年版,第19页。
② 《马克思恩格斯全集》第19卷,人民出版社1963年版,第372页。
③ 《习近平十大金句告诉你科技创新的重要性》,http://news.k618.cn/special/79801/xgbd/201901/t20190109_17100131.html。

缺、资本利益最大化、自然资源枯竭，面对现代社会公平、共建、共享、环保等发展新理念显得越发难以适应。总之，随着新一轮科技革命、知识经济时代的到来，必须从传统的增长方面转变为主要凭借科学的力量、技术的力量来促进生产力发展和经济增长方式。这一转变在发达国家已经表现得尤为明显，而这一趋势必然迟早要扩散到发展中国家。

科学技术的超前性特点对生产力发展具有先导和引领作用。邓小平深刻指出："大量的历史事实已经证明了：理论研究一旦获得重大突破，迟早会给生产和技术带来极其巨大的进步。"[①] 在科学、技术、生产的关系上，长期以来主要表现为生产的发展推动技术进步，然后技术进步再推动科学的发展，即生产处在中心位置，技术是为解决生产中的疑难杂症问题而被动产生的，只是偶尔才上升为科学。但是，随着以电力技术革命为标志的第二次技术革命以来，这种以生产带动技术进而带动科学发展的情况发生了较大的变化，现在三者的关系实现了逆转，即科学导致技术进步，技术进步再推动生产发展。科学技术在生产过程中越来越走在前面，并且还开辟着生产发展的新领域，引导着生产力发展的新方向。"现代科学为生产技术的进步开辟道路，决定它的发展方向。许多新的生产工具新的工艺，首先在科学实验室里被创造出来。"[②]

当今世界正在掀起一场新的科技革命和产业变革浪潮，以大数据、人工智能、生命科学、新能源等为代表的新一轮科技革命不断取得突破，深刻而广泛地影响着人类社会的经济、政治、文化、社会、生态、思维等各方面，以此催生的一大批新产业、新动能、新技术必将成为影响未来经济增长和社会发展的主要因素。面对科学技术日新月异的新形势，面对科学技术在经济社会发展中的重要作用，面对科学技术在一个民族和国家生长中的关键地位，习近平提出了以"发挥科学技术第一生产力的作用"为主要内容的一系列新观点，新判断，新理论，不仅为我国新时代科技、经济、社会发展指明了方向，而且也是经济特区全面发展的重要指引。

---

① 《邓小平文选》第 2 卷，人民出版社 1994 年版，第 87 页。
② 同上。

"发挥科学技术第一生产力的作用"的目的是促进经济社会发展,不断满足广大人民群众对美好生活的需求。发挥科学技术第一生产力的作用,就是说科学技术在生产力各要素中,对推动经济社会发展已经起到决定性的作用,让中国特色社会主义驶入"多、快、好、省"的发展轨道,能创造出更多、更好的物质文化生活产品,满足社会大众的需要。对此,习近平指出,科技的应用是有价值导向的,应发挥科技在国家、社会和人民中的积极作用,引导科技成果更多地为人民服务。新时代,我们应充分"发挥科学技术第一生产力的作用",社会主义中国有理由创造出比资本主义更高的劳动生产率,实现广大人民群众的美好生活,进而对社会主义充满信心。

"发挥科学技术第一生产力的作用"就是要使我国在激烈的国际竞争中,抢占核心制高点,使中华民族和中国特色社会主义立于不败之地。当今国际竞争异常残酷、激烈,其竞争的主要内容就是对高科技的竞争,而对高科技的竞争就是对具有自主知识产权的核心技术的竞争,哪个民族和国家掌握了更多的核心技术,哪个民族和国家就大概率立于世界不败之地,否则就会被世界边缘化。"关键核心技术是国之重器,对推动我国经济高质量发展、保障国家安全都具有十分重要的意义,必须切实提高我国关键核心技术创新能力,把科技发展主动权牢牢掌握在自己手里,为我国发展提供有力科技保障。"[①]

当今世界竞争主体已经不再限于两种不同社会制度之间的较量,相同社会制度国家之间也存在激烈较量。所以特朗普不仅要同中国打贸易战,而且还要同盟国打贸易战。对此,习近平指出,我们要跟踪全球科技发展的最新方向,努力赶超,力争缩小关键领域差距,通过创新突破我国科技发展的瓶颈制约,形成比较优势。

在科技如何走自主创新问题上,习近平强调,应把我国的制度优势和坚持自力更生的优良传统结合起来。不仅如此,他还基于国际形势和国内现实对我国科技如何自主创新进行顶层设计,充分发

---

① 习近平:《在网络安全和信息化工作座谈会上的讲话》,人民出版社2016年版,第12页。

挥我国制度优势，紧紧抓住科技创新这个"牛鼻子"，面向世界科技前沿、面向经济主战场、面向国家重大需求，亲自谋划、部署、推动了一系列科技自主创新的重要举措，举全国之力集中攻克一些科技创新中的薄弱环节，在"关键领域、卡脖子的地方"实施"非对称"的弯道超车或变道超车战略。近年来我国国防科技、武器装备建设、信息化核心技术和信息基础设施等方面突飞猛进，有的成果达到甚至超越了世界水平。当然，习近平强调，自力更生不等于关起门来搞科技，而是加强与国际科学技术的合作与交流，体现出科技创新既要自力更生，也要有包容开放的理念。

总之，"发挥科学技术第一生产力的作用"要求我们在经济社会发展路径上从传统的靠人力、物力、财力直接投入为主的模式，转向践行新发展理念为主的科学发展模式，走以科技进步为依托的内涵式扩大再生产的发展新路，努力提高科技在经济增长中的含量，促进整个经济社会的发展。

"发挥科学技术第一生产力的作用"还要求促进我国"产教研"的融合，实现科技与经济一体化。为此，必须亟待解决目前我国"产教研"有机结合的体制和机制问题，解决"产教研"脱节的问题。只有实现科技成果向现实生产力的转化，才能使科学技术成为真正的第一生产力，才能使科学技术转化为巨大的物质力量。对此，习近平提出要建立产学研深度融合的技术创新体系，破除阻碍人才发展的体制机制障碍，加强各类高层次人才队伍建设，深化教育改革，创新教育方法，形成有利于各类创新人才成长的育人环境。"要提升教育服务经济社会发展能力，调整优化高校区域布局、学科结构、专业设置，建立健全学科专业动态调整机制，加快一流大学和一流学科建设，推进产学研协同创新，积极投身实施创新驱动发展战略，着重培养创新型、复合型、应用型人才。"①

综上，当今科学技术决定了生产力的性质，决定了生产力的发展方向，决定了生产力的结构，决定了生产力的先进水平。经济特区的发展，必须首先牵住科学技术发展这个"牛鼻子"，创新科技

---

① 《将改革进行到底》，人民出版社2019年版，第138页。

发展，驱动生产力发展，促进生产、生活、社会的全面发展，而创新科技发展关键就在于掌握具有自主知识产权的处于前沿的引领世界的高科技核心技术。

三 创新是经济特区发展的生命线和灵魂

2005年，温家宝在深圳考察时指出，经济特区要把创新作为发展的生命线和灵魂。新时代，党中央特别强调经济特区实施创新驱动发展战略，在对深圳、上海、海南、雄安等经济特区下发的文件中，无不谈及创新驱动发展战略的重要性。科技创新和制度创新又是创新驱动发展战略的核心，如何进行科技创新和制度创新是经济特区一项重要任务，也是经济特区发展的新路径。创新驱动发展战略的内核在于科技创新和制度创新。

深圳将以创建综合性国家科技中心为突破。《中共中央 国务院关于支持深圳建设中国特色社会主义先行示范区的意见》，要求深圳"加快实施创新驱动发展战略"。《意见》从六个方面对深圳经济特区以科学技术为核心的创新驱动发展提出了具体安排。新时代深圳肩负科技创新的重任不仅仅是深圳的大事，更是国家的大事，民族的大事。党中央之所以将如此重任交由深圳来完成，是因为如习近平讲深圳高科技发展是"中国的一面旗帜"，深圳有能力担当和很好完成这一历史重任。深圳40年发展，高科技从无到有，从有到强，从强到优，诞生出来像华为、腾讯、中兴、迈瑞、比亚迪、大疆等这些知名的高科技企业，目前深圳拥有国家级高科技企业就达14000家，堪称我国高科技企业的"高产户"和"孵化器"，且形成了强大的梯次型创新企业群，成为我国企业参与国际竞争的先锋队。

毫不夸张地说，高新技术产业已发展成为深圳经济社会发展的第一增长点和第一大支柱产业，挺起了深圳经济社会发展的脊梁，已经成为国际社会关注之地。在中美贸易战美国制裁中国企业的"实体清单"中，深圳的高科技企业就占这份名单中的2/3，这就从另一方面很好诠释了掌握核心技术对于一个民族和国家是多么的重要。深圳被誉为中国的"硅谷"实至名归，据有关数据统计，深圳平均每天诞生46件发明专利，平均每63人拥有一家高新技术企业。

深圳高科技企业之所以能，是因为形成了适宜高科技企业生存的以民营经济为主体，以国有企业为保障的产权制度和所有制结构的创新，形成的优胜劣汰、公平竞争的市场体制机制创新，为高科技产业提供高质量服务体系的政府体制创新，以国际市场为导向的外向型经济的体制创新等环境。① 目前，深圳在高科技方面形成的经验已经在全国推广复制，如 2019 年 5 月 18 日，雄安新区 20 余家高科技企业到深圳取经学习。

深圳有"创新之都"的美誉，被习近平誉为"特区中的特区"的深圳前海是制度创新的大本营。2018 年 10 月，习近平指示前海"要研究出一批可复制可推广的经验，向全国推广"。据统计，截至 2019 年 5 月，前海蛇口自贸片区共推出 442 项制度创新成果，内容涵盖投资便利化、贸易便利化、金融开放创新、事中事后监管、法治建设、人才管理、体制机制和党的建设等八大领域。其中，49 项、69 项、137 项改革创新经验分别在全国、广东、山西复制推广。

上海自贸区将以创建具有全球影响力的科技创新中心为引领。按党中央的部署，上海要加快推进建设具有全球影响力的科技创新中心，用创新驱动来助推产业的转型升级，提升上海在全球范围内的城市综合竞争力。对此，上海市制定了《上海市推进科技创新中心建设条例（草案）》。加快建设具有全球影响力的科创中心，是党中央、国务院新时代交给上海的重大战略任务，也是上海服务国家大局的重大历史使命。根据该条例，建设科创中心的定位是"创新主体活跃、创新人才集聚、创新能力突出、创新生态优良、创新治理完善的科技创新中心"，从而"全面增强创新资源配置能力和创新策源能力，成为全球创新网络的重要枢纽，引领学术新思想、科学新发现、技术新发明、产业新方向，为我国建设世界科技强国提供重要支撑"。② 为此，党中央要求上海自贸区必须激发各类创新主

---

① 张晓赫、张思平：《四大制度创新推动深圳高科技产业崛起》，http：//finance. people. com. cn/n1/2018/1026/c1004-30365651. html。

② 上海市十五届人大常委会第十四次会议对《上海市推进科技创新中心建设条例（草案）》进行初次审议。

体的活力和动力,构建创新培养人才体系,建设创新创业人才高地;提升科技创新策源能力等。

在制度创新方面,上海自贸试验区建设近6年来,按照党中央、国务院关于"自贸试验区是国家的试验田,不是地方的自留地"的要求,形成了丰硕的基础性制度和核心制度创新成果。主要体现为基本形成了以负面清单管理为核心的投资管理制度、以贸易便利化为重点的贸易监管制度、着眼于服务实体经济发展的金融开放创新制度、与开放型市场经济相适应的政府管理制度、自贸试验区改革创新的法治保障制度。[1] 6年来,上海自贸试验区还在投资、贸易、金融、事中事后监管领域开展了一系列改革探索,100多项制度创新成果向全国复制推广,服务长三角和"一带一路"建设能力不断增强,法治化、国际化、便利化的营商环境全面优化,有力支撑了区域经济持续健康发展,成为中国构建开放型经济新体制的重要平台。

海南经济特区以海洋科技为核心的创新驱动发展之路。按党中央的部署,海南以发展信息、海洋、农业科技和产业化为抓手,促进海洋特色生产力发展。习近平指出:"海南要站在更高起点谋划和推进改革,下大气力破除体制机制弊端,不断解放和发展社会生产力。"[2] 要求海南在建设现代化经济体系过程中,要全面实施新发展理念,坚决贯彻创新驱动发展战略,坚持以科技发展激发生产力发展,推动经济社会高质量发展。具体说来,就是要高起点发展海洋经济;打造国家热带现代农业基地,加强国家南繁科研育种基地(海南),打造国家热带农业科学中心;打造空间科技创新战略高地,设立海南国际离岸创新创业示范区等。可见,海南也是要以科技发展为中心来促进经济社会发展。从中央要求海南发展科技创新内容看,具有典型的与海南地域和资源相结合的特色。

在制度创新方面,海南建省办特区以来交出了一批制度创新亮丽的成绩单:率先提出建立社会主义市场经济体制;率先明确提出

---

[1] 《上海自贸:五大制度创新成效显著》,http://www.sohu.com/a/112914267_473422。
[2] 习近平:《在庆祝海南省办经济特区30周年大会上的讲话》,《人民日报》2018年4月14日第2版。

在一切经济成分的企业中实现平等竞争；率先推行全民所有制企业股份制改革试点；率先开展企业审批制度改革，将审批注册制改为直接登记制；率先开展"四费合一"、取消一切收费站的燃油附加费改革等。海南自贸区设立以来，又交出了制度创新清单：5项"放管服"改革创新案例和3项金融改革创新案例，即创新商事登记"全省通办"制度，创新简化简易商事主体注销公告程序，创新商事主体信用修复制度，创新减免商事主体公示负面信息办法，创新施工图审市场化和"多审合一"办法，及全国首单知识产权证券化，天然橡胶价格（收入）保险，国际热带农产品交易中心。这些制度创新对推动海南经济社会发展具有重要意义，有的创新还被推广复制到了全国。①

雄安新区是以"智慧城市"（科技）为核心的创新发展之路。雄安新区的成立，肇始于解决首都北京的"大城市病"，根源于"京津冀协同发展战略"，定位于千年大计、国家大事。对于把雄安新区建设成什么样、怎样建，习近平指出，"采用现代信息、环保技术，建成绿色低碳、智能高效、环保宜居且具备优质公共服务的新型城市"。《河北雄安新区规划纲要》在"战略定位"部分中指出："坚持把创新作为高质量发展的第一动力，实施创新驱动发展战略，推进以科技创新为核心的全面创新，积极吸纳和集聚京津及国内外创新要素资源，发展高端高新产业，推动产学研深度融合，建设创新发展引领区和综合改革试验区，布局一批国家级创新平台，打造体制机制新高地和京津冀协同创新重要平台，建设现代化经济体系。"可见，科技创新，是雄安未来百年、千年发展的生产力支撑和基础。

雄安建设伊始，就站在了智慧城市建设的高起点上，智慧城市的核心也就是以高科技为支撑的。《纲要》还明确提出了智慧城市方向性的主要指标：基础设施智慧化水平超过90%，高速宽带无线通信全覆盖、千兆入户、万兆入企，大数据在城市精细化治理和应急管理中贡献率超过90%等。这使得雄安新区的智慧城市建设起点

---

① 王晓樱：《海南：制度创新引领全面发展》，《光明日报》2019年6月4日第1版。

已经远高于国内很多城市。同时，雄安的功能区规划也以智能化为方向。雄安新区北部，以安新县城为界，是高端服务、信息智能、军民融合功能区。新区南部，是生态环保、生命科技、文化创意功能区。此外，雄安新区还规划了16个特色小镇，这些小镇将以产业为主导，延伸与补充雄安新区城市核心区的产业。容城北3个小镇是数字技术小镇、人工智能小镇、光电信息小镇；雄县北2个小镇是空间技术小镇、智慧物流小镇；雄县东部还有卫星应用小镇。

从制度创新看，由于雄安新区于2017年成立仅两年时间，制度创新正在生成过程中。正因为它成立不久，没有太多历史遗留问题，中央对其战略定位决定了雄安不可是第二个上海浦东和深圳，因此在许多方面，如经济发展、社会治理、生态文明、土地开发利用、房地产、公务员队伍建设、人才、教育、卫生事业等都可能成为制度创新上的新标杆。

总之，全面深化改革是坚持和发展中国特色社会主义的根本动力，全面深化改革要求全面扩大开放，全面扩大开放促进全面深化改革，改革开放的内核是创新，抓创新就是抓发展，谋创新就是谋未来。科技创新是创新的重要内容，是推动经济社会发展的第一生产力。新时代，全面深化改革和全面扩大开放，是经济特区不断向前发展的动力源，必须将发展作为第一要务，创新作为引领发展的第一动力。

第三节 人才是推动经济特区发展的第一资源

马克思主义认为，生产力是人类社会发展的决定因素，而人又是生产力中最基本最活跃的因素。因此重视人，特别是人才资源的开发，是发展生产力的必然要求，也是社会主义的根本任务。无论是创新驱动，还是科技创新、制度创新等，都需要人去驱动，去创新，如果离开人也就没有驱动、没有创新，驱动、创新不是自发的，而是人的自觉行为，当然这里的人不是普通人，而是具有一定知识技能，能改造自然、改造社会、改造自我的人才。习近平指出："人才是创新的根基，是创新的核心要素。创新驱动实质上是人才驱动。为了加快形成一支规模宏大、富有创新精神、敢于承担风险的创新型人才队伍，要重点在用好、吸引、培养上下功夫。"①经济特区的实践充分证明，人才是推动经济特区经济社会发展的第一资源。

一 人才是创新的根基和核心要素

中华民族自古以来都有爱才、惜才即重视人才的优良传统，中国共产党无论是在革命时期，还是在建设时期和改革开放时期，都无不重视人才及其作用。尤其是进入改革开放以来，我国社会主义现代化建设急需大量的各类人才，国际对人才竞争日趋激烈，根据这一实际，邓小平提出要尊重知识，尊重人才和"四有人才"的人才观，他在全国科技工作会议上特别指出："改革经济体制，我最关心的是人才。改革科技人才，我最关心的还是人才。"② 他还十分重视人才的创新性。江泽民则提出了全面发展的人才观。胡锦涛则提出了要"树立科学人才观"的人才发展战略。这些重要的论述和判断，深刻揭示了人才在党和国家工作中的极端重要作用和全局中的突出地位。

党的十八大以来，党中央继续高度重视人才工作，并充分认识到人才是创新的根基和核心，认识到人才是社会主义现代化建设的保证，认识到人才强国战略是实施创新驱动战略的前提，认识到人才是进行国际竞争的关键。对此，习近平基于国内外人才形势的深刻认识和我国人才发展需求和供给的清醒判断，对新时代人才工作作出了一系列指示。

人才强国战略被提到一个新的高度。人才强国战略是党中央制定国民经济和社会发展第十二个五年规划中提出的重要国家战略。规划中关于人才方面，提出人才优先等原则，指出加强现代化建设需要的各类人才队伍建设，为促进优秀人才脱颖而出，营造尊重人

---

① 中共中央文献研究室编：《习近平关于科技创新论述摘编》，中央文献出版社2016年版，第119—120页。

② 中共中央文献研究室编：《论科学技术》，中央文献出版社2001年版，第77页。

才的社会环境和良好的制度环境,各级党组织和政府必须落实国家重大人才政策,抓好重大人才工程,推动人才事业全面发展,规划还强调教育、科技、人才是国家强盛、民族振兴的基石,也是综合国力的核心。可见,科教兴国与人才强国是一币两面的关系,从一定意义上说,科教是人才的基础,人才是科教的结果,人才又促进科教发展,教育、科技、人才本身就是三位一体的有机统一体。人才强国战略实施以来,尤其是党的十八大以来,中国特色社会主义现代化建设事业,在大量各类人才的强力支撑下又迈向了一个新台阶,人才强国的初心初步显现。正因如此,习近平特别强调人才强国的重要性,指出:"综合国力竞争说到底是人才竞争。人才资源作为经济社会发展第一资源的特征和作用更加明显,人才竞争已经成为综合国力竞争的核心。谁能培养和吸引更多优秀人才,谁就能在竞争中占据优势。"[1] 新时代,唯有把实施人才强国战略提到新高度,并真正落到实处,才可能实现我国人力资源大国转变为人才资源强国,为决胜全面建设小康社会提供强有力的人才保证和智力支持,才能在国际竞争中获得长远的、持续的比较竞争优势,实现中华民族的伟大复兴。"人是科技创新最关键的因素。创新的事业呼唤创新的人才。"[2]

  全面扩大开放需要大量的海外人才。新时代,我们的开放政策不是收,而是放,而且是全面扩大开放,这是基于经济全球化趋势不可逆转的趋势、我国国情和社会主义现代化建设人才现状做出的结论。经济全球化一个显著的特点就是人才的全球流动,世界各国的人才往中国流,中国的人才往世界各国流。对于中国来说,如何吸引世界各领域高端人才,留住我国优秀人才就是一项重要而艰巨的任务。我国虽然是世界第一人力资源大国,但不是人才资源大国,我国社会主义现代化建设所需人才与实际供给差距较大,人才基础平台不坚实,高级人才数量、质量、结构都存在问题,尤其是

---

[1] 中共中央文献研究室编:《习近平关于科技创新论述摘编》,中央文献出版社2016年版,第112页。
[2] 中共中央文献研究室:《十八大以来重要文献选编》,中央文献出版社2016年版,第26页。

在自然科学领域中一些高科技领军人才、创新型人才严重不足,世界级科学家奇缺,这将影响我国社会主义现代化建设的可持续性。因此,引进、用好我国急需的海外人才就成为当前我国人才工作一个亟须解决的课题。习近平指出,对外开放首先是人和人才的对外开放,即是说人,尤其是人才必须是流动的。"现在,我们比历史上任何时期都更需要广开进贤之路、广纳天下英才。要实行更加开放的人才政策,不唯地域引进人才,不求所有开发人才,不拘一格用好人才,在大力培养国内创新人才的同时,更加积极主动地引进国外人才特别是高层次人才,热忱欢迎外国专家和优秀人才以各种方式参与中国现代化建设。"①

各级领导干部必须首先要树立强烈的人才意识。在现有体制机制下,各级领导干部必须充分认识到,人才问题是关系党和国家事业发展的关键问题,"国家发展靠人才,民族振兴靠人才"。各级领导干部必须深刻认识到,我国经济社会发展方式已经从投资驱动、规模扩张、出口导向等要素驱动发展,快速向创新驱动发展转变,发挥科技创新在经济社会发展中的引领作用。如果说传统的要素驱动模式下人才还不具有关键性作用的话,那么在创新驱动战略背景下,人才就具有决定性作用,各级领导干部必须清楚认识到这一点,从"自私"角度来说,才能使自己领导之域立于不败之地,从大局出发,才能更好贯彻落实党中央新时代的人才工作精神,为实现"两个一百年"奋斗目标提供强大的智力支撑要素。所以,全社会,尤其领导干部必须要树立强烈的珍惜、用好、留住人才的意识,习近平指出:"寻觅人才求贤若渴,发现人才如获至宝,举荐人才不拘一格,使用人才各尽其能。"② 对此,必须大力推进人才发展体制机制改革,"在全社会大力营造勇于创新、鼓励成功、宽容失败的良好氛围,为人才发挥作用、施展才华提供更加广阔的天地,让他们人尽其才、才尽其用、用有所成"③。

---

① 中共中央文献研究室编:《习近平关于科技创新论述摘编》,中央文献出版社2016年版,第115页。
② 同上书,第108页。
③ 同上书,第109—110页。

二 推进人才发展体制机制改革

既然"人是科技创新最关键的因素。创新的事业呼唤创新的人才",那么就要为人才创造良好氛围,破除让人才不能充分发挥主动性、积极性和创造性的思想障碍和制度樊篱,"努力形成人人渴望成才、人人努力成才、人人皆可成才、人人尽展其才的良好局面,使优秀人才脱颖而出"的人才发展体制机制迫在眉睫。习近平指出:"要营造良好创新环境,加快形成有利于人才成长的培养机制、有利于人尽其才的使用机制、有利于竞相成长各展其能的激励机制、有利于各类人才脱颖而出的竞争机制,培植好人才成长的沃土,让人才根系更加发达,一茬接一茬茁壮成长。"[①]

人才发展体制机制改革不仅是全面深化改革的重要组成部分,而且由于党管干部原则,又是党的建设制度改革的重要内容。为落实习近平关于人才系列讲话精神,统筹推进"五位一体"总体布局和协调推进"四个全面"战略布局要求,贯彻创新、协调、绿色、开放、共享的新发展理念,党中央、国务院先后印发了诸如《关于深化人才发展体制机制改革的意见》《关于分类推进人才评价机制改革的指导意见》等文件,这对新时代"用好、吸引、培养人才"提供了政策遵循,具有重要的战略意义和现实意义。

人才是指具有一定专业知识和专门技能,进行创造性劳动并对社会作出贡献的人,是人力资源中能力和素质较高的劳动者。我国的人才主要集中在国家机关,中国共产党组织、群众团体等公务员队伍中,以及国营企、事业单位里,这部分人又被称为"干部",俗称"体制内"的人,一部分在民企及其他社会组织里,俗称"体制外"的人,当然"体制内"也有少数人不够人才标准,而"体制外"大部分人则达不到人才标准,所以中国共产党是我国最大的"人才库",这就是我国当前人才分布的显著特点。人才发展体制机制改革主要是指对"体制内"的人才如何进行管理、培养、使用、激励、流动、评估、福利、退休等,目的是构建科学规范、运行高

---

① 习近平:《在中国科学院第十九次院士大会、中国工程院第十四次院士大会上的讲话》,人民出版社2018年版,第20页。

效、具有国际竞争力、最大限度激发人才活力的人才发展治理体系,"让作出贡献的人才有成就感、获得感"①。把各方面优秀人才集聚到社会主义现代化建设事业中,并在其中发挥最大贡献。

为此,必须进行人才体制、机制改革。主要包括:推进人才管理体制改革;改进人才培养支持机制;创新人才评价机制;健全人才顺畅流动和保障机制;强化人才创新创业激励机制;构建具有国际竞争力的引才用才机制。②

虽然党的十八大以来,我们培养造就了各行各业的大批优秀人才,并在社会主义现代化建设事业发挥着各自重要作用,但是当前人才体制机制上还存在一些问题,特别是全面建成小康社会,实现中华民族伟大复兴的中国梦所急需的高层次、高技能、复合型人才极其稀缺。只有深化人才体制机制改革,切实加强和改进党对人才工作的领导,紧紧抓住机遇,积极应对挑战,努力使人才工作迈上新的台阶。经济特区的人才工作同样存在这些问题,只不过程度不同而已。

三 经济特区必须抢占人才竞争制高点

习近平指出:"人才是衡量一个国家综合国力的重要指标。没有一支宏大的高素质人才队伍,全面建成小康社会的奋斗目标和中华民族伟大复兴的中国梦就难以顺利实现。"③ 从 2000 年开始,党中央、国务院陆续发布了一系列关于人才工作的文件。如 2002 年 5 月的《2002—2005 年全国人才队伍建设规划纲要》,2003 年的《关于进一步加强人才工作的决定》,2010 年 6 月的《国家中长期人才发展规划纲要(2010—2020)》,2016 年 3 月的《关于深化人才发展体制机制改革的意见》,这是新时代我们如何"留住、用好、培养"人才的政策指引。同时,中共中央组织部、国家教育部、科技

---

① 习近平:《在网络安全和信息化工作座谈会上的讲话》,人民出版社 2016 年版,第 25 页。
② 同上书,第 25—26 页。
③ 习近平:《在欧美同学会成立 100 周年庆祝大会上的讲话》,http://politics.people.com.cn/n/2013/1021/c1024-23277753.html。

部、人力资源和社会保障部等党政部门，根据新时代党和国家战略布局，又先后实施了"跨世纪/新世纪优秀人才培养计划""百千万人才工程""长江学者奖励计划""国家杰出青年科学基金"，以及高校中的"双一流"等一系列建设工程，这些政策的制定和工程的建设，目的无不在于努力使党和国家在世界人才竞争中占据制高点。

经济特区由于其经济实力雄厚，政策优惠，历来是吸引各路英雄豪杰的地方。党的十八大以来，各经济特区在人才工作方面，特别是在政策制定上下足了功夫，分别出台了重磅政策，出现了从引进人才到"抢"人才的现象，力争站在人才政策制高点上进而抢占经济社会发展制高点。2015年5月，《上海市海外高层次人才引进标准》发布。2015年7月，发布《关于深化人才工作体制机制改革 促进人才创新创业的实施意见》，俗称上海人才政策"20条"。2015年11月，上海市人力资源社会保障局等关于印发《关于服务具有全球影响力的科技创新中心建设 实施更加开放的国内人才引进政策的实施办法》的通知。由于该办法针对性强，对人才具有很强的吸引力，本来于2017年到期，后经上海人力资源和社会保障局同意，有效期至2022年10月31日。

在全国各地人才大战背景下，2018年3月26日上海又正式出台了《上海加快实施人才高峰工程行动方案》，为了吸引人才，上海实施"量身定制、一人一策"，"高峰人才全权负责制"等人才引进政策，规定宇宙起源与天体观测、光子科学与技术、生命科学与生物医药、集成电路与计算科学、脑科学与人工智能、航空航天、船舶与海洋工程、量子科学、高端装备与智能制造、新能源、新材料、物联网、大数据等13个科技领域的人才及其家属可直接落户上海。而所谓"高峰人才"是指"取得国内外同行公认的突出成就"的人才，一般处于本领域全国前5名或国际前20名，或年富力强、活跃在创新创业一线具有成长为世界级高峰人才的潜力，只要符合其中一条，就可成为"高峰人才"。为解决高峰人才及其团队的后顾之忧，《方案》在住房支持实施落户绿色通道、优先申办中国国籍和外国人在华永久居留、完善养老医疗保险待遇、开辟结汇换汇绿色通道、健全交通出行保障机制、保障配偶子女相关待遇等六方面提供系统保障。聚焦人才引进培养、使用评价、分配激励等环节。同年7月，上海发布"人才政策30条"，到2020年，"使上海成为国际一流创新创业人才的汇聚之地、培养之地、事业发展之地、价值实现之地"。为了培育壮大与上海经济社会发展建设相适应的人才队伍，上海市还制定了人才从培养引进、使用流动、评价保障等方面的各项措施。

深圳可以说从成立之初就与人才结下了不解之缘，"孔雀东南飞"就是全国各地人才聚集深圳的真实写照。人才兴深圳兴，深圳兴人才更兴，深圳发展与人才作用发挥已经进入了良性循环。即使如此，新时代，深圳仍一如既往地重视人才，甚至更加重视人才。2015年1月1日深圳市人民政府颁布了新的《深圳市人才安居暂行办法》。2017年11月1日发布实施了《深圳经济特区人才工作条例》，这是我国首部以立法形式通过的人才法，具有重要意义。2019年9月最新发布了《深圳市人才认定办法》，发布了《深圳市海外高层次海外留学人才（孔雀计划）认定办法》。同时，深圳人才主管部门根据深圳市委关于人才工作的总体部署和"一个意见、两个计划"有关要求，紧紧围绕深圳高水平科技创新体系建设，全链条深化人才体制机制改革，大力引才聚才育才，不断强化人才对深圳经济社会发展的支撑作用。

习近平指出，现代社会，国家之间的竞争最终是人才竞争。而人才竞争是以人才环境为基础和前提的。2016年以来，"深圳陆续出台实施'81条'人才新政、'十大人才工程'和人才工作条例等，构成了人才政策的'四梁八柱'。同时制定实施留学回国人员创业资助、博士后科研资助、'人才安居'、鹏城杰出人才奖、产业发展和创新人才奖等一系列人才配套措施……贯穿人才培养、引进、评价、使用、激励、服务全过程"[①]。据统计，截至2018年12月，深圳全市人才队伍总量达510万；全职院士41人；累计认定高层次人才12480人；"孔雀计划"引进海外人才4309人；技能人才

---

① 《深圳吸引各类人才支持民企创新发展》，《深圳特区报》2019年1月7日第4版。

总量349.3万人，高技能人才占30.9%；累计引进留学人员超12万人。2018年深圳新增50万常住人口中，应届大学生10.8万人，同比增长7%，连续5年创新高，其他各类人才达10万，可见人才占比多达六成。2018年，深圳吸纳北京大学毕业生472人，仅次于北京。人才已成为现代经济社会发展的重要支撑，人才已经成为深圳经济社会发展的第一资源。为了用好、用活、留住人才，深圳为消除制约人才发展的各种障碍，充分激发人才活力，还从立法层面制定了《深圳经济特区人才工作条例》，并于2017年11月1日施行，还将每年的11月1日设立为"深圳人才日"。

总体上看，与海南经济社会发展滞后相适应，人才问题一直成为困扰海南经济社会发展的最大问题。这种状况在习近平海南建省办经济特区30年宣布海南建设自由贸易试验区后出现了改观，在讲话中，对海南人才建设提出了很高要求，并对人才工作进行了全面部署。在此情况下，2018年5月13日，海南省发布了《百万人才进海南行动计划（2018—2025年）》。《行动计划》指出到2020年，要吸引各类人才20万人左右，到2025年，实现"百万人才进海南"目标，基本建立具有"中国特色、体现海南特点、与国际接轨的人才发展体制机制"。2019年海南发布高层次人才分类标准。

随后，在中央组织部等7个部委联合印发《关于支持海南开展人才发展体制机制创新的实施方案》文件基础上，海南修订了《海南省高层次人才认定办法》《海南省柔性引进人才实施办法》，制定了《海南省优化总部企业团队引才服务保障办法（试行）》《海南省人才医疗保障实施办法》《内地国企、事业单位专业技术和管理人才在海南兼职兼薪暂行办法》。又在此基础上，海南发布《关于支持海南开展人才发展体制机制创新的实施方案》5项配套政策。相信海南在人才支撑下，其经济社会发展将迈向一个新台阶。

党中央发布的《关于支持河北雄安新区全面深化改革和扩大开放的指导意见》指出，雄安新区要坚持聚天下英才而用之，深入实施人才优先发展战略，建立适应雄安新区开发建设与高质量发展的选人用人机制，建立高层次人才引进与激励政策体系，形成具有国际竞争力的人才制度优势。而《河北雄安新区规划纲要》则强调建立人才特区,创新人才人口管理新模式。

通过这些经济特区制定的人才政策和人才制度建设看,具有这样几个共性:

第一,经济特区已经充分认识到,当今经济社会的发展最终决定于人才,谁掌握了人才,谁就拥有未来。

第二,经济特区已经充分认识到,当今科技人才在经济社会发展的关键作用,因此各经济特区对科技人才情有独钟。

第三,经济特区已经充分认识到,当今世界是经济全球化的世界,人才是中国的,也是世界的,世界的人才,也是中国的人才,所以在各经济特区人才政策中,既重视国内人才,也重视国外人才的引进。

第四,经济特区已经充分认识到,解决人才的后顾之忧是经济特区吸引、留住、用好人才的保证,所以在经济特区对人才的住房、子女上学、就业、就医等都作了明确的规定。

总之,经济特区的发展已经从传统的要素驱动、投资驱动、外贸驱动转变为创新驱动,创新驱动主要是科技驱动,科技人才又是科技驱动的第一资源,科学技术是第一动力,人是发明、创造、驾驭科学技术的,从这一视角讲,人才是第一动力。在这一大背景下,我们必须全面深化改革,发展具有自主知识产权的处于世界领先水平的核心高科技,一个民族、一个国家就会立于不败之地。在科技迅猛发展的今天,经济社会发展已经与科技深度融合,已经越来越离不开掌握科技的人才。40年经济特区的发展历史证明,科技对于经济特区发展是何等重要,人才对于经济特区发展是何等重要,新时代的经济特区首先应该是尊重知识、尊重人才的示范区。

第五章　新时代中国经济特区理论的实现路径

新的历史条件下，经济特区发展路径回答的是新时代经济特区"怎么样""如何办"这一重大实践问题，也是如何贯彻落实新时代经济特区理论的重大实践问题。对此，习近平从国家视野、特区视角、国家与特区结合层面等不同角度提出了许多新思路新策略。其中最为重要的是经济特区必须坚持新发展理念的指导；坚持人与自然和谐共生；坚持摸着石头过河和顶层设计两种方法论优势及其辩证统一；坚持经济特区建设与"一带一路"倡议的有机结合，将经济特区新发展融入到经济全球化进程中。

第一节　新发展理念统领新时代经济特区发展

党的十八大以来，以习近平同志为核心的党中央根据世界形势、中国发展需要初步提出要形成新的发展理念。党的十八届五中全会明确提出新发展理念主要包括创新、协调、绿色、开放、共享五大内容。在党的十九大报告中，习近平对新发展理念进行了系统的论述。五大发展理念不仅事关国家"十三五"规划的实现，更对经济特区建设有着决定性的指导意义。

一　新发展理念的提出与特征

任何思想、理论的提出都有自己的实践基础，新发展理念的提出同样也不例外。新发展理念提出有其深刻的实践基础和理论渊源,是在全球治理体系深刻变革的条件下提出的。

首先,西方发达国家经济增长乏力,新兴经济体后发优势凸显。自 2008 年以来,世界经济遭受了美国次贷危机、欧洲债务危机等多次冲击,全球经济发展陷入"低谷",西方发达国家首当其冲。联合国贸发会议公布的数据显示,2012—2015 年的全球贸易增长率均低于同期经济增长率,分别为 0.86%、2.44%、0.25% 和 -13.23%。[①] 在全球经济贸易降速发展的条件下,西方发达国家面临的传统安全和非传统安全更加凸显,例如:英国恐怖主义袭击、欧洲移民和难民危机、叙利亚大规模杀伤性武器扩散、全球环境危机、美国金融危机、金三角毒品交易等。

在经济全球化越发显著的当今时代,以联合国和布雷顿森林体系为核心的全球治理体系正在发生深刻变革,新兴市场国家、金砖五国、新兴经济体迅速崛起,并且持续扩大自己的影响力。在世界贸易低迷时期,中国作为最大的发展中国家、新兴经济体的主要代表在国际出口份额中的比重不断提高。习近平在庆祝改革开放40周年大会上的讲话中指出,我国国内生产总值占世界生产总值的比重已经达到 15.2%,多年来对世界经济增长贡献率超过 30%。我国货物进出口总额超过 4 万亿美元,累计使用外商直接投资超过 2 万亿美元,对外投资总额达到 1.9 万亿美元。[②]

其次,20 世纪 50 年代制定的全球治理体系脱离当前世界的发展实际。受经济全球化的影响,传统全球治理体系单方面强调以国家为中心的模式已经行不通了。现行传统的全球治理体系是在第二次世界大战的结束背景下形成的,其主要目的是减少战争给人民带来的苦难,防止第三次世界大战的爆发。

进入 21 世纪以来,整个世界几乎已经完全从世界大战的创伤中恢复过来,并且多数的国家获得了长足的发展。例如,中国在 2010 年成为世界第二大经济体后其经济发展速度仍位居世界前列,经济

---

① 中华人民共和国商务部网站,http://www.mofcom.gov.cn/article/i/jyj1/e/2017/01/20170102508516.shtml。

② 习近平:《在庆祝改革开放40周年大会上的讲话》,《人民日报》2018 年 12 月 19 日第 2 版。

总量非常庞大。2012年到2016年，中国GDP的实际增长值分别为：7.9%、7.8%、7.3%、6.9%、6.7%，远远高于西方发达国家。这引起了西方对中国发展的误判——"中国威胁"。

最后，世界各国日益面临着严峻的全球生态环境恶化问题。第二次科技革命使得科学技术在重化工业部门中得到广泛应用。这次科学技术革命在给人类带来巨大财富的同时，也不可避免地产生了环境污染、生态恶化等问题，并发展成为21世纪人类面临的最大挑战。

面对日益严峻的生态环境考验，当今各国均呼吁改善全球生态环境。联合国率先做出行动，提出了"全球绿色新政"和"发展绿色经济"等倡议。但是，由于各种主客观原因，世界各国就生态环境问题尚未达成统一的协议。这在很大程度上造成了治理生态环境的速度远远落后于人类生产发展所破坏生态环境的速度。

新发展理念是在我国处于新的历史方位条件下提出的。改革开放40年来，我国经济年平均增长率一直保持在9.5%左右，并在2010年超越日本成为世界第二大经济体。经济特区作为我国经济发展的排头兵和生力军，对我国经济年增长率贡献重大。但是，与辉煌成就伴生而来的还有许多问题，具体包括：需求侧结构失衡；供给侧结构存在创新动力不足的问题；体制机制建设尚未完全成熟；社会发展不平衡；生态发展不可持续。

新发展理念是对马克思列宁主义、毛泽东思想、邓小平理论、"三个代表"重要思想和科学发展观的继承与创新。马克思不仅提出了辩证唯物主义，而且将辩证唯物主义应用到了社会历史领域之中，产生了历史唯物主义。他提出，发展归根结底是社会基本矛盾的运动，即社会生产力与生产关系、经济基础与上层建筑之间的矛盾运动。社会生产力的发展源于三个方面：来源于发挥着作用的劳动的社会性质，来源于社会内部的分工，来源于智力劳动特别是自然科学的发展。同时，马克思指出："历史是人的真正的自然史。"[1] "全部人类历史的第一个前提无疑是有生命的个人的存在。"[2] 这些

---

[1] 《马克思恩格斯全集》第42卷，人民出版社1979年版，第169页。
[2] 《马克思恩格斯选集》第1卷，人民出版社1995年版，第67页。

强调了作为实践主体人在物质生产、精神生产和科学技术中的首要地位。

新发展理念是对毛泽东思想中关于建设社会主义内容的继承与创新。1954年起草的中华人民共和国宪法提出我国的总目标是建设一个伟大的社会主义国家。在随后的第一届全国人民代表大会第一次会议上，周恩来总理首次提出："如果我们不建设起强大的现代化的工业、现代化的农业、现代化的交通运输业和现代化的国防，我们就不能摆脱落后和贫穷，我们的革命就不能达到目的。"① 在发展阶段上，毛泽东同志认为，中国将经历"不发达社会主义"和"较发达社会主义"两个发展阶段，我国社会主义现代化建设需百年时间。

新发展理念吸收了邓小平理论的核心思想。党的十一届三中全会以来，邓小平同志敏锐地察觉到世界大战在短期内不会爆发，和平与发展将取代冷战和对抗成为新的时代主体。新发展理念正是汲取这一精华，继续将开放、共享确定为重要内容。改革开放前夕，邓小平同志基于中国综合国力薄弱、人均收入垫底、生产力水平落后等现实，确定了"发展才是硬道理"的理念，并提出了"科学技术才是第一生产力"的论断。新时代以来，以习近平同志为核心的党中央进一步将科技创新、制度创新等作为时代发展的动力源泉。

新发展理念以"三个代表"重要思想为理论之基。新发展理念囊括创新、协调、绿色、开放、共享五大内容，但归根结底是发展问题。"三个代表"重要思想强调发展是党执政兴国的第一要务，将建设全面小康社会和社会主义法治国家作为自己的奋斗目标。习近平新时代中国特色社会主义思想继承了"三个代表"重要思想主要内容，围绕发展问题进行深刻论述。同时，习近平新时代中国特色社会主义思想对建成全面小康社会、社会主义现代化强国进行重新部署和规划。

新发展理念是对科学发展观的创造性运用。科学发展观坚持以

---

① 《毛泽东文集》第6卷，人民出版社1999年版，第280页。

人为本的核心，将人民作为发展的主体；将统筹兼顾作为根本方法，统筹城乡发展、地区发展、经济政治发展、国内国外发展等。新发展理念创造性地将统筹兼顾方法应用于经济、政治、文化、社会、环境发展，将全局协调、要素协调作为自己的重要内容之一。最后，新发展理念继承科学发展观的时代发展道路。以胡锦涛同志为总书记的党中央提出坚定不移地走和平发展道路和建设和谐世界理念。新时代以来，习近平提出了人类命运共同体的重要思想，这无疑是对科学发展观的重大创新。

新发展理念具有如下特征：

新发展理念的整体性。新发展理念所包含的创新、协调、绿色、开放、共享是互为补充的整体，具有不可分割性。其中最具表现的是创新：创新是新发展理念的核心，起着主导作用。各种科学技术的发明和介入，可以有效地缩小地域发展不平衡、城乡发展不平衡、民族发展不平衡。新的绿色发展方式必须有科学的发展体制机制、高端的科学技术的支持。开放是面对全世界的开放。中国在与其他国家交往的过程中，只有拥有先进的科学技术才能占据主动权，才能在对外贸易、政治交流、文化沟通中维护自身的核心利益。共享发展要想将发展成果惠及每一位人民群众，必须进行科技创新。只有通过科技创新才能取得更好、更多的成果，也才能将成果更多、更公平地分享到人民手中。

新发展理念的指向性。习近平提出的创新、协调、绿色、开放、共享发展理念具有很强的指向性。新发展理念中的创新旨在解决发展动力问题。进入新时代以来，面对日益激烈的国家竞争我国必须将经济发展的质提升起来，提高自身创新能力、科学技术发展水平，增强科技对经济发展的支撑力度。只有如此，我们才能保持自己在全球竞争中的互动地位，维护国家安全、人民幸福。新发展理念中的协调旨在解决发展不平衡问题。长期以来，发展不平衡问题一直困扰着我国经济、社会发展，突出表现为地区发展不平衡、城乡发展不平衡、经济建设与其他方面发展不平衡、各民族之间发展不平衡。新发展理念中的绿色旨在解决环境污染、生态破坏等问题。长期以来，经济高速发展以环境加速破坏为基础，造成了大气污染、水污染、土壤破坏等生态环境问题，从而使得人民福祉得不到满足、经济建设质量得不到提升。绿色经济、可持续发展是当今世界、当代中国发展的主要走向，为此，我们必须加快产业结构转型、坚定不移地走生产发展、生活富裕、生态良好的绿色发展道路。新发展理念中的开放旨在解决内外联动、融合与优化问题。中国是世界的中国，我国要想发展得更好必须处理好周边地缘政治关系，积极同世界各国一道应对传统安全威胁和非传统安全威胁，建立起多层次、高水平的开放格局。新发展理念中的共享旨在解决社会公平正义问题。社会主义的本质是解放生产力，发展生产力，消灭剥削、消除两极分化，最终达到共同富裕，这体现了公平正义的重要性和迫切性。

新发展理念的人民性。习近平新时代中国特色社会主义思想中自始至终穿插着人民性，新发展理念同样也不例外。习近平在"十三五"规划中明确指出："必须坚持以人民为中心的发展思想，把增进人民福祉、促进人的全面发展作为发展的出发点和落脚点。"①

习近平首次将人民置于发展的核心，突出了人民的主体地位。创新发展归根结底是人类自身的进步。理论创新、制度创新、科技创新、文化创新都是由人来完成实现。协调强调地区与地区之间、城市与乡村之间、人与人之间的协调，为建成全面小康社会提供助力。绿色发展最关键的是实现人与自然和谐发展、人类与自然和谐共生。同时，绿色发展也是解决当前环境恶化、生态失衡的重要手段之一。共享发展理念是人民性最大的体现，切实回答了发展为了谁、发展依靠谁、发展成果由什么人共享的问题。

新发展理念的创新性。新发展理念是对马克思主义发展观的创新。新发展理念是对马克思主义的继承，是在马克思主义基础之上发展起来的。习近平提出的新发展理念以中国具体实际为基础，创造性地实现了马克思主义在中国的与时俱进。首先，从发展主体来看，马克思主义回答了：什么是发展、怎样发展、谁来发展等问题。新发展理念更进一步地指出，发展为了谁、发展依靠谁、发展

---

① 《中共中央关于制定国民经济和社会发展第十三个五年规划的建议》，《人民日报》2015年11月4日第1版。

成果由谁来享受等理论。其次，从发展动力来看，马克思主义指出，社会发展的根本动力是社会基本矛盾，在基本矛盾中最为核心的因素是生产力。新发展理念在此基础上，更进一步地指出发展的第一动力是科技创新。最后，从思想层面来看，习近平新发展理念是对马克思主义发展理念的丰富和创新。新发展理念更加具体化、实践化。在发展内涵、目的、方式上有了更进一步的具体要求。

二 坚持人与自然和谐共生

改革开放40年，虽然我们经济上取得了巨大的成就，并成为世界第二大经济体，但我们不能不看到，经济上的巨大成就是以破坏、牺牲自然环境为代价的，现如今我们已经开始品尝到大自然报复的苦涩。因此，从国家战略层面看，经济增长方式必须转变到坚持人与自然和谐共生这一新路径上来。

坚持人与自然和谐共生是千年大计，极具重要性。习近平在党的十九大报告中指出："建设生态文明是中华民族永续发展的千年大计。必须树立和践行绿水青山就是金山银山的理念，坚持节约资源和保护环境的基本国策，像对待生命一样对待生态环境，统筹山水林田湖草系统治理，实行最严格的生态环境保护制度，形成绿色发展方式和生活方式，坚定走生产发展、生活富裕、生态良好的文明发展道路，建设美丽中国，为人民创造良好生产生活环境，为全球生态安全作出贡献。"[①] 建立人与人、人与自然和谐共生的生态文明制度，形成人与人、人与自然相互依存的生态文明理念，打造人与人、人与自然共同发展的生态文明产业结构关系人民福祉、关乎人类命运。生态文明建设是指，人类在尊重自然、顺应自然和保护自然的过程中，对自然加以改造和利用，以积极的态度改善人与自然对立的"窘境"，反之以人与自然平等依存、平等相处为发展路径，最终形成绿色、健康、有序的生态运行机制和科学、高效、环保的绿色产业体系。生态兴则文明兴，生态衰则文明衰，这是人类经历无数灾难而得出的教训。

[①] 习近平：《决胜全面建成小康社会 夺取新时代中国特色社会主义伟大胜利——在中国共产党第十九次全国代表大会上的报告》，《人民日报》2017年10月28日第1版。

生态文明的核心是坚持人与自然和谐共生。经济特区新发展不仅必须坚持新发展理念，更必须以人与自然和谐共生为经济特区建设目标。《中共中央 国务院关于支持深圳建设中国特色社会主义先行示范区的意见》中指出，深圳经济特区要构建城市绿色发展新格局。坚持生态优先，加强陆海统筹，严守生态红线，保护自然岸线。实施重要生态系统保护和修复重大工程，强化区域生态环境联防共治，推进重点海域污染物排海总量控制试点。提升城市灾害防御能力，加强粤港澳大湾区应急管理合作。加快建立绿色低碳循环发展的经济体系，构建以市场为导向的绿色技术创新体系，大力发展绿色产业，促进绿色消费，发展绿色金融。继续实施能源消耗总量和强度双控行动，率先建成节水型城市。

坚持人与自然和谐共生是形势所需，极具紧迫性。首先，我国长期奉行粗放型经济增长模式，使得低碳技术开发和高新技术创新不足，最终导致我国目前严峻的发展局面，生态环境保护管理机制一时之间难以取代以牺牲环境换取经济增长的生产制度。其次，我国人口基数较大，发展资源紧缺，加剧了环境问题的恶化。在长期以来的发展中，我国工业发展所带来的土地污染、耕地污染等难以在短期内解决，更使得人与自然和谐共生的局面难以形成。受地理因素影响，我国能源资源紧缺。我国已探明的油气资源、矿产资源、稀有资源严重紧缺，难以维系我国这个能源消耗大国发展的正常所需。最后，我国的发展观念与世界发达国家相比较为落后。在实现脱贫、建成全面小康社会的进程中，以牺牲环境换取经济发展的现象依然存在，这对人与自然和谐共生新局面的形成构成了挑战。

坚持尊重自然、顺应自然、保护自然的原则。尊重自然就是尊重自然产生、发展的规律。2018年12月18日，习近平在庆祝改革开放40周年大会上的讲话中指出："历史发展有其规律，但人在其中并不是完全消极被动的。只要把握历史发展大势，抓住历史变革时机，奋发有为，锐意进取，人类社会就能更好前进。"[①] 新发展理

---

① 习近平：《在庆祝改革开放40周年大会上的讲话》，《人民日报》2018年12月18日第1版。

念从整体的角度强调了人与自然的关系,人类既要创新,但是又要实现协调和绿色。在进行中华民族伟大复兴的道路中,应该坚持走绿色经济发展道路,不能走竭泽而渔的老路。习近平在党的十九大报告中指出:"坚持节约资源和保护环境的基本国策,像对待生命一样对待生态环境,统筹山水林田湖草系统治理,实施最严格的生态环境保护制度,形成绿色发展方式和生活方式。"①

顺应自然就是从人类的主观条件出发,根据自然发展规律建立相应的产业结构,实现生活与生产的有序、循环链接。马克思指出:"自然是人的无机身体,人是自然的产物,是自然之子。"② 人是自然界的一部分,人的物质生活资料、精神生活资料都来源于自然界。但是,人又是自然界中最具创造力的群体。因此,必须正确认识人与自然的关系,才能构建起和谐的生态环境。例如,习近平在庆祝海南建省办经济特区30周年大会上的讲话中指出:"海南是我国唯一的热带省份。要实施乡村振兴战略,发挥热带地区气候优势,做强做优热带特色高效农业,打造国家热带现代农业基地,进一步打响海南热带农产品品牌。要发展乡村旅游,打造体现热带风情的精品小镇。"③

保护自然就是保护生态环境。进入新时代以来,我国连续实施了"森林红线""耕地红线""湿地红线"等。同时,我们应该清醒地认识到,环境问题、生态问题不是一国独有的,而是世界各国都应该面对的难题,一国的环境问题可能会对其他国家的发展产生巨大的影响。只有世界各国彼此合作,才能更好地维护人类的生存环境、发展环境。

为此,我们必须构建人与自然和谐发展新格局。

第一,坚持绿水青山就是金山银山的理念。2013年9月,习近平在出访哈萨克斯坦的过程中对新发展理念中的绿色发展进行了初

---

① 习近平:《决胜全面建成小康社会 夺取新时代中国特色社会主义伟大胜利——在中国共产党第十九次全国代表大会上的报告》,《人民日报》2017年10月28日第1版。
② 《马克思恩格斯全集》第42卷,人民出版社1979年版,第95页。
③ 习近平:《在庆祝海南建省办经济特区30周年大会上的讲话》,《人民日报》2018年4月13日第1版。

步论述:"我们既要绿水青山,也要金山银山。宁要绿水青山,不要金山银山,而且绿水青山就是金山银山。"① 这一发展理念是对传统发展模式的纠正,同时又更进一步地体现了人民的主体地位。习近平的金山银山理论本质上就是要求经济建设与环境保护共行,经济发展不能以牺牲环境为代价。

坚持绿水青山就是金山银山首先必须发展绿色生产力。通过绿色生产力实现经济建设与环境保护的统一。其次保护好生态环境。2015年5月6日中共中央政治局通过的《关于加快推进生态文明建设的意见》指出:"在环境保护与发展中,把保护放在优先位置,在发展中保护、在保护中发展。"② 习近平在庆祝海南建省办经济特区30周年大会上的讲话中指出:"海南要牢固树立和全面践行绿水青山就是金山银山的理念,在生态文明体制改革上先行一步,为全国生态文明建设作出表率。生态文明建设事关中华民族永续发展和'两个一百年'奋斗目标的实现。保护生态环境就是保护生产力,改善生态环境就是发展生产力。"③

第二,坚持留得住青山,记得住乡愁思想。2013年12月,习近平在中央城镇化工作会议上发出号召:"要依托现有山水脉络等独特风光,让城市融入大自然;让居民望得见山、看得见水、记得住乡愁。"④ 这一论述包括两方面的内容:首先,乡愁离不开青山;其次,有青山才有乡愁。

乡愁离不开青山。习近平讲的青山实际上是指良好的生态环境。良好的生态环境是我们中华民族最初出生、成长的地方,同时,也是每一位年轻人记忆中家乡的颜色。乡愁则是中国人民几千年来形成的思乡、恋乡、爱乡之情。随着经济发展、社会进步,现代化城市的崛起和科学技术的日新月异,人民更多地被"高楼大厦"所包

---

① 习近平:《绿水青山就是金山银山》,《人民日报》2017年7月11日第1版。
② 《中共中央 国务院关于加快推进生态文明建设的意见》,《人民日报》2015年5月6日第1版。
③ 习近平:《在庆祝海南建省办经济特区30周年大会上的讲话》,《人民日报》2018年4月13日第1版。
④ 习近平:《在中央城镇化工作会议上的讲话》,《人民日报》2013年12月15日第1版。

围，生活压力、就业压力、工作压力、养老压力等压抑着人的生存、发展。因此，青山的存在、乡愁的存在会给人们带来心灵的慰藉。

有青山才有乡愁。德国学者诺瓦利斯说："哲学就是怀着永恒的乡愁四处寻找家园。"[①] 习近平巧妙地将乡愁与青山联系起来，将每个人心中的家乡感、思亲感以及对家乡的回忆利用青山表达出来。只有每一个人都热爱自己的家乡，愿意为家乡奉献自己的力量，才能守得住自己的家乡、守得住家乡的青山。同时，习近平讲的青山也体现了协调发展。青山作为乡愁的实现形式是乡村劳动力进入城市打工的有利表现，也是不发达地区人口进入发达地区打工的有利表现。因此，有乡愁，才能有乡村劳动力、不发达地区劳动力回自己家乡建设的动力，实现乡村振兴、脱贫攻坚。

第三，推进绿色经济体系建设，形成人与自然和谐的空间格局、产业结构、生产方式和生活方式。在经济特区建设中，我们必须积极坚持绿色发展、循环发展、低碳发展的理念，从而形成人与自然和谐共生的格局。

积极发展节能产业、低碳产业。在经济特区新发展中，我们必须将节能产业体系、低碳产业体系的建设放在首要位置，彻底消除以高污染、高排放、高耗能为主的产业，将生态效益与经济效益结合起来。中共中央、国务院通过的《中共中央　国务院关于支持深圳建设中国特色社会主义先行示范区的意见》中指出"加快建立绿色低碳循环发展的经济体系，构建以市场为导向的绿色技术创新体系，大力发展绿色产业，促进绿色消费，发展绿色金融。继续实施能源消耗总量和强度双控行动，率先建成节水型城市"。

科学合理规划经济特区国土空间，减少对生态环境空间的占用。在建立新型产业结构、经济发展体系时要坚持生产空间集约高效、生活空间安全舒适的原则，使经济特区每一寸土地都合理、充分、科学地利用起来。《中共中央、国务院关于支持河北雄安新区全面深化改革和扩大开放的指导意见》中指出："建立各类规划编制统

[①]《诺瓦利斯作品选集》，林克译，重庆大学出版社2012年版，第125页。

筹和协调联动机制，控制性详细规划、修建性详细规划及相关专项规划应符合国土空间总体规划。推进地下空间统筹开发利用，健全规划、用地、建设、产权、使用、管理等相关制度。建立健全雄安新区城市规划设计建设管理标准体系，推进基础设施、城市建筑等领域标准化，为现代城市规划建设管理提供样板。"

深化生态文明体制改革，将生态文明建设制度化、法制化。在经济特区新发展中，要积极探索新型生态文明制度。例如，《中共中央、国务院关于支持河北雄安新区全面深化改革和扩大开放的指导意见》中指出："建立具有国际先进水平的生活垃圾强制分类制度，探索和推广先进的城市资源循环利用模式，率先建成'无废城市'。"

三 新发展理念与经济特区新发展

"理念是行动的先导，一定的发展实践是由一定的发展理念引领的。"① 随着我国经济特区的经济、政治、文化、社会、生态、党的建设等的全面发展已经进入一个新的阶段，因此迫切地需要新的发展理念支撑、引导。新发展理念是对当今中国发展现实的高度凝练，对新时代中华民族实现伟大复兴具有指导意义。经济特区自创办40年来，其经济、政治、文化等的进一步发展也需要一个新的理论来指导，即新发展理念。

创新发展是经济特区新发展的动力。创新发展理念打破了传统的创新就是提高经济效益的思想，将其覆盖面拓展到理论、制度、科技和文化四个层面，体现了我党对于创新问题的认识达到了新的境界。经济特区的新发展也必须以创新为动力，从上述四个层面的创新出发。

第一，理论创新是经济特区新发展的"灵魂"。自进入新时代以来，以习近平同志为核心的党中央领导集体数次在大会中强调创新对于经济特区发展的重要性，并对中国（上海）自由贸易试验区、深圳经济特区、雄安新区、粤港澳大湾区、海南省经济特区等

---

① 习近平：《以新发展理念引领发展》，《人民日报》2016年4月29日第9版。

地进行实地考察，为经济特区新发展提供理论指导。例如 2018 年 12 月 18 日，习近平在庆祝改革开放 40 周年大会上的讲话中指出："必须坚持马克思主义指导地位，不断推进实践基础上的理论创新。改革开放 40 年的实践启示我们：创新是改革开放的生命。实践发展永无止境，解放思想永无止境。"①

第二，科技创新是经济特区新发展的"关键"，是提高经济特区生产力发展的核心要素。通过实施科技创新，积极构建以大数据、互联网、物联网、卫星导航等先进科技为核心的新一代信息技术产业链。同时，不同经济特区又要根据自身不同条件，实行不同领域的科技创新。例如，根据海南省特殊的地理位置、特区环境，习近平在庆祝海南建省办经济特区 30 周年大会上的讲话中指出："要加强国家南繁科研育种基地（海南）建设，打造国家热带农业科学中心，支持海南建设全球动植物种质资源引进中转基地。"②

第三，制度创新是经济特区新发展的"保障"。制度创新是建立在理论创新基础之上的创新，对经济社会发展起着规范、引领作用。习近平在庆祝海南建省办经济特区 30 周年大会上的讲话中指出："海南全岛建设自由贸易试验区，要以制度创新为核心，赋予更大改革自主权，支持海南大胆试、大胆闯、自主改，加快形成法治化、国际化、便利化的营商环境和公平开放统一高效的市场环境。"③《国务院关于印发进一步深化中国（上海）自由贸易试验区改革开放方案的通知》指出："推动权益保护制度创新。完善专利、商标、版权等知识产权行政管理和执法体制机制，完善司法保护、行政监管、仲裁、第三方调解等知识产权纠纷多元解决机制，完善知识产权工作社会参与机制。优化知识产权发展环境，集聚国际知识产权资源，推进上海亚太知识产权中心建设。进一步对接国际商事争议解决规则，优化自贸试验区仲裁规则，支持国际知名商事争

---

① 习近平：《在庆祝改革开放 40 周年大会上的讲话》，《人民日报》2018 年 12 月 18 日第 1 版。

② 习近平：《在庆祝海南建省办经济特区 30 周年大会上的讲话》，《人民日报》2018 年 4 月 14 日第 2 版。

③ 同上。

议解决机构入驻，提高商事纠纷仲裁国际化程度。探索建立全国性的自贸试验区仲裁法律服务联盟和亚太仲裁机构交流合作机制，加快打造面向全球的亚太仲裁中心。"

第四，文化创新是经济特区新发展的"精神动力"，是提升经济特区凝聚力的关键。首先，经济特区进行文化创新需要继承中华优秀传统文化，并进行创造性发展。其次，经济特区进行文化创新还必须引进外来文化，汲取他国文化中的营养，为我所用。最后，经济特区进行文化创新必须实事求是，从自身实际情况出发。

协调发展是经济特区新发展的内在要求。改革开放40年里，我们强调的是经济建设，当然这也无可厚非，因为经济是基础，同时只有首先解决经济问题，才能解决包括特区在内的那时普遍存在的温饱问题。但是，我们却忽略了其他方面的建设，忽略了非经济特区地方的发展。新时期，经济特区必须重视内外的协调发展。

第一，经济特区经济建设与政治制度建设、公共基础设施建设、文化建设、生态环境建设等相比，明显存在不协调。经济特区40年的发展进程中其经济方面的成就独树一帜。例如，海南省生产总值从1987年的57.28亿元增长到2017年的4462.5亿元。人均生产总值、地方财政收入分别增长14.3倍、226.8倍。但是，海南省经济特区的公共基础设施建设起步较晚，其扩建水平低于经济发展速度；特区文化建设尚未形成经济特区独有的文化精神；生态环境建设基本以服务经济建设为主，对特区生态环境产生极大破坏。

第二，经济特区发展水平与周边地区、中西部地区发展水平差距较大，需要打破区域限制，实现协调发展。党的十一届三中全会后，党中央根据发展需要部署了"两个大局"战略：一方面，充分利用沿海地区的优越地理位置吸引外资、先进技术、管理经验等，使其率先发展起来；另一方面，在东部沿海地区率先发展起来之后要对中西部地区进行资金、技术等的支持，实现区域发展平衡。进入新时代以来，我国经济特区发展水平取得重大成就，深圳、上海、厦门等城市已成为国际性城市。但是，各个经济特区周围、中西部地区的发展速度相对经济特区来说较慢。2018年4月，《河北雄安新区规划纲要》中指出："推进新区与周边地区协调发展。加强与国家有关单位、京津两市经常性、制度性协商,解决好涉及区域协同发展的相关规划建设问题。按照科学规划、合理布局的原则,新区着力与北京中心城区、北京城市副中心和天津市在功能上优势互补,实现错位发展、互利共赢;加强新区与保定、廊坊、沧州等周边地区相关规划的衔接,统筹承接北京非首都功能疏解,统筹推进新型城镇化建设,统筹安排教育、医疗、卫生、体育等功能,统筹布局生态、产业、交通和基础设施,实行协同规划、产业联动,努力打造协调发展示范区。"[1]

绿色发展是经济特区新发展的必要条件。经济特区在40年的发展中主要凭借自身特殊的地理位置进行经济建设。同时,在这一进程中,各个经济特区主要以劳动力密集型产业、服务业和高新技术产业为主,高污染、高排放、高耗能产业较少。但是,经济特区自身建设中,绿色经济较少,城市规划中绿化面积较少。所以,经济特区绿色发展是指建立绿色产业和完善生态环境法律。

第一,建设绿色经济发展产业链。经济特区对于经济发展和环境保护的认识经历了一个长期的发展,由以发展经济为主、保护环境为辅到经济发展、环境保护并重。在经济特区建设初期,以邓小平同志为核心的党中央认为,经济发展与资源之间存在着密切的关系,在发展经济的同时要坚持节约资源。同时,处理好人口多与资源不足的问题。进入新时代以来,习近平提出"绿水青山就是金山银山"理论,创造性地提出绿色经济发展道路,建立绿色循环发展模式,形成完整的、科学的绿色经济产业链。同时,在各个经济特区调研进程中不断强调绿色发展的重要性。例如,《中共中央 国务院关于支持海南全面深化改革开放的指导意见》中指出,坚持绿色发展。贯彻国家生态文明试验区的战略定位,以绿色生态为导向,持续推进农业投入品减量、农业废弃物资源化利用和农业资源养护,推动海南省走质量兴农、绿色兴农之路。[2]

第二,完善生态环境保护法律。1979年出台《中华人民共和国

---

[1] 中共河北省委:《河北雄安新区规划纲要》,人民出版社2018年版。
[2] 《中共中央 国务院关于支持海南全面深化改革开放的指导意见》,《人民日报》2018年4月14日第1版。

环境保护法》以来，我国又陆续出台了数个环境保护法律法规。例如，1984年5月颁布《水污染防治法》；1987年颁布《大气污染防治法》等。同时，经济特区也根据自身发展规划和需要不断完善自身的地方性法规。例如，1982年10月深圳及时颁布《深圳市环境保护暂行条例》；1994年制定《深圳经济特区环境保护条例》，并在2000年、2009年两次对条例进行修正。

开放发展是经济特区新发展的必由之路。开放不仅是新时代中国必须坚持的基本国策，也是经济特区不懈坚持的原则。新时代经济特区的开放主要包括两方面的开放：面向世界的开放和面向中国其他地区的开放。

第一，经济特区新发展必须面向世界。中国经济特区的飞速发展离不开国际市场，同时合作共赢也是我国经济特区发展战略的目标之一。中国经济特区的开放政策自成立以来就很明确，即面向世界的开放，无论国家意识形态、综合国力强弱、地区分布远近。正如1992年邓小平同志提出的，只要对建设我国社会主义制度有利、对增强我国经济实力有利，无论是资本主义国家，还是社会主义国家，我们都要积极地汲取。进入新时代以来，以习近平同志为核心的党中央不仅将开放的大门打开，而且越开越大。同时，习近平立足于世界，勇于承担中国的世界责任、实现大国担当，将中国经济特区发展经验分享到国外，特别是广大发展中国家。

第二，经济特区新发展必须面向中国其他地区。一方面，中国中西部广大地区对经济特区取得重大成果起着不可忽视的关键作用。自1980年经济特区建立以来，中国中西部地区就为经济特区输送大量人力、资源、物力等。另一方面，中国经济特区新发展必须认识到"源与流"的关系。高端技术人才、高新科技是经济特区新发展必须具备的条件之一，是经济特区新发展的"源"。经济特区只有积极引进其他地区高等人才、不断加强企业交流合作，才能保持"源头"的稳定、长久。但是，在处理好源头之后，经济特区也要积极发展自身高科技人才、不断提高科学技术水平。

共享发展是经济特区新发展内在要求。经济特区作为中国发展的排头兵与试验场，对实现共同富裕、共产主义具有重要作用。经济特区在 40 年的发展中已经取得了瞩目成就，在取得成就的同时，要兼顾其他地区的发展，为其提供必要的支持。经济特区新发展的共享理念包括四个方面，即全民共享、全面共享、共建共享、渐进共享。

全民共享是由我国的国家性质决定的，我国人民民主专政的国体决定了经济社会发展成果必须由全体人民享有。经济特区作为我国经济建设中关键的一环，必须坚持全民共享的目标，将自身发展过程中取得的经验、积累的资金、先进的技术等与中西部地区实现共享，实现先富带后富，进而实现共同富裕。全面共享是指经济特区将自身经济、政治、文化、社会和生态等方面取得的成就全面地分享到中西部地区。经济特区 40 年发展中积累了各个方面的经验，对中西部地区崛起有着重要意义。共建共享是指经济特区的发展进程必须是全体人民人人参与、人人尽力，促进经济特区新发展取得更大成就。而后，全体人民共享经济特区取得的成果。渐进共享是指经济特区的发展是一个由低级到高级的过程，需要我们一步一个脚印、脚踏实地地走下去。所以，经济特区成果共享的过程也是一个渐进的过程，也是一个不断将更多、更好成果惠及普通民众的过程。

第二节　摸着石头过河和顶层设计相结合

经济特区在新的历史条件下实现自身新发展，既需要清楚地看到摸着石头过河方法论的必然与缺陷，又必须重视顶层设计的必然与优势，更为重要的是，坚持摸着石头过河与顶层设计两种方法的有机统一。只有这样，才能使经济特区沿着正确道路前进。

一　摸着石头过河的必然与缺陷

"摸着石头过河"理论以马克思主义哲学为基础，将辩证唯物主义和历史唯物主义有机结合起来。它重在强调实践，实践是认识的根源和目的。并且主张通过"实践—认识—再实践—再认识"的认识规律不断认识客观事物的本质，最终使得自身的主观认识与客观事物自身的规律相符合。

新时代经济特区建设必须坚定不移地实行"摸着石头过河"策略，这是由我国经济特区具体发展情况所决定的。首先，深圳、珠海、汕头、厦门、海南等经济特区作为我国最早的经济特区在国内基本没有类似的经验可以借鉴，所以自建立以来就一直采取"摸着石头过河"的策略。其次，经济特区经过40年发展已经进入"深水区"，面临着"前无古人"的局面，还需采取"摸着石头过河"的策略。习近平在庆祝海南建省办经济特区30周年大会上的讲话中指出："当前，改革在很多领域突入了'无人区'，经济特区要坚持摸着石头过河，逢山开路，遇水架桥，在实践中求真知，在探索中找规律，不断形成新经验、深化新认识、贡献新方案。"①

进入新时代以来，我国经济特区建设进入了"深水区"，"摸着石头过河"依然是一条重要的方法。但是，在坚持"摸着石头过河"理论时要注重两点：第一，要反对教条主义和经验主义的错误倾向。中国经济特区自创立以来就带有鲜明的中国特色，是党中央根据中国具体国情、发展需要而设立，与世界贸易港、科研试验园有着重大区别。因此，中国经济特区在借鉴他国发展经验时要谨防教条主义和经验主义。第二，要处理好"改革"与"稳定"的关系。我国社会主要矛盾的变化使得我国经济特区建设面临着更加复杂的困境和难题。面对新挑战，经济特区发展必须处理好改革与稳定的关系，在改革中稳步前行。

摸着石头过河的策略对于新时代中国特色社会实践发展、经济特区建设具有重要意义。中国经济特区采用摸着石头过河策略走过了40年的风雨，积累了丰富的建设经验，为经济特区新发展、新开辟的经济特区建设提供了宝贵经验。同时，摸着石头过河的策略为中华民族继续坚持改革开放、坚持经济特区建设提供了一条光明的道路、一种科学的方法论。

但是，经济特区在带来巨大效益的同时，也不可避免地带来一

---

① 习近平：《在庆祝海南建省办经济特区30周年大会上的讲话》，《人民日报》2018年版4月13日第2版。

些挫折，这是由摸着石头过河理论的必然缺陷所导致的，其表现为三大缺陷：摸着石头过河重视部分忽视整体性；摸着石头过河重视眼前而忽视长期性；摸着石头过河重视经验而忽视理论。具体表现为：

摸着石头过河重视部分忽视整体性。摸着石头过河理论注重实践，尤其注重某一部分、某一要素中的发展难题、挑战。因此，其不可避免地将整个经济特区发展进程碎片化，使得经济特区发展进程无法组合成一个统一的、有机的整体。这对新时代经济特区新发展来讲是一个巨大的威胁、较难跨越的鸿沟。例如，经济特区在20世纪80年代成立初期、90年代飞速发展时期、21世纪步入全球化时期、现今进入新时代阶段都面临着不同的发展难题，同时，不同经济特区由于具体发展情况的差异，又形成了各具特色的经济特区模式。因此，如果只采用摸着石头过河理论非常容易使得这四个时期相互断裂、分化，使得不同经济特区"各自为政、自成一派"。

摸着石头过河重视眼前而忽视长期性。摸着石头过河理论在重视实践的同时也重视解决当下各种难题和挑战，更容易从某一个问题出发而寻找解决方法，缺乏必要的长远性、前瞻性。例如，经济特区在发展初期，片面强调经济发展，而相对忽视政治建设、文化建设、生态环境建设和基础设施建设致使当前经济特区新发展面临着严峻的生态环境考验、基础设施不健全考验。这种长远性和前瞻性的缺失是摸着石头过河理论本来就固有的缺陷。

摸着石头过河理论重视经验而忽视理论。摸着石头过河理论在解决问题和挑战的时候，积累了丰富的实践经验，对于经济特区新发展具有重要作用。但是在汲取发展经验的同时，不可避免地忽视了理论规划，容易犯教条主义和经验主义的错误。例如，1989年国民经济治理整顿的原因之一就是深圳经济特区经过10年发展后取得了重大成就，而其他经济特区注重汲取"深圳经验"而忽视自身理论设计，使得其余各大经济特区物价上涨、流通秩序混乱。

总之，经济特区新发展必须坚持摸着石头过河理论。但是不能只坚持该策略，而要在坚持该策略的同时注重顶层设计，使"摸着石头过河"与"顶层设计"结合起来，既重视部分又强调整体、既着眼眼前又看到长远、既积累丰富经验又形成科学理论设计。

二　顶层设计的必然与优势

顶层设计这一概念最初起源于工程学，具体指："人们从整体性、宏观性出发，自上而下地对实践方案进行设计、修正、完善，从而形成科学的、最优化的、具有可实施性的行动方案。"由顶层设计的概念可知，顶层设计具有明确的指向性，可以为人们的实践提供科学指导，在一定程度上使人少走弯路、规避风险。在我国，顶层设计是指，党中央从国家全局出发，对事关经济特区建设的关键性、根本性问题进行宏观把控，并且实事求是地提出解决思路使得实际行动有所遵循。

新时代经济特区新发展坚持顶层设计必然性之一是顶层设计由来已久。虽然近些年顶层设计作为政治热词频繁出现在人们视野中，但是顶层设计早已作为工作方法对改革开放、经济特区建设进行指导。例如，1979年7月15日，《中共中央、国务院批准广东省委、福建省委关于对外经济活动实行特殊政策和灵活措施的两个报告》；1980年8月26日，全国人大五届第十五次会议批准《广东省经济特区条例》；1982年12月3日，党中央、国务院下发《关于批转〈当前试办经济特区工作中若干问题的纪要〉的通知》；等等。

新时代经济特区新发展坚持顶层设计必然性之二是可以克服摸着石头过河理论与生俱来的缺陷。只坚持摸着石头过河理论必然会使经济特区建设忽视整体性、长远性，忽视理论指导，最终导致经济特区新发展走上歪路。

新时代经济特区新发展坚持顶层设计必然性之三是新时代条件下，经济特区新发展面临更加多变、复杂、严峻的挑战。首先，世界多极化趋势明显加快，但是以美国为首的资本主义国家掀起了反贸易、逆全球化的浪潮。随着新科技革命不断应用到人类生活之中，经济交往、文化交流、信息互通变得更加便利，为经济全球化、世界多极化提供了有利环境。但是，自2017年1月20日特朗普当选美国第45任总统以来，陆续退出多个国际性组织。美国作为世界第一大经济体陆续退出各种组织必然给世界经济全球化带来了极大阻碍和挑战,使我国经济特区"走出去"面临严峻挑战。其次,中国经济发展逐渐转向高质量发展,日益走进世界舞台中央;同时,发展不平衡不充分的情况更加凸显。进入新时代以来,以习近平同志为核心的党中央在已获得的显著成就基础上展开了一场影响深远、意义深刻的变革,旨在解决改革开放过程中形成的各种"疑难杂症",即发展不平衡不充分问题。最后,和平与发展仍然是未来时代的主题,但是人类面临的共同性问题已经到了非解决不可的地步。

经济特区40年的实践进程中,既不能说这40年就是摸着石头过河的40年,也不能说40年进程中前期只有"摸着石头过河"后期增加了"顶层设计"。在经济特区建设进程中,顶层设计作为科学的方法论一直发挥着自己独特的优势,具体表现为:

第一,顶层设计理念在经济特区建设进程中能够优化组合经济特区各部分要素,做到因地制宜。汕头经济特区毗邻海洋、渔业资源丰富,所以汕头经济特区坚持发展渔业、制定创汇农业发展战略,形成了以养鳗鱼联合公司为代表的农业出口创汇企业。厦门经济特区充分利用侨乡优势,积极招商引资。并且创办了地区性投资洽谈会。进入新时代以来,顶层设计理念依旧发挥着重要作用。例如,2018年12月,中共中央、国务院批准的《中共中央 国务院关于支持海南全面深化改革开放的指导意见》实施方案中指出:"立足海南气候、生物、海洋资源优势,发挥海南靠大陆、邻东盟、连世界的区位优势,借力最高开放水平的政策优势,围绕'南繁硅谷'、热带农业科研、热带现代农业、海洋渔业、农业对外开放等重点领域,加强设计与谋划,强化政策协调与落实,支持把海南建设成为种业'硅谷'示范区、国家热带农业科学中心、农业农村绿色发展先行区、热带现代农业和海洋渔业发展引领区、'一带一路'农业国际合作交流基地,全力推动海南全面深化改革开放。"[①] 通过顶层设计思路聚焦海南省独特地理、资源优势,从而进一步发挥海南经济特区的排头兵作用。

---

① 《中共中央 国务院关于支持海南全面深化改革开放的指导意见》,《人民日报》2018年4月14日第2版。

第二，通过顶层设计明确不同经济特区新发展的目标，减少盲目性。顶层设计理念从宏观整体出发把握经济特区建设，既有利于经济特区实现跨越式发展，又可以坚持特区建设的"初心和使命"，使经济特区在发展进程中走正路而不走邪路、踏捷径而规避弯路。例如，中共中央、国务院通过的《进一步深化中国（上海）自由贸易试验区改革开放方案》指出中国（上海）自由贸易区的发展目标是，深化完善以负面清单管理为核心的投资管理制度、以贸易便利化为重点的贸易监管制度、以资本项目可兑换和金融服务业开放为目标的金融创新制度、以政府职能转变为核心的事中事后监管制度，形成与国际投资贸易通行规则相衔接的制度创新体系。《中共中央　国务院关于支持深圳建设中国特色社会主义先行示范区的意见》中指出深圳经济特区发展目标是，到2025年，深圳经济实力、发展质量跻身全球城市前列，研发投入强度、产业创新能力世界一流，文化软实力大幅提升，公共服务水平和生态环境质量达到国际先进水平，建成现代化国际化创新型城市。到2035年，深圳高质量发展成为全国典范，城市综合经济竞争力世界领先，建成具有全球影响力的创新创业创意之都，成为我国建设社会主义现代化强国的城市范例。到21世纪中叶，深圳以更加昂扬的姿态屹立于世界先进城市之林，成为竞争力、创新力、影响力卓著的全球标杆城市。

第三，顶层设计可以有效地提高经济特区建设的科学性，防止问题主义和经验主义倾向。顶层设计重在运用战略性思维能力宏观把握经济特区发展进程，善于运用辩证性思维能力增强经济特区规划方案的理论逻辑性、实践操作性。一方面，经济特区在自身发展过程中会不可避免地遇到各种挑战，其在解决这些问题的过程中会陷入"为解决问题而单纯地解决问题"怪圈，忽视经济特区建立的最初使命、发展目标，从而走向问题主义。另一方面，经济特区在发展进程中会积累丰富的特区经验、发展经验。丰富的经验在给人们带来便利的同时，也会不可避免地产生惯性思维，从而走上僵化、失去创新的老路。顶层设计方法论的运用可以有效地规避问题主义和经验主义，使问题解决服务于经济特区使命的完成、经验总结服务于经济特区发展目标的完成。

三　坚持摸着石头过河和顶层设计有机统一

党的十八届三中全会明确提出："加强顶层设计和摸着石头过河相结合"；习近平数次强调，"摸着石头过河和加强顶层设计是辩证统一的"。我国经济特区事业是前无古人的事业，这项事业建设进程既有摸着石头过河的方法起着基础性作用，也有顶层设计方法起着总揽全局的作用，二者的有机结合、辩证统一为经济特区建设"保驾护航"。中共中央、国务院在《关于支持深圳建设中国特色社会主义先行示范区的意见》中，明确要求深圳将摸着石头过河与顶层设计有机结合。

摸着石头过河就是在具体实践中解决问题、总结经验、探索规律。2012年12月31日，习近平在党的十八届中共中央政治局第二次集体学习时指出："摸着石头过河，是富有中国特色、符合中国国情的改革方法。摸着石头过河就是摸规律，从实践中获得真知。"摸着石头过河所强调的摸规律必须在实践中进行。但是，一味地摸着石头过河必然导致重视局部而缺乏整体性、重视具体实践而丧失根本方向性。顶层设计之所以称之为"顶层"，就是指设计者必须高瞻远瞩，从事物整体出发对实践方案进行论证、完善。在具体事物发展进程中，仅重视顶层设计必然导致一般理论与具体实践脱离、整体理论规划与部分实际情况脱离。因此，我们只有将摸着石头过河与顶层设计结合起来，即使前者因重视实践而带来的缺乏整体性、丧失方向性的缺陷与后者重视顶层设计而带来的缺乏具体实践指导的缺陷相结合、互补，才能促进经济特区新发展沿着康庄大道前进。

顶层设计与摸着石头过河两种方法的优势在经济特区建设中相互结合、相互渗透。2012年12月31日，习近平在党的十八届中共中央政治局第二次集体学习时指出："摸着石头过河和加强顶层设计是辩证统一的，推进局部的阶段性改革开放要在加强顶层设计的前提下进行，加强顶层设计要在推进局部的阶段性改革开放的基础上来谋划。"经济特区建设作为一项伟大事业、顶层设计，需要数十年、数百年完成诸多阶段发展目标才能推动其整体进程，即发挥顶层设计整体规划优势与摸着石头过河具体实践优势。

经济特区40年来一直坚持摸着石头过河和顶层设计两种工作方法的辩证统一，取得了举世瞩目的成就。进入新时代，经济特区新发展面临着更加复杂、更加多变、更加艰难的世情、国情、党情，必须更进一步地坚持二者的辩证统一。只有这样，经济特区新发展才能走得更稳、行得更远，才能为世界上许多想发展又欠缺经验的国家、地区提供中国范例。

第三节　积极融入"一带一路"进程

"一带一路"倡议是以习近平同志为核心的党中央在新的时代提出的一项重要国家战略，具有自身特殊的现实依据和理论渊源。"一带一路"倡议虽然是由中国提出，但是获利最大的却是"一带一路"沿线各国、最广大的世界人民。因此，我们要将"一带一路"倡议以更好、更快的标准建设好，其关键之一就是将经济特区建设融入"一带一路"发展战略中。党中央、国务院在下发给上海、海南等经济特区的文件中，明确要求其参加到"一带一路"进程中。

一　"一带一路"是新时代一项重要国家战略

"一带一路"国家战略的提出，不是凭空想象出来的一个乌托邦，而是有着深刻的背景和依据。

第一，世界发展进入百年未有之大变局时代。2008年金融危机加快了世界多极化的进程，中国、俄罗斯、印度等国家开始在全球发展中占据举足轻重的地位。美国为维护自身的超级大国地位和既得利益，实施和掀起了"亚太再平衡战略"和逆全球化浪潮。亚太再平衡战略包括两方面：经济方面，美国通过与英法德等欧洲资本主义国家、日本韩国等亚洲资本主义国家以及澳大利亚等大洋洲资本主义国家签署跨太平洋战略经济伙伴关系协定（TPP）来遏制中国发展；政治方面，美国通过鼓动日本、韩国、菲律宾、越南等中国周边国家给中国政治、外交发展制造障碍。美国此次掀起的逆全球化浪潮远远超越了经济领域，美国陆续推出了联合国教科文组织、巴黎气候协定、伊核协议等全球性组织，在经济、政治、文化、社会、生态等方面收缩力量，力图再次重建属于自己的世界规则。

第二，中国崛起谋求发展新格局。党的十八大以来中国发展进入新的历史方位，国内主要矛盾已经转变为人民日益增长的物质文化需要同不平衡不充分发展之间的矛盾。我国经济发展由需求侧转向供给侧，改革开放40年来累积的深层次矛盾已经到了非解决不可的地步。我国拥有世界上最完整的工业体系，其所创造的产能已经远远超过了内需，比如水泥、钢铁等。产能过剩、外汇资源过剩、能源过剩、劳动力过剩是我国发展的重要特点，这些都急需"走出去"战略支撑。在全球化发展中，我国"走出去"体系尚未全面建立，而已建立的"走出去"路径存在深度不足、质量较低、经验不足的弊端。

第三，"一带一路"建设实施是沿线国家的共同诉求。2014年5月22日，习近平在《积极树立亚洲安全观，共创安全合作新局面》中指出："中国始终是维护地区和世界和平、促进共同发展的坚定力量。""一带一路"建设是由以习近平同志为核心的党中央提出的，却得到了海上丝绸之路经济带、路上丝绸之路经济带沿线国家的鼎力支持。其原因有三：首先，"一带一路"沿线国家具有丰富的自然资源、环境资源、廉价劳动力资源，对中国缓和生态环境恶化、环节资源紧缺情况等具有较大的吸引力。其次，"一带一路"沿线国家虽然早已实现了经济、政治等的独立，但是发展程度、发展水平较低，需要中国技术的支持。最后，亚欧大陆国家在第二次世界大战后制定的规则中普遍处于不利地位，长期受到不公正、不合理的国际待遇。这些问题的解决促进了"一带一路"建设的实施。

2013年10月，习近平在出访印度尼西亚时发表题为《携手共建中国—东盟命运共同体》，正式提出"中国致力于加强同东盟国家的互联互通建设，愿同东盟国家发展好海洋合作伙伴关系，一起创建'21世纪海上丝绸之路经济带'"。在2013年周边外交座谈会上，习近平第一次将"建设丝绸之路经济带"与"21世纪海上丝绸之路"融合在一起。至此，"一带一路"建设正式形成。

"一带一路"建设是以习近平同志为核心的党中央提出的对于区域经济、文化合作交流的伟大创举，其内涵丰富，主要包括：政策沟通、设施联通、贸易畅通、资金融通、民心相通五大内容。

第一，政策沟通。2015年3月29日，习近平在《推动共建丝绸之路经济带和21世纪海上丝绸之路的愿景与行动》中指出："加强政策沟通是'一带一路'建设的重要保障。"从"一带一路"建设实施以来，中国就积极主动地秉持求同存异、多元开放的原则与沿线各国展开了不同层次的政策沟通。在我国，交通运输总局、国土资源部相继完成了《交通运输部落实"一带一路"战略规划实施方案》和《"一带一路"能源和其他重要矿产资源图集》，将《推动共建丝绸之路经济带和21世纪海上丝绸之路的愿景与行动》落实到具体的实践中。一方面，中国与"一带一路"沿线137个国家在经济、政策、文化等方面实现对接。到目前为止，"一带一路"经济带与蒙古国"草原之路"、俄罗斯"欧亚经济联盟"、印度尼西亚"全球海洋支点"、柬埔寨"四角战略"、越南"两廊一圈"等成功对接。中国与各国政策沟通的顺利进行为国家间经济、文化交流提供了基础和保障，使得双方获得发展机遇，推动了"一带一路"建设的顺利实施。另一方面，中国在与沿线100多个国家实现政策对接的同时，积极与各国签署正式文件，为"一带一路"实施提供保障。自"一带一路"建设实施起，中国与沿线各国共签署政府间合作文件、合作备忘录150多份。同时，"一带一路"建设与世界卫生组织、亚太经合组织、联合国开发计划署等30个国际组织签订合作文件，获得了国际组织的支持。

第二，设施联通。"一带一路"建设实施中，设施联通是优先建设、发展的领域，起着基础性、先导性作用。"一带一路"建设实施中，设施联通是硬性保障。但值得说明的是，其实施难度相对较大，主要是：首先，"一带一路"沿线自然条件残酷。大部分中亚国家境内缺水、植被覆盖率低、风沙较大的现实环境为基础设施的修建带来了极大障碍。其次,"一带一路"沿线各国社会经济发展水平较低、基础设施修建不完善、科学技术水平落后,这对设施联通来讲也是一大困难。经过长达数年的不懈努力,中国与沿线各国基本建成了全方位、多层次、宽领域、高水平的基础设施互联互通格局。截止到2019年10月,"中欧班列"已经开行超过15000列,运行路线65条,能到达15个欧洲国家。再次,中国与沿线各国实现了航空对接,每周有超过4500趟航班直航沿线43个国家。最后,印度尼西亚雅万高铁、中老铁路、中泰铁路、中塔公路、巴基中亚天然气管道等基础设施不仅陆续开工,而且取得了重大的进展。在实现设施联通的进程中,中国作为世界基础设施建设大国,积极帮助沿线国家实现了国与国、地区与地区的互通,促进了中国外需的增加、供给侧结构的改革。

第三,贸易畅通。贸易畅通是"一带一路"沿线各国和地区发展、繁荣的关键所在,也开启了区域合作的新模式、新篇章。"一带一路"建设将亚太经济圈和欧洲经济圈链接为一体,通过经济贸易合作,带动了各自国家经济发展、提高了人民生活水平、增强了综合国力。在"一带一路"贸易发展进程中,我国秉持着方便各个国家和地区贸易程序简洁化的原则,共同建构多边的贸易体系。当前,中国已经和27个沿线国家签署了12份谈判协定,贸易伙伴遍布亚洲、欧洲、非洲。中欧班列和飞机直航的建立打通了各国、各地区发展的大动脉,促进了物流、资金、劳动力的发展,并且带动了我国企业的飞速发展,"走出去"步伐明显加快。2017年,我国海关总署为加强"一带一路"各国的经济联系和文化交流,积极推行了自贸区建设、各国企业在国际产能合作、境外园区、能源开发等领域精诚合作,为我国经济实力的发展贡献了属于自己的力量。

第四,资金融通。资金融通是"一带一路"建设实施的"血液"和物质基础。2013年11月,习近平在党的十八届三中全会上指出:"中国需要创建开发性金融组织,进一步推动与周边各国在基础设施上的完善。"① 基础设施修建、不同领域合作、文化之间交

---

① 习近平:《在中国共产党十八届三中全会上的讲话》,《人民日报》2013年11月13日第1版。

流、科学技术发展等均需要资金的支持和保障。自"一带一路"建设实施以来，我国与沿线各国就积极朝着金融系统化、资金流动便捷化、产业合作公平化的方向发展。2015年12月，我国积极组织建立了亚洲基础设施投资银行，为资金融通提供了有力组织保障。我国与沿线各国在开展境外资金互动的同时，还签署了相关的资金互通文件。最值得一提的是，我国与欧洲投资银行、欧洲复兴银行、亚洲开发银行等地域性、国际性银行签署合作协议。2016年10月1日，人民币正式获得国际货币基金组织的特别提款权，人民币逐渐朝着世界性货币发展。

第五，民心相通。2015年5月，习近平明确提出统战工作的"三个必须"，其中核心内容之一就是必须善于联谊交友。在"一带一路"建设中，我国必须坚持统战工作的"三个必须"，积极地与海外侨胞、台湾同胞和沿线各国、各地区的人民友好交往。从"一带一路"建设实施至今，中国已经与柬埔寨、波兰、巴基斯坦等10多个国家签订了政府间的旅游文件。在政府间彼此了解的同时，海外侨胞在"一带一路"建设中发挥了重大作用。东南亚是海外华侨的聚集地之一，他们虽然久居国外，却心系祖国的发展、繁荣昌盛。这些华侨的存在为国与国之间的交流、地区与地区之间的合作打下了坚实的人文基础。

二 "一带一路"倡议给全球带来发展新机遇

第二次世界大战结束以来，全球逐渐形成了两大经济圈，即亚太经济圈、大西洋经济圈。中国"一带一路"倡议的提出将实现两大经济圈的互通，使得两大经济圈之间的沿线国家与两大经济圈实现互补，在金融、能源、旅游等领域实现互通，为两大经济圈沿线国家提供发展机遇。

"一带一路"建设以亚洲国家为重点合作对象，通过与其他欧洲国家、非洲国家建立战略合作伙伴关系而开发两大经济圈附属价值、进一步拓展亚洲市场、培养全球经济新的增长点，为世界上大多数发展中国家的崛起和繁荣提供"便车""快车"。首先，"一带一路"建设正在推动沿线国家的铁路设施、公路设施、管道设施等基础建设。沿线各国在基础设施修建的同时，也为本国劳动力提供了大量就业机会，为本国各个领域的企业提供了发展壮大、融入世界的机会。其次，"一带一路"建设推动建立了多元开放的金融合作平台。亚洲基础设施投资银行的设立为沿线国家实现资金流通提供了舞台，从而为各个国家解决自身融资困难、资金链薄弱等弊端提供了一条安全便捷的路径。最后，"一带一路"建设解决全球发展问题，即针对南南问题提供方案。"一带一路"沿线国家基本为发展中国家，特别是中国和印度是世界上最大的两个发展中国家。为解决发展中国家发展问题、贫穷问题、人口问题等注入新的活力和血液。

"一带一路"倡议由中国发起，是中国解决自身发展问题、实现全面小康、社会主义现代化强国的一道"护身符"。首先，"一带一路"倡议加强了我国与东南亚国家、南亚国家、中亚国家、欧洲国家的经济往来，为中国发展塑造了一个和平的国际环境，从而打开了我国发展的新局面。其次，"一带一路"建设的实施加快了我国融入世界的进程。进入新时代以来，我国由于自身综合国力的增强面临的国际形势也发生了很大变化。通过实施"一带一路"建设，让世界认识一个不一样的中国，为中国发展塑造了一张亮丽的名片。再次，"一带一路"建设有助于中国解决国内主要矛盾、解决中国产能过剩的问题、促进供给侧结构的改革。"一带一路"建设将中国剩余的产能便捷地推向了国际市场，为引进新能源、促进产业结构调整提供了机遇。最后，"一带一路"建设促进了中国与世界各国文化的交流，有助于社会主义文化强国的实现。"一带一路"建设打破了中国传统的经济发展思想、文化思想，引进了其他国籍、民族的先进文化，促进了我国文化领域的繁荣。

"一带一路"建设给全球治理带来机遇。"一带一路"建设的最主要原则是开放合作、和谐包容、市场运作、互利共赢。这四个原则对于解决当今环境污染、气候变暖、恐怖主义、贫困问题等全球性问题提供了基本遵循，最突出的是"一带一路"沿线各国通过秉持这四大原则在解决上述全球性问题时取得了显著成效。

开放合作是指"一带一路"沿线各国打开国门，积极地融入这一区域性发展战略。这种开放不单单是经济领域的开放，其范围涉及政治领域、文化领域、生态环境领域、能源资源领域等；这种合作不仅限于国家与国家之间的合作、政府与政府之间的合作，而是大到板块与板块、地区与地区之间的合作，小到企业与企业、个人与个人之间的合作。开放合作的模式取代了第二次世界大战后形成的发展模式，将发达国家与发展中国家联系在一起，有利于彼此互补，对双方经济发展、政治制度完善都有显著成效。同时，也有利于缓和资本主义和社会主义两种制度之间的矛盾、缓和发达国家与发展中国家之间的矛盾、缓和民族与民族之间的矛盾。最终，为解决全球问题打下坚实的基础。

和谐包容是指"一带一路"沿线各国在发展过程中维持和谐发展环境、秉持包容发展态度，尊重其他国家经济发展模式、政治制度模式、文化多样性，甚至是尊重人种、民族平等。"一带一路"建设与美国的"重返亚太战略""逆全球化战略"相互对立。为此，"一带一路"沿线各国在发展过程中必须维护本国的和谐、维护本国与其他国家之间的和谐、维护"一带一路"建设环境的和谐。"一带一路"贯穿欧亚大陆，其涉及的民族、国家达到 100 多个。不同宗教、不同民族、不同人种要想在"一带一路"建设进程中共同发展，必须保持包容的态度。因此，"一带一路"建设进程中保持和谐包容的原则为解决亚欧区域问题提供了机遇，从而为解决全球问题提供了机遇。

市场运作是指"一带一路"在建设、发展进程中坚持市场导向，充分发挥市场在经济发展中的决定性作用。政府和市场是国家经济发展中两只重要的"手"，"一带一路"建设在发展中也坚持"两手并用"，既有政府间签订的协议、文件作为看得见的手发挥作用，也必须坚持市场这只"看不见的手"，将市场的积极作用引入到这个宏大的发展战略中，为国与国之间的发展、企业与企业之间的发展注入活力。同时，在"一带一路"建设中坚持两手并用，也为各自国家与"一带一路"建设对接提供了制度上的便利。"一带一路"沿线各国坚持市场运作原则，为世界经济发展树立了模范、典型，为解决全球问题提供了范例。

互利共赢是指"一带一路"沿线各国在共同协商、共同建设、共同分享中实现共同繁荣，并获得属于自己的国家利益。共商是沿线各国就"一带一路"建设的核心问题、宏观与微观细节进行沟通协商；共建是对"一带一路"建设的合作领域、组织机制、发展方向等的共同建设；共享是"一带一路"沿线各国在战略实施中共同分享成果，将发展成果公平地惠及每一个国家。需要指出的是，共商、共建、共享三大内容并不是完全相互独立的，共商之中有共建、共享；共建之中有共商、共享；共享之中也有共商、共建，三者既相互独立，又相互包含，是一个辩证统一体。这三个方面的辩证统一有利于解决"一带一路"地区的部分全球性问题，从而为彻底解决全球治理问题提供范例。

"一带一路"建设给人类命运共同体构建带来机遇。2013年3月，习近平在莫斯科国际学院演讲时提出："人类生活在同一个地球村里，生活在历史和现实交汇的同一个时空里，越来越成为你中有我、我中有你的命运共同体。"[1] 2017年11月，在党的十九大报告中，习近平明确提出要推动构建人类命运共同体。

人类命运共同体提出要将世界建设成为持久和平、普遍安全、共同繁荣、开放包容、清洁美丽的世界。这五大目标分属不同领域，涉及经济、政治、文化、社会、生态等诸多方面。同时，这五大发展目标是一个立意高远的定位，远远高于现今世界的发展水平。因此，要实现这些发展目标，必须确立不同阶段、制定不同发展策略。

"一带一路"建设的发展目标是建设成为和平之路、繁荣之路、开放之路、创新之路、文明之路，这条道路正在沿着人类命运共同体方向迈进。"一带一路"建设的实施促进了中国的繁荣发展，促进了沿线各国的繁荣发展，促进了整个世界的繁荣发展，进而为整个人类社会的文明做出了卓越贡献。但是，我们可以明显预见的是，"一带一路"建设仅仅是现今发展阶段的产物，它必然会随着中国经济政治的发展、世界经济政治的发展迈向更高的阶段，迈向

---

[1] 习近平：《在莫斯科国际关系学院的演讲》，《人民日报》2013年3月23日第2版。

更适合将来社会现实的阶段。

"一带一路"建设的实施给沿线国家带来巨大利益，是对人类命运共同体的最大贡献，它清楚地表明了人类命运体并非是一个空幻的目标，而是可以具体地、现实地实现的目标。"一带一路"沿线各国、世界各国必须紧紧抓住这个伟大的战略，发展自身，朝着实现人类命运共同体的目标前进。

三 经济特区要主动融入"一带一路"进程

自改革开放以来，我国经济特区一直保持突飞猛进的发展态势。随着当今时代世情、国情、党情的变化，经济特区所担负的使命和责任更加凸显。众所周知，我国经济特区受地理因素、历史因素影响呈现沿海与内陆、南方与北方两分态势。深圳、珠海、汕头、厦门、海南等经济特区位于中国南方，与"21世纪海上丝绸之路"联系紧密。而新疆喀什经济特区、霍尔果斯经济特区位于"丝绸之路经济带"沿线。河北雄安新区、天津自贸区等经济特区位于"21世纪海上丝绸之路"和"丝绸之路经济带"的中心位置。因此，从地理因素出发，经济特区建设可以完全融入到"一带一路"建设中。

经济特区自建立以来就具有自身特殊的功能，具体表现为：引进和基地功能、示范和榜样功能、创新和增长功能、传播功能、促进和维护祖国统一功能。经济特区这五大功能的指向与"21世纪海上丝绸之路"和"丝绸之路经济带"建设的基础内容是一致的。我国经济特区的建设取得了瞩目的成就，特区整体经济实力、科技水平、人文环境均达到了世界一流。"一带一路"倡议由我国提出，所以我国必须拥有足够的资金、发达的科学技术水平、高新技术人才、开放的交流环境等，而这些要素都是经济特区已拥有的基本要素。因此，将经济特区建设纳入"一带一路"建设，使其成为该战略的核心点和动力源泉符合现实发展需要和未来建设目标。

为此，经济特区要积极融入"21世纪海上丝绸之路"和"丝绸之路经济带"。

经济特区为"一带一路"建设提供物质保障。"一带一路"建设作为全新的发展战略，不是一朝一夕就可以完成的。在其建设进程中不仅需要大量的资金、劳动力等支撑，而且需要高新技术、高科技人才发挥作用。随着中国特色社会主义发展进入新时代，我国经济特区建设取得了辉煌成就。例如，深圳经济特区在1979—2017年里，国内生产总值由1.96亿元增长到22438.39亿元；人均国内生产总值由606元增长到18.31万元。同时，深圳、珠海、汕头、厦门、海南等经济特区位于"21世纪海上丝绸之路"的关键位置。因此，这就意味着深圳等五个经济特区为代表的沿海经济特区可以凭借自身雄厚的资金、先进科学技术、高水平劳动力为"一带一路"建设实施提供物质基础和人力资源。

经济特区为"一带一路"建设提供发展动力。进入新时代以来，经济特区呈现出全新的发展态势，在坚持对外开放的同时将自身的目光放到世界一流，积极引进国外先进技术、高水平人才，"走出去"战略得到了更加全面的发展。不仅仅是"新四人发明"等中国制造走出了国门，而且华为、海尔等中国创造也日益增强，其科学技术水平已经走在世界前列。截至2017年底，深圳拥有高新技术人员200万人，当年社会研发投入超过900亿元。高水平技术人才与雄厚资金的结合为深圳发展提供了充足的动力。经济特区作为"新四大发明""中国创造"的源泉地，不仅本身富有很强的活力，而且可以为"一带一路"建设提供动力。

经济特区为"一带一路"建设提供精神动力。经济特区在40年的发展进程中，形成了自身独有的文化氛围。"时间就是金钱""科技创新是第一生产力"等思想在经济特区早已根深蒂固。2018年4月13日，习近平在庆祝海南建省办经济特区30周年大会上的讲话中指出，经济特区要按照国家发展新要求，顺应人民新期待，发扬敢闯敢试、敢为人先、埋头苦干的特区精神，始终站在改革开放最前沿，在各方面体制机制改革方面先行先试、大胆探索，为全国提供更多可复制可推广的经验。同时，经济特区长期与其他国家、民族优秀文化交流，形成了良好的对话窗口，积累了丰富的对外交往经验。"一带一路"建设实施进程中，中华民族必须秉持正确的态度、科学的对话模式与其他民族、国家进行友好交往，将中国开放的大门越开越大。

新疆喀什、霍尔果斯经济特区与"一带一路"建设中的中亚国家具有历史渊源。新疆喀什、霍尔果斯经济特区由于自身特殊的地理位置已经与"一带一路"建设融为一体。在中华文明源远流长五千多年中从未彻底地与其他民族失去交往、失去联系。喀什在古代称之为疏勒，是西域三十六国之一，其历史发展悠久。在汉代，张骞两次出使西域，与中亚少数民族结下了良好的友谊。在唐代开元盛世时期，中华民族通过和亲的方式与中亚少数民族紧密地联系在一起。此后数千年来，中国与中亚少数民族一直保持着联系，双方的文化、习俗等日益融合在一起。因此，新疆喀什、霍尔果斯等经济特区所拥有的人文因素、民族因素对于"一带一路"建设具有重要意义。

新疆喀什、霍尔果斯经济特区由于自身特殊的地理位置已经与"一带一路"建设融为一体。喀什位于欧亚大陆中部，与阿富汗、塔吉克斯坦、巴基斯坦、吉尔吉斯斯坦、乌兹别克斯坦、印度、哈萨克斯坦等数十个中亚、南亚国家相邻，具有"五口通八国，一路连欧亚"的优越地理位置。其次，喀什与霍尔果斯作为经济特区相对周边沿线地区经济实力较强、基础设施完善，并且拥有相对完整的工业体系。喀什经济特区在数十年的发展中逐渐形成了工业带动农业、以工业促进服务业、以服务业反促农业、工业的合理产业布局。同时，喀什经济特区充分利用"两种资源，两个市场"对内发展能源进口产业和物流服务业，对外发展出口加工业，其整体经济实力相对周边地区发展迅猛，这就为"一带一路"建设的顺利实施提供了助力。不仅对于"一带一路"建设的设施联通、资金融通、民心相通有很大积极作用，更是直接参与到"一带一路"建设中来，使得经济特区建设与"一带一路"建设既相互独立，又共同发展。

新疆喀什、霍尔果斯经济特区的发展定位与"一带一路"建设发展目标具有内在联系。新疆喀什、霍尔果斯经济特区的战略定位是：（1）我国向西开放的窗口。充分发挥喀什地区的区位优势，加强与中亚、南亚等地区的联系，推动形成"陆上开放"的新局面。（2）新疆跨越式发展新的经济增长点。通过实施特殊政策，推动经济特区的发展,成为新的经济增长点。[①]"一带一路"建设的目标是通过与沿线国家的合作、开放推动中国经济发展、加快企业"走出去"步伐、促进中国产业结构转型升级。同时,通过"一带一路"建设,打破以美国为代表的西方资本主义国家的封锁、包围。由此来看,二者在未来发展方面具有很大的共通之处。所以,将经济特区新发展融入"丝绸之路经济带"战略是符合我国顶层设计的明确抉择。

[①] 《国务院关于支持喀什霍尔果斯经济开发区建设的若干意见》,2011 年 9 月 13 日, http://www.gov.cn/zwgk/2011-10/08/content_1963929.htm。

下 篇

新时代中国经济特区
　　实践新征程

第六章 以深圳为代表的先行示范区实践

习近平总书记2012年12月视察深圳时所说，深圳是我国最早实施改革开放的城市，也是影响最大、建设最好的经济特区；深圳的发展是中国改革的一个代表作，是一个中国奇迹，也是一个世界奇迹。从经济发展角度看，深圳经济总量从建市之初的约2亿元增长到2017年的2.24万亿元，特区成立以来年均增长率达到23%。按照中国社会科学院发布的城市竞争力排行榜，深圳综合经济竞争力近4年连续位居全国第一，宜居竞争力和可持续竞争力也都进入全国前十。就深圳的国际影响力而言，在中国社会科学院2017年推出的2017—2018年全球城市经济竞争力和可持续竞争力榜单上，深圳分别位居全球第6位和第35位，而在世界知识产权组织2017年推出的全球创新聚落排名中，深圳+香港位居全球第2。英国《经济学人》曾这样评价深圳："全世界超过4000个经济特区，头号成功典范莫过于'深圳奇迹'。"[1]

习近平总书记在庆祝海南建省办经济特区30周年大会的讲话中强调："40年来，深圳、珠海、汕头、厦门、海南5个经济特区不辱使命，在建设中国特色社会主义伟大历史进程中谱写了勇立潮头、开拓进取的壮丽篇章，在体制改革中发挥了'试验田'作用，在对外开放中发挥了重要'窗口'作用，为全国改革开放和社会主义现代化建设作出了重大贡献。"[2] 这是对经济特区40

---

[1] 刘丽娜、蔡国兆、冯武勇：《走向未来的学习——全球视野下的"深圳奇迹"》，http://www.xinhuanet.com//2017-11/26/c_1122011373.htm。

[2] 习近平：《在庆祝海南建省办经济特区30周年大会上的讲话》，《人民日报》2018年4月14日第2版。

年来经济社会建设取得巨大成就的高度肯定。进入新时代，作为中国改革开放的地标和经济特区发展的标杆，党中央对深圳经济特区的发展更为重视，充满殷切期待。习近平总书记先后两次对深圳工作做出批示，要求深圳市牢记使命、勇于担当，在"四个全面"中创造新业绩，在粤港澳大湾区建设中增强核心引擎功能，朝着建设中国特色社会主义先行示范区的方向前行，努力创建社会主义现代化强国的城市范例。可以预见，深圳将在新时代走在最前列、在新征程勇当尖兵，继续开启中国经济特区新征程。

第一节 从"特区"到"示范区"：建设中国特色社会主义先行示范区

改革开放40年来，深圳特区不忘初心，牢记使命，以其波澜壮阔的沧桑巨变，向世人展示了改革开放的精彩"关键一招"，把党中央对改革开放的战略意图和功能定位变为了生动现实。如果说深圳在40年改革开放中主要具有区域性"特区"的功能和作用，那么在改革开放40周年的重要历史节点，深圳完全是站在国家战略层面和世界的高度，被党中央赋予创建"先行示范区"的光荣使命和任务。深圳改革开放再出发，将牢记习近平总书记"一步一个脚印，一棒接着一棒往前走"的殷殷嘱托，以"开局就是决战，起步就是冲刺"的劲头，勇做驶向中华民族伟大复兴光辉彼岸的第一艘"冲锋舟"。

一 深圳先行示范区的酝酿与提出

2012年12月7日，在深情阐述"中国梦"的丰富内涵后不久，习近平沿着1992年邓小平视察南方时的路线到南方考察。在深圳考察时，他提出："改革开放是当代中国发展进步的活力之源，是我们党和人民大踏步赶上时代前进步伐的重要法宝，是坚持和发展中国特色社会主义的必由之路。"① 这体现出新的党中央对于改革开放的高瞻远瞩和政治智慧。他要求特区人民继续发扬敢为人先的精神，勇于先行先试，大胆实践探索，在全面深化改革中走在前列。"先行先试"的特区价值，再一次得到党中央的高度肯定。2015年1月，在党中央确立"四个全面"战略布局后不久，习近平对深圳工作做出第一次批示，要求深圳广大干部群众大胆探索、勇于创新，在全面建成小康社会、全面深化改革、全面依法治国、全面从严治党中创造新业绩，努力使经济特区建设不断增创新优势、迈上新台阶。新业绩、新优势、新台阶，这三个"新"，充分体现了深圳在"四个全面"新征程中肩负着更重大的历史使命和责任。2017年4月，习近平对广东工作作出重要批示，又赋予了广东省"四个坚持、三个支撑、两个走在前列"的光荣任务。习近平的重要批示为广东工作和深圳经济社会的发展指明了前进方向、提供了根本遵循，饱含着党中央对深圳"先行一步"的殷殷期望。

为了全面贯彻落实习近平的重要指示和批示精神，2017年5月，深圳市委提出了建设"社会主义现代化先行区"的设想。为此，深圳市委、市政府相关部门组织了密集调研和研讨论证，积极探索制定有关社会主义现代化先行区的指标和体系。2017年8月，深圳市委六届七次全会正式提出，深圳要努力走出一条体现时代特征、中国特色、深圳特点的社会主义现代化先行区之路。其中，社会主义现代化先行区包括五个维度的内容：更具示范引领作用的改革先行区，成为更多可复制、可推广制度创新的重要探索地和先行地；具有全球竞争力影响力的创新先行区，成为全球创新网络的枢纽城市和引领世界创新的中坚力量；在更高层次上参与全球竞争合作的开放先行区，成为代表国家参与国际竞争合作的"先锋队"；全面落实依法治国基本方略的法治先行区，让一流法治成为深圳新的发展阶段更为显著的城市特质、更加重要的竞争优势；全面进步全面过硬的城市基层党建先行区，成为向世界彰显中国共产党先进性、纯洁性的"精彩样板"。2017年12月召开的深圳市委六届八次

---

① 中共中央文献研究室编：《习近平关于全面深化改革论述摘编》，中央文献出版社2014年版，第13页。

全会对如何建设社会主义现代化先行区有了更为清晰的阐述：建设现代化先行区，不仅仅是当单项冠军，而是要多领域、全方位地走在全国前列；不是满足于在发展的某一阶段领先，而是要全过程领跑；不仅要走在全国前列，更要为中国走进世界舞台中央做出更大贡献。2018年1月，深圳市委六届九次全会研究了《深圳经济特区率先建设社会主义现代化先行区规划纲要（2018—2035年）（讨论稿）》，确定了深圳率先建设社会主义现代化先行区分"三步走"的目标和任务：到2020年，深圳将基本建成现代化国际化创新型城市，高质量全面建成小康社会；到2035年，建成可持续发展的全球创新之都，实现社会主义现代化；到21世纪中叶，建成代表社会主义现代化强国的国家经济特区，成为竞争力影响力卓著的创新引领型全球城市。

2018年3月，习近平在全国"两会"广东代表团审议时，对广东工作又提出了"四个走在全国前列"的明确要求，并重点提及"深圳高新技术产业发展成为全国的一面旗帜，要发挥示范带动作用"。为深入贯彻落实全国"两会"精神和习近平对广东工作的指示，2018年7月召开的深圳市委六届十次全会审议通过了《中共深圳市委关于深入贯彻落实习近平重要讲话精神，加快高新技术产业高质量发展更好发挥示范带动作用的决定》《深圳经济特区践行"四个走在全国前列"率先建设社会主义现代化先行区战略规划（2018—2035年）》《关于在构建推动经济高质量发展的体制机制上走在全国前列的工作方案》《关于在建设现代化经济体系上走在全国前列的工作方案》《关于在形成全面开放新格局上走在全国前列的工作方案》《关于在营造共建共治共享社会治理格局上走在全国前列的工作方案》等系列文件。这些文件成为深圳率先建设社会主义现代化先行区，努力实现"四个走在全国前列"的纲领性文件。

2018年10月24日，参加完港珠澳大桥开通仪式后的习近平再次到深圳前海实地考察，总书记指出，发展这么快，说明前海的模式是可行的，要研究出一批可复制可推广的经验，向全国推广。实践证明，我们走改革开放这条路是一条正确道路，只要锲而不舍、一以贯之、再接再厉，必然创造出新的更大奇迹①。2018年12月26日，习近平对深圳工作再次作出重要批示，要求深圳"践行高质量发展要求，深入实施创新驱动发展战略，抓住粤港澳大湾区建设重大机遇，增强核心引擎功能，朝着建设中国特色社会主义先行示范区的方向前行，努力创建社会主义现代化强国的城市范例"。这一重要批示，首次提出了"先行示范区"的新概念，明确了深圳如何担当新时代改革开放尖兵的目标和路径。从"率先建设社会主义现代化先行区"到"朝着建设中国特色社会主义先行示范区的方向前行，努力创建社会主义现代化强国的城市范例"，说明深圳在新时代的经济特区建设实践得到了党中央的高度认可，深圳建设"社会主义先行示范区"方案业已成型，一些成熟的好的做法可以复制和推广到全国。

2019年7月24日，中央全面深化改革委员会第九次会议审议通过了《关于支持深圳建设中国特色社会主义先行示范区的意见》（以下简称《意见》）。习近平在主持此次会议时特别强调："不能有停一停、歇一歇的懈怠"，这是过去深圳奇迹之所以出现的关键，也是今天建设"先行示范区"的关键所在②。《意见》还明确提出了深圳建设社会主义先进示范区的发展目标及时间节点：到2025年，深圳经济实力、发展质量跻身全球城市前列，研发投入强度、产业创新能力世界一流，文化软实力大幅提升，公共服务水平和生态环境质量达到国际先进水平，建成现代化国际化创新型城市。到2035年，深圳高质量发展成为全国典范，城市综合经济竞争力世界领先，建成具有全球影响力的创新创业创意之都，成为我国建设社会主义现代化强国的城市范例。到21世纪中叶，深圳以更加昂扬的姿态屹立于世界先进城市之林，成为竞争力、创新力、影响力卓著的全球标杆城市。

从40年前的"特区"到如今的"先行示范区"，中央对深圳的期待一直格外垂青，尽数托付。深圳将不忘初心、牢记使命，抓住

---

① 《牢记嘱托　建设好城市新中心》，《深圳特区报》2018年10月28日第1版。
② 《紧密结合"不忘初心、牢记使命"主题教育　推动改革补短板强弱项激活力抓落实》，《人民日报》2019年7月25日第1版。

粤港澳大湾区建设重要机遇，践行高质量发展要求，深入实施创新驱动发展战略，努力创建社会主义现代化国家的城市范例。在深圳这片干事创业的热土上，将再次掀起一波在广度和深度上都将超越以往的改革开放春潮。

二　深圳先行示范区的战略定位

自1979年经济特区成立以来，深圳各项事业取得显著成绩，已发展成为一座充满魅力、动力、活力、创新力的国际化创新型城市。经济发展方面，根据深圳市统计局发布的数据来看，2018年全市GDP总量达2.42万亿元，首次超越香港，居亚洲城市前五。规模以上工业增加值突破9000亿元，位居全国第一。经济增速为7.6%，位居国内四大一线城市之首。深圳人均GDP达到19.3万元，高于广东全省平均水平的121%，分别高于北京和上海的37.9%和42.2%。从企业主体来看，2018年，深圳拥有高新技术企业1.44万家，总量仅次于北京，排名全国第一，已经形成了以创新驱动实体经济发展的现代化经济体系。对外贸易方面，据深圳海关统计，2018年经深圳口岸进出的贸易总量达到6.78万亿人民币，进出口总值为3万亿元，同比增长7%，规模仅次于上海，继续居内地大中城市第一位。其中出口1.63万亿元，出口规模连续26年居内地大中城市第一位；进口1.37万亿元，进口规模为内地大中城市第三位。深圳对外开放的高水平开放格局业已形成，并发挥越来越重要的作用。

在经济保持高速增长的同时，深圳深入贯彻习近平生态文明思想，坚持"绿水青山就是金山银山"理念，始终把生态文明建设作为推动经济社会可持续发展的内在要求，高附加值、绿色、低能耗成为深圳产业筛选和行业布局的三个重要参考标准。深圳是中国单位面积经济产出最高的城市，同时也是万元GDP水耗、能耗和碳排放强度最低的大城市，更是中国空气质量最好的特大城市之一。2018年空气质量优良天数达到345天，"深圳蓝""深圳绿"已成为深圳的城市名片。根据生态环境部发布《2018年全国生态环境质量简况》，深圳空气质量位居全国一线城市之首。此外，在营商环境方面，根据《2019中国城市营商环境指数评价报告》，深圳的营商环境指数排名位居第三，成为全国营商环境最好的城市之一。据普华永道等机构发布的《2018中国城市营商环境质量报告》，深圳对企业的吸引力和企业在城市的发展力这两方面均居于全国首位。在法治政府建设方面，2018年9月，中国政法大学法治政府研究院发布《法治政府蓝皮书——中国法治政府评估报告（2018）》，深圳以总分790.13分位列100个参与评估城市第一名，比全国平均分高出135.79分，继续保持"优等生"的领跑姿态。从上述数据可以看出，深圳是中国最接近现代化强国目标的城市。深圳完全有资格、有能力、有信心充当建设中国特色社会主义先行示范区的光荣使命。

深圳建设中国特色社会主义先行示范区要努力做到三个方面的体现：

一是要体现中国特色社会主义。回顾40年来经济特区所走的路，中国特色社会主义无疑是最闪亮最厚重的底色。改革开放之初，党中央就确立了党的基本路线，邓小平一再嘱托，"不坚持社会主义，不改革开放，不发展经济，不改善人民生活，只能是死路一条。基本路线要管一百年，动摇不得"[1]。习近平在谈及今后中国改革开放，也特别强调要坚持中国特色社会主义的政治原则，经济特区必须沿着社会主义道路毫不动摇地走下去。深圳的发展目标定位为中国特色社会主义先行示范区，就是要凸显出先行示范区的政治站位和道路指向。这就要求深圳在推进示范区建设过程中始终保持清醒头脑，在学习西方发达国家先进制度和先进经验时，要坚守科学社会主义的原则，"不走封闭僵化的老路，不走改旗易帜的邪路"，始终确保改革开放的正确方向。这就要求深圳要"不忘初心、牢记使命"，始终坚持党对各个领域工作的领导，始终坚持用习近平新时代中国特色社会主义思想武装头脑，始终践行以人民为中心的发展观，推动深圳各项事业奋力前进，勇当全面深化改革开放的排头兵。

---

[1] 《邓小平文选》第3卷，人民出版社1993年版，第370—371页。

二是要体现中国现代化建设。党的十九大为中国现代化建设确立了富强、民主、文明、和谐、美丽的社会主义现代化强国奋斗目标，并确立了"五位一体"的中国现代化建设总体布局。这为示范区建设提出了清晰的发展思维导图。只要按照党中央既定的建设路径勇往直前，就能够顺利实现现代化的目标。这就要求深圳在推进示范区建设过程中，要注重运用"创新""先进""美丽""精细"等能够体现现代化内涵的体制机制和经济业态、生产方式，促进特区发展提质增效，争先创优。在经济发展方面，要依托粤港澳大湾区这个平台，对标国际高端要素、资源，提升深圳的科创能力和科学研究水平，形成新的发展动力源，建设体现高质量发展要求的现代化经济体系。在城市发展和管理上，要突出科学、时尚、有序的国土空间规划设计，合理划分片区功能。在继续实施"东进、西协、南联、北拓、中优"战略的同时，积极筹划粤港澳大湾区都市圈发展新格局。同时，利用现代技术手段加强城市数字化管理，通过物联网和互联网对现有资源充分整合，激发和释放城市发展新动能。

三是要体现先行示范。中国特色社会主义是前无古人的伟大事业，没有成功先例，没有现成经验，无法生搬硬套他国做法，只能在实践中进行创造性探索。先行示范建设既是对过去深圳解放思想、敢闯敢试取得成就的肯定，同时也是希望深圳未来在重要领域和关键环节改革上取得突破性的进展，不仅先行，而且要走好，走稳，在此基础上，把好的做法、成功的经验提炼升华成可复制的模式制度，向全国其他地方推广、示范，并把其作为推动世界发展的中国方案和中国智慧，向全人类展示社会主义国家的现代化成果。当前及今后很长一段时期，全球经济治理面临巨大挑战，世界贸易体系迎接全新变革，全球科技博弈与冲突持续增强。面临时代之变，深圳要从全球产业格局发展的趋势，在新一代通信技术、区块链、大健康、人工智能、现代金融、合成生物、海洋科学、新能源等方面的研究先行一步，走在世界前列，并积极培育新经济增长点，推动新旧动能有序转换，为其他特区和全国改革开放提供路径参考和模式借鉴。

《意见》还提出了建设先行示范区的五个具体定位及具体路径：

一是高质量发展高地。党的十九大报告指出："创新是引领发展的第一动力，是建设现代化经济体系的战略支撑。"[1] "创新"也是《意见》全文中出现频率非常高的词汇。这充分彰显了科技创新对于经济发展的重要性，科技创新在构建现代化经济体系中的重要地位。建设高质量发展高地就是要率先建设体现高质量发展要求的现代化经济体系。具体路径包括：深化供给侧结构性改革，加快实施创新驱动发展战略、加快构建现代产业体系、加快形成全面深化改革开放新格局和助推粤港澳大湾区建设，在构建高质量发展的体制机制上走在全国前列。这就需要深圳要率先推动科技体制机制创新，持续完善"基础研究+技术攻关+成果产业化+科技金融"全过程创新生态链，继续优化以企业为主体，应用为导向的市场化、协同化创新机制，最大限度调动和激发全社会创新能力和创新活力，为深圳高质量发展提供"好氛围"；这就需要深圳在基础科学研究和原始创新方面有重大突破，强化数学、物理、化学、生物等基础学科培育和基础理论研究，在重要核心技术上有重点攻关和重要突破，在高层次人才引进和使用方面更便捷、更大胆，为深圳高质量发展提供"原动力"；这就需要深圳要加快创建新经济创新试验区和创新载体平台，为智能经济、健康产业等新产业新业态发展提供布局空间，为5G、人工智能、网络空间科学与技术、生命信息与生物医药、海洋经济等前沿技术高标准建设创新载体，为深圳高质量发展提供"试验场"。

二是法治城市示范。建设中国特色社会主义法治体系、建设社会主义法治国家是习近平新时代中国特色社会主义思想的主要内容之一。刚刚结束的党的十八届四中全会通过的《关于全面推进依法治国若干重大问题的决定》提出了全面推进依法治国要形成五个体系，包括完备的法律规范体系、高效的法治实施体系、严密的法治监督体系、有力的法治保障体系、完善的党内法规制度体系。法治建设是全面深化改革开放的必然要求和重要保障。法治城市建设就

---

[1] 习近平：《决胜全面建成小康社会 夺取新时代中国特色社会主义伟大胜利——在中国共产党第十九次全国代表大会上的报告》，《人民日报》2017年10月28日第1版。

是要率先营造彰显公平正义的民主法治环境。具体路径包括全面提升民主法治建设水平、优化政府管理和服务、促进社会治理现代化。这就需要深圳进一步用活、用好、用足全国人大赋予的特区立法权，在遵循宪法和法律、行政法规基本原则前提下，立足深圳改革开放需要，因地制宜地对现行相关法律、法规作出大胆的变通和创新，不断推进科学立法、严格执法、公正司法、全民守法。尤其是要借鉴香港、澳门在"一国两制"框架下的法治经验和法制传统，在政府建设和廉政体系建设方面有体制机制的突破，扩大政府重大行政决策听证事项，建立政府部门负责人任期内定期公开答辩和媒体回应制度，提升政府依法行政能力，尊重和体现市民的知情权、参与权等公民权利。这就需要深圳用法治来规范政府行政命令和市场调节的边界，在法治框架内调整各类市场主体的利益关系，率先营造国际一流的稳定、公平、透明的法治化营商环境。

三是城市文明典范。文化是一个国家、一个民族的精神家园，没有共同的价值信仰，就不可能有国家的强盛和民族的复兴。文化也是一个城市、一个个人的精神风貌，不同的城市、不同的个人，由于其文化积淀和文化底蕴不同，而呈现出不同的城市人文和修养气质。党的十八大提出了社会主义核心价值观，并倡导从国家、社会和个人三个层面进行建设。党的十九大报告指出，"没有高度的文化自信，没有文化的繁荣兴盛，就没有中华民族伟大复兴"。文化建设是全面推进中国特色社会主义事业"五位一体"总体布局的重要内容。城市文明建设典范就是要率先塑造展现社会主义文化繁荣兴盛的现代城市文明。具体路径包括全面推进城市精神文明建设、发展更具竞争力的文化产业和旅游业。这就需要深圳要牢牢掌握意识形态工作的领导权和话语权，在构建高水平公共文化服务体系和现代文化产业体系中处处渗透社会主义核心价值观。高标准规划建设一批具有国际一流水平的地标性文化设施。不断挖掘深圳特有的革命文化、创业文化、创新文化资源，结合深圳技术创新优势，打造文化+科技的新型文化业态。进一步凝练特区精神，打造新时代深圳城市文明符号，不断提升深圳创意之都、设计之都的国际影响力和品牌竞争力，成为新时代举中国特色社会主义旗帜、聚社会主义核心价值观民心、育新时代社会主义新人、兴中国特色社会主义文化、展中国特色社会主义标杆城市形象的引领者。

四是民生幸福标杆。习近平指出，"城市是人民的，城市建设要坚持以人民为中心的发展理念，让群众过得更幸福。金杯银杯不如百姓口碑，老百姓说好才是真的好"①。建设民生幸福标杆城市，就是要率先形成共建共治共享共同富裕的民生发展格局，构建优质均衡的公共服务体系，建成全覆盖可持续的社会保障体系，实现幼有善育、学有优教、劳有厚得、病有良医、老有颐养、住有宜居、弱有众扶。具体路径包括提升教育医疗事业发展水平、完善社会保障体系。深圳建市以来，人口一直呈快速净流入趋势，是一个典型的外来移民城市。源源不断的外来人口为特区经济的发展做出了巨大贡献。据广东省统计局发布的《2018年广东人口发展状况分析》数据显示，截至2018年底，深圳常住人口达1302万人，增幅占同期全省以及珠三角核心区常住人口增量的60%以上，其中常住户籍人口约435万人，约占常住人口比重35%，人口结构倒挂严重。深圳总面积约1997平方公里，但建成区面积只有928平方公里，人口密度位居全国第一，在全世界城市人口密度排名中也居前列。深圳的人口、资源和环境的协调发展面临很大压力。其中，交通、住房、医疗、环境、基础设施等与群众日常生活息息相关的民生问题，都是今后率先要着力解决的地方。这就需要深圳科学规划城市发展空间，加大公共服务资源供给侧改革，用"穿针绣花"般的态度，打造科学化、精细化、智能化的一流的城市治理，增强人民的生活幸福感和城市认同感，提升城市管理的温度。

五是可持续发展先锋。自联合国提出人类可持续发展的目标以来，中国一直是可持续发展的积极倡导者和践行者。进入21世纪以来，党中央高度重视中国经济发展的可持续性和科学性，提出了"实施可持续发展战略，是关系中华民族生存和发展的长远大计"。用科学发展观指导中国经济发展被写入了党章，载入国家宪法。进入新时代，习近平多次强调，"必须树立和践行绿水青山就是金山

---

① 《坚定信心开拓创新真抓实干，团结一心开创富民兴陇新局面》，《人民日报》2019年8月23日第1版。

银山的理念"。党的十八大提出,"要把生态文明建设融入经济建设、政治建设、文化建设、社会建设全过程,实现'五位一体'的统筹发展"。党的十八届五中全会提出了创新发展、协调发展、绿色发展、开放发展、共享发展的五大新发展理念,"美丽"一词被新添加为中国全面推进改革开放要实现的五大目标之一。由此可见,可持续发展已成为我们党重要的执政理念和执政目标。深圳作为高强度、高速度发展的城市,要实现可持续发展先锋的目标,就要科学解决好人口、资源与环境三者的矛盾,"严守生态保护红线、环境质量底线、资源利用上线三条红线",① 实行最严格的生态环境保护制度。要在新能源、核电技术、低碳技术等方面有突破,实现城市能源结构的升级和转型;要大力发展各种生态保护 NGO、公益基金参与到生态文明建设中去,构建共治、共享的城市绿色发展新格局,打造安全高效的生产空间、舒适宜居的生活空间、碧水蓝天的生态空间,在美丽湾区建设中走在前列,为落实联合国 2030 年可持续发展议程提供中国经验,率先打造人与自然和谐共生的美丽中国典范。

三 深圳建设先行示范区的重大意义

中央提出深圳建设中国特色社会主义先行示范区,是要求深圳在建设社会主义现代化国家的新征程中,以社会主义现代化强国城市范例为目标,通过体制机制创新,为推进经济全球化、构建人类命运共同体提供中国智慧和中国方案。支持深圳建设中国特色社会主义先行示范区,是党中央高瞻远瞩,从中国改革开放全局和中华民族伟大复兴的长远考虑而作出的重大决策,有着深刻的内涵和重要意义。

一是有利于探索新时代高水平改革开放新格局。改革开放 40 年来,我国经济特区从无到有,先点后面,从深圳、珠海、汕头到厦门再到海南大特区,到沿海开放城市战略,再到沿海经济开放区和产业园区发展、保税区战略,再发展到近几年的中国自由贸易试验

---

① 习近平:《推动我国生态文明建设迈上新台阶》,《求是》2019 年第 2 期。

区、自由港，中国特色的开放型经济发展不断走向深入。从制造业扩展到服务业，从对外贸易、利用外资深入各个层面的国际经济合作，由激发人口红利转为投放制度红利。在对内改革和对外开放的共同推动下，曾经高度封闭的中国经济社会走向全面开放，有力地促进了我国全方位、多层次、宽领域对外开放格局的形成。正如习近平指出的，"我国改革开放就是这样走过来的，是先试验、后总结、再推广不断积累的过程，是从农村到城市、从沿海到内地、从局部到整体不断深化的过程"[①]。可以预见的是，随着中国新一轮全面扩大对外开放举措的逐步落地，中国各地开放型经济发展水平将会越来越高。经济特区作为我国改革开放的重要方法论，"不仅要继续办下去，而且要办得更好、办出水平"[②]。

40 年一路走来，深圳经济特区筚路蓝缕，以"实干兴邦、空谈误国"的精神，秉持"时间就是金钱，效率就是生命"的口号，开创了经济、社会等各项事业的巨大成绩。深圳经济特区充分利用中央赋予的"特殊政策、灵活措施"，以"杀出一条血路"的豪迈气魄，率先探索建立和发展社会主义市场经济，在石破天惊的改革开放进程中闯出千余项全国"第一"：率先改革基建体制，开创中国内地工程招投标先河；率先推行国有土地使用权有偿转让，敲响新中国土地拍卖第一槌；率先突破固定用工的传统体制，打破"铁饭碗"；率先进行国有企业股份制改革，开启中国现代企业制度先河；率先设立外汇调剂中心，突破了计划经济体制下，禁止外汇市场交易的禁区；率先推出"以租促售，以卖为主，鼓励职工买房"的房改方案，启动中国商品房市场；率先启动商事制度改革，成为全国开办公司手续最简便的城市；率先设立"企业家日"，弘扬企业家精神，引领创业创新；等等。深圳特区为全国体制改革提供了经验和借鉴。这正如邓小平所说，"深圳的重要经验就是敢闯。没有一点闯的精神，没有一点'冒'的精神，没有一股气呀、劲呀，就走

---

① 习近平：《在庆祝改革开放 40 周年大会上的讲话》，《人民日报》2018 年 12 月 19 日第 2 版。

② 习近平：《在庆祝海南建省办经济特区 30 周年大会上的讲话》，《人民日报》2018 年 4 月 14 日第 2 版。

不出一条好路，走不出一条新路，就干不出新的事业"①。新时代，我国改革开放面临的环境更复杂、任务更艰巨，继续改革开放的难度不亚于 40 年前，这正如习近平所描述的那样："改革开放已走过千山万水，但仍需跋山涉水，摆在全党全国各族人民面前的使命更光荣、任务更艰巨、挑战更严峻、工作更伟大。"② 改革开放又到了一个新的时代节点。党中央支持深圳建设中国特色社会主义先行示范区，就是希望深圳一如既往地当好改革开放的排头兵、先行官，为新时代改革开放破难题、探新路、作示范，持续推动改革开放向更高起点、更高层次、更高目标上迈进。

二是有利于推进新时代"一国两制"实践行稳致远。2019 年 2 月，备受关注的《粤港澳大湾区规划纲要》出台，明确了香港—深圳、广州—佛山、澳门—珠海共同构成大湾区三个发展极点，并把香港、深圳、广州、澳门确立为大湾区核心城市。但从这四个核心城市的经济规模来看，2018 年香港和深圳这两个城市的经济总量相加起来，约占整个大湾区 11 个城市经济总量的 44%。香港、深圳毫无疑问是大湾区最具辐射能力的核心城市。目前，粤港澳大湾区建设进入全面推进、竞相发力的阶段，党中央支持深圳建设中国特色社会主义先行示范区，有助于深圳与香港进一步实现基础设施的"硬联通"和标准、规则的"软联通"，有助于促进两城经济和社会结构转型，促进粤港澳大湾区高质量发展、高水平开放，同时也为香港提供发展新空间，支持香港长期繁荣稳定。

深圳持续 40 年的超高速增长，与香港产业的辐射和带动息息相关。40 年沧海桑田，深港两城的经济和城市体量由过去的"天壤之别"变为现在的"不相上下"，两地产业关系的互补性在减弱，竞争性在增加。目前，香港的产业结构发生重大变化，第三产业占比高达 92.7%，其中金融、法律、会计、信息等科技服务业发达，服务贸易出口总值位列全球城市前列，是国际著名的金融、航运、贸易中心。但回归 22 年来，由于种种原因，香港错失了产业升级的良机，服务业一直未从内地经济的高速增长中获得动力，科技创新优

---

① 《邓小平文选》第 3 卷，人民出版社 1993 年版，第 372 页。
② 《改革开放走过千山万水，仍需跋山涉水》，《光明日报》2019 年 3 月 10 日第 1 版。

势没有得到很好的发挥，经济极其依赖地产，发展呈现出"内卷化"的趋势，发展弹性和抗风险能力不足。

而对岸的深圳，每次都能准确把握全球产业发展的趋势，注重创新引领，注重经济结构优化，在过去40年创造了举世瞩目的"深圳速度"。目前，深圳高技术制造业占工业增长值的比例超过60%，先进制造业和高新技术基础雄厚，产业链的配套相对完善，产业辐射性优势明显。此外，科技创新成为经济发展的主要驱动力，具有较强的研发成果转化和产业化的能力，以及相对完善的创新创业环境和高素质的人力资源和较活跃的资本市场。但是，深圳的自主原始创新薄弱，高精尖实践创新亟待突破，影响科技创新的制度配套和管理服务还相对滞后，持续创新发展的底蕴相对单薄，动力不足。

深圳的高新技术产业和香港的现代高端服务业可以形成良好的结构优势互补，产业的差异化合作前景广阔。深圳和香港之间极易形成叠加裂变，产生"1+1>2"的合作效果。"从产业互补的角度来说，深圳和香港竞争占20%，合作占80%。"[1] 香港特别行政区行政长官林郑月娥也表示，在粤港澳大湾区的11个城市中，香港跟深圳是最紧密的。建设深圳先行示范区，对深圳和香港优势互补，对深港的关系有积极、正面的作用。[2] 因此，深港要加快深港合作平台建设，特别是前海深港现代服务业合作区、河套深港科技创新合作区和口岸经济带建设，使之成为香港现代服务业进入内地的跳板，拓展香港现代服务业的经济腹地，吸引更多香港金融、科技人才前往深圳工作和生活，有助于深圳成为国际一流的创新科技中心。同时，粤港澳大湾区还具有一个国家、两种制度、三个关税区、三种法系、三种货币的特征。港深之间虽一河之隔，但制度迥然。怎样平衡处理好港澳和内地的关系，破解三地之间人流、物流、资金流、信息流的流通障碍，让内地企业和港澳企业相互进入

---

[1]《深圳建先行示范区　专家称深港合作大于竞争》，《南方都市报》2019年8月23日第7版。

[2] 林郑月娥：《建设深圳先行示范区有利于深港优势互补》，https://news.china.com/domesticgd/10000159/20190820/36868073.html。

对方市场，完善港澳人士在内地的国民待遇，都需要在原有制度、机制基础上进行突破和尝试。如何坚守"一国"之本、善用"两制"之利，降低三地之间的制度摩擦，让香港、澳门尽快融入国家发展大局，是当前粤港澳大湾区建设面临的重大课题。而深圳就是新时代探索依托港澳、服务港澳，保持港澳长期繁荣稳定的最佳先行示范区。

三是有利于探索新时代实现中国梦的现代化路径。"实现中华民族伟大复兴的中国梦，广大青年生逢其时，也重任在肩。广大青年既是追梦者，也是圆梦人。追梦需要激情和理想，圆梦需要奋斗和奉献。"[①] 而立之年的深圳经济特区，正是年富力壮的圆梦"青年"，有责任、有能力在这片沃土上继续叙写生动精彩的"深圳故事"，为实现近百年来中华民族孜孜以求的伟大事业提供丰富素材和鲜活经验。进入新时代，党中央从坚持和发展中国特色社会主义全局出发，提出"四个全面"战略布局，为实现"两个一百年"奋斗目标、实现中华民族伟大复兴的中国梦提供了行动指南。

党的十八届三中全会指出："实现中华民族伟大复兴的中国梦，必须在新的历史起点上全面深化改革"，必须"进一步解放思想、解放和发展社会生产力、解放和增强社会活力，坚决破除各方面体制机制弊端"。[②] 中国梦的实现，要靠改革开放的伟大实践。对于一直走在中国改革开放最前沿的深圳特区而言，需要在先行示范区建设过程中充分利用中央赋予深圳的先行先试的改革权（包括立法权），不断排除先行道路上的体制性障碍，在重要领域和关键环节上大胆进行突破性的创新，大力解决发展不平衡、不充分问题，更好满足人民在经济、政治、文化、社会、生态等方面日益增长的需要。经过改革开放40年的锤炼，深圳"先行"和"敢为天下先"的魄力不断地得到验证，深圳完全有条件、有可能、有能力在实现中国梦的进程中继续走在全国的前面，率先走出全面建设社会主义现代化强国的新路径，为实现中国梦提供生动的、可复制的成功案例。迈进新时代，深圳建设先行示范区的道路就是坚持和发

---

① 《"广大青年既是追梦者，也是圆梦人"》，《人民日报》2018年5月3日第1版。
② 《十八大以来重要文献选编（上）》，中央文献出版社2014年版，第528页。

展中国特色社会主义,目标就是创建社会主义现代化强国的城市范例。

第二节 从"试验田"到"引领":增强粤港澳大湾区核心引擎功能

中国作为全世界最大的发展中国家,作为对世界经济增长贡献率超过30%的新兴经济体,需要在更广范围更深层次全面推进对外开放,以便为全球治理提供"中国方案",这是我国谋求经济强国的必然要求。"一带一路"建设是党中央为推动我国全方位对外开放的重大举措和重要平台。在"一带一路"建设背景下,习近平亲自谋划、亲自部署、亲自推动了粤港澳大湾区建设。作为粤港澳大湾区重要的核心城市之一,新时代的深圳经济特区要完成从"试验田"到"引领"的作用转变,在大湾区建设中增强核心引擎功能。

一 粤港澳大湾区发展战略的提出

从世界区域经济的发展版图来看,具有自然地理和经济地理区位优势的大河河口及海湾区域容易形成产业聚集效应。湾区是指围绕入海口岸分布的众多海港和城镇所构成的"港口群+产业群+城市群"。据世界银行统计,全球60%的经济总量、70%的工业资本、75%的大城市集中在湾区及其直接腹地。由此而形成的湾区经济在一定程度上已经成为影响世界经济和科技格局的新经济组合形态,成为新时代国际产业分工和科技竞争与合作的特殊平台。改革开放40年来,珠江三角洲地区成为我国经济发展最迅速,社会主义市场经济体制发育最充分的地区。珠江三角洲相关城市在经济结构转型和发展方式转变过程中,逐步形成了分工合作、优势互补、协同发展的区域一体化态势,已具备建成国际一流湾区和世界级城市群的基础条件。在中国特色社会主义进入新时代,经济发展进入新常态的背景下,珠江三角洲要进一步发挥对全国辐射带动作用和先行示范作用。为了统筹珠江三角洲地区相关城市更进一步紧密合作,增创新优势，2008年12月，国家发展与改革委员会审议通过了《珠江三角洲地区改革发展规划纲要（2008—2020年）》，以广东省的广州、深圳、珠海、佛山、江门、东莞、中山、惠州和肇庆市等9个城市为主体，辐射泛珠江三角洲区域，并将与港澳紧密合作的相关内容纳入规划。接着，广东省政府于2010年和2011年分别与香港、澳门签订了《粤港合作协议框架》《粤澳合作协议框架》，以及制定了《横琴总体发展规划》《深圳前海发展规划》。粤港澳合作日趋制度化，粤港澳经济合作也迈入一个新的阶段。

2014年，深圳将"湾区经济"的概念写入政府工作报告。报告提出，深圳将会争取最大努力打造具备发达产业、强大功能、互动开放以及协同区域的大湾区经济，力争范围更大、层次更高地参与到全球经济的竞争和合作当中，力求实现质量更高、层级更高的发展。2015年3月，国家发展改革委员会、外交部、商务部联合发布《推动共建丝绸之路经济带和21世纪海上丝绸之路的愿景与行动》，首次从统筹国家发展战略和世界发展战略高度，提出了要"深化与港澳台合作，打造粤港澳大湾区"。2015年11月，党的十八届五中全会通过的国家"十三五"规划提到，支持港澳在泛珠三角区域合作中发挥重要作用，推动粤港澳大湾区和跨省区重大合作平台建设。2016年3月，国务院印发《关于深化泛珠三角区域合作的指导意见》，在"促进区域经济合作发展"一节中提到，要支持广州、深圳携手港澳共同打造粤港澳大湾区，建设世界级城市群。构建以粤港澳大湾区为龙头，以珠江—西江经济带为腹地的重要经济支撑带。2017年10月，党的十九大报告指出，"要支持香港、澳门融入国家发展大局，以粤港澳大湾区建设、粤港澳合作、泛珠三角区域合作等为重点，全面推进内地同香港、澳门互利合作，制定完善便利香港、澳门居民在内地发展的政策措施"。[1] 2019年2月，备受期待的《粤港澳大湾区发展规划纲要》正式由中共中央、国务院印发实施，吹响了粤港澳大湾区建设进入全面推进的进行曲。

---

[1] 习近平：《决胜全面建成小康社会 夺取新时代中国特色社会主义伟大胜利——在中国共产党第十九次全国代表大会上的报告》，《人民日报》2017年10月28日第1版。

二 深圳在粤港澳大湾区中的定位

根据《规划纲要》的远期展望，到2035年，粤港澳大湾区将成为中国高质量发展的典范和世界一流湾区。深圳作为最早提出"湾区经济"的城市，在大湾区中的作用和定位也非常明确："（深圳）发挥作为经济特区、全国性经济中心城市和国家创新型城市的引领作用，加快建成现代化国际化城市，努力成为具有世界影响力的创新创意之都。"[1] 由此可以看出，深圳在大湾区建设中的定位有两个：现代化国际化城市和创新创意之都。

一是现代化国际化城市。建设现代化国际化城市，是一种发展道路的选择，是城市发展的战略定位。大湾区规划纲要中提出要把深圳建设成为现代化国际化城市的定位，是基于对深圳自身发展水平、实力和使命，以及深圳在大湾区建设中要发挥的核心辐射作用而作出的综合考究，是对深圳发展目标所进行的科学规划和合理界定，体现了"源于历史、立足现实、紧跟时代、引领未来、彰显个性、创新发展"的科学发展思想。[2] 城市的现代化是城市体系的现代化，包括经济、文化、社会、教育、行政、基础设施、生态等各个子系统的现代化，具体表现为经济繁荣，管理水平较高，生活和娱乐设施齐全，城市功能完备，具有发达的科技教育、文化卫生等社会事业，城市的建筑和基础设施空间布局合理，生态平衡，有优美、舒适、卫生、文明的城市环境。深圳是中国改革开放建立的第一个经济特区，改革开放40年，深圳从一个只有3万人口、2条小巷、1条200米小街的边陲小渔村，发展到现在一座座摩天大楼巍然耸起、一条条繁华的街道经纬交织的、人口过千万的现代大都市，城区面积也从最初的3平方公里扩大到了近2000平方公里，打破了我国城镇化发展史上的纪录，创造了世界城市建设史上的奇迹。

---

[1] 《中共中央、国务院印发〈粤港澳大湾区发展规划纲要〉》，《人民日报》2019年2月19日第1版。

[2] 唐高华：《现代化国际化创新型城市的内涵与建设策略》，《特区实践与理论》2016年第3期。

产业是城市发展的重要基石。在城市经济发展问题上,深圳市委、市政府一直以来坚持推进供给侧结构性改革,适应和引领经济发展新常态,坚定不移地打造"深圳质量",加快构建实体经济、科技创新、现代金融、人力资源协同发展的现代产业体系,注重发展新一代信息技术、高端装备制造、绿色低碳、生物医药、数字经济、新材料、海洋经济等战略性新兴产业,建设体现高质量发展要求的现代化经济体系。

管理是城市发展的永恒主题。深圳本着创新、协调、绿色、开放、共享的发展思路,顺应"互联网+"发展趋势,运用信息化、智能化、大数据、云计算等技术手段,大力推动智慧城市建设。以科技创新带动理念创新、机制创新、监管创新、服务创新,推动城市管理由"管理"向"治理"、向"服务"转变,提升深圳城市治理能力和治理水平的现代化,创建新型智慧城市标杆的城市精细化管理模式。

规划是城市发展的指导方向。控制发展一直是深圳城市规划的核心问题之一。为了缓解深圳爆炸式的人口增长对环境和资源的压力,深圳市遵循"推进精明增长,引导城市转型"的基本思路,科学地进行城市建设与土地利用规划,实现区域、生态、创新、空间、治理五方面转型。在"规划好"的基础上,"利用好"每一寸土地资源,突破土地束缚,加快速度打好打赢国土空间提质增效攻坚战,不仅为产业发展优化空间开发格局,也牢牢守住城市开发建设刚性约束,提高土地利用效率和集约发展,保障民生发展需求,提升人居环境与城市品质。尤其是探索区域空间协作,积极推进与周边城市空间的协同一体化发展,通过共建深汕特别合作区,打造深圳"飞地型"新城区。

城市的国际化是从国际视野的角度去衡量城市影响的地域,特别是指其吸引和辐射功能等属性,其程度的强弱依据城市本身的国际地位而异。一般来说,在人、财、物、信息以及文化等方面进行跨国界的相互交流与往来并使之不断增加的过程,就是城市的国际化。实现城市的国际化,必须使城市的辐射力、吸引力、影响和波及的范围更宽更广，达到国际水平。①改革开放40多年来，深圳充分发挥其市场化的先行优势，率先形成了与国际水平相当的经商环境和体制机制。深圳已逐渐成为最适宜投资的国际化城市之一。来自市商务局的统计数据显示，目前在深投资或开设分支机构的世界500强企业超过100家，其中不少跨国公司已在深设立研发中心或区域运营中心，如苹果公司华南运营中心、高通公司深圳创新中心、甲骨文深圳研发中心等。总部经济正在深圳快速崛起。深圳市共与55个国家的85个城市建立了友好关系，其中包括22个友好城市和63个友好交流城市。新近出台的《关于推进国际化街区建设 提升城市国际化水平的实施意见》提出，深圳将探索兼具国际标准与深圳特色的"国际化街区"新路径，到2022年，建成首批15个国际化街区；到2025年，形成深圳市国际化街区网络；到2030年，国际化街区成为深圳新时期国际化城市建设的重要基础，集聚全球先进技术、生产要素与高端人才。

此外，深圳还是重要的国际航运中心，拥有全球第三大集装箱海港。深圳港成功吸引三大航运联盟航线主要落户深圳，目前深圳港共开通国际集装箱班轮航线239条，覆盖了世界十二大航区，通往100多个国家和地区的300多个港口。2018年，深圳机场国际旅客吞吐量接近400万人次，年均保持30%左右的增幅。深圳在大湾区中的国际化城市定位，将会全面提升深圳的城市知名度和国际竞争力，尤其是前海自贸区的国际贸易功能将会服务并带动珠三角产业转型升级。深圳将以国际门户机场和国际邮轮母港通道建设为重点，以落实"一带一路"建设，推动粤港澳大湾区建设上发挥战略支点和核心引擎作用。

党的十八大以来，处于由"深圳速度"到"深圳质量"跨越新阶段的深圳，将以世界先进城市为标杆，打造一流的市容环境、生态生活环境、交通环境、社区环境、人文环境，将以一流国际化城市环境集聚高端生产要素、促进宜居、宜业、宜游，提升城市品位，加快建设现代化国际化城市。

---

① 宋玉玲、袁旭：《对大庆现代化国际化城市建设的思考》，《大庆社会科学》2012年第2期。

二是创新创意之都。创新型城市的核心内涵是城市自主创新能力较强,具体表现为科技创新制度设计较完善,科技投入较大,科技基础条件较好,企业技术创新能力较强,科技创新支撑和引领城市经济社会发展能力较强。① 深圳具有强大的科技创新优势。以高新技术园区为龙头的深圳湾,目前已经形成深圳市在未来主要领域的科技创新和总部集聚区,创新创业氛围浓厚。深圳的创新主要表现在创业创新、高科技创新、金融创新领域。据《深圳市2018年知识产权发展状况白皮书》的统计结果显示,2018年深圳PCT国际专利申请量达18081件,约占全国申请总量的34.8%,连续15年居全国大中城市第一名,其中华为公司以5405件居全球企业第一。2018年,深圳国内专利授权量在全国排第二名,仅次于北京。每万人口发明专利拥有量为全国平均水平的7.9倍。深圳维持5年以上的有效发明专利比例达85.6%,排全国第一(不包含港澳台地区)。这意味着深圳科技创新对高质量发展的支撑和引领作用日渐增强,质量型发展态度显现。深圳高新区、深圳空港新城、深圳坂雪岗科技城、深圳国际生物谷四个全球顶尖创新平台将会更好地吸引国际科技人才,助推深圳成为国际科技创新的引领者。此外,深圳的"金融+科技"创新将进一步丰富深港澳金融合作的方式和路径,也将有助于提高新常态下对实体经济、小微企业的金融服务。

三 深圳增强核心引擎功能的体现

新经济地理学理论认为,空间聚集是收益递增的外在表现形式,是各种产业和经济活动在空间集中后所产生的经济效应以及吸引经济活动向一定区域靠近的向心力。而在城市发展过程中,人们向城市集中是由于这里较高的工资和多样化的商品,而工厂在城市集中是因为这里能够为它们的产品提供更大的市场。② 由此可以看出,聚集是城市的本质,也是城市不断发展的必然规律。通过人口、资本、技术、物资等生产要素的快速聚集、高效流动,然后再聚集、

---

① 胡钰:《创新型城市建设的内涵、经验和途径》,《中国软科学》2007年第4期。
② 陈路、孙博文、谢贤君:《产业集聚的经济增长溢出效应》,《首都经济贸易大学学报》2019年第4期。

再流动，直至形成产业集群，人口、经济和财富在地理上集中到特定区域并实现效益最大化。而在城市发展的过程中，先进生产要素（资本、技术等）和优秀人才在向城市聚集的过程中逐步形成相关产业，产业一旦形成规模，将产生巨大的虹吸效应，吸引更多资源要素加快集聚，高效流动，并成为城市快速成长的物质基础和驱动力。这一理论可以完美地解释世界大湾区形成过程中的核心城市的形成及发展路径。考察世界级大湾区发展历程，核心城市对湾区周边辐射和协同发展起着特别重要的引领与带动作用。以纽约湾区来看，纽约作为核心城市，780平方公里的土地集聚了1800万人口，创造了全美国10%的GDP。再以东京湾区来看，东京作为核心城市，集聚了湾区将近1/3的人口，创造了全日本2/3的GDP。它们无一不是以庞大的经济体量、宜人的环境、包容的文化、高效的资源配置能力，带动和辐射周边城市协同发展，成为大湾区区域乃至全国的经济中心。因此，一个城市只有在全球范围内聚集更多的生产要素和经济资源，才能真正建成国际化大都市，才能更好地担当和引领湾区发展的使命。

深圳改革开放40年奠定的雄厚的产业基础和创新能力，使得深圳具备在大湾区充当核心引擎的功能。40年来，深圳坚持改革不停顿、开放不止步，不断地增优提效，发展动力持续增强。过去5年，深圳GDP年均增长9.2%，跻身全球城市30强，拥有华为、招商、平安、腾讯、万科、正威、恒大等7家世界500强企业，出口总额连续26年居全国城市第一，PCT国际专利2万多件，约占全国43%，连续15年居全国城市第一。深圳还拥有全球第三大集装箱枢纽港、亚洲最大陆路口岸、中国五大航空港。目前，深圳的经济体量、人口规模占大湾区的比重分别超过20%、30%。深圳已成为一座具有影响力的国际性都市。

与此同时，经过改革开放40年，深圳同周边城市已市场化地形成了分工合作的协同发展态势。在珠三角的城市群里，"深莞惠"的城际整合表现最佳，一体化日渐成熟。目前已形成产业链相加、价值链相乘、物流链相通的较为紧密的都市圈。同时，由于深圳的经济影响力日益增强，深圳和周边城市甚至提出了"深莞惠河汕"

（深圳、东莞、惠州、河源、汕尾）的合作行动纲领。由此可以看出，"深圳有条件、有责任、有担当增强核心引擎功能，有实力、有底气、更有信心发挥好核心引擎作用，成为大湾区建设中动力澎湃的'发动机'，切实当好主阵地中的主阵地"[①]。

2017年12月，深圳召开市委六届八次全会，提出要"携手香港在粤港澳大湾区世界级城市群建设中发挥核心引擎作用"。这也是在深圳市委全会报告中，首次出现"核心引擎"一词。2018年1月，深圳市委六届九次全会报告中，再次提出要"深化深港澳合作，共建粤港澳大湾区核心引擎"。2018年12月，习近平对深圳工作作出批示，要求深圳"抓住粤港澳大湾区建设重大机遇，增强核心引擎功能"，从而为深圳明确指明了在粤港澳大湾区建设中所要发挥的功能定位。2019年1月市委六届十一次全会，将"举全市之力建设粤港澳大湾区"作为2019年十项重点工作之首，并指出"粤港澳大湾区建设是深圳新时代改革开放的总牵引，着力增强核心引擎功能"。

"核心引擎"所表达的不仅是"核心"地位，更强调的是"引擎"功能，在于对整个大湾区城市群及周边地区的引领带动作用。与香港、澳门、广州这三个核心引擎城市相比，深圳的增强核心引擎功能体现在哪些方面呢？

一是体现科技创新的核心引擎功能。从世界一流湾区的发展经验来看，科技创新都毫无例外地充当了引领湾区经济发展的第一推动力，成为驱动湾区经济发展的助推器。比如，旧金山湾区是世界上高科技创新能力最强、创新创业最有活力的地区。旧金山湾区成功的秘诀可以总结为"技术、人才＋宽容"。东京湾区则是以附加值高的先进制造业闻名于世，科技创新成为战后日本迅速崛起的重要原因。粤港澳大湾区要对标世界一流湾区，科技创新是未来发展的主要方向。《粤港澳大湾区发展规划纲要》提到深圳未来要"努力成为具有世界影响力的创新创意之都"，这个涉及"创新"城市核心竞争力价值的定位在对香港、广州、澳门的单独

[①] 王伟中：《增强核心引擎功能，发挥辐射带动作用，举全市之力推进粤港澳大湾区建设》，《深圳特区报》2019年3月19日第1版。

表述中都没有出现。这当然是与深圳在科技创新领域取得的骄人成就有关。

深圳建立经济特区40年来，始终把科技创新作为推动产业转型和提升发展质量的重要抓手，成功地使深圳走上科技创新之路。深圳的科技创新从跟跑、并跑到领跑，目前创新水平位居全国第一，高新产业对经济贡献率越来越高。早在2012年11月，深圳市委、市政府就下达《关于努力建设国家自主创新示范区，实现创新驱动发展的决定》，并编制了《深圳国家自主创新示范区规划纲要（2013—2020）》，成为深圳推动自主创新，以创新驱动发展的行动纲领。2014年6月，国务院批复深圳建设国家自主创新示范区，示范区面积为397平方公里，相当于近34.5个深圳高新区。这是党的十八大后国务院批准建设的首个国家自主创新示范区，也是我国首个以城市为基本单元的国家自主创新示范区。这个文件提出了深圳要建成创新驱动发展示范区、科技体制改革先行区、战略性新兴产业聚集区、开放创新引领区、创新创业生态区五个战略目标。

党的十八大以来，党中央以及习近平把创新发展提到了十分重要的位置。强调"创新是民族进步之魂，是引领发展的第一动力。抓创新就是抓发展，谋创新就是谋未来"。并要求"把科技创新摆在国家发展全局的核心位置"。深圳加快了创新发展的步伐。根据深圳科技创新委员会的数据，深圳高新技术产业总产值近年来保持稳定快速增长，增长率持续稳定在10%以上。从结构上来看，深圳高新技术产业以电子与信息行业为主，占89.67%；其次为先进制造行业、新能源行业、生物医药行业、新材料行业等。目前拥有腾讯、华为、大疆等一系列全球知名的科技创新企业。2018年南山区国内专利申请量达6万件，每万人发明专利拥有量为356件，是全国的32倍。2018年3月21日，世界知识产权组织（WIPO）发布了2017年全球知识产权活动报告。中国凭借48882件PCT（专利合作协定）申请量，排名世界第二，仅次于美国。而在2000年，这个数字只有730件。深圳创新能力强的主要原因是通过发挥市场作用，激发了本地民营企业自主创新的活力。比如，2018年华为的科技研发投入全球排名第5。深圳自主创新呈现出"六个90%"的特征：90%的创新型企业为本土企业、90%的研发人员在企业、90%的研发投入源自企业、90%的专利产生于企业、90%的研发机构建在企业、90%的重大科技项目由龙头企业承担。① 深圳的各项创新指标在大湾区11个城市中遥遥领先，因此被誉为"创新之都"。可以说，如今深圳这座城市吸引全球目光的，已不仅仅是GDP或者人均GDP，而是雄踞全球前列的创新。这充分说明深圳深厚的创新积淀以及成熟的创新机制，深圳完全有实力充当大湾区建设中"动力澎湃"的科技创新核心引擎。

二是体现市场化的核心引擎功能。党的十九大报告提出，着力构建市场机制有效、微观主体有活力、宏观调控有度的经济体制，不断增强我国经济创新力和竞争力。这是深化经济体制改革的根本要求，也是建设现代化经济体系的基础。理顺政府与市场关系是深化经济体制改革的关键。党的十九大报告指出，"经济体制改革是全面深化改革的重点，核心问题是处理好政府和市场的关系，使市场在资源配置中起决定性作用和更好发挥政府作用"②。得益于相对完善的市场化环境，深圳经济始终保持着良好的发展活力。尤其是，市场化对于深圳的科技创新起到了极为重要的推动作用。这就是深圳始终站在经济发展最强风口上的奥秘。深圳特区成立至今，一直都矢志不渝地坚持营造公平竞争的机制和优胜劣汰的功能，充分发挥市场在资源配置中的决定性作用。深圳积极推进南方知识产权运营中心建设，推动建立知识产权交易机制，以市场化的方式打造集知识产权许可、交易、股权投资、质押融资等一体的快速匹配，降低企业交易成本机制。

深圳的高度市场化可以从民营经济繁荣体现出来。一个城市的市场化程度高低，往往同当地民营经济的发达与否呈现出明显的正相关态势。截至2019年5月，全市民营经济商事主体达到314.3497万家，在全市商事主体的占比高达97.66%。其中，民营

---

① 《自主创新当尖兵》，《光明日报》2019年4月11日第4版。
② 习近平：《决胜全面建成小康社会 夺取新时代中国特色社会主义伟大胜利——在中国共产党第十九次全国代表大会上的报告》，《人民日报》2017年10月28日第1版。

企业195.3459万家，占全市企业总量的96.29%。① 深圳商事主体总量和创业密度均为全国第一。一大批有活力、有规模的市场经济主体的存在，使深圳完全有底气充当大湾区建设中最具"青春活力"的市场化核心引擎。

三是体现法治化的核心引擎功能。经济社会治理千头万绪，必须走上制度化、规范化、程序化轨道，才能在多元利益中找到"最大公约数"，引领时代潮流。改革发展，亟待法治发力。让市场在资源配置中起决定性作用，必须约束权力"闲不住的手"，"把错装在政府身上的手换成市场的手"，触动利益比触动灵魂还难，不能完全指望改革对象自觉，依靠法治方能突破既得利益樊篱。"改革和法治如鸟之双翼、车之两轮。"② 改革开放40年来，深圳一直高度重视法治建设，率先提出建设"法治中国示范城市"的战略目标，把"法治化"作为全面深化改革的"突破口"，对标新要求，谋划新举措，不断推进法治政府建设，取得了积极成效。

自1992年7月1日，第七届全国人大常委会第二十六次会议正式授予深圳立法权之后，经济特区立法权的最大特色就是先行先试权，这一项重大政策优势，助推深圳在各个领域走在了全国前列的位置。据不完全统计，深圳至今先后通过法规及有关法规的决定445项。目前现行有效法规167项，其中特区法规128项，较大的市法规39项，超过1/3是在国家和地方立法没有先例的情况下先行先试。特区立法权赋予深圳先行先试引领法治创新、打造法治中国示范城市的动力和权力基础，营造了良好的民主法治社会氛围。中国政法大学发布的《法治政府白皮书——中国法治政府评估报告（2018）》显示，深圳在法治政府建设方面各项指标评估中位列100个参与评估城市第一名。新时代深圳应充分发挥立法在引领、推动和保障改革创新方面的重要作用，使一流法治成为深圳建设现代化国际化创新型城市的坚强保障。因此，深圳完全有信心充当大湾区

---

① 《民企数量占全市企业96%以上！民营经济成深圳高质量发展重要动力》，《深圳特区报》2019年9月25日第2版。
② 习近平：《在庆祝中国共产党成立95周年大会上的讲话》，《人民日报》2016年7月2日第2版。

建设中"秉公执法"的核心引擎。

四是体现提升营商环境的核心引擎功能。营商环境是企业生存与产业发展的重要土壤，同时也是衡量一个地区核心竞争力和潜在发展能力的重要标志。率先加大营商环境改革力度，是习近平交付北京、上海、广州、深圳等特大城市的重要任务。深圳民营企业的壮大发展离不开政府的大力支持。近年来，深圳主动对标一流城市，将打造公开、透明、可预期的国际一流营商环境，作为新时期深化改革、扩大开放的重要抓手，作为积极参与粤港澳大湾区建设的有力支撑。为了降低企业经营成本、缓解融资难融资贵等问题，2018年2月，深圳出台营商环境改革"20条"。对标新加坡和香港等发达国家和地区，以世界银行营商环境评价体系为参照，其中126个政策点均是通过强有力的改革来营造更加优良的营商环境。2018年12月，深圳印发《关于更大力度支持民营经济发展的若干措施》，发布"四四三二"配套措施，支持企业做优做强、帮助企业渡过难关、优化政策执行环境。深圳市委市政府高度重视，市主要负责同志第一时间亲自部署、亲自协调、亲自督办营商环境改革工作，亲自领衔督办政协优化营商环境提案，要求政府相关部门制定营商环境改革文件。以"放管服"改革为抓手，对标世界银行权威评价指标体系，认真研究吸纳政协委员和企业家意见建议，最终形成并出台《关于加大营商环境改革力度的若干措施》，加快形成服务效率最高、管理最规范、市场最具活力、综合成本最佳的国际一流营商环境。根据普华永道等机构发布的《2018中国城市营商环境质量报告》，深圳在城市对企业的吸引力和企业在城市的发展力两个方面均居于全国首位。深圳既能持续吸引全球范围内的无数优质企业入驻，又能自主培育本地的优秀企业，发展活力源源不断。深圳大力培育营商环境的做法，无疑可为粤港澳大湾区发展民营经济提供重要的经验，同时其辐射效应将为粤港澳大湾区注入强大的动力和活力。因此，深圳完全有经验充当大湾区建设中"贴心服务"的提升营商环境核心引擎。

第三节 "深"耕细作,"圳"翅高飞

在粤港澳大湾区和先行示范区的"双区驱动"下,深圳如何在新时期继续走在前列?朝着什么样的目标和方向前进?怎样才能不辜负党中央殷殷重托和人民群众的新期待?2019年初深圳市委六届十一次全会强调,"粤港澳大湾区建设是深圳新时代改革开放的总牵引,必须贯彻到全市改革发展各方面全过程,着力增强粤港澳大湾区核心引擎功能"[①]。深圳应充分发挥新时代改革开放的先锋、尖兵作用,再次书写"当惊世界殊"的东方奇迹。

一 制定路线图、编制任务书

自《粤港澳大湾区发展规划纲要》发布后,大湾区建设开始正式进入全面实施的阶段。2019年7月5日,广东省推进粤港澳大湾区建设领导小组同时发布《广东省推进粤港澳大湾区建设三年行动计划(2018—2020年)》(以下简称《三年行动计划》)和《中共广东省委广东省人民政府关于贯彻落实〈粤港澳大湾区发展规划纲要〉的实施意见》(以下简称《实施意见》),形成了广东省推进大湾区建设的"施工图"和"任务书",成为指导广东省九个城市展开大湾区建设总指导文件。《实施意见》主要着眼长远发展,对标大湾区到2035年的建设目标,对未来十多年广东省要重点推进落实的大事要事进行谋划,突出战略性和协调性。《三年行动计划》主要着眼中期安排,就优化空间发展格局、国际科技创新中心建设、构建现代化基础设施体系、协同构建具有国际竞争力的现代产业体系、推进生态文明建设、建设宜居宜业宜游的优质生活圈、加快形成全面开放新格局、共建粤港澳合作发展平台、保障措施等近中期看得比较准的、可以加快实施的重点工作进行分工部署,进一步量化阶段性目标,提出了100条重点举措。在这份《三年行动计

---

① 《深圳再出发:在十个方面"先行示范"》,《深圳特区报》2019年1月14日第1版。

划》里,"深圳"一词被提及57次,深港科技创新合作区提到2次,有关建设国际科技创新中心方面的内容有14条,一词多次出现,深圳的大湾区核心引擎作用溢于言表。

为了响应党中央和省委推动强力大湾区建设的要求和部署,深圳提出"举全市之力推进粤港澳大湾区建设",2019年1月,深圳市委召开的六届十一次全会,提出要紧紧抓住粤港澳大湾区建设这个"纲"、总牵引,对标最高最好最优,做到落细落小落实。在这次全会上,深圳提出了"1+10+10"工作部署。其中的"1",指的是习近平赋予深圳的"一个使命任务",即建设中国特色社会主义的先行示范区和社会主义现代化强国的城市范例。第一个"10",指的是深圳实现新使命的"十个先行示范"战略路径;第二个"10",指的是深圳当前和今后一段时期需要持续抓好的"十项重点工作"。为抢抓粤港澳大湾区建设重大机遇,组建市委推进粤港澳大湾区建设领导小组办公室,由深圳市国资委牵头统筹开展市属国资国企参与粤港澳大湾区建设工作。之后,深圳确定了包括国际科技创新中心共建、基础设施互联互通、优势产业协同发展、绿色湾区共筑、优质生活圈共建、扩大对外开放、平台共建等七大行动,形成了大湾区建设的分解工作。在市委的号召和要求下,各区纷纷行动,研究出台落实大湾区建设行动计划和方案。福田区率先在全市发布《深圳市福田区落实〈粤港澳大湾区发展规划纲要〉行动方案(2019—2020年)》,将粤港澳大湾区建设作为福田区新时代改革开放、再创新局的总引领,通过7项行动、48个举措来实现四大中心建设的发展目标,全力打造更具影响力的"服务交流中心"。前海也审议了《前海贯彻落实〈粤港澳大湾区发展规划纲要〉三年行动方案》《前海贯彻落实〈粤港澳大湾区发展规划纲要〉2019年工作要点》等文件。

2019年9月,中共深圳市委六届十二次全会召开,全面开启了深圳建设中国特色社会主义先行示范区的新征程。会议指出,《中共中央 国务院关于支持深圳建设中国特色社会主义先行示范区的意见》(以下简称《意见》)出台,是继兴办经济特区后,深圳又一次迎来重大历史性机遇,是中国特色社会主义又一伟大实践的重大时代性开启，是深圳发展进程中具有划时代重要里程碑意义的大事。会议强调，把建设先行示范区作为深圳一切工作的总牵引、总要求，围绕实现2025年第一阶段发展目标，奋力跑好先行示范区建设"第一程"，努力创造更多可复制可推广的成功经验，更好地服务全省全国发展大局，勇做驶向中华民族伟大复兴光辉彼岸的第一艘"冲锋舟"。深圳市市长陈如桂就《深圳市建设中国特色社会主义先行示范区行动方案（2019—2025年）》（以下简称《方案》）作了说明。《方案》对标对照《意见》的"顶层设计"，在经济、法治、文明、民生、环保五大领域率先突破作了具体的部署安排。这次市委全会的报告，用了近一半的篇幅，逐条提出深圳的落实措施，向世人亮出了建设先行示范区第一阶段的施工图和任务书。全会提出，"走在新时代的长征路上，深圳决不能满足于交合格答卷，必须交出优异答卷；决不能满足于某一阶段领先，必须全过程领跑"[1]。

二　强化精准对接，助推项目落地

从深圳市绘制的"施工图"可以看出，深圳未来的"双区"建设思路越发清晰。

一是聚焦城市扩容提质，推动基础设施的硬联通和软联通。"硬联通"方面，为推进深港两地更为顺畅的人员和货物来往，深圳将推动深港双方在罗湖、文锦渡、皇岗、沙头角、深圳湾等口岸同步改造升级，建成莲塘/香园围口岸。为完善我市"十横十三纵"路网结构，集中开工包括妈湾跨海通道（月亮湾大道—沿江高速）工程、梅观高速清湖南段市政道路工程、民乐路市政工程、鹏坝信道工程（坝光段）等七大交通基础设施项目。同时，加快推进太子湾邮轮母港建设。加快推进机场第三跑道和新航站楼建设，织密国际航线网络。"软联通"方面，深圳将加快大湾区信息基础设施联通共享，联合港澳探索智慧城市建设标准规范，共建时空信息云平台和空间信息服务平台，在深港澳三地加快实现数字证书应用互认

---

[1]　《建设先行示范区，深圳将要这么干》，《南方日报》2019年9月18日第3版。

和互联互通。探索深港澳三地通信运营商合作发行专属用卡，实现三地通信资费"同城化"，参与推动大湾区电子支付系统互联互通。推广港珠澳大桥"合作查验、一次放行"的模式，扩大深港口岸"一地两检"和24小时通关适用范围，便利香港居民来深发展。大力实施"湾区通"工程，促进与港澳产业合作的标准规则衔接。

二是聚焦人才和创新双驱动战略，推动产学研用深度融合。瞄准世界科技前沿发展，深圳将在光明打造影响力卓著的世界级科学城，产生一批重大原创性科研成果，成为支撑粤港澳大湾区国际科技创新中心和综合性国家科学中心建设的重要创新引擎。在南山西丽片区规划建设西丽湖国际科教城，建立财政科技专项资金，打造基础研究和应用基础研究中心。此外，深圳成立由市委书记任组长、市长担任副组长的高规格架构领导小组，全面统筹领导深港科技创新特别合作区建设，未来深港科技创新特别合作区将成为继前海之后的第二个深港合作平台。除此之外，继续加大对高端人才的引进和前沿技术平台的搭建工作，为创新驱动发展提供了源头活水。加快推进建设多个由诺贝尔奖得主牵头的实验室以及多所中外名校合办大学。积极在美国、以色列、欧洲等国家和地区布局海外创新创意中心，努力在全球范围集聚配置创新资源，在更高层次上参与全球科技合作竞争。

三是聚焦深港深度合作，加快前海合作区建设。深圳将启动编制前海深港现代服务业合作区总体发展规划，深度推进粤港澳服务贸易自由化，推进前海粤港澳青年创业区建设，建设前海科技创新创业平台中心，允许科技企业区内注册、国际经营，打造集创业孵化、企业转型加速、技术成果转化、专业服务保障等功能于一体的国际科技产业服务平台。加强深港青年创新创业基地建设、规划建设深港口岸经济带等。争取前海合作区与前海蛇口自贸片区"双扩区"。

四是聚焦营商环境，建设国际一流营商环境改革创新实验区。营造稳定公平透明、可预期的国际一流法治化营商环境，是深圳已经在重点推进的工作。深圳在全国首创"领导小组—专责小组—部门联合—社会参与"的改革督查机制，率先建立改革项目台账制度、率先探索建立改革第三方评估；实施重大行政决策目录编制和发布制度，推进执法公示、全过程记录和法制审核制度，建立行政执法标准制度，探索涉企联合执法模式。努力率先营造服务效率最高、管理最规范、市场最具活力、综合成本最佳的国际一流营商环境，争取列入世界银行营商环境评价样本城市。

五是聚焦人民群众关切，着力解决民生领域的突出问题。深圳确立了幼有善育、学有优教、劳有厚得、病有良医、老有颐养、住有宜居、弱有众扶的七大具体目标。通过大力加大教育资源供给侧改革，大幅度增加基础教育学位，加快创建一流大学和一流学科；在医疗方面，推动社区医疗中心与基层医疗集团、社康机构等组团运营，鼓励社会力量发展高水平医疗机构，为港资澳资医疗机构在深发展提供便利，放宽境外医师到内地执业限制，建设国家中医药综合改革试验区；在文化建设方面，加快建设创新创意设计学院，设立面向全球的创意设计大奖，打造一批国际性的中国文化品牌。

三　不惧风雨，从容前行

一是从国际看，世界经济增速放缓，中美贸易战不断升级。进入新时代，世界经济复苏新动能不足，国际贸易对世界经济的拉动作用进一步减弱。根据国际货币基金组织对全球经济增速作出预测。2019年以来，70%的全球经济体GDP增速开始放缓，全球经济增速由2018年的3.6%降至3.3%。世界银行总裁戴维·马尔帕斯（David Malpass）今年在国际货币基金组织（IMF）和世界银行的年度会议之前谈话表示，在英国脱欧充满不确定性、贸易局势紧张以及欧洲经济低迷之下，全球经济前景正在恶化。另外，全球经济和政治力量的对比正处在关键的调整时期。以中国、印度、巴西、俄罗斯和南非等"金砖国家"为代表的新兴市场和发展中国家呈现新的发展动力，在国际事务中的影响力显著提升，世界经济版图呈坝"东升西降""南升北降"的态势。"未来10年，将是国际格局和力量对比加速演变的10年。新兴市场国家和发展中国家对世界经济增长的贡献率已经达到80%。按汇率法计算，这些国家的经济总量占世界的比重接近40%。保持现在的发展速度，10年后将接近世界总量一半，新兴市场国家和发展中国家群体性崛起势不可当。"①世界经济政治新秩序正在进入深刻的调整期。影响全球经济发展的不确定、不稳定性因素增多。近年来，美国坚持"美国优先"战略，单边主义和保护主义倾向明显。尤其是特朗普上台以来，美国表现出明显的逆全球化倾向，接连退出"跨太平洋伙伴关系协定"（TPP）、气候变化《巴黎协定》、联合国教科文组织、联合国人权理事会等主要世界组织，频频挑战国际经济秩序。美国在强权政治的思维下，频频对包括欧盟、中国在内的主要经济体加征商品关税等报复措施，不仅损害了全世界多边自由贸易体系和全球产业链，也给世界经济复苏蒙上一层阴影。

去年以来，美国悍然对中国部分商品加征关税，一手挑起中美贸易战，给中美贸易带来了严重影响，也对深圳经济产生了较大冲击。深圳经济以外向型为主，是我国对外贸易最活跃城市，同时也是外贸依存度最高的城市。据深圳海关发布数据显示，2018年深圳市进出口总值为3万亿元，其中出口1.63万亿元，规模连续26年稳居全国第一。从出口商品结构看，机电产品仍然是主体。2018年，深圳机电产品出口占同期全市出口的78.6%，以手机、集成电路等高新技术产品（与机电产品有交叉）出口占全市出口的50.7%。尤其是华为、中兴、大疆等科技产品的出口量最大，占比最高。比亚迪纯电动大巴已占美国纯电动车市场80%以上，客户名单囊括了斯坦福大学、加州大学洛杉矶分校、Facebook和长滩运输署等高校、科技公司与公交运营商。民用轻型飞机及航空器（统称"无人机"）是近年深圳市出口增长强劲的商品之一。截至2018年底，全市无人机企业超过360家，消费类无人机占全球70%的市场份额，工业级无人机占国内60%的市场份额，每年交易规模突破400亿元。其中近六成以一般贸易方式出口至欧美市场。从贸易对象看，欧盟、美国和日本保持着深圳对外贸易三大传统市场的地位。美国位列深圳出口主要国家（地区）中的第二名；由此可见，出口贸易是深圳经济发展的龙头，先进制造业是出口的主体，而美

---

① 习近平：《在金砖国家工商论坛上的讲话》，《人民日报》2018年7月26日第1版。

国是深圳对外出口的主要贸易伙伴。而此次中美贸易战的重点是中国的现代制造业。在加收关税的中国商品中，主要涉及的高科技产品，包括高性能医疗器械、生物医药、新材料、工业机器人、新一代信息技术、新能源汽车、航空产品、高铁装备等领域。深圳企业几乎囊括了上述所有行业！

根据深圳市统计局提供的逐月统计指标来看，自中美贸易战以来，深圳对外贸易整体呈现萎缩态势（见图6-1），深圳经济稳增长压力较大，经济存在明显下行压力。其中，进出口总额同比增速在今年2月份出现历史性负增长；出口总额同比增速也于2018年6月份开始持续8个月负增长；进口额同比增速也持续下降，并从今年开始，进入负增长阶段。但在市委市政府出台的一系列优化营商环境和推动外贸稳定增长的硬措施刺激之下，今年以来，深圳对外贸易态势出现可喜的回暖向好趋势，经济运行稳中有进、质量更好。

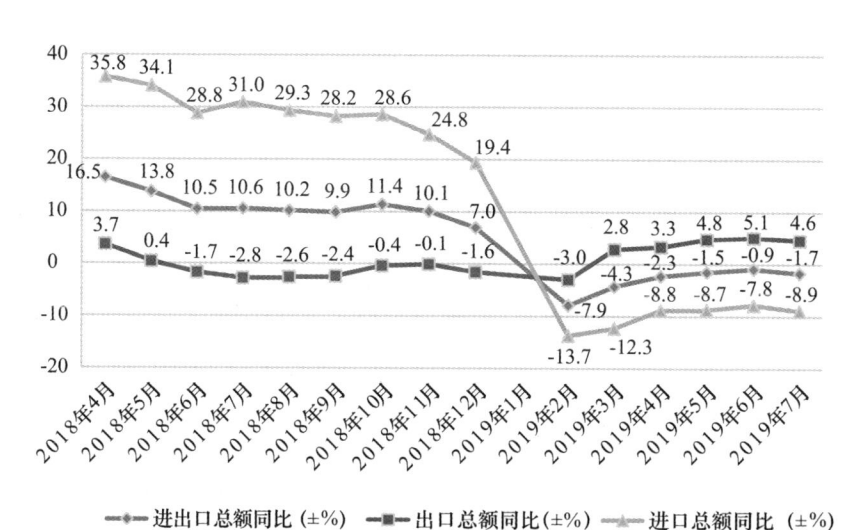

图6-1 中美贸易战对深圳进出口影响

二是从香港问题看，大湾区域协同发展面临挑战。《粤港澳大湾区发展规划纲要》对香港的发展定位是：要巩固和提升国际金融、航运、贸易中心和国际航空枢纽地位，强化全球离岸人民币业务枢纽地位、国际资产管理中心及风险管理中心功能,推动金融、商贸、物流、专业服务等向高端高增值方向发展,大力发展创新及科技事业,培育新兴产业,建设亚太区国际法律及争议解决服务中心,打造更具竞争力的国际大都会。香港责任重大。从《纲要》对四个核心城市提及频率来看,香港是被提及次数最多的城市。香港在粤港澳大湾区建设中核心引擎和支点辐射的地位毋庸置疑。

香港回归祖国 22 年来,在"一国两制""港人治港"的治理构架下,香港保持繁荣稳定的发展局面。香港连续 24 年被评为全球最自由经济体。香港作为国际金融中心及亚洲的主要资本市场,金融服务业一直是其最重要的经济支柱之一,是亚太区重要的银行和金融中心。根据全球金融中心指数,香港是全球第三大金融中心,仅次于纽约及伦敦。截至 2018 年 12 月底,以市值计算,香港股票市场在亚洲排名第三,全球排名第五,上市公司数目达 2315 家,总市值达 3.82 万亿美元。据联合国贸易和发展会议(UNCTAD)《2019 年世界投资报告》,2018 年,香港吸纳直接外来投资达 1157 亿美元,全球排第三位,亚洲排名仅次于中国内地(1390 亿美元)。而中国内地 71% 的外资来自经香港周转而来的国际资金。在对外直接投资流出方面,香港在亚洲排第三位,金额达 852 亿美元,仅次于日本(1432 亿美元)及中国内地(1298 亿美元)。2018 年,以外来直接投资存量计,香港作为投资接收地的金额居全球第二位(19972 亿美元),仅次于美国,而作为投资来源地的金额居全球第四位(18701 亿美元)。在外贸方面,据 2019 年 10 月统计,香港是中国内地第二大贸易伙伴。香港还是全球离岸人民币业务枢纽。根据环球银行金融电讯协会(SWIFT)的资料,2018 年,香港是全球最大的离岸人民币结算中心,占全球人民币支付交易约 79%。

香港还是向世界各地运送商品的枢纽,贸易及物流业举足轻重。以增加值及雇员人数计算,贸易及物流业是香港四大经济支柱之首。香港曾一度是全球最大的货柜港口。香港国际机场连接全球约 220 个航点,其中大部分是亚太地区,最多是飞往中国内地的航班,主要是北京和上海。自 1996 年,香港国际机场是世界上最繁忙的国际航空货运机场。2018年，以货柜吞吐量计算，有超过500万吨的货物进出香港机场，在全球排名第七。香港也是世界上重要的国际企业总部基地。截至2018年，近4000家国际企业选择在香港设立地区总部或办事处，其中，美国公司有1300多家，主要从事的业务包括批发零售、进出口贸易、其他商用服务（如会计、广告、法律等行业）、银行和金融、制造业、运输及相关服务。在香港设立地区总部、地区办事处和本地办事处。香港还是世界上备受欢迎的营商及大型会议举办地点，每年有超过300个国际会议及展览会在香港举行。除此之外，香港还拥有健全的市场经济机制和国际一流的营商环境，对全球顶级创新资源具有较强的吸引力，拥有从国外引进先进技术和先进设备科研仪器的制度便利。

然而，在近期香港"反中乱港"势力的策动下，香港的游行示威活动持续几个月，已经演变成极端暴力行为，给香港的法治、社会秩序、经济民生和国际形象造成极大冲击，香港经济正面临严峻挑战和巨大的下行压力，多项经济指标不容乐观。据香港政府统计处2019年10月31日公布，香港GDP已连续两个季度环比下降，成为自2009年全球经济大衰退以来首次记录的同比跌幅。香港全年的GDP预测很可能会呈现负增长，香港经济正式步入技术性衰退。香港局势恐会成为全球经济发展的"黑天鹅"事件。香港特别行政区行政长官林郑月娥发表谈话指出，一连串极端暴力事件正将香港推向一个十分危险的境况，香港经济面临"史无前例"的压力，香港繁荣稳定的未来受到严峻挑战。[1]"一枝独秀不是春"，建设先行示范区，绝非仅靠深圳"一城之力"即可完成。香港经济繁荣社会稳定是深港两地优势互补的前提和基础。当前的首要问题是按照中央提出的"止暴制乱、恢复秩序"要求，支持香港特区政府遏制暴力，在恢复社会秩序后，加紧处理深层次矛盾问题。目前，香港金融体系仍然稳定，有广泛的国际联系。在中央政府的大力支持下，香港应继续在粤港澳大湾区战略中发挥独特优势。

---

[1] 《极端暴力事件将香港推向十分危险境况》，《人民日报》2019年8月6日第4版。

深圳因港而设，深圳因港而兴。随着"一国两制"的深入推进，深港合作的范围不断扩大，力度逐步加强。2007年2月，香港提出"携手共建港深国际大都会"的战略。同年，深圳市编制的《深圳市城市总体规划（2007—2020）》，也将"加强深港合作"纳入其中。十多年来，深港合作成就有目共睹，港中大深圳校区建设、港大深圳医院建设、深港前海合作区开发、广深港高铁贯通、落马洲河套区的开发为两地合作发展注入了新动力，极大地促进了深港两地经济社会发展。香港的繁荣稳定是深圳建设先行示范区的重要因素。

三是从自身看，深圳"三大短板"急需补齐。第一个短板是房价过高。在过去十年左右的时间，深圳房价几乎上涨了10倍以上。房价过高，虽然短期会对深圳近期的经济增长、财政收入、城市建设以及部分居民生活水平的改善发挥重要作用。但是从全局、长远利益来看，畸高的房价将会对经济社会的持续健康发展产生负面影响。根据2017年深圳市社科院对深圳市高层次人才做的一项调查问卷显示，在受访的2000名高层次人才中，超过50%的人未在深圳购房，有75%的科技人才出于房价过高问题，考虑离开深圳。深圳的高房价让年轻人身心疲惫，降低了对人才的吸引力，进而会对深圳的活力、创新力产生负面影响。另据《深圳市2018年中小企业发展情况的专项工作报告》显示，近三年外迁企业中，外迁产业由传统低端产业开始转向电子信息等中高端产业，其中近五成企业为亿元工业企业，近三成为大型工业企业。而外迁主要原因除了劳动力成本增长过快之外，就是深圳的工业用地价格和房地产价格暴涨。而工业经济、实体经济的大批外迁，同时会对相关上下游产业产生连锁反应，将会增加深圳产业空心化的风险，对深圳产业结构的优化和可持续发展带来重大隐患。

第二个短板是教育资源短缺。教育作为民生之本，是一个民族一个城市薪火相传、繁荣昌盛的根基。"如果将城市比作人，高等教育水平就是城市的'智商'，它决定着城市是低智商、中智商还是高智商。而高等教育水平，最终决定一个城市的竞争力能达到何种高度。"① 总体水平偏低的学前教育、紧张的中小学优质学位、"高校洼地"一直是深圳教育发展寻求突破的关键。深圳基础教育公办学位紧缺问题一直是广大市民反映比较激烈的问题。学位供给矛盾突出，大班额的现象非常普及，落后于北京、上海等地，离老百姓的期望还有较大差距。深圳高校经过多年超常规投入和超强度建设，目前深圳已拥有包括哈尔滨工业大学（深圳）、南方科技大学及深圳大学等在内的13所高校。但目前深圳仍然是全国唯一没有985和211大学，也没有"双一流"大学的一线城市。全市海外高层次人才中，只有6.8%为外国国籍人员，全市全职两院院士、中央"千人计划"专家数量及国家重点实验室数量均与北京、上海、广州等地尚有较大差距。一流的创新能力必须有一流的大学和基础研究作支撑。深圳基础研究能力不足，高等教育水平偏低，这与深圳"创新之城"的定位很不协调。未来，深圳要在粤港澳大湾区国际科技创新中心建设中发挥好"关键作用"，还需要加快创建更多的一流大学和一流学科。

第三个短板是医疗资源短缺。深圳常住人口约1200万，实际管理和服务人口超过2000万。人口的快速增长，导致全市医疗资源相对短缺。目前，全市常住人口千人床位数仅3.59张，低于全省（4.23张）、全国（5.37张）平均水平，深圳人均医疗卫生资源是北京、上海、广州的1/3左右。尽管当前深圳人口结构相对年轻，但老龄化速度在加快，加上市民对健康服务需求的快速释放，以及深圳辐射周边的需求，未来深圳的医疗健康服务需求仍将处于加速增长期。按照《全国医疗卫生服务体系规划纲要（2015—2020年）》，2020年，千人床位数达到6.0张，深圳的缺口还是比较大。因此，深圳医疗卫生资源总量不足，医疗卫生事业、健康产业发展空间很大。这与广东省给深圳的构建医疗卫生高地定位，以及深圳建设国际化医疗中心、打造健康深圳的目标还有很大的差距。

---

① 《高等教育水平决定城市"智商"》，《深圳特区报》2015年10月29日第2版。

第七章　以上海自贸区为代表的特区实践

邓小平指出："上海是我们的王牌，把上海搞起来是一条捷径。"所谓"王牌"是指上海在我国经济社会发展中的"龙头"地位。早在20世纪30年代，上海就已经成为中国近代化工商业中心，中国机器制造、轻纺织业和内外贸易中心，是水路交通枢纽和东方大港，是仅次于伦敦、纽约的世界第三大金融中心。新中国成立后，上海也一直是我国最大的城市经济体和经济增长的发动机，但在改革开放初期却一度沉寂。所以，邓小平非常自责："我的一个大失误就是搞四个经济特区时没有加上上海。"他要求："我们说上海开发晚了，要努力干啊！"[①]在他的亲自关怀下，党中央于1990年做出了成立浦东新区的重大战略部署，使其承担中国改革开放先行者和实验者的使命。2013年中国第一个自贸区在上海挂牌，这是党中央在新时代对上海又一次委以重任，使上海迎来又一次发展的重大机遇。2018年，党中央再送上海三个大礼包：新增临港自贸片区、开设科创板并试点注册制、长江三角洲区域一体化上升为国家战略。

习近平指出，上海是中国改革开放的探索者，上海自贸区要把制度创新作为核心任务，以形成可复制可推广的制度成果为着力点，服务全国经济发展大局，努力创造更加国际化、市场化、法治化的公平、统一、高效的营商环境，强调上海要在深化自由贸易试验区改革上、推进科技创新中心建设上、推进社会治理创新上、全面从严治党上有"新作为"。李克强也指出，"自贸区有大未来，上

[①]《邓小平鲜为人知的上海情结：经济是王牌但小偷太厉害》，http://mil.news.sina.com.cn/2015-12-07/1228845854.html。

海有大未来!"上海按照党中央的战略部署,坚持社会主义方向,全面深化改革,扩大市场开放,经济社会全面发展,积极推动自贸区、浦东新区、新片区、国际经济中心、国际金融中心、国际贸易中心、国际航运中心的建设,不断提高上海的国际影响力,为我国实现更高规格的改革开放不断创新制度,提供经验财富。

第一节 上海自贸区:改革开放新高地

2018年11月,习近平在首届进博会讲话中指出:"建设自贸区是党中央在新时代推进改革开放的一项战略举措,在我国改革开放进程中具有里程碑意义。"并强调要把自贸区建设成为新时代"改革开放的新高地",① 为实现"两个一百年"奋斗目标,为实现中华民族伟大复兴的中国梦贡献更大力量。2013年8月,国务院正式批准上海设立自贸区,同年9月29日中国(上海)自由贸易区挂牌成立,成为中国大陆首个自贸区,2018年7月,国务院又正式批准增设上海自贸区临港新片区,表明了中国毫不动摇全面深化改革的方向,亮出了中国面向世界全方位对外开放的态度,说明了中国开放的大门不会关上。在十二届全国人大三次会议上海代表团审议时,习近平强调,上海要继续做好全国改革开放实验者、创新发展的先行者,加快推进自贸区的建设,为全国改革发展稳定大局做出更大贡献。② 上海自贸区承载着伟大的战略任务和重要的历史使命,自贸区的建设和发展将带动立足上海,服务全国,面向世界,辐射长三角、引领全国经济的增长、实现社会全面的发展。

一 上海自贸区的设立及意义

上海自贸区是习近平亲自谋划、亲自部署、亲自推动的,从自

---

① 乔梦:《习近平谈自贸区建设》,http://www.81.cn/xue-xi/2018-11/26/content_9355662.htm。
② 习近平:《在出席十二届全国人大三次会议上海代表团审议上的讲话》,http://www.xinhuanet.com/politics/2015-03/05/c_1114537732.htm。

贸区"呱呱坠地"之日起，习近平就一直因势利导，对其成长、发展做出具体指导。2013 年自贸区诞生不久，习近平就提出自贸区要大胆试、大胆闯、自主改；2014 年，对于刚满周岁的自贸区，习近平要求其形成基本制度体系和监管模式，并且把控好风险；2015 年，当自贸区"小荷已露尖尖角"，习近平则强调自贸区要从大局出发，发挥好辐射带动作用，增强服务我国经济发展、配置全球金融资源能力；2016 年，三周岁的自贸区已显峥嵘之势，习近平便指出自贸区应把"制度创新"作为核心任务；2017 年后，全国各地已先后建立起多个自贸区，习近平则对上海自贸区提出了新要求：树立配套改革的系统思想，强化自贸区自身改革同整个上海市改革的联动，不断放大政策集成效应，率先建立同国际投资贸易相衔接的制度体系，为全国提供更多可复制可推广的制度创新成果，加强同其他自由贸易试验区试点的相互学习、交流、合作。

从 1990 年浦东新区的设立，上海就肩负着面向世界、推动长三角地区一体化和长江经济带发展的重任，在全国经济建设和社会发展中具有十分重要的地位和作用，其影响绝非一城一域。而 2013 年上海自贸区的设立，更是在浦东新区上的加持，2018 年增设临港自贸区新片区，更是对浦东新区、上海自贸区的特区效应的叠加。自贸区的设立具有深刻的时代背景，是国内、国际经济发展变化的新形势的需要。

世界新经济形势对我国提出严峻挑战。改革开放以来，中国逐渐融入国际市场，承接了大量发达国家的产业转移，利用廉价的劳动力和资源，实现了经济的飞速发展。随着世界经济格局的发展，美国对 WTO 的控制力减弱，美国致力于通过跨太平洋伙伴关系（TPP）、多边服务业协议（PSA）和跨大西洋贸易与投资伙伴关系（TTIP），控制世界经济和贸易，并通过全新的贸易规则限制中国外贸的发展，抑制中国经济的发展势头。这三大协议的内容全部涉及服务业领域，未来很可能改变世界经济规则，改写世界经济格局，中国在国际贸易和跨国投资中将面临严峻的挑战。建立上海自贸区，中国政府主动放开局部门户，鼓励所有经济主体到上海自贸区进行自由投资和洽谈贸易，并让已经具备基础条件的区域先行试验，实施开放度更高的政策和措施，积极参与多边区域合作，逐步熟悉国际经贸规则，提高规则制定的话语权和主导权，为我国多边贸易协定的谈判提供重要依据和参考。

我国改革进入到攻坚期和深水区。近年来，中国劳动力成本明显上升，贸易摩擦不断出现，中国已经不可能再长期依靠出口拉动经济增长的发展模式。但国内经济存在的问题也凸显，如政府和市场的关系问题、产能过剩和能耗过高等问题，特别是市场经济的问题，一直是中美贸易摩擦中的核心问题，只有通过改革，才能完成经济的转型升级。建立上海自贸区其实就是用"开放促改革"，"开放倒逼改革"，形成融入全球新格局新规则的倒逼机制，通过将双边投资协定谈判涉及的一些难点热点敏感点问题在自贸区先行先试，消除我国进一步改革开放的各种阻碍，加快国内市场经济环境建设，融入全球经济的进程，推进经济的转型升级。

破解人民币自由兑换和国际化的难题。在商品市场上，中国具有非常强的生产能力和消费能力，影响力巨大，但在国际货币市场上，中国并没有充分的话语权。建立上海自贸区，通过资本市场的开放和金融自由化改革，与国际金融市场的接轨，有利于推进人民币国际化进程，实现人民币可自由兑换和金融资源的全球优化配置，提升人民币的国际地位。

上海与我国其他地方相比，设立自贸区有着得天独厚的优势：全国面积最大的城市、全国最大的城市经济体、经济门类体系比较完整、海陆空交通四通八达、城市国际化程度高、国际影响力广、国民素质高、历史积淀深厚等。习近平在2018年参加首届进博会时，认为上海之所以发展得这么好，长期领中国开放风气之先，同其开放品格、开放优势、开放作为紧密相连，开放之于上海、上海开放之于中国的重要性。开放、创新、包容已成为上海最鲜明的品格。因此，在上海首先设立自贸区理所当然。上海自贸区的设立对我国改革开放、全面决胜小康社会实现中国民族的伟大复兴的中国梦、主动融入国际社会、推进全球化进程具有重要的意义。

新一轮扩大开放的排头兵。自由贸易区是世界上开放度最高、经济最有效率的地区。在国际通行规则下，自由贸易区管理措施的两个突出特点：投资的自由和手续的便捷。自贸区不仅要实现货物以及服务的开放，而且要探索资本市场的开放，实现国际资本的自由流动，是全面而非局部的对外开放。与其他类型的经济特区、保税区最大的不同在于，开放、改革和创新是自贸区的核心功能，它不只是一个地域性的产业园区，也不是一个优惠倾斜的政策洼地，更不是一个不可复制不可推广的"盆景"。一个地域性保税区本质上还是"境内关内"，自由化程度仍然较低。当然，上海自贸区是初生婴儿，不可能一下实现全部自由开放，在建设过程中要把握好几个方向：一是开放的逐渐推进，先从"保税区"建立试点进行探索，然后向自贸区内其他区域推广，形成"境内关外"放开，"境内关内"关注的监管模式；二是投资的自由化，在吸引投资及外商投资过程中享受国民待遇，按照"自由"和"便捷"的要求，做到程序简单、手续便捷；三是金融的国际化开放，即根据上海自贸区的特点，对接国际通行标准，探索新的市场准入方式，改革外汇管理体制，促进金融市场的国际化。

新一轮制度创新的试验田。制度创新是自贸区的核心功能，作为中国第一个自贸区，上海自贸区鼓励通过先行先试得出在全国可以复制可以推广的经验。自由贸易试验区的建立，从谋划设计到实施推进，决策层站高望远，从党的十八届三中全会公报"放宽投资准入，加快自由贸易区建设"，到明确要求上海必须"大胆闯、大胆试、自主改，尽快形成一批可复制、可推广的新制度"，[①] 始终强调要解决的一个核心就是制度资源的约束问题，要求上海自由贸易试验区不种"盆景"种"苗圃"，为全国的制度改革创新蹚出一条新路。制度创新应该广泛出现在金融领域以及政府职能转变领域，形成了一批在全国可以借鉴、可以适用的经验成果。

新一轮深化改革的先行者。改革开放首先体现在制度创新中，制度创新激发经济活力，推动改革开放的进程。上海自贸区的建设过程中必然会出现制度的改革和创新，在制度创新中最重要的是政府职能的转变。李克强总理强调："我们把转变政府职能作为改革

---

① 习近平：《在参加十二届全国人大二次会议上海代表团审议时讲话》，http://politics.people.com.cn/n/2014/0306/c70731-24541619.html。

的突破口。在自贸区的建设过程中，政府要做到简政放权。"① 党的十八大报告明确指出："如何界定政府和市场的角色，是经济体制改革的核心，也是改革开放的重点"，党的十八届四中全会进一步提出要"推行政府权力清单制度"。因此，明确政府的权限，加快政府职能的转变，打造一个有为、有效、有度的服务型政府，是自贸区建设中的前提。加快政府职能转变，能够充分发挥市场的力量，激发市场主体的积极性，实现社会资源的优化配置。政府职能的转变意味着宽松的管理模式，必然带来的货物贸易和服务贸易便利化，有利于促进经济结构的调整优化，从而也进一步促进金融活动开放和金融改革的深化。

二 肩负国家战略重任

上海自贸区的设立是国家战略，肩负的是国家使命，是国家的试验田，不是上海的自留地。党中央、国务院对上海自贸区的战略定位非常明确，就是面向世界、服务全国。从这个意义上讲，上海自贸区的职责不仅仅是上海自身的发展，更是影响、辐射、带动长三角、长江经济带、全国的经济社会发展，请进来走出去，抓住"一带一路"的战略机遇，以开放促改革、促发展，率先建立与国际接轨的跨境投资和贸易规则体系，主动融入经济全球化进程，继续成为我国全面深化改革和全面扩大开放的排头兵和重要载体，通过先行先试，促进上海"四个中心"，即国际经济中心、国际贸易中心、国际金融中心和国际航运中心的建设，为全国创造出更多可复制可推广的经验。

自上海自贸区成立以来短短 6 年时间，党中央、国务院先后发布了 4 个《方案》，足见党中央、国务院对上海自贸区的重视程度，这在其他各区是极其罕有的。2013 年国务院印发的《中国（上海）自由贸易试验区总体方案》中明确提出上海自贸区肩负着我国改革开放新时代加快政府职能转变、积极探索管理模式创新、促进贸易和投资便利化，为全面深化改革和扩大开放探索新思路和新途径，

---

① 李克强：《在中国工会第十六次全国代表大会上的经济形势报告》，http://www.gov.cn/guowuyuan/2013-11/04/content_2591025.htm。

积累新经验的重要使命,更好地为全国服务,并强调这是"国家战略需要"。

《方案》还明确提出上海自贸区要加快政府职能的转变、促进投资领域的进一步开发、推进贸易方式的转变、深化金融领域的开放创新和完善法制保障五方面的建设任务,涵盖了金融服务、航运服务、商贸服务、专业服务、文化服务和社会服务六大领域。

2015年4月20日,《进一步深化中国(上海)自由贸易试验区改革开放方案》出台,如果说上一《方案》是上海自贸区"1.0版"的话,那么此时正式升级为"2.0版"。对比"1.0版"方案,"2.0版"方案对上海自贸区承担的国家战略重任更加明确、具体:一是在更广领域和更大空间积极探索以制度创新推动全面深化改革的新路径,二是率先建立符合国际化、市场化、法治化要求的投资和贸易规则体系,三是使自贸试验区成为我国进一步融入经济全球化的重要载体,四是推动"一带一路"建设和长江经济带发展,五是做好可复制可推广经验总结推广,更好地发挥示范引领、服务全国的积极作用。

"2.0版"在肯定自贸区建设成果的同时,明确了新的发展方向,提出了新的改革任务,上海自贸区、上海四个中心建设及科创中心建设的有效结合是"2.0版"时代的重要内容。自贸区在进一步加快政府职能转变的同时,更加关注制度创新,通过产业间的相互支撑,促进高端服务、先进制造、金融贸易等产业的融合发展,提升区域整体竞争力。

2017年3月国务院正式印发《全面深化中国(上海)自由贸易试验区改革开放方案》,上海自贸区建设走向新的征程,这是上海自贸区设立以来,国家出台的第三个改革方案,被外界称为上海自贸区改革的"3.0版"。"3.0版"战略任务可以分为两部分,一方面是继续强调其他国家战略任务,持续深化既有的改革措施,如国际贸易"单一窗口"等;另一方面是新增了几项改革措施,如提出外商投资负面清单,提高外商投资准入的透明度。提出"设立自由贸易港区",提出进一步发展设想。除了"金改40条"之外,提出了建立人民币全球服务体系、推进资本项目可兑换试点等金融改革措施。

"3.0版"最大的亮点是提出上海自贸区应该在金融领域服务"长江经济带"及"一带一路"建设,推进自贸区国际金融服务与"一带一路"沿线国家和地区金融市场的深度合作。首次提出了"改革系统集成"的概念、"三区一堡"的战略任务,由此翻开了自贸区建设的新版本。提出上海自贸区要加强改革系统集成,建设开放和创新融为一体的综合改革试验区。加强同国际通行规则相衔接,建立开放性经济体系的风险压力测试区。进一步转变政府职能,打造提升政府治理能力的先行区。创新合作发展模式,成为服务国家"一带一路"建设、推动市场主体走出去的桥头堡。

2019年7月29日,国务院印发《中国(上海)自由贸易试验区临港新片区总体方案》,指出上海自贸区新片区将主要在上海临港地区,未来临港新区"对标国际上公认的竞争力最强"的自由贸易园区,选择重点领域,实施更加开放的政策和制度,加大风险压力测试,打造"特殊经济功能区",主动服务和融入国家战略。[①] 以局部突破引领全局改革,上海自贸区迈入4.0时代。该版突出的特点就是自贸区全面向国际最高标准看齐。

综观上海自贸区改革全部"版本",我们可以清楚看到:上海自贸区肩负的国家战略重任以上海为责任主体,以制度创新为核心,以改革开放为主线,以面向世界为方向,以服务国内为目标。上海自贸区从"1.0版"到"4.0版",从"进一步"到"全面深化"再到增设"临港新片区",上海自贸区的"升级"之路,一路跑得高效快速,又走得踏实稳健,既率先跑出了"自贸区速度",也经受住了风险和压力测试。每一次升级不仅仅是地理范围上的扩大,更重要的是战略任务的调整变化,而每一次战略任务的调整,都给上海自贸区未来的发展指明了方向。战略任务的阶段变化,反映了新经济形势对上海自贸区的新要求,上海自贸区在深刻认识自身战略地位的基础上,深化改革扩大开放,分解任务,落实行动,继续当好全国改革开放排头兵、创新发展先行者。

---

① 国务院:《中国(上海)自由贸易试验区临港新片区总体方案》,http://www.gov.cn/xinwen/2019-08/06/content_5419191.htm。

三　对标国际最高标准

2018年，习近平在首届中国国际进口博览会发表重要讲话指出，在更深层次、更宽领域，以更大力度推进全方位高水平开放。面向世界是上海自贸区的战略定位，就是在更深层次、更宽领域，以更大力度推进全方位高水平开放的重要体现。如何面向世界，从上海自贸区改革的"1.0版"到"4.0版"都有不同的表述，这是一个从宏观到微观的过程，是一个从抽象到具象的过程，是一个从模糊到清晰的过程，反映了党中央、国务院根据上海自贸区6年的实践，对如何面向世界有了一个规律性的认识。

2018年11月，习近平在首届中国国际进口博览会开幕式上的主旨演讲中指出，将在上海自贸区增设临港新片区，鼓励和支持上海在推进投资和贸易自由化便利化方面的大胆创新探索，为全国积累更多可复制可推广经验。[1]《中国（上海）自由贸易试验区临港新片区总体方案》，指出上海自贸区新片区将主要在上海临港地区，未来临港新区将对标国际最高标准进行建设，从而标志着上海自贸区建设进入到"4.0版"。在面向世界方面，该版与前3版相比是完全意义上的国际版，对标国际标准，符合国际惯例，适应国际要求是该版的主要特色。

"1.0版"要求上海自贸区"率先建立符合国际化和法治化要求的跨境投资和贸易规则体系"，"着力培育国际化和法治化的营商环境，力争建设成为具有国际水准的投资贸易便利、货币兑换自由、监管高效便捷、法制环境规范的自由贸易试验区"，"积极探索建立与国际高标准投资和贸易规则体系相适应的行政管理体系"。"在总结试点经验的基础上，逐步形成与国际接轨的外商投资管理制度"等。[2]

"2.0版"要求上海自贸区"率先建立符合国际化、市场化、

---

[1] 习近平：《在首届中国国际进口博览会开幕式上的主旨演讲》，http://www.xinhuanet.com/politics/leaders/2018-11/05/c_1123664692.htm。

[2] 《国务院关于印发中国（上海）自由贸易试验区总体方案的通知》，国发〔2013〕38号。

法治化要求的投资和贸易规则体系","形成与国际投资贸易通行规则相衔接的制度创新体系","探索适应企业国际化发展需要的创新人才服务体系和国际人才流动通行制度"等。①

"3.0版"要求上海自贸区"对照国际最高标准、最好水平的自由贸易区,全面深化自贸试验区改革开放,加快构建开放型经济新体制","率先建立同国际投资和贸易通行规则相衔接的制度体系,把自贸试验区建设成为投资贸易自由、规则开放透明、监管公平高效、营商环境便利的国际高标准自由贸易园区","建成国际先进水平的国际贸易'单一窗口'。借鉴联合国国际贸易'单一窗口'标准,实施贸易数据协同、简化和标准化","建立具有国际竞争力的创新产业监管模式,建立开放型经济体系的风险压力测试区""加强同国际通行规则相衔接","对标国际最高水平,实施更高标准的'一线放开''二线安全高效管住'贸易监管制度","探索具有国际竞争力的离岸税制安排"等。②

上海自贸区4.0版。新片区要"对标国际上公认的竞争力最强的自由贸易园区,选择国家战略需要、国际市场需求大、对开放度要求高但其他地区尚不具备实施条件的重点领域,实施具有较强国际市场竞争力的开放政策和制度,加大开放型经济的风险压力测试,实现新片区与境外投资经营便利、货物自由进出、资金流动便利、运输高度开放、人员自由执业、信息快捷联通,打造更具国际市场影响力和竞争力的特殊经济功能区,主动服务和融入国家重大战略,更好服务对外开放总体战略布局","借鉴国际上自由贸易园区的通行做法,实施外商投资安全审查制度","建立洋山特殊综合保税区,作为对标国际公认、竞争力最强自由贸易园区的重要载体","借鉴国际通行的金融监管规则","实施高度开放的国际运输管理","实施自由便利的人员管理","实施国际互联网数据跨境安全有序流动","实施具有国际竞争力的税收制度和政策","建设具

---

① 《国务院关于印发进一步深化中国(上海)自由贸易试验区改革开放方案的通知》,国发〔2015〕21号。
② 《国务院关于印发全面深化中国(上海)自由贸易试验区改革开放方案的通知》,国发〔2017〕23号。

有国际市场竞争力的开放型产业体系"等。①

综观"4.0版"《方案》，中央对新片区的每一项任务、要求、目标、措施都充满着国际话语，无不体现出习近平关于更深层次、更宽领域，以更大力度推进全方位高水平开放的讲话精神，对标国际最高标准是新时代党中央、国务院赋予上海自贸区的新使命。

根据《中国（上海）自由贸易试验区临港新片区总体方案》要求，新片区要对照国际标准，通过实施各项开放创新措施，支持并实现新片区投资自由、贸易自由、资金自由、运输自由、人员从业自由等"五大自由"。2025年建立比较成熟的投资贸易自由化便利化制度体系，打造一批更高开放度的功能型平台，集聚一批一流的企业，区域竞争力明显提升，经济结构不断优化，经济总量大幅提升。2035年临港片区成长出特殊经济功能区，扩大国际知名度和影响力，成为我国引领经济全球化的重要支撑点。可以预见，随着新片区建设的推进，一个在中国经济特区史上具有"特殊经济功能"的新特区将会以崭新的面貌出现在世人面前。

从"跟跑"到"引领"的转变。改革开放以来，中国一直在追赶世界经济的步伐，从复关到入世。在中国经济发展的过程中，世界投资贸易的格局也在不断变化。2013年设立上海自贸区是为了应对TTP、PAS和TTIP三大协议提出的更高标准要求，更好地融入全球化。近年来，中国对外直接投资和吸引外资规模均位居世界前列，已经成为全球跨境直接投资的主要参与者，对全球价值链重构和资源整合起到了非常重要的推动作用，中国在经济全球化的发展过程中拥有了更多的话语权。而临港新片区的设立则是为了顺应贸易投资格局的变化，主动引领全球化的健康发展，体现了中国作为大国的责任担当，彰显了中国坚持改革开放的鲜明态度。

从"改革试验田"到"特殊经济功能区"的调整。上海自贸区设立之初就提自贸区是我国改革开放的试验田，在"试验田"这片热土培育、形成一批可复制可推广的制度创新经验，并推行应用到全国其他地区，发挥自贸区先行先试的作用。而临港新片区的战略

---

① 《国务院关于印发中国（上海）自由贸易试验区临港新片区总体方案的通知》，国发〔2019〕15号。

要求则不同，在新片区的战略要求中加入了"特殊经济功能区"元素，通过在一些战略重点领域实施更具有竞争力和更开放的制度创新的改革措施，培育新的经济增长点，以局部经济的发展引领全局经济的进步，不仅要提高区域整体竞争力，更要提高国际竞争力。

由"单轮驱动"到"双轮驱动"的跃升。上海自贸区成立以来，改革的措施主要集中在制度创新方面，通过制度创新带来的红利提升经济活力，经济的发展依靠"制度创新"单轮驱动。临港新片区则提出针对经济发展瓶颈领域大胆改革，寻求突破，逐步淘汰落后产能，在新能源汽车、人工智能、生物医药及航空航天等领域突破产业瓶颈，促进产业升级，提升中国制造的科技和技术含量。"制度创新＋新旧动能转换"双轮驱动模式的进步，能够更快速突破产业发展瓶颈，促进产业结构的优化和升级，提高产业国际竞争力。

面向世界、服务全国是上海自贸区的战略定位，而上海自贸区4.0版则强调临港片区要服务长三角发展战略，并融入长三角一体化浪潮，战略任务中强调了临港片区与长三角经济的协同和制度的创新发展，充分发挥临港新片区辐射和带动效应，推动长三角新一轮制度改革和对外开放。因此，临港新片区的战略定位更加丰富，可以表述为"立足长三角、面向世界、服务全国"。

从上海自贸区的设立到临港新片区的提出，上海自贸区的战略定位和战略任务在不断地调整和变化，从更好地适应经济全球化到主动引领经济全球化，从"制度创新"单轮驱动到"制度创新＋新旧动能转换"双轮驱动，从改革开放试验田到特殊经济功能区，上海自贸区完成了从1.0版到4.0版的飞跃。在自贸区的建设和发展过程中，不断地改革和探索，促进了上海产业结构的优化和升级，推动了上海"四个中心"的建设，自贸区综合竞争力大幅提高，国际影响力和知名度明显提升，积累了丰富的发展经验，形成了多项可复制可推广的制度创新成果，对长三角经济带的发展及全国经济发展战略的实施有着重要的推动作用。目前，中国自贸区的数量已达18个，覆盖从南到北，从沿海到内陆，多点开花。在上海自贸区的带领下，在借鉴上海自贸区发展成果的基础，各个自贸区必会各自绽放发展成果，在全国范围内形成多个经济增长极，辐射并带动周边地区经济发展，服务"一带一路"建设和全国经济战略的实施，全面提升国际竞争力和国际影响力。

第二节 浦东新区：老区新颜

邓小平认为："浦东如果像深圳经济特区那样，早几年开发就好了。开发浦东，这个影响就大了，不只是浦东的问题，是关系上海发展的问题，是利用上海这个基地发展长江三角洲和长江流域的问题。"并要求上海党政负责人"抓紧浦东开发，不要动摇，一直到建成"[①]。浦东新区成立30年来，已经发生了翻天覆地的变化，一座外向型、现代化、多功能的新城区在浦东崛起，成为中国改革开放和现代化建设的范本。新时代，党中央又赋予上海浦东新区更多的使命，全球金融中心的提出为浦东新区的发展指明了方向。在改革开放的道路上，浦东从来没有停下脚步，未来的浦东将继续发挥在上海经济建设、长三角地区发展乃至全中国中的独特作用，展现更辉煌的成果。

一 浦东新区设立及意义

浦东位于黄浦江和长江入海口的交汇处，面积约为552平方公里，大致相当于上海陆地面积的1/10，但历史上一直以来这里是一片荒土，杂草丛生。孙中山就曾感慨："如果浦东发展到浦西的水平，那中国就不得了了。"即使是新中国成立后，也有"宁要浦西一张床，不要浦东一套房"的说法。新中国第一任上海市市长陈毅也发出像孙中山那样的感慨，"浦东是一块处女地"。可见，浦东在历史上就有着巨大的潜在作用。

浦东新区的设立，有着深刻的国内国际背景和自身原因，如同经济特区的兴办一样，它是以邓小平等党和国家主要领导人的长期

[①] 《邓小平鲜为人知的上海情结：经济是王牌但小偷太厉害》，http://mil.news.sina.com.cn/2015-12-07/1228845854.html。

关怀为前提,然后是党中央、国务院发文正式确认的。1991年邓小平在视察上海时对上海党政负责人讲:"浦东开发晚了,是件坏事,但也是好事。可以借鉴广东的经验,可以搞得好一点,搞得现代化一点,起点可以高一点。"他进一步鼓励道:"起点高,关键是思想起点要高,后来居上,我相信这一点。"1994年他在考察上海时又对上海负责人强调:"你们要抓住二十世纪的尾巴,这是上海的最后一次机遇。"① 浦东新区的设立是党和国家事业大发展的重大布局,是上海经济社会建设的重大举措,必将对上海、长三角地区的繁荣和中国经济的腾飞起到重要的推动作用。

众所周知,20世纪80年代的上海面临国际、国内市场的双重挑战:经济发展水平不仅在国际上同发达国家及亚洲"四小龙"的差距越拉越大,而且与建有经济特区发展迅猛的广东等兄弟省份的差距也正在逐渐增大,上海人引以为傲的"上海老大"经济地位呈现出快速递减趋势。新中国成立以来,上海计划经济条件时期,长期作为国家的经济中心和主要工业基地,但其本身并没有原材料和能源等大多生产资料,仅是一个传统加工工业基地。随着经济体制改革,具有更多自主性的外向型经济快速发展,计划经济时期的指令性计划比例大大下降,这对上海是一个极大的冲击。

80年代,上海市区面积只拓展了43%,人口则膨胀了1倍,工业产值增长了17倍,人均住房面积不足2平方米,整个城市矛盾突出,如交通堵塞、住房拥挤、环境污染等,选择一个能疏解城市的新生长点,这已成为政府内外所共识,依托大工业基地重建新市区乃是疏解城市之捷径。从地理位置来看,只有浦东具备成为新区的条件。浦东面积辽阔,区位优势明显,东邻长江入海口,南面向杭州湾,三面环水,其面积约占上海总面积的1/3,其中高桥拥有约7公里长的深水岸线,泊位充足,吞吐量巨大。从经济方面来看,上海要发挥它在经济、金融、贸易中的作用,展现国际航运中的能力,势必要在面积上拓展,向宽阔的浦东新区发展是必然选择。总

---

① 《邓小平鲜为人知的上海情结:经济是王牌但小偷太厉害》,http://mil.news.sina.com.cn/2015-12-07/1228845854.html。

之，开发、开放浦东是上海人民多年的愿望。但囿于各种原因，很长一段时间内，浦东的开发并没有付诸实施。

　　自改革开放以来，深圳的经济体制机制改革和经济社会发展如火如荼，上海却一直举步不前。1980年10月，《解放日报》头版头条刊登了《十个第一和五个倒数第一说明了什么？》这条新闻，一针见血地指出了上海在改革开放初期经济滞后的窘境：上海"不就像只光下蛋不吃食的老母鸡嘛；工业总产值全国第一、劳动生产率第一、上缴国家税收第一……但上海人均道路面积全国倒数第一、人均居住面积倒数第一、三废污染倒数第一……"① 这条新闻不仅引爆了上海，还刷屏了全国：上海怎么了？面对新形势，上海到了一个何去何从的关键时期，站在了一个十字路口，迫切需要走出一个符合时代特点的发展道路。邓小平深刻认识到，中国要在激烈的国际竞争中立于不败之地，还必须寻找到足以带动全国经济的新的发展极，他说"要研究一下哪些地方条件更好，可以更广大地开源"。于是，他不顾年迈，晚年连续七次在上海进行考察和上海人民共度新春佳节，对上海发展指点江山。1990年邓小平在同上海党政负责人谈话时特别提出：请上海的同志思考一下，能采取什么大的动作，在国际上树立我们更加改革开放的旗帜。1990年，邓小平对中央政治局的一些同志们说："我已经退下来了，但还有一件事，我还要说一下，那就是上海的浦东开发，你们要多关心。"同年3月3日，他和几位中央领导同志谈话时又强调："要用宏观战略的眼光分析问题，拿出具体措施。机会要抓住，决策要及时。……比如抓上海，就算一个大措施。"② 他还特意请当时党中央、国务院主要负责同志亲自抓浦东的开发和上海的发展问题。同年4月18日，党中央、国务院正式作出关于开发、开放上海浦东的重大决策。对此，时任国务院总理的李鹏指出："这是我们为深化改革、扩大开放作出的又一重大部署"，"对于上海和全国都是一件具有重要战略

---

① 《十个第一和五个倒数第一说明了什么？——关于上海发展方向的探讨》，《解放日报》1980年10月3日第1版。

② 《邓小平鲜为人知的上海情结：经济是王牌但小偷太厉害》，http：//mil. news. sina. com. cn/2015-12-07/1228845854. html。

意义的事情"。①

因此,在邓小平眼里,上海一开始就应被赋予国家战略使命,因为它很早就在全世界声名远扬,曾经是远东第一大都会,新中国成立后不只是我国最大城市和城市经济体,在人才、技术和管理方面与我国其他地方比都具有相对的比较优势,且辐射面更宽,也不只是一个重要传统工业基地,而是能够引领、推动长江三角洲和长江流域发展的核心引擎和"龙头",是面向世界、展示中国改革开放的重要窗口,能"在国际上树立我们更加改革开放的旗帜"。他说:"为什么我考虑深圳开放?因它对着香港;开放珠海,是因为它对着澳门;开放厦门,因为它对着台湾;开放海南、汕头,因为它们对着东南亚。浦东就不一样了,浦东面对的是太平洋,是欧美,是全世界。"② 可见,浦东开发开放是我国全方位对外开放战略的新布局,从而也就把改革开放早期处于"后卫"位置的上海,10年后被推到了我国改革开放的"前锋"。党的十四大更是进一步提出,"以上海浦东开发开放为龙头,进一步开放长江沿岸城市,尽快把上海建成国际经济、金融、贸易中心之一,带动长江三角洲和整个长江流域的新飞跃",③ 从而确定了上海"一个龙头、三个中心"的国家战略定位,上海市政府更是提出了"开发浦东,振兴上海,服务全国,面向世界"的思路。

如果浦东新区的设立和建设是一支雄壮的交响曲,那么邓小平就是谱曲人,指挥就是党中央及上海市委,广大浦东建设者就是乐队成员。浦东新区建设以上海原有的综合优势为基础,在一个起点高、层次多、规模大的经济开发区域,不仅能焕发上海的新活力,还能为整个长江流域服务,为全国服务,更能树立中国的国际形象。目前,浦东新区已经成为"上海现代化建设的缩影"和"中国改革开放的窗口",成为"中国改革开放的象征"。

---

① 徐建刚:《邓小平与改革开放》,《解放日报》2014年8月14日第1版。
② 《改革开放30年大事记》,http://news.hexun.com/2008/1990pudong/。
③ 《江泽民在中国共产党第十四次全国代表大会上的报告》,http://news.cntv.cn/china/20120902/102545_4.shtml。

二 不断提高国际金融中心的核心竞争力和国际影响力

根据浦东新区发展规划，金融贸易是其重点发展的三个方向之一，而金融贸易又是其发展的重点和亮点。金融是现代经济的血液。为了发挥金融在经济社会发展中的作用，加快我国经济与国际接轨，为人民币自由兑换提供一个平台，条件成熟时进一步使其国际化，必须将长期分散的各金融子市场有效整合成一个有机组合的现代金融市场整体，各个金融子市场的发展应当无缝对接、齐头并进，协调有序，才能使金融市场的作用最大化。上海由于在历史上有过国际三大金融中心的经验，理所当然地成了建立国际金融中心的首选地。国家将这一使命交由浦东新区承担，浦东开发开放过程中把陆家嘴的功能定位明确为金融贸易区，这是全国众多开发区中的第一个金融贸易区。在此之前1986年设立的上海证券交易所，1988年上海在全国率先成立了万国、申银、海通3家证券公司，这些都是为日后成立上海国际金融中心进行的热身。

1991年，时任上海市市长的朱镕基向邓小平汇报工作，提出了在浦东进行金融改革方面的设想时，邓小平认为，"金融很重要，是现代经济的核心。金融搞好了，一着棋活，全盘皆活"，浦东在金融等服务业领域率先突破传统体制障碍，一些重要金融改革和金融创新举措率先在浦东试点。"上海过去是金融中心，是货币自由兑换的地方，今后也要这样搞，中国在金融方面取得国际地位，首先要靠上海。"[①] 这为新区建设指明了方向。

1992年7月制定的《浦东新区总体规划》，重点促进高新科技、金融贸易与基础设施三个方向的发展，以国际经济、金融、贸易中心的目标为目标，主动融入国际竞争第一线；通过新区不断的开发和发展，带动浦西的社会改造和经济发展，再造上海经济社会的辉煌，促进上海国际经济、金融、贸易中心的建设。1992年，中央政府从改革开放和实现现代化的总体布局出发，在党的十四大报告中明确提出，以上海浦东开发开放为龙头，尽快把上海建成国际经济

---

① 《浦东试验：从经济开发区到综合试验区的转型》，《中国经济周刊》2008年第9期。

金融贸易中心，这是中央层面提出来上海要建国际金融中心。2000年，上海根据党中央、国务院要求，制订了三步走计划，计划用20年时间基本建成上海国际金融中心。于是上海相关职能部门立即行动起来，加快了建设国际金融中心的进程：2002年上海市金融服务办成立；2003年市政府制定的《推进上海国际金融中心建设行动纲领》，推出了"国际金融中心三年行动纲要"，明确提出要把上海建设成为国际金融中心这一伟大战略目标；2005年中国人民银行上海总部建立，同时国务院批准浦东综合配套改革试点，第一大任务就是金融改革创新的先行先试，"加快发展各类要素市场，积极推动金融创新"。强调浦东要推进国际金融中心建设；2006年市政府第一次制定上海国际金融中心"十一五"规划，指出上海国际金融中心应围绕"一个中心两个重点"的格局进行建设，即以金融市场体系建设为核心，以金融改革开放先行先试和营造良好金融发展环境为重点。

2008年时任上海市市长的韩正在北京参加"中国改革高层论坛"上提出上海国际金融中心建设的目标，即把上海作为中国金融改革先行先试区，将浦东作为中国金融改革"试验田"，将上海建成人民币产品创新中心，在具体措施上，进一步完善股票市场功能，加快发展债券市场，逐步推出包括能源、金属在内的新的商品期货，创造条件鼓励在沪外资金融机构拓展业务。2009年4月，国务院专门发布了"19号文"，一个关于建设上海国际金融中心的纲领性文件——《国务院关于推进上海加快发展现代服务业和先进制造业建设国际金融中心和国际航运中心的意见》（以下简称《意见》），《意见》提出到2020年，上海要基本建成与我国经济实力和人民币国际地位相适应的国际金融中心。为了贯彻中央精神，同年7月，浦东新区发布《关于加快推进上海国际金融中心核心功能区建设的实施意见》，明确提出了上海国际金融中心的建设意见和贯彻落实的具体措施。2010年上海金融期货交易所推出金融期货产品，2011年国家发改委专门印发了《上海国际金融中心建设规划》，确立了上海以金融市场体系为核心的国内金融中心的地位，并要形成全球性人民币产品创新交易定价和清算中心。2013年颁布实施了《上海市推进金融中心建设条例》，出台全国首部地方性的信用条例。

浦东抓住机遇，对在推进上海国际金融中心建设进行了明确的定位：利用发展战略机遇，充分发挥浦东核心功能区的功能，加快金融布局规划的完善，积极吸引金融机构落户，促进浦东金融业的快速发展；完善基础设施建设，促进金融生态环境的优化；通过金融手段促进经济发展和民生改善，鼓励金融跨产业联动；坚持金融创新先行先试，建立以金融市场需求为导向的金融创新机制，激发金融机构和金融人才的创造力。

同时，浦东还确定了陆家嘴国际金融中心核心功能区建设的目标：基本形成国际金融中心核心功能区的空间布局；基本形成陆家嘴金融城和张江银行卡产业园前后台联动的产业布局；基本形成完善的配套环境；基本形成金融业的核心支柱产业地位等。国际金融中心按照国家战略布局和上海市发展规划，浦东要发挥国际金融中心核心功能区的作用，先行先试，掌握好时间节点，分解建设目标，把浦东建设成为我国金融产品创新的示范区和金融领域改革开放的先行区；积极推动房地产信托投资基金在浦东率先试点；配合设立非上市公众公司股份转让市场；推动消费金融公司在浦东率先试点；积极参与人民币跨境贸易结算试点；推动重要金融机构在浦东落户；鼓励发展船舶融资；支持发展航运保险；促进金融支持国资国企改革；积极推动重点金融教育研究项目落地等。

为了贯彻落实好推进国际金融中心的建设，新区政府还研究出台《上海市浦东新区设立外商投资股权投资管理企业试行办法》《浦东新区关于促进融资租赁企业发展的意见》和《浦东新区关于促进航运金融发展的意见》等文件，以保障上海国际金融中心的建成。

可见，为了建设好上海国际金融中心，党中央、国务院和上海市委、上海市政府全力以赴，鼓足干劲，力争上游。习近平就任上海市委书记期间对建设国际金融中心十分重视，他说"建设上海国际金融中心是事关全局的国家战略，是中央交给上海的历史重任，上海要努力开创国际金融中心建设的新局面"[①]。2019年1月17日，经国务院同意，人民银行会同发展改革委科技部、工业和信息化部、财政部、银保监会、证监会、外汇局联合印发《上海国际金融中心建设行动计划（2018—2020年）》，提出到2020年，中心基本确立以人民币产品为主导、具有较强金融资源配置能力和辐射能力的全球性金融市场地位，基本形成公平法治、创新高效透明开放的金融服务体系，基本建成与我国经济实力以及人民币国际地位相适应的国际金融中心，迈入全球金融中心前列，从而进一步明确了中心的建设目标、路径、战略重点和推进举措，吹响了2020年上海基本建成国际金融中心的"冲锋号"，可以说这又是发挥举国体制优势，集中力量办大事的生动案例。党的十八大后，以习近平同志为核心的党中央对上海国际金融中心非常关心，2018年11月，中央又交给上海在上交所设立科创板并试点注册制等三项新的重大任务，体现了党和国家对上海的信任。

上海国际金融中心建设从酝酿、成立到发展，短短30年的时间取得了显著的成就。主要表现为，一是基本形成了格局完整、品种完备、交易活跃的金融市场体系，成为全球金融机构最集中、金融要素市场最齐备的城市之一。上海是我国证券市场的主板市场的所在地，是我国唯一的金融期货及黄金交易市场和全国三大商品期货市场之一，初步形成了比较健全的由证券市场、外汇市场、期货市场、黄金市场、产权交易市场、银行间市场等各子金融市场组成的全国性整体金融市场体系，并日益成为全国资金和资本市场的中心。二是金融机构和金融业产值不断增长。据不完全统计，到2018年末，上海持牌金融机构总数达到1605家。2018年前三季度，上海实现金融业增加值4122.08亿元，同比增长5.3%，占全市生产总值17.7%，占全国金融业增加值7.9%，居全国城市之首。三是成为人民币汇率和市场化利率的生成地。上海已经成为人民币全球清算支付的核心枢纽，业务覆盖159个国家和地区。2017年，上海金融市场交易总额达到1438万亿元。四是成为金融人才集聚地，

---

① 黄庭钧：《国际金融中心建设"棋到中局"》，《经济参考报》2007年8月8日第1版。

并不断推动金融制度和技术创新。金融发展基础设施不断完善，环境不断优化，从而吸引着大批金融高端人才，目前在沪的金融从业人员超过37万。人才的不断加速集聚又推动了上海金融业八批金融制度创新，涉及95个重要创新案例。五是成为中国金融业对外开放的最前沿。据不完全统计，截至2018年末，在沪各类外资金融机构总数为502家，占上海金融机构总数近30%。种类合资基金管理公司、外资保险公司均占内地总数的一半左右。总的来看，上海国际金融中心建设和发展进程，始终伴随着我国金融改革开放战略的实施过程，是我国金融对外开放的一大生动"缩影"，已经成为国家实施金融宏观调控的重要市场平台，上海已经初步奠定了中国国内金融中心的地位，正向国际金融中心方向昂首阔步前进。目前，上海国际金融中心地位仅次于纽约、伦敦、香港和新加坡，与2018年相比继续位居全球第五位。

三 勇立潮头，改革开放再出发

回望三十而立的浦东新区，其发展历程中的每一步都与国家战略布局紧密相连，不同时期都承担起了"先行先试"等不同的国家使命，激荡而伟大。浦东新区以开发区为载体，形成了以上海国际金融中心为主体的金融贸易、现代物流、高新技术和先进制造业等金融服务业体系和高端产业体系，城市面貌、经济规模、民生事业、生态环保、功能集聚、党的建设等都发生了前所未有的巨变，实现了历史性的跨越。目前，浦东新区以全上海市1/8的人口、1/11的土地面积，创造了上海1/4的GDP和工业总产值、1/2的外贸进出口总额，已名副其实地成为上海重要的经济增长极，成为上海建设国际经济、贸易、金融、航运中心的核心功能区。在浦东新区的带动下，上海已经与深圳等经济特区一起站在了中国经济持续腾飞的最前沿，极大地带动了长三角地区、长江流域乃至全国经济的持续发展，并成长为亚太乃至全球的主要经济增长中心之一。对此，2007年时任上海市委书记的习近平在浦东考察时指出，"浦东已经成为我国改革开放的窗口和现代化建设的缩影，也带动整个上海实现了历史性大跨越"，并进一步强调"上海要继续高举浦东开发开放的旗帜,继续当好改革开放的排头兵,更好地为全国改革开放服务"[1]。

前瞻新时代的浦东新区,党中央又赋予了其新的历史重责,这个中国对外开放的窗口,如今再立改革开放潮头,将在新一轮改革中继续攻坚克难,不辱使命。党的十八大以来,从2013年的全国两会开始,习近平连续五年参加上海代表团的审议,提出殷切的希望,做出重要的指示,要求上海浦东新区继续当好改革开放排头兵、创新发展先行者,而且是先行者中的先行者。尤其是在2017年全国"两会"上海代表团小组审议时,习近平更是提出上海要解放思想,勇于担当,敢为人先,坚定践行新发展理念,深化改革开放,引领创新驱动,不断增强吸引力、创造力、竞争力。从而吹响了上海浦东新区改革开放再出发,争取更多新作为的"新号角"。

为了贯彻落实习近平对上海的新指示精神,2019年6月上海市政府发布了《关于支持浦东新区改革开放再出发 实现新时代高质量发展的若干意见》(以下简称《意见》),指出上海将全力支持浦东新区大胆闯大胆试,勇当标杆、敢为闯将,要求浦东要勇当标杆、敢为闯将,谋划推出一批影响力大、带动性强的重大战略举措,奋力掀起新一轮发展热潮,努力为上海乃至全国发展大局作出应有贡献。该意见不仅对浦东明确了改革开放再出发的定位和总体要求,而且也指明了发展方向和路径。

当好全面深化改革的探路尖兵。《意见》指出,要赋予浦东新区更大改革自主权,进一步在经济调节、行政审批、规划制定以及综合执法等方面下放更多权限。支持浦东新区以制度创新为核心,对标最高标准、最好水平,加快服务行业进一步开放,全面落实准国民待遇加负面清单制度,深化完善与之配套的相关制度改革。进一步加快政府职能转变,深化商事制度改革,完善"互联网+政务服务"平台建设,大胆试、大胆闯、自主改,打造国际一流营商环境。

打造全方位开放的前沿窗口。《意见》指出,要以自贸区新片

---

[1] 《浦东再立改革潮头》,《新华每日电讯》2007年8月20日第1版。

区建设为引领，深化重点领域，尤其是要素市场的重大开放举措。加快建立对标国际最高标准的相关制度体系，加大开放型经济风险压力测试力度。鼓励开展跨境电子商务等新业态新模式的创新发展，打造联通全球贸易、金融大平台。鼓励国内外仲裁、法律服务等机构的进入，打造全球贸易争议解决平台，在更深层次、更宽领域，以更大力度推进全方位高水平开放。

建设具有全球影响力的科技创新中心核心承载区。《意见》指出，要重点打造"南张江、北临港"两大科技创新走廊，在核心芯片、高端装备、人工智能、基础材料等领域加大投入和攻关力度，充分发挥科技创新的引领作用。积极完善中国（浦东）知识产权保护中心、中国（上海）自由贸易试验区版权服务中心、国家知识产权运营公共服务平台国际运营（上海）试点平台的建设，打造全国知识产权保护高地。要加大国际人才引进政策的创新力度，建设国际人才港，打造更具竞争力的人才综合服务环境。

建设具有国际竞争力的产业新高地。《意见》指出，要坚持把高质量发展着力点放在实体经济上，推动集成电路、人工智能、医疗器械、飞机制造、新能源汽车等基础和优势产业的发展。在制度创新的基础上，进一步加快如会计、法律、咨询等服务机构的聚集，并打造高质量全球资产管理服务平台。打造国际船舶管理高地，在国际船舶登记、国际船舶管理、航运保险、海事仲裁等领域加强制度创新。打造总部经济高地，推动地区总部向亚太总部、全球总部升级，向研发、制造、销售、贸易、结算等多功能总部拓展。

建设高品质的现代化城区。《意见》指出，要着力提升城市吸引力，坚持生态优先、绿色发展，完善高标准城市基础设施，构建国际一流的综合交通体系。加快推进乡村振兴战略，探索生态环境管理制度创新，加快实现更高水平的城乡发展一体化。全力提升城市精细化管理水平，打造"15分钟服务圈"，构建智能化物联网系统和平台，提高百姓对人居环境的满意度，充分展示具有世界影响力的社会主义现代化国际大都市的新形象。

30年来，浦东的发展都牵动着亿万国人、千万市民的心。浦东新区要在习近平新时代中国特色社会主义思想的指引下，在党中央、国务院的统一领导和部署下，要"站得更高，看得更远"，勇做改革开放再出发的"弄潮儿"，把开发开放的旗帜举得更高，这必将是又一段波澜壮阔、世人瞩目的新征程。

第三节 大胆试、大胆闯、自主改

"大胆试、大胆闯、自主改"，是2014年3月5日习近平在参加十二届全国人大二次会议上海代表团审议时首次提出。这不仅是对上海乃至全国经济特区的重要指示，更是对我国新时代全面深化改革开放的肯定和鼓励。"大胆试"是指要敢为人先，先行先试，先行探索；"大胆闯"是指要解放思想，勇于作为，要有"功成不必在我，功成必定有我"的魄力和历史担当；"自主改"是指要赋予更大的改革自主权，通过探索和试验，形成成功的经验、方式和制度，向其他经济特区以及国内其他地区逐步复制和推广，进而推进更大范围的进一步的改革开放。当前，我国已经到了全面建成小康社会的关键之年、决胜之年，如果没有这样的魄力、勇气和精神，又何谈建设社会主义现代化强国，实现中华民族伟大复兴之梦？

一 自贸区：在创新中绽放

建设自由贸易试验区是党中央、国务院在新形势下全面深化改革和扩大开放的一项战略举措，也是探索建设新时代中国特色社会主义国家，实现伟大中国复兴之梦的必由之路。改革开放带来活力，活力激发创新，创新才会驱动发展。习近平曾多次强调自贸区建设的核心任务就是制度创新。作为"全国改革开放排头兵、创新发展先行者"，作为第一个吃"螃蟹"的上海自贸区来说，必须背负历史责任和担当，牢牢抓住"制度创新"这根主线，在制度创新中播撒种子，在制度创新中经历风雨，在制度创新中收获成功的果实。

(一) 制度创新，大有新作为

邓小平说："改革是中国的第二次革命。"① 改革就像治病一样，不能只"治标"，不"治本"。不仅要了解病因是什么，更要找出病因的根本并从中入手，这样才能标本兼治，达到治病救人的目的。改革主要是改制度，尤其是改过时、制约新时代全面改革开放的制度。改革的过程归根结底是制度创新的过程。只有对深层次和根本性的制度进行创新和变革，才能全面激发建立在制度支柱上经济发展的活力和动力。上海自贸区建设6年多来，始终对标国际最高标准，把制度创新作为核心任务，严把风险防控，逐步建立和形成了一整套与国际通行规则相衔接的投资管理、贸易监管、金融开放、政府职能转变和配套法律保障等方面的重要制度创新成果，极大地改善了上海的国际营商环境。

投资管理制度的创新。加快建立和推进与国际通行规则相接轨的投资管理制度，是自贸区制度创新的一项十分重要的任务。上海自贸区建立之前，我国对外资的管理一直采用的是《外商投资产业指导目录》模式，即正面清单制度。2013年上海自贸区在全国率先创新和试行准入前国民待遇加负面清单的外商投资管理制度，改变传统被视为"灰色地带"的正面清单制度，发布了全国首份负面清单，逐步扩大服务业和先进制造业对外开放。从最初摸着石头过河有点胆战心惊的2013版到吸收其他自贸区经验不断快步向前的2019版，从190条特别管理措施到自贸区版37条（全国版40条），五次"瘦身"，三位数到两位数的变化，看起来波澜不惊，却体现了国家领导人对标国际最高标准、扩大开放的决心和信心。同时，实施外商投资备案管理和境外投资备案管理制度，负面清单以外领域的外商投资项目核准制和企业合同章程审批制全部改为备案制，试验区管委会可在5个工作日内办结备案手续。市场准入方式的改革和创新，极大地激发了国内外投资者的投资热情，为进一步改革和开放注入了市场活力。

贸易监管制度的创新。上海是我国重要的对外贸易口岸，物流、

---

① 《邓小平文选》第3卷，人民出版社1993年版，第113页。

资金流、信息流的顺畅及便利对于一个外贸口岸来说是极为重要的。上海自贸区非常重视贸易便利及监管制度的改革，逐步确立了"一线放开、二线安全高效管住"的改革方向，推出近百项口岸监管创新措施，率先建立国际贸易"单一窗口"，创新通关协作机制，优化了口岸监管执法流程和通关流程，实现贸易许可、支付结算、资质登记等平台功能，将涉及贸易监管的部门逐步纳入了国际贸易"单一窗口"管理平台，实行大数据和"一站式"服务管理模式，缩减企业申报数据项和流程，极大地提升了贸易通关速度和便利化，进出境时间较全关区平均水平分别缩短 78.5% 和 31.7%。在自贸区内的海关特殊监管区域，统筹推进货物状态分类监管，实施"联网监管+库位管理+实时核注"的监管模式。同时推行"先入区、后报关""一次申报、一次查验、一次放行"等举措，鼓励企业参与"自主报税、自助通关、自动审放、重点稽核"。

金融开放制度的创新。上海自贸区建立之初，金融开放就是一个非常重要的改革目标。2014 年 6 月，中国银行等 7 家商业银行以及上海黄金交易所先后接入自由贸易账户监测管理系统，实现与境外金融市场的融通，自由贸易账户业务正式启动。2015 年，中国人民银行等六部委和上海市政府公布《进一步推进中国（上海）自由贸易试验区金融开放创新试点 加快上海国际金融中心建设方案》（又称"金改 40 条"）引领了金融改革的全方位布局。从此，围绕贸易和投资便利化的金融改革政策全面投入实施，以自由贸易账户为核心的强大的风险管理系统正式投入运行。在上海自贸区金融开放制度的带动下，逐步建立了一批面向国际的金融交易平台，例如上海保险交易所、上海期货交易所的国际能源交易中心、中国外汇交易中心的国际金融资产交易平台等。同时，上海黄金交易所提高"上海金"的国际定价话语权，进一步增强人民币在黄金等金融要素市场的定价能力，境外机构通过黄金国际板进行国际黄金交易的规模也在不断扩大。目前，金融创新框架体系基本形成，自由贸易账户体系平稳运行，面向国际的金融平台建设有序推进，金融监管和风险防范机制不断完善，为在高开放度下维护市场秩序与国家经济安全做出了有益探索。

政府管理制度的创新。上海自贸区建立及扩区以来，积极探索商事制度改革。首先，实施注册资本认缴制改革，将企业注册实缴制改为认缴制，企业只需承诺注册资本，留出认缴期，不需要即时缴纳全部资金，极大地降低了企业进入市场的资金负担。其次，启动"证照分离"改革试点。2015年12月，国务院发布了《关于上海市开展证照分离改革试点总体方案》，决定在上海浦东新区率先开展"证照分离"改革试点工作，从最初的"先证后照"到"照后减证"，不仅破解了"准入不准营"难题，优化了营商环境，而且大大激发了"双创"活力。最后，实行企业准入"单一窗口"管理制度，实现了"单一窗口"从企业设立向企业工商变更、统计登记、报关报检单位备案登记等环节拓展转变，实现了工商营业执照、组织机构代码证和税务登记证"多证联办"或"三证合一"登记制度。上海自贸区商事制度改革逐步形成了以规范市场主体行为为重点的事中事后监管制度，改变了以前"重审批轻监管"的行政管理方式，形成了透明高效的准入后全过程监管体系，营商环境持续优化。

法制保障制度的创新。上海自贸区坚持在法治轨道上推进改革创新。从筹建开始，全国人大常委会授权国务院在上海自贸区扩展区域调整相关法律规定的有关行政审批。譬如，2013年授权国务院在设立的中国（上海）自由贸易试验区4个区域内，对国家规定实施准入特别管理措施之外的外商投资，暂时调整"外资三法"规定的有关行政审批。与此同时，地方层面立法也在及时跟进，对自贸区建设的需要，以地方性法规的形式进行了全面规范。2014年7月25日，上海市人大制定实施了《中国（上海）自由贸易试验区条例》，是我国第一部关于自由贸易试验区的地方性法规。该条例从综合性立法，从管理体制、投资开放、贸易便利、金融服务、税收管理，到综合监管、法治环境等方面做了明确的规定，为上海自贸区的综合发展奠定了地方法制基础。2014年，浦东新区法院专门出台《进一步推进司法服务保障中国（上海）自由贸易试验区建设的意见》，从司法理念、审判机制、案件裁判等多个方面，针对自贸区建设过程中所涉及诸多新领域、新模式、新业态以及涉自贸区突出矛盾纠纷的高效化解等进行了规范。同时，上海自贸区法庭、知识产权法庭、自贸区仲裁院等相继成立和投入运行，多元化的争议解决机制已经在自贸区基本形成。法制保障制度的创新为充分发挥自贸区先行先试作用，大胆闯、大胆试、自主改，提供强有力的保障。

（二）"制"变带来"量"变

制度是一种规则或运行模式，是规范一切事物的"游戏规则"，既是上层建筑，也是顶层设计。当一系列高效、具有活力的制度叠加在一起时就要产生"累加效应"。中国改革开放以来，综合国力不断地增强，经济发展水平持续稳步提高，40年保持有90%以上的国内生产总值的增值，有人将这种中国经济持续高速增长的现象称为增长奇迹。我国改革开放以来的经济增长便是得益于制度的改革，制度变革因素对经济的增长有着至关重要的作用，另外，经济的增长也会对制度的变革有着反馈作用。

"制"变带来经济总量的变化。上海自贸区成立五年多来，在党中央、国务院的坚强领导下，大胆试、大胆闯、自主改，取得了显著成效。在经济总量方面，2018年，上海市生产总值为32679亿元，上海浦东新区生产总值为10460亿元，而上海自贸区生产总值超过7500亿元，只占上海不到2%、浦东10%的面积的自贸区创造了上海近25%、浦东75%的生产总值。在金融领域方面，截至2018年6月，已有56家各类金融机构直接接入自由贸易账户监测管理信息系统，开立自由贸易账户7.2万个，通过自有贸易账户获得本外币境外融资总额折合人民币超过1.2万亿元；累计有890家企业发生跨境双向人民币资金池业务，资金池收支总额12130.4亿元；95家企业参与跨国公司总部外汇资金集中运营试点。在吸引外资方面，自贸区成立以来累计新设立企业超过5.7万户，是前20年同一区域新设企业数的1.6倍，并且每年都以高速增长，2018年新设企业57000多家，超过了过去20年的总和，全年新设外资企业近1300家，实际利用外资金额67.7亿美元，占上海全市的39.13%。

"制"变带来自贸区面积和数量的变化。正是上海自贸区制度创新带来的发展成就和市场活力，大大鼓励了政府加快建设自贸区的步伐。从上海自贸区范围看，由 2013 年上海自贸区成立之初的面积 28.78 平方公里，涵盖上海市 4 个海关特殊监管区域，扩容到 2014 年 7 个海关特殊监管区域，近 120.72 平方公里，范围新增金桥出口加工、张江高科技园区和陆家嘴金融贸易区等三个区域，到 2019 年再次扩容，设立上海自贸区临港新区，先行启动区域的面积达 119.5 平方公里，使得上海自贸区形成两大片区，240 平方公里的试验区面积。从自贸区数量看，自 2013 年上海自贸区先行探路开始到 2019 年，分五批先后设立了 18 个自贸区，从一个到一群，我国自贸区建设已经初步形成了 "1+3+7+1+6" 的基本格局，形成了东西南北中协调，多点开花，以点带面的开放态势，推动形成了我国新一轮全面开放格局。

"制"变带来制度向量的变化。上海自贸区的制度创新就像是冬天里的一把火，点燃了制度不断变革的火种，形成多米诺骨牌效应，一发不可收，引发制度效应不断升级和扩散。纵向上，国务院分别于 2013 年 9 月、2015 年 4 月和 2017 年 4 月出台了《中国（上海）自由贸易试验区总体方案》（"1.0 版"）、《进一步深化中国（上海）自由贸易试验区改革开放方案》（"2.0 版"）、《全面深化中国（上海）自由贸易试验区改革开放方案》（"3.0 版"），从"1.0 版"聚焦投资管理、贸易监管、金融开放、事中事后监管四大改革领域，到"2.0 版"继续以制度创新为核心，贯彻长江经济带发展等国家战略，在构建开放型经济新体制、探索区域经济合作新模式、建设法治化营商环境等方面深挖潜力，再到"3.0 版"首次提出了"改革系统集成"的概念，并要求上海自贸区对标最高国际标准，建设综合改革试验区、风险压力测试区、提升政府治理能力的先行区以及服务国家"一带一路"建设，推动市场主体走出去的桥头堡。短短 6 年内"三级跳"，不仅仅体现了在制度改革的深度和广度进一步突破的要求，更加明确了制度创新的方向和目标。

横向上，经过多年的努力，上海自贸区先后出台 310 多项制度创新成果，并在上海和全国分层次分领域复制推广，并带动其他自贸区制度创新的积极性，从而形成制度创新的"滚雪球"效应。如表 7-1 所示，国家在上海自贸区成立一年后，就发布《国务院关于推广中国（上海）自由贸易试验区可复制改革试点经验的通知》，共推广涉及外商投资管理、贸易便利化、金融、服务业开放、政府职能等五大领域的复制改革试点经验35项，其中国务院有关部门负责复制推广的改革事项29项，各省（区、市）人民政府借鉴推广的改革事项6项。此后在上海自贸区的带动下，国务院在总结其他自贸区的改革经验，先后发文推广复制改革试点经验三批共67项，各部委发文复制推广改革试点经验两批次共58项。另外，为加强部门间协调配合，推进自由贸易试验区建设工作，2015年2月国务院成立了自由贸易试验区工作部际联席会议制度，联席会议办公室会同相关部门总结自贸区创新性强、市场主体受益多、反映好的做法，分别形成了三批次，共43个"最佳实践案例"，商务部通过发义的形式，以及在网站上进行公布，供全国各地来借鉴和学习。

表7-1　　　　　　　　复制推广的改革试点经验情况表

	第一批次	第二批次	第三批次	第四批次	合计
国务院发文复制推广的改革试点经验（项）	35	19	30	18	102
最佳实践案例（个）	8	4	31	—	43
各部委发义复制推广的改革试点经验（项）	5	53	—	—	58

资料来源：根据商务部官网"自由贸易试验区专栏"统计所得。

根据美国经济学家道格拉斯·诺思的制度创新理论，制度创新是由于在现有制度出现了问题从而带来了潜在获利机会，而这些潜在获利机会是由市场规模的扩大、生产技术的发展或人们对现有制度下的投入产出之比出现不满意等因素引起的。当前我国正进入经济新常态，面临低迷的国际经济环境和国内结构性问题所带来经济下行压力加大。这看似是问题和危机，同时也是潜在获利机会，而改变它的恰好是制度创新。诺思还认为，科学技术的进步固然对经济增长有非常重要的促进作用，但真正起关键作用的是制度，也就是所有制、分配、机构、管理、法律政策等。这也正好印证了习近平的论断，"创新是一个系统工程，创新链、产业链、资金链、政策链相互交织、相互支撑，改革只在一个环节或几个环节搞是不够的，必须全面部署，并坚定不移推进。科技创新、制度创新要协同发挥作用，两个轮子一起转"①。

二 新区：在成就中扬威

自1990年党中央、国务院作出"浦东大开发"的重大战略部署和决策以来，浦东新区承载了几代国家领导人的寄托和众望。1990年3月邓小平曾指出"上海是我们的王牌，把上海搞起来是一条捷径"。江泽民总书记在任期间19次到访上海及浦东新区，经常听取浦东开发开放的发展情况和成就。胡锦涛总书记在任期间七到上海三进浦东新区，并要求"上海要继续走在全国前列"。时任国家副主席的习近平在2010年浦东调研时曾指出，"浦东开发开放的意义在于窗口作用、示范意义，在于敢闯敢试、先行先试，在于排头兵、试验田的作用"②。党的十八大以来，习近平多次视察上海及浦东新区，对上海发展作出一系列新指示，强调上海自贸区要彰显全面深化改革和扩大开放的试验田作用。对承载自贸试验区任务的浦东新区更是提出要通过大胆试、大胆闯、自主改，逐步形成了一系列可复制可推广的制度创新成果，为全国进一步深化改革扩大开放探索了新路、积累了经验。

30年来，在党中央坚强领导，上海服从服务国家战略、贯彻落实改革开放基本国策，浦东开发开放取得了举世瞩目的成就，走出了一条高起点、跨越式的发展道路。早在1990年党中央、国务院决定开发开放浦东之时，就已经明确提出"要把上海尽快建成国际

---

① 习近平：《为建设世界科技强国而奋斗——在全国科技创新大会、两院院士大会、中国科协第九次全国代表大会上的讲话》，人民出版社2016年版，第13—14页。
② 《传奇浦东：开放的先行者（壮阔东方潮 奋进新时代——庆祝改革开放40年）》，http://politics.people.com.cn/n1/2018/0917/c1001-30296330.html。

性的经济、贸易、金融、航运中心"。1996年党中央再次提出"要建设以上海为中心,以江浙为两翼的上海国际航运中心",从而初步将"四个中心"建设确定为上海经济发展的基本框架。2001年5月国务院正式批复并原则同意《上海市城市总体规划》(1999—2020年),确立了把上海建设成为现代化国际大都市和国际经济、金融、贸易、航运中心之一的发展目标,从而掀起了上海改革开放新浪潮。2009年4月又发布《国务院关于推进上海加快发展现代服务业和先进制造业 建设国际金融中心和国际航运中心的意见》,进一步充分认识加快上海国际金融中心和国际航运中心建设的重要性。

2014年8月习近平在中央财经领导小组第七次会议上明确要求上海加快向具有全球影响力的科技创新中心进军。2015年上海市委、市政府出台了《关于加快建设具有全球影响力的科技创新中心的意见》,2016年4月国务院发布《上海系统推进全面创新改革试验 加快建设具有全球影响力的科技创新中心方案》,从而正式明确了上海第五个中心即科技创新中心的定位。至此,上海"五个中心"建设的定位和目标上升到国家战略,而浦东新区也就成为上海"五个中心"的主要承载区和核心功能区。

浦东新区推进核心功能区建设已历经三个"五年计划"。在这个过程中,浦东新区逐步明确了核心功能区建设的定位和目标,也为上海"四个中心"和科创中心建设及国家战略的实现作出排头兵的表率作用。

国际经济中心核心功能区已有基础。作为上海主要经济区的浦东新区,经过多年的努力,自身的经济规模已达到国内超一流,世界顶尖的水平。如图7-1所示,浦东新区生产总值从1990年的60.24亿元快速增长到2018年的10460.09亿元,28年来翻了160多倍,不仅领先于上海其他行政区,更是成为全国经济第一区。从其他经济指标来看也非常可观,2018年财政总收入超过4000亿元,一般公共预算收入达1066.20亿元,规模以上工业总产值为10306.43亿元,全社会固定资产投资总额为2003.09亿元,商品销售总额达40871.30亿元。浦东新区通过优化营商环境,创新外商投资管理体制，出台鼓励政策，积极吸引外商投资，尤其是跨国公司总部经济，打造"总部经济之都"。2017年，出台《浦东新区"十三五"期间促进总部经济发展财政扶持办法》，对经认定并符合条件的各类国际组织（机构）和跨国公司地区总部及高层管理人员给予高额的奖励。截至2018年底，浦东新区已集聚各类总部企业超过600家，其中期末认定跨国公司地区总部入驻数为304家，约占全市总量的50%，已成为具有国内，甚至是亚洲国际竞争力的总部经济新高地，是中国内地跨国公司总部最集中、辐射面最广、服务能力最强的区域。

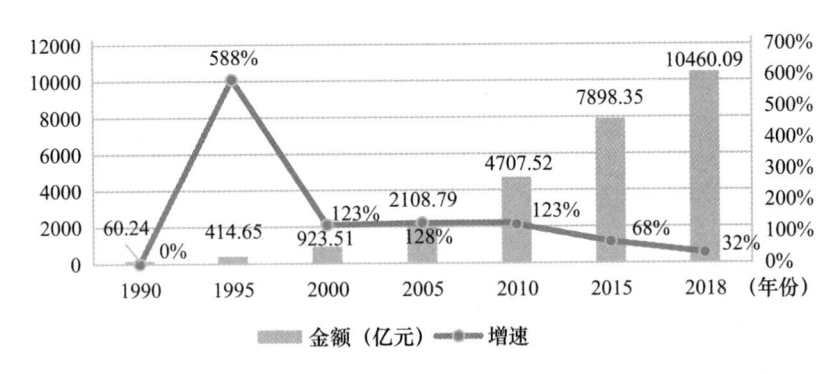

图 7-1 上海浦东新区生产总值发展情况

资料来源：上海浦东新区统计年鉴及《关于浦东新区2018年国民经济和社会发展计划执行情况与2019年国民经济和社会发展计划草案的报告》。

国际贸易中心核心功能区已具规模。浦东新区早在2011年就发布了《浦东新区加快推进上海国际贸易中心核心功能区建设"十二五"规划》，又在2017年发布《浦东新区深化上海国际贸易中心核心功能区建设"十三五"规划》，明确了浦东新区深化上海国际贸易中心核心功能区的指导思想、主要目标和预期指标。2013年设立的上海自贸区本身是浦东新区的一部分，在自贸区制度创新的红利释放下，浦东新区国际贸易中心核心功能区的发展取得了长足的进步。货物贸易持续稳定增长，2018年浦东新区货物进出口总额达到20582.68亿元，同比增长5.2%，占整个上海市的60.5%，其中进口 13505 亿元，增长 5.9%，出口 7077 亿元，增长 6.6%。同期浦东新区国际服务贸易实现快速突破，服务进出口额达到 646 亿美元，同比增长 14%，占全国服务贸易进出口总额的 8%，文化、技术、金融、专业服务、数字贸易等新兴服务进出口成为新增长点。在人民银行和外汇管理等部门的支持下，浦东还积极探索构建适应贸易主体"三流分离"（物流、信息流和资金流的分离）业务模式的跨境资金结算管理模式，推动离岸贸易发展，培育跨境电子商务的快速发展。2016 年 3 月，"上海市跨境电子商务示范园区"在外高桥保税区成立，这是我国首批成立的 12 个国家跨境电子商务综合试验区之一，也是首批示范园区，不仅标志上海市跨境电子商务综合改革试点进入一个新阶段，也意味着上海国际贸易中心核心功能区建设进入一个新阶段。2018 年，浦东新区跨境电子商务零售进出口交易总额达 19.8 亿元，占整个上海市的 40.7%。在对外投资方面，浦东新区也发挥了重要的作用。2018 年，浦东新区共有 361 家企业通过上海自贸区进行对外投资合作核准备案，对外投资总额达 116.7 亿美元，占 2018 年上海对外新增投资总额的 69.18%，同比增幅达 150.38%。截至 2018 年底，浦东新区企业在新加坡、捷克等 30 个"一带一路"沿线国家和地区已投资近 200 个项目。

国际金融中心核心功能区已基本形成。1990 年，国务院在陆家嘴成立全中国首个国家级金融开发区，即陆家嘴金融贸易区，从而产生"吸金"效应，大量国内外金融机构加快集聚。2018 年，新增持牌类金融机构 41 家，累计达到 1042 家，新设立外资资管机构 29 家，已推动全球资管规模排名前 100 的机构中的 43 家在浦东设立了外商独资企业，全球排名前十的资管机构累计有 9 家落户浦东。要素市场服务功能进一步拓展，原油期货上市交易、交易量位列全球第三，铜期权合约正式上市。促进陆家嘴和张江"双城辉映"，推动小微双创企业增信基金政策落地实施，小微增信基金项下累计发放贷款 24.7 亿元。新增上市企业 12 家，累计境内外上市企业 155 家。融资租赁产业加快发展，累计集聚融资租赁母公司超过 1800 家，保税区融资租赁资产规模可达到 1 万亿元。2017 年，浦东开始重点引进新兴金融机构。目前，新浪、网易、小米等多家互联网公司在浦东布局金融科技公司，开展互联网金融业务。2019年1月人民银行会同发展改革委科技部、工业和信息化部、财政部、银保监会、证监会、外汇局联合印发的《上海国际金融中心建设行动计划（2018—2020年）》明确提出到2020年，上海基本确立以人民币产品为主导、具有较强金融资源配置能力和辐射能力的全球性金融市场地位，基本形成公平法治、创新高效透明开放的金融服务体系，基本建成与我国经济实力以及人民币国际地位相适应的国际金融中心，迈入全球金融中心前列。这为进一步促进浦东新区国际金融中心核心功能区的发展插上了腾飞的翅膀。

国际航运中心核心功能区已经启航。早在2009年上海浦东新区政府就已发布《浦东新区推进上海国际航运中心核心功能区建设实施意见》，经过10年，航运方面，浦东新区港口运输服务能力持续提升。2018年，浦东国际机场货邮吞吐量达到376万吨，连续11年保持全球第三；集装箱吞吐量增长4.3%，达到3793万标箱，连续9年保持全球第一；洋山港集装箱国际中转比例达到12.6%。高端航运机构加快引进，国内最大船员管理公司中远海运船员管理有限公司、全球领先第三方散货船舶管理公司格雷格船舶管理（上海）有限公司已落户浦东。上海自贸区现有外资国际船舶管理企业25家（外商独资16家），其中，17家外资企业（外商独资13家，中外合资或合作4家）为2013年9月后设立，即自贸区成立后，外资企业总数是先前的3.1倍，外商独资企业总数是先前的5.3倍。全球三大国际船舶管理公司——威仕、中英及贝仕均已落地浦东，这也标志着全球顶尖船管企业对自贸区营商环境和航运服务业开放的充分认可。

科技创新中心已具雏形。2015年，浦东新区发布《上海建设具有全球影响力的科技创新中心浦东新区行动方案（2015—2020年）》，明确提出要"成为上海建设全球影响力的科创中心的核心功能区"。伴随中国（上海）自贸区建设和张江国家科学城国家战略的实施和推进，浦东科创建设力度进一步加大，且目标更加清晰。如《浦东新区国民经济和社会发展第十三个五年规划纲要》明确提出，"十三五"时期，浦东要完成科创中心浦东核心功能区建设框架。截至2018年底,张江综合性国家科学中心建设取得积极进展。在已建成上海光源、国家蛋白质科学中心、上海超级计算中心的基础上,年内上海光源二期、软X射线激光装置、超强超短激光装置、活细胞成像平台等4个大科学设施基本完工,硬X射线自由电子激光装置等项目按节点推进。"双区协同"作用进一步增强。张江科学城首轮"五个一批"重点项目年内全部开工,同时积极储备推进一批重点功能性项目。启动南北科技创新走廊建设,促进张江核心区和临港主体承载区有效联动,推进华大半导体等一批总部位于张江的企业到临港建设产业化基地,华域汽车等首批五个项目顺利推进。开放包容的创新生态系统加快完善。各类创新资源加快集聚,李政道研究所、复旦大学国际创新中心、上海交大张江科学园等高能级科研机构开工建设。

2018年,新认定企业研发机构100家左右,外资研发中心累计达到233家,占全市一半以上。备案登记的孵化器和众创空间达到156家,占全市1/4;孵化面积近100万平方米,在孵企业或团队5276家。科技成果转化渠道更加通畅,18个市级研发与转化功能型平台有5个落户浦东,成立浦东产业创新中心,试点项目法人制和"拨改投"。高新技术企业累计达到2247家,占全市1/4。知识产权保护和服务体系更加健全,中国(浦东)知识产权保护中心正式运行,中国(上海)自贸区版权服务中心启动试运行,国家知识产权运营公共服务平台国际运营(上海)试点平台加快建设。发明授权量占全市30%左右。每万人口发明专利拥有量达到63件。人才发展环境得到不断优化,2018年发布了《浦东新区关于支持人才创新创业促进人才发展的若干意见》,即所谓的"浦东人才发展35条",率先试行持永久居留身份证外籍高层次人才创办科技型企业享受国民待遇等新政。

三 新时代:激发"特区叠加"效应

2017年10月18日,党的十九大报告提出了中国发展新的历史方位——中国特色社会主义进入了新时代。习近平在报告中从五个方面概括了新时代的丰富内涵,指出"这个新时代,是承前启后、继往开来、在新的历史条件下继续夺取中国特色社会主义伟大胜利的时代,是决胜全面建成小康社会、进而全面建设社会主义现代化强国的时代,是全国各族人民团结奋斗、不断创造美好生活、逐步实现全体人民共同富裕的时代,是全体中华儿女勠力同心、奋力实现中华民族伟大复兴中国梦的时代,是我国日益走近世界舞台中央、不断为人类作出更大贡献的时代"[1]。

面对错综复杂、风云变幻的国内外环境,面临建设富民强国、实现中华民族伟大复兴之梦的历史使命,新时代有"新使命""新任务""新要求",必然需要"新气象""新成就",而这些都离不开"新观点""新思想""新理论"的引领以及"新方法""新模式"的创新和运用。上海作为改革开放的排头兵,创新发展的先行者,必然要借"天时地利人和"之势,激发政策聚集叠加效应。

发挥上海自贸区与浦东新区的叠加效应。上海自贸区和浦东新区都是改革开放的前沿阵地,都是创新发展先行者中的先行者。一方面,要发挥制度创新与制度实践的"互撞"作用。上海自贸区拥有良好的政策优势和"制度"孵化环境,能在投资管理、贸易监管、金融创新等方面探索并实施与国内其他区域不同的改革试点项目。同时浦东新区有用开发开放30年的历史积淀和雄厚的经济基础,能快捷高效地发挥制度创新创造的成就。所以,两者的定位很明确,上海自贸区是制度创新者,浦东新区是制度实践者和推广者。多年的经验证明,上海自贸区所作出的制度创新都是优先落实在浦东新区,而浦东新区对创新制度的实践结果又会不断反馈给制度创新者,进而不断修正和完善新制度,实现良性循环。另一方面,加强上海自贸区与"五大中心"核心功能区的融合和联动。作为探索中国对外开放新优势的制度创新试验地,上海自贸区将为下一阶段进一步发展贸易、金融要素市场功能和科技创新资源集聚提供制度保障。自贸区的制度创新已实现了初级阶段的通关便利化和政府职能转变,已经推行与落地的改革试点项目大多集中于贸易、投资便利化和金融市场化改革,下一阶段自贸区的制度创新需要进

---

[1] 习近平:《决胜全面建成小康社会 夺取新时代中国特色社会主义伟大胜利——在中国共产党第十九次全国代表大会上的报告》,《人民日报》2017年10月28日第1版。

一步关注上海未来国际化创新要素融通为核心的"制度红利"再造，即消除相关"人、财、物、信息"等要素流动和融通中的制度障碍，更大程度激发市场活力，从而全面深化自贸区改革开放，加快构建开放型经济新体制，在新一轮改革开放中进一步发挥引领示范作用。

发挥自贸区之间的叠加效应。一方面，要发挥上海自贸区"原片区"与临港新片区的叠加效应。2019年8月6日，国务院印发《中国（上海）自由贸易试验区临港新片区总体方案》，设立中国（上海）自由贸易试验区临港新片区。增设新片区是对上海自由贸易试验区五年来改革试验取得重大进展的充分肯定，也对上海进一步扩大试点、深化改革提出了更高的要求。临港新片区将对标世界一流自由贸易园区，实现新片区与境外之间投资经营便利、货物自由进出、资金流动便利、运输高度开放、人员自由执业、信息快捷联通，打造更具国际市场影响力和竞争力的特殊经济功能区，打造开放创新、智慧生态、产城融合、宜业宜居的现代化新城。和上海自贸区"原片区"相比，首先，在制度设计方面有不少创新和提升。临港新片区更加强调打造更为开放、更具国际市场影响力、更具竞争力的特殊经济功能区，所以从定位上来说比"原片区"要更高更明确。其次，在主导产业方面略有不同。临港新片区在探索更高制度创新的基础上，重点发展集成电路、人工智能、生物医药、航空航天等重点产业，全力打造世界级高精尖高技术产业集聚群，而"原片区"则主要集中发展贸易、金融、航运等服务行业。虽然两者有着众多不同，但也不影响两者之间的合作和交流。上海自贸区"原片区"已实施的改革试点事项和开放创新措施可以在临港新片区全部应用。"原片区"可以发挥贸易、金融和航运等产业的发展和开放优势，助力和服务于临港新片区高科技产业的发展，并为其提供产业发展的制度创新思路和经验。而临港新片区更为关注研究国内尚处于发展阶段，不具备开放条件的关键领域和重点产业，在新片区大胆探索关键领域和重点产业在投资、贸易、金融、运输、人员流动以及信息流通等方面的开放举措。临港新片区改革举措势必将辐射和带动"原片区"制度创新的深化。另一方面，要重视上海自贸区与其他自贸区的叠加效应。习近平曾对上海自贸区提出"要发挥先发优势,率先建立同国际投资和贸易通行规则相衔接的制度体系,力争取得更多可复制可推广的制度创新成果。要加强同其他自由贸易试验区试点的合作,相互学习、相互促进"。国家之所以要建立这么多的自贸区,目的不仅仅要优化自贸区布局,服务国家重大战略,而且可以在更大范围、更广领域、更多层次差别化探索,开展对比、互补试验,激发高质量发展的内生动力,更好地服务于对外开放总体战略布局。现有的每个自贸区都有其特定的战略定位、功能和使命。自贸区建立有先后,但制度创新没有先后。自贸区之间要建立信息共享交流机制,通过"你追我赶"的竞争意识和"他山之石,可以攻玉"的学习心态创新各自领域的新制度、新模式和新做法,然后向其他自贸区或国内其他城市复制推广,全方位发挥自贸区对自贸区、沿海地区对腹地的辐射带动作用,更好地形成服务陆海内外联动、东西双向互济的对外开放总体布局。

发挥与其他国家战略的叠加效应。自从1990年浦东新区大开发开始,上海已从改革开放的"后卫"变成"前锋"。作为改革开放的排头兵,中央对上海在整体国家战略中的地位和作用始终高度重视,并不断给予上海承担国家战略、参与国际合作与竞争的使命和责任。上海自身承载了多个历史使命和国家战略,如上海自贸区、"五个中心"(国际经济中心、国际金融中心、国际贸易中心、国际航运中心、科技创新中心),同时也要服务于全国战略,如长三角区域一体化发展国家战略、"一带一路"倡议。这些战略之间并不矛盾,也不抵触,目的都是加快改革开放的步伐,实现中华民族伟大复兴之梦。所以,作为多个战略的交汇点的上海就必须做好"发展自己、服务全国"的两篇大文章,并充分发挥自身战略与国家战略的叠加效应。一方面,做好与长三角区域一体化国家战略的对接。2019年7月,国务院正式印发《长江三角洲区域一体化发展规划纲要》,长三角一体化发展正式上升为国家战略。作为长三角地区的重要一员,上海应积极抓住机遇,加强与长三角地区的合作,形成共赢之势。首先,应加强上海自贸区和"五个中心"建设的服务功能与长三角区域的对接，例如建立上海与长三角重要港口城市的航运服务平台，设计长三角金融服务或投资平台等。其次，加强产业梯度转移合作。将上海的一般制造业等非主导产业逐渐向长三角区域进行梯度转移，逐渐形成研发在上海，制造在长三角的产业链。最后，建立常态化的沟通协作机制。在现有长三角地区三省一市主要领导座谈会机制的基础上，夯实上海与长三角核心城市中心城区主要领导会商机制，建立区级对话交流平台，谋划区域合作重大议题、体制机制和重点事项，联手推动中心城区发展。另一方面，要加强与"一带一路"沿线国家的合作，做好"一带一路"的桥头堡。自贸区与"一带一路"倡议之间一脉相承、方向一致且关联融合。上海自贸区的起步，正是习近平主席在哈萨克斯坦提出"一带一路"之时。服务"一带一路"建设是新时代上海发展的新载体、新平台、新枢纽。根据2017年10月发布的《上海服务国家"一带一路"建设发挥桥头堡作用行动方案》，上海服务国家"一带一路"建设的功能定位是把服务国家"一带一路"建设作为上海继续当好改革开放排头兵、创新发展先行者的新载体，服务长三角、服务长江流域、服务全国的新平台，联动东中西发展、扩大对外开放的新枢纽，努力成为能集聚、能服务、能带动、能支撑、能保障的桥头堡。上海要积极落实制定推进"一带一路"建设的实施方案，与"五个中心"建设、自贸区建设等国家战略联动，以上海自贸区为制度创新载体，以经贸合作为突破口，以金融服务为支撑，以基础设施建设为重点，以人文交流和人才培训为纽带，以同全球友城和跨国公司合作为切入点与"一带一路"沿线国家进行全方位的合作。另外，发挥上海自贸区制度创新优势，积极向"一带一路"沿线国家复制推广自贸区试点经验，并探索与"一带一路"沿线主要国家在贸易、投资、金融、运输、信息流通等方面更加融通便捷的政策与制度创新，加快我国与"一带一路"沿线国家的政策对接，从而形成政策合力作用，实现自贸区跨国界的辐射和带动效应，打造更为紧密的人类命运共同体。

正如习近平在2018年11月7日视察上海浦东新区时就明确指

出,"上海要更好地为全国改革发展大局服务"。① 上海的发展必须放在中央对其发展的战略定位上,放在经济全球化的大趋势下,放在全国发展的大格局中来思考和谋划。坚持推动高质量高要求发展的基本原则,形成新时代上海发展的战略优势,以自贸区为抓手,优化城市空间格局,加快推进"五个中心"建设,主动服务"一带一路"建设、长江经济带发展战略,主动融入长三角区域协同发展,推动上海与周边城市协同发展,构建上海大都市圈,努力把上海建设成为卓越的全球城市和社会主义现代化国际大都市。

① 《习近平上海考察,强调的这些事极具深意》,http://www.xinhuanet.com//politics/xxjxs/2018-11/09/c_1123686588.htm。

第八章　以海南为代表的自贸港建设实践

邓小平曾说，海南岛好好发展起来，是很了不起的。那么海南岛如何发展呢？2018年4月13日，习近平在纪念海南建省办特区30周年大会上郑重宣布，党中央决定支持海南岛建设自由贸易区，这是新时代党中央、国务院赋予海南的重要历史使命。经过30年的艰苦探索，海南依靠独特的资源、环境和区位优势，找到了"好好发展起来"的路径，特区发生了沧桑巨变，成就了一个边陲海岛到自由贸港的华丽蜕变，是中国改革开放的奇迹之一。可以预见，在新时代经济特区理论指导下，在全国人民的支持下，特别是通过海南人民的艰苦奋斗，自贸港建设必然成为助推海南经济社会发展的强大引擎。

第一节　三十而立：成绩斐然

如果没有党中央，特别是没有邓小平的关怀、支持和正确决策，就没有海南今天的辉煌。1984年2月24日，邓小平在谈到设立经济特区问题时曾指出，"我们建立经济特区，实行开放政策，有个指导思想要明确，就是不是收，而是放"；同年，邓小平视察了深圳、珠海、厦门经济特区后，指出"我们还要开发海南岛，如果能把海南岛的经济迅速发展起来，那就是很大的胜利"。[①]在中央的正确决策下，1988年4月13日，全国人大第七届一次会议批准海南

[①] 《邓小平文选》第3卷，人民出版社1993年版，第52页。

建省办经济特区。从此，海南插上了腾飞的翅膀，迎来了前所未有的发展机遇，在深化改革，扩大开放的利好政策驱动下，经济社会发展取得了令人瞩目的成绩。

一　海南经济特区的建立

邓小平是海南经济特区建立的倡导者，在中央的英明决策下，海南从广东省辖区划分出来，设立了海南省，建立了经济特区。

1980年6月11日，习仲勋同志在广州主持召开会议，研究决定就《关于加快海南经济建设几个问题的提议（草案）》向中央汇报，从发展历史来看，习仲勋同志是最早提出开发海南岛的人。1980年6月30日至7月11日，国务院召开了海南岛问题座谈会，会议明确了发展农业的方针。1980年7月22日，国务院在《海南岛问题座谈会纪要》中提出，海南岛的建设"主要靠发挥政策的威力，放宽政策，把经济搞活"；"对外经济活动可参照深圳、珠海的办法，给予较大的权限"。[①]

1984年，邓小平视察了深圳、珠海、厦门等经济特区后，提出要开发海南岛，要发展海南的经济。1984年4月29日，邓小平会见美国著名企业家哈默时说，"海南岛自然条件不比台湾差，面积相当于台湾"，"我们决定开发海南岛"。1987年6月12日，邓小平与来访的南斯拉夫共产主义者联盟中央主席团委员斯特凡·科罗舍茨交谈时说，"我们正在搞一个更大的特区，这就是海南岛经济特区"[②]。由此，海南岛被推到了改革开放浪潮的最前端。

邓小平宣布创建海南岛经济特区的决策后，六届全国人大常委会决定将国务院关于设立海南省的议案提交七届全国人大一次会议审议、批准。六届全国人大常委会第22次会议后不久选出海南省建省筹备工作负责人选。随后国务院提出议案，于1987年8月24日，建议从广东省撤销海南行政区，建立海南省。1987年9月5日，国

[①] 中共海南省委：《但开风气　情系宝岛——纪念习仲勋同志诞辰100周年》，《海南日报》2013年10月16日第1版。

[②] 中共海南省委：《海南岛好好发展起来，是很了不起的——纪念邓小平诞辰100周年》，《海南日报》2014年8月22日。

务院授权成立海南建省筹备组。1987年9月26日,中共中央和国务院《关于建立海南省及其筹建工作的通知》中指出:"海南建省后,将给海南以更多的自主权和更为优惠的政策,使它成为我国最大的经济特区。"1988年4月13日,国家正式批准设立海南省,建立经济特区。同日,全国人大七届一次会议审议并通过了建立海南经济特区的议案,并决定:一方面划定了海南经济特区的范围是海南整个岛。另一方面授权海南当地政府,可以根据海南的实际,如具体情况和实际需要,海南在制定法规时,要讲原则,必须遵循有关法律、决定和行政法规,并报全国人民代表大会常务委员会和国务院备案。至此,中国第一个特区省——海南省诞生了,也揭开了海南开放建设历史的新篇章。

二 海南经济特区的发展

海南从建省之初的特别关税区,到探索琼台经济合作,到探索洋浦发展模式,到海南国际旅游岛上升为国家战略,再到2018年4月党中央宣布推进海南自由贸易港建设。可见,1988年海南建省办经济特区以来,海南在改革发展的道路上进行了不断的探索与实践。

特别关税区。1988年9月1日至5日,中国共产党海南省委召开了第一次代表大会,时任省委书记许士杰做了报告,主题为"放胆发展生产力 开创海南特区建设的新局面"。报告明确提出,"要重点研究和制定有利于境外人员、外汇、货物进出自由的各项具体政策。我们的政策'特'不'特',重要的是取决于'三个自由'的开放程度,只有对外更开放,更自由,才有利于吸引外资。实行'三个自由'的开放政策,切实按国际惯例办事,就要创造条件建立海南第二关税区"。[①]此次海南提出的"第二关税区"的主张,引起了国内外的广泛热议和关注。后来,有人对"第二关税区"提出了疑虑,认为后续会不会还有第三、第四甚至第五关税区。为了打消这一疑虑,将"第二关税区"改为了"特别关税区",这是许士

---

① 海南特区年鉴编辑委员会:《海南特区经济年鉴》,新华出版社1989年版,第5页。

杰牵头的特别关税区研讨小组参考国际上的提法后做出的决定。

所谓"特别关税区"是在党中央、国务院和全国人民代表大会常务委员会的领导下，在中央纪委的监督下，海南脱离国家统一的关税体制，实行"一线放开、二线管住"的特别关税制度。简单说，就是要在海南经济特区实行境内关外的特别关税区。其实质是利用海南独特的地理条件和优越的港口条件，把海南打造成为自由贸易港。其目的是使海南经济特区走出一条比其他经济特区更"特"的新路子。① 后来，省委特别关税区研讨小组在多次集中讨论后，在1988年底提出了海南特别关税区的方案建议。1988年12月21日，省委省政府形成《关于建立海南特别关税区的请示》，该请示主要体现在海关、外贸、财政、金融、基本建设、物资等六个方面，并准备正式向党中央、国务院提交建立海南特别关税区的请求。1989年，在第一次方案的基础上，提出了建立海南特别关税区的第二种方案，本方案主张发行海南特区货币等。1989年1月底，海南向中央递交了省委的请示报告，后来，因当时海南基础设施落后，干部管理能力较弱，中央担心全开放会出乱子等原因，还是错过了这次难得的机会。1992年，邓小平视察并发表南方谈话后，海南再次掀起设立特别关税区的研究和讨论热潮。1992年8月8日，海南省委省政府再次向党中央、国务院提出《关于建立海南特别关税区的请示》。但最终由于历史原因，这一构想并没有实现。

琼台经济合作。海南和台湾地理优势相近，人文条件相似，经济结构互补。加强海南与台湾的经济合作，是一件互惠互利、造福两岛人民的好事情。1988年8月，梁湘省长在海南省人民代表大会第一次会议上做了报告，指出，"为了鼓励台湾同胞投资开发海南，在这里我代表海南省人民政府宣布，我们将在适宜的地区，设立若干台湾投资区，以更优惠的政策和便利的条件，鼓励台湾投资者在区内成片承包，综合开发，采用多种形式促使台湾的资金、技术同海南的资源、市场相结合，进一步加强中国两大岛屿间的经济往

---

① 迟福林：《我的海南梦——痴心热土三十载》，江苏人民出版社2018年版，第3页。

来，使我国的两大宝岛相互取长补短，共同为中华民族的振兴做出更大的贡献"①。琼台合作已经有20多年了，其间台湾在海南投资注册的企业累计多达1580余家，实际投资额达23亿多美元。②

洋浦经济开发区。洋浦开发区作为特区中的特区是海南走向大开放的重要实践探索之一。国务院〔1988〕24号文件明确指出，海南在开发建设中"要结合海南实际，探索自己的发展路数，不要盲目照搬其他经济特区的模式。要做好通盘长期规划和分步骤的实施计划，先从沿海开始，搞二三块地方，一块一块地分片开发，开发一片收益一片，切忌急于全面铺开"③。1988年8月，海南省第一次人民代表会议第一次会议指出，"根据全省经济发展的战略部署，我们将首先集中力量搞好'洋浦开发区'的建设"。④"洋浦模式"的核心是政府出让土地，外商成片开发，外资投入基础设施建设，实行更加国际化的管理制度。但是，一场意料不到的风波突然来袭，打乱了原有的计划，1989年3月25日，以某全国政协委员为代表的五人小组在全国政协七届二次会议发言中指责洋浦模式是拱手将大片土地送给外商，认为这是出卖主权行为。不少人将"土地大面积承包给外商"与殖民时代丧权辱国的"租界"联系起来，由此引发了国内人关注的"洋浦风波"。

1989年4月28日，邓小平在《关于海南省设立洋浦经济开发区的汇报》作出批示，"我最近了解情况后，认为海南省委的决策是正确的，机会难得，不宜拖延，但须向党外不同意见者说清楚。手续要迅速周全"⑤。1991年9月27日，海南省政府正式向国务院呈报《关于外商投资开发经营洋浦开发区三十平方公里土地项目建议书的请示》。1992年3月9日，国务院正式批准设立洋浦经济开发区，中国首例外商投资成片开发区就此诞生。这标志着洋浦经济开发区进入了一个崭新的阶段。1992年8月18日，海南省政府与

---

① 海南特区年鉴编辑委员会：《海南特区经济年鉴》，新华出版社1989年版，第21页。
② 迟福林：《我的海南梦——痴心热土三十载》，江苏人民出版社2018年版，第3页。
③ 海南特区年鉴编辑委员会：《海南特区经济年鉴》，新华出版社1989年版，第38页。
④ 同上书，第21页。
⑤ 《深切的关怀 巨大的舞台——邓小平与海南》，《海南日报》2014年8月22日第1版。

熊谷组（香港）有限公司在北京钓鱼台国宾馆正式签署《洋浦经济开发区国有土地使用权出让合同》，将区内27.353平方公里的土地使用权一次性出让70年，为了开发洋浦，熊谷组联合三家公司和三家国内银行成立了洋浦土地开发有限公司。1994年以后，国家实行宏观调控政策，洋浦优惠政策部分被相继取消，受其影响，开发商放慢了投资速度，并在1995年下半年起基本停止了投资。为了改变洋浦当时的状态，2004年11月，海南省政府向国务院提交了《海南省人民政府关于加快海南洋浦土地开发有限公司重组的请示》，提出以海南省政府主导，中国石化集团参与重组海南洋浦土地开发有限公司的构想。2005年3月，经国务院同意，财政部回函同意海南省的重组方案。同年9月，海南省发展控股公司成功重组洋浦土地开发公司。重组后，中石化投资的海南炼化800万吨炼油厂落户洋浦。到此，洋浦模式完全终结，由外资成片开发转为政府主导开发。由此，洋浦开发进入了大企业进入、大项目带动的发展阶段。800万吨炼油项目、100万吨浆纸项目、10万吨苯乙烯项目等，使得海南西部这片占地只有海南0.1%陆地面积的半岛，为海南贡献40%的工业产值，47%的国税和待征地税。[①] 2018年洋浦经济开发区全年实现地区生产总值243.3亿元，全社会固定资产投资41.5亿元，一般公共预算收入26.5亿元，全年完成工业增加值139.3亿元，规模以上工业企业实现税前利润55.7亿元，同比增长48.1%。

海南国际旅游岛。2001年12月，中国（海南）改革发展研究院提出"建立海南国际旅游岛的框架建议"，2002年6月中国（海南）改革发展研究院形成了《建立海南国际旅游岛可行性研究报告》，系统论证建立海南国际旅游岛的可行性。2007年4月26日，中共海南省第五次党代会明确提出，"要以建立国际旅游岛为载体，全面提升旅游开发开放水平"。"旅游业是能够最大限度保持和发挥海南生态环境优势的特色产业。建设以国际旅游开放为主要内容的综合改革试验区，既是再创海南特区新优势的重要突破口，也是支

[①] 迟福林：《我的海南梦——痴心热土三十载》，江苏人民出版社2018年版，第3页。

撑海南长远发展的战略需要。"这是海南省委、省政府第一次正式提出建设国际旅游岛。2009年12月31日，国务院正式发布《关于推进海南国际旅游岛建设发展的若干意见》，标志着海南国际旅游岛建设正式上升为国家战略，海南继建省办经济特区以来又一次迎来重大发展机遇，终于进入了建设国际旅游岛的新起点。但客观地讲，海南国际旅游岛在建设的过程中，因开放体制不健全，开放模式不科学，使得部分政策不能落实，部分目标难以实现，优惠政策效应释放的能量太小，正面影响力受阻，国际旅游岛建设的实践和产生的效应与中央的期望和既定目标有着较大的差距。

中国（海南）自由贸易试验区。2018年4月13日，习近平在海南郑重宣布，党中央决定支持海南全岛建设自由贸易试验区。党中央对海南改革开放发展寄予厚望，赋予海南经济特区改革开放新的重大责任和使命，也为海南深化改革开放注入了强大动力。在我国改革开放的重要历史节点上，海南经济特区又被隆重推向国家开放的最前沿。以习近平新时代中国特色社会主义思想为指导，推动海南成为新时代全面深化改革开放的新标杆、形成更高层次改革开放新格局、成为新时代中国特色社会主义新亮点的重大战略部署，由此在世界的共同见证下盛大启程。

三 海南经济特区的成就

习近平在"4·13"讲话中指出，"30年来，在党中央坚强领导和全国大力支持下，海南经济特区坚持锐意改革，勇于突破传统经济体制束缚，经济社会发展取得了令人瞩目的成绩"[①]。30年来，海南从我国经济社会发展相对落后的地区发展成为在世界上具有一定知名度的国际旅游岛、中国（海南）自由贸易试验区，海南的变化有目共睹，海南取得的成绩可圈可点。

经济发展。建省办经济特区30年以来，海南地区生产总值由1988年的77亿元增长到2018年的4832.05亿元，增长62.75倍。1988年海南人均地区生产总值为1220元，到2018年海南人均地区

---

① 习近平：《在庆祝海南建省办经济特区30周年大会上的讲话》，《人民日报》2018年4月14日第2版。

生产总值为51955元，后者是前者的43倍。地方一般预算收入由1988年的4.82亿元增长到2018年的752.67亿元，增长了156.16倍。海南三次产业占比由1988年的50.03∶18.35∶31.62变为2018年的20.7∶22.7∶56.6，即由"一三二"变为"三二一"的阶梯式发展，第三产业占比持续增加，如2017年海南第三产业的贡献率和拉动率分别为79.9%和5.6%，产业结构不断优化。"三驾马车"对经济增长拉动马力强劲。1988年，海南的社会消费品零售总额为34.32亿元，全社会固定资产投资额为20.14亿元，出口总额为2.95亿美元。到2018年，海南的社会消费品零售总额为1717.08亿元，全社会固定资产投资额为4481.73亿元，出口总额为297.76亿美元，社会消费品零售总额、全社会固定资产投资额、出口总额分别增长50.03倍、222.53倍、100.94倍。①

社会发展。社会发展水平不断提高，人民生活明显改善。1988年海南城镇常住居民人均可支配收入为1196元，2018年增长到33349元，增长了近28倍。1988年海南农村常住居民人均可支配收入为609元，2018年增长到13989元，增长了近23倍。截至2018年末，精准扶贫成效明显，全省脱贫退出21593户86742人，81个贫困村脱贫出列，完成年度目标任务。教育、卫生、文化等社会事业加快发展，病床位数由1988年的20643张增长到2018年的44712张，翻了一番多。卫生人员总数由1988年的35208人增长到2018年的81376人，增长了1.31倍，2018年医疗卫生与计划生育支出144.46亿元，比上年增长13.4%。2018年全省普通高等学校20所，在校学生21.33万人，比上年增长15.0%。高中阶段毛入学率91.4%，初中毛入学率103.3%，小学毛入学率102.2%。2018年末全省共有各类艺术表演团体（含社会民营团体）82个、文化馆（站）242个、博物馆（含美术馆）19个、公共图书馆24个。全省数字电视用户151.97万户，比上年增长22.2%。广播电视台20座，广播综合人口覆盖率为99.06%，电视综合人口覆盖率达99.08%。全省共有报社17家，杂志社42家，全年出版报纸

---

① 海南省统计局、国家统计局海南调查大队：《海南省统计年鉴（2019）》，中国统计出版社2019年版，第7页。

2.04亿份、杂志734万册、图书6344万册。2015年至2018年，海南教育、文化体育产业增加值由258.80亿元增长到407.38亿元，增长了36.47%。2018年海南城镇化率为59.06%，新建文明生态村664个，累计达到18598个，城乡面貌焕然一新。①

现代服务业、热带农业、新型工业发展。现代服务业、热带农业、新型工业迅速成长。2015年海南现代服务业中的互联网业增加值为103.31亿元、医疗健康产业增加值为100亿元、现代金融服务业增加值为242.82亿元、会展业增加值为59.89亿元、现代物流业增加值为163.01亿元。到2018年，海南互联网业增加值为230.95亿元、医疗健康产业增加值为137.09亿元、现代金融服务业增加值为309.09亿元、会展业增加值为90.57亿元、现代物流业增加值为171.88亿元，分别增长了123.55%、37.09%、27.29%、51.23%、5.44%。热带特色高效农业增加值由2015年的629.47亿元增加到2018年的758.30亿元，增长了20.47%。新型工业效益不断提升，医药、低碳制造业等产业迅速成长。②

改革开放取得重要突破。2008年，海南农垦迈出实质性改革步伐，但农垦总局和农垦集团"两块牌子、两套人马"相互掣肘，资源难以整合。农垦总局仍牢牢地控制各个农场自主经营权，从上项目到招人才仍旧是行政化管制。2015年底，海南省农垦投资控股集团成立，原海南省农垦总局的实体地位被取消，垦区集团化、农场企业化、社会管理职能属地化等关键领域改革稳步推进，初步实现从政企社混合实体向完全市场主体转变。海南是我国率先实行省域"多规合一"改革省份，党的十八大以来，开始整合六类空间规划编制海南省总体规划，实现全省一张蓝图干到底；实施"极简审批"，推进"不见面审批"，一号申请、一网审批、全程网办、快递送达，进一步优化了政务服务体系。建省前，海南岛存在着"一岛四方"：行政区、自治州、农垦系统、中央部属和广东省省属企事业单位，多头管理、各自为政，全岛缺乏统一领导和统一规划。海

---

① 海南省统计局、国家统计局海南调查大队：《海南省统计年鉴（2019）》，中国统计出版社2019年版，第7页。

② 同上。

南省直管市县的行政管理体制改革后,党政机构数量只有其他省的30%,省级党政机关行政编制核定为3500名,比原海南行政区减少200多名。1988年中央撤销海南行政区和海南黎族苗族自治州,率先在全国省和县之间取消地区一级行政机构设置,由省直接管理19个市县。海南航权开放15年,海南国际航线增至74条,集装箱国际班轮航线增至9条,已经成为中国最开放的"天空特区",成为国际航空业关注的焦点。是中国在国际度假休闲旅游市场上的一张名片。[①]

生态环境建设。生态立省,海南走在了全国前列,海南的空气质量优良,如2018年海南全省空气质量总体保持优良,优良天数比例为98.4%,海口市在全国380个城市空气质量排名中名列第一。海南水体质量保持全国领先水平,地表水环境质量总体优良,水质总体优良率为94.4%。[②]

当然,海南取得的成就不只以上所述,还包括制度创新等方面。30年来,海南经济快速增长,人民生活明显改善,社会事业加快发展,"五网"建设全面推进,城乡面貌有了深刻变化。农垦、"多规合一"、行政管理体制、行权开放等改革取得了突破和成效,走在了全国前列。现代服务业、热带农业、新型工业迅速成长,国际交流合作空前扩大,生态环境在全国处于领先水平。

第二节 蓄势待发:自贸港新使命

2018年10月,在习近平亲自谋划、亲自部署、亲自推动下,党中央同意海南设立自由贸易试验区。这是党和国家对海南改革开放发展寄予的厚望,赋予新时代海南经济特区改革开放新的重大责任和使命,也为海南深化改革开放注入了强大动力,是海南发展面临的新的重大历史机遇。如果说前面几次机遇由于各种原因没有抓

[①] 海南省统计局、国家统计局海南调查大队:《海南省统计年鉴(2019)》,中国统计出版社2019年版,第7页。

[②] 同上。

住，那么这次无论如何一定要抓住。自贸港建设赋予海南新使命，海南应坚持开放为先，实行更加积极主动的开放战略，加快建立开放型经济新体制，推动形成全面开放新格局。海南人民要蓄势待发，不忘初心、牢记使命，以"功成不必在我"的精神境界和"功成必定有我"的历史担当，保持历史耐心和战略定力，发扬钉子精神，一张蓝图绘到底，一任接着一任干，在实现"两个一百年"奋斗目标、实现中华民族伟大复兴中国梦的新征程上努力创造无愧于时代的新业绩！

一 自贸港的设立与海南的机遇

2015年，时任海南省发改委主任的林回福在接受记者采访时表示，作为中国最大的经济特区和国际旅游岛的海南，应该充分利用现有条件，准备把海口的保税区、洋浦保税区、琼海医疗旅游先行区等几个特别监管区以及28平方公里的三亚新机场很好地整合在一起，形成一个100平方公里左右的中国（海南）自由贸易试验区，将在"两会"期间提交，一旦获批会尽快推进。2018年4月13日，习近平在庆祝海南建省办经济特区30周年大会上郑重宣布，"党中央决定支持海南全岛建设自由贸易试验区，支持海南逐步探索、稳步推进中国特色自由贸易港建设，分步骤、分阶段建立自由贸易港政策和制度体系"[①]。这一重大战略是党和国家给海南建省办经济特区30载的最大礼物，是习近平进行了亲自谋划、部署和推动，更彰显了我国扩大对外开放和推动经济全球化的决心。站在国家的角度看，这赋予海南经济特区改革开放新的使命，在中国特色社会主义进入新时代的大背景下，对构建我国改革开放新格局的影响深刻而远大。

海南经过30年的探索，终于迎来了历史的春天，面临着新的重大历史机遇，海南探索当今世界最高水平开放形态的自由贸易港已经扬帆起航。2018年4月14日，中共中央、国务院发布《关于支持海南全面深化改革开放的指导意见》，明确以现有自贸区试点为

[①] 习近平：《在庆祝海南建省办经济特区30周年大会上的讲话》，《人民日报》2018年4月14日第2版。

主要内容，内容为主体，结合海南特点，建设中国（海南）自由贸易试验区，实施范围为海南全岛。2018年6月3日，海南省委、省政府经过深入调研，在统筹规划的基础上，决定设立海口江东新区，作为海南自贸区建设的重点先行区域。设立海口江东新区，体现了逐步探索和稳步推进的战略选择，为中国特色自由贸易港的建设奠基铺路，探索经验。2018年10月16日，国家同意海南设立自由贸易试验区，并出台了《中国（海南）自由贸易试验区总体方案》。在海南建省办经济特区30年的重要历史节点上，党中央赋予海南经济特区新的重大责任和使命，海南在新时代改革开放中"再出发"，对我国实现"两个一百年"奋斗目标和中华民族伟大复兴的中国梦有着战略意义和时代意义。

使海南具有更高层次的改革开放探索机会。"4·13"讲话中，习近平郑重宣布了海南要在全岛建设自贸区，并让海南探索建设自贸港。这使得海南在改革方面有了更大的自主权，在"三区一中心"方面能够使用各种试验探索权利。在探索中既要对标国际先进水平，又要对标国际通行规则，结合海南实际和特色进行全方位、最大限度的自主探索。这一权利使海南在自主探索方面有了巨大的空间，为海南大胆试、大胆闯、自主改提供了更大的舞台，留了足够的余地，更代表着无限的机会。

使海南具有叠加的战略利好和持续的政策支持。海南建省30年以来，党和国家为了能让海南的经济快速发展甚至腾飞，陆续给了很多好政策，如海南经济特区、海南国际旅游岛、中国（海南）自由贸易试验区等一系列为海南量身打造的国家战略和政策。这些战略和政策的叠加为海南带来了利好，更为海南带来了全方位探索与创新的重大发展机遇。这些叠加的利好战略，赋予了海南一大批不同角度的改革事项和政策措施，毫不夸张地说，也为海南的改革与发展带来了红利和机会。海南在全面深化改革开放，逐步探索建立自贸区和自贸港的过程中，在国家建立的专门工作机制的约束下，围绕这些改革事项和政策措施的实施，不断及时解决出现的重大问题。海南各级政府相关部门根据政策精神及时跟进，并推出相关举措，给全岛的人民和热衷于创业的人带来了持续不断的良好发展机遇。

使海南具有对外开放合作实现内外联动的最佳条件。海南是自由贸易试验区建设的基地，更是逐步探索自由贸易港的建设基地，一是站在全球的角度，对标世界先进水平，以制度创新为核心，营造法制化、国际化、便利化的营商环境，以优化服务为指向，不断提高服务水平，为在海南投资和经营的主题提供最好的综合条件。二是可以通过网络连接、战略协定、合作园区等手段与国内各地区抑或世界各国开展项目合作共建和服务联动贡献。海南是我国对外开放的新高地，在"一带一路"和海上丝绸之路规划的指导下，通过各种形式，为海内外各方面的投资者提供了广阔空间与便利条件，并与这些投资者分享了重大发展机遇和创新的项目成果。三是海南的开放性、便利性和集聚性使之容易成为人流、物流、资金流、信息流的重要交汇点，这不仅带来了各种机会，而且也提供了良好的配套条件。

使海南具有投资获益的广阔前景和展现才华的最佳舞台。习近平"4·13"讲话、中央12号文和中国（海南）自由贸易试验区总体方案等战略精神使海南有了前所未有的全面深化改革中探索的权利和用武之地，更为海南提供了明确的发展导向和政策指南。这些导向和指南为海南的投资主体在投资特定领域和发展特色产业方面指明了方向，谁围绕这些产业发展，政府就会持续有力地给予政策支持，从收益与回报的角度来看，意味着投资者能获得稳定的回报和良好的收益。面对国家赋予的责任和使命，海南为了经济高质量发展，需要汇集各方面的优秀拔尖人才，面对全岛建设自由贸易区的壮大局面，只要是真正的人才，都可以找到适合自己的岗位。谁有抱负，谁有梦想，谁想一展才华，这片改革开放的新天地就是最为理想的奋斗场所。

使海南具有陆海统筹拓展新产业的广阔空间和优良的自然环境。海南的自然资源丰富，尤其是海洋资源得天独厚，在经略海洋、发展海洋经济、拓展旅游业、油气开采业、渔业、建设海洋牧场等方面基础坚实。在陆海统筹、一体配置陆海资源和生产要素，建立现代产业体系，实现高质量发展等方面条件利好。海南作为中国面积最大的省，主要是海域面积广阔，这有利于互相支撑，更有利于优势互补，也为投资创业者陆海一体拓展新经济、新产业提供了资源保障和奋斗舞台。海南除具有得天独厚的海洋资源优势外，还具有独一无二的生态优势，国家支持海南建设国家生态文明试验区，使得自然环境会更好，这种环境有利于投资兴业，如发展康养综合产业、做强做优热带特色高效农业、建设田园综合体等，更有利于养老增寿。这使海南成为宜居宜业宜养宜游的最佳区域。

二　新时代肩负新使命

建设海南自贸区（港）是党中央、国务院着眼于国内外外发展大局，深入研究，统筹考虑、科学谋划作出的重大决策，是彰显我国扩大对外开放、积极推动经济全球化决心的重大举措，是党中央赋予海南新的重大责任和使命，其重大内容就集中体现在习近平所宣告的战略大思想中：海南应"发挥自身优势，大胆探索创新，着力打造全面深化改革开放试验区、国家生态文明试验区、国际旅游消费中心、国家重大战略服务保障区，争创新时代中国特色社会主义生动范例，让海南成为展示中国风范、中国气派、中国形象的靓丽名片"[①]。

海南要建设国家全面深化改革开放试验区。中央12号文的战略定位中明确，"全面深化改革开放试验区。大力弘扬敢闯敢试、敢为人先、埋头苦干的特区精神，在经济体制改革和社会治理创新等方面先行先试。适应经济全球化新形势，实行更加积极主动的开放战略，探索建立开放型经济新体制，把海南打造成为我国面向太平洋和印度洋的重要对外开放门户"[②]。全面深化改革开放试验区是海南全面深化改革开放的战略定位，更是国家赋予海南的新使命。在习近平新时代中国特色社会主义思想指引下，海南坚持开放为先，在谋划和推进改革的过程中始终站在更高起点，坚持以制度创新为

---

① 习近平：《在庆祝海南建省办经济特区30周年大会上的讲话》，《人民日报》2018年4月14日第2版。

② 《中共中央　国务院关于支持海南全面深化改革开放的指导意见》，《人民日报》2018年4月15日第1版。

核心，积极拓展中国特色社会主义道路的体制创新和路径选择，实现解放思想和改革开放相互激荡、观念创新和实践探索相互促进、"摸着石头过河"和顶层设计相互补充、务实求索与全方位合作相互支撑，创造海南改革开放新模式。

海南要建设国家生态文明试验区。中央12号文明确指出，海南要"牢固树立和践行绿水青山就是金山银山的理念，坚定不移走生产发展、生活富裕、生态良好的文明发展道路，推动形成人与自然和谐发展的现代化建设新格局，为推进全国生态文明建设探索新经验"[1]。保护生态是党中央和习近平交给海南的政治责任，更是海南可持续发展的最强优势和最大本钱。海南建设自由贸易试验区和中国特色自由贸易港，应全面贯彻和践行习近平提出的"两山"理论，以最严的措施确保生态环境只能更好、不能变差。因此，海南要实施最严格的生态环境保护制度。建立健全环境保护的体制机制，要守生态保护红线，坚决守住环境质量底线，资源利用上线方面，绝对不能突破自然资源承载能力。海南作为国家生态文明试验区，要搭好为国家生态文明建设顶层设计做试验的平台，加强试验项目的设计与实践，为全国生态文明建设提供经验。

海南要建设国家重大战略服务保障区。中央12号文明确指出，要"把海南建设好，把祖国南大门守卫好，政治责任重大，是光荣的使命"[2]。建设好海南、守卫好海南，二者辩证统一，相辅相成，不可分割，统一于争创军民融合式发展实践范例的征程中。而推动军民融合式发展的重要基础，是维护和深化良好的军政军民关系。习近平在"4·13"讲话中指出，"要打造国家军民融合创新示范区，加快推进南海资源开发服务保障基地和海上救援基地建设，坚决守好中国南大门"[3]。中央12号文的战略定位中明确，

---

[1]《中共中央 国务院关于支持海南全面深化改革开放的指导意见》，《人民日报》2018年4月15日第1版。

[2] 海南省人民政府网（http://www.hainan.gov.cn/hn/yw/jrhn/201307/t20130731_1031949.html）。

[3] 习近平：《在庆祝海南建省办经济特区30周年大会上的讲话》，《人民日报》2018年4月14日第2版。

"深度融入海洋强国、'一带一路'建设、军民融合发展等重大战略,全面加强支撑保障能力建设,切实履行好党中央赋予的重要使命,提升海南在国家战略格局中的地位和作用"①。

海南要建设国际旅游消费中心。中央12号文明确指出,要"大力推进旅游消费领域对外开放,积极培育旅游消费新热点,下大气力提升服务质量和国际化水平,打造业态丰富、品牌集聚、环境舒适、特色鲜明的国际旅游消费胜地"②。中国(海南)自由贸易试验区总体方案中明确了发展目标,2025年要基本建成国际旅游消费中心,到2035年海南要成为具有全球影响力的旅游消费目的地,到2050年,海南要成为世界知名的旅游度假和购物天堂,突出旅游消费时尚潮流的全球引领作用,要成为引领者。海南有张极其珍贵的名片,那就是国际旅游岛,在国际旅游岛建设的基础上,推动建设国际旅游消费中心,是为了把海南以服务业为主导的产业基础做实,不断增强海南在国际上的影响力。海南要建设高质量发展的旅游消费中心,按照绿色旅游发展要求推动海南全域旅游资源整合、产业融合和品牌集聚,不断提高资源要素配置效率。

海南要争创中国特色社会主义实践范例。习近平在"4·13"讲话中明确指出,"争创新时代中国特色社会主义生动范例"③。这是习近平对海南的殷切期望和深沉嘱托,源于他对中国特色社会主义的深刻理解与笃实力行。源于他对海南建设所取得成就的由衷高兴与美好畅想。海南要清楚认识自身的特殊地位和重要作用,要把习近平的希望和嘱托当作动力,坚持发扬特区精神,争创新时代中国社会主义生动范例。要在生态文明建设方面争创范例,确保生态环境质量越来越好,绝对不能变差。要坚决防范炒房炒地投机行为,构建房地产调控长效机制。要积极营造一流营商环境,加强贸

---

① 《中共中央 国务院关于支持海南全面深化改革开放的指导意见》,《人民日报》2018年4月15日第1版。

② 同上。

③ 习近平:《在庆祝海南建省办经济特区30周年大会上的讲话》,《人民日报》2018年4月14日第2版。

易投资体制机制建设，深化同"一带一路"参与国家和地区务实合作与区域合作交流，加强对泛南海经济合作圈的建设。培育壮大十二大重点产业，实施乡村振兴战略和驱动发展战略。建立健全反腐长效机制，通过努力，打造廉洁政府，培育清正干部。

海南要探索建立中国特色自由贸易港。自由贸易港是设在一国（地区）境内关外、货物资金人员进出自由、绝大多数商品免征关税的特定区域，是目前全球开放水平最高的特殊经济功能区。党的十九大提出，"赋予自贸试验区更大改革自主权，探索建设自由贸易港"[①]。海南作为全国最大的经济特区，新时代又赋予海南改革开放新使命，探索建立中国特色自由贸易港具有重要意义。海南率先建设自由贸易港，需要从实际出发，分步骤、分阶段做好能力建设、制度建设、跨境各类基础设施网络建设三项重要准备工作。第一步是建立全域自由贸易试验区。这是一项重大制度创新，要着眼于复制推广已有的自贸试验区改革创新成果，推动自贸试验区新一轮改革开放的先行先试，提高自贸试验区建设的质量和效益，形成更多制度创新成果。第二步是探索建设中国特色自贸港。要学习借鉴我国香港和新加坡等国际自由港的先进经验，结合海南的发展定位和发展需要，形成中国特色的自由贸易港模式，要打造开放新高地，让海南的开放层次更高、营商环境国际一流、辐射作用更强。

三 不辱使命，多措并举谋新篇

在庆祝海南建省办经济特区30周年大会上，习近平代表党中央赋予了海南全面深化改革开放的重大历史使命，谋划了海南深化改革开放的宏伟蓝图，掀开了海南在新时代继续深入推进改革开放的新篇章。

确保全面深化改革开放的正确方向。党的十九大报告指出，"坚持党对一切工作的领导。党政军民学，东西南北中，党是领导一切的"[②]。党的领导，就是要把方向、谋大局、定政策、促改革。习近

[①] 习近平：《决胜全面建成小康社会 夺取新时代中国特色社会主义伟大胜利——在中国共产党第十九次全国代表大会上的报告》，《人民日报》2017年10月28日第1版。

[②] 习近平：《在庆祝海南建省办经济特区30周年大会上的讲话》，《人民日报》2018年4月14日第2版。

平在"4·13"讲话中明确指出,"海南等经济特区的成功实践,充分证明了无论改什么、改到哪一步,都要坚持党的领导,确保党把方向、谋大局、定政策,确保党始终总揽全局、协调各方"①。海南经济特区处于改革开放的前沿,在全面深化改革开放的全过程始终要贯彻和坚持党的领导,更要坚定维护党中央权威和集中统一领导,协调好各方的作用,确保改革开放的中国特色社会方向。一是要践行"四个意识",增强"四个自信"。要落实坚持党对一切工作的领导,始终把党的政治建设摆在首位。二是要加强基层党组织建设,支部的标准化和规范化建设尤为重要,要不断落实推进,要打造一批或更多的坚强战斗堡垒,让基层党建工作有条不紊、全面进步和过硬。三是在干部队伍建设方面,要选贤任能,注重事业为上,要有效落实"三个区分开来",以更大力度落实容错纠错机制,着力构建不敢腐、不能腐、不想腐的长效机制,精心培育和打造高素质专业化干部队伍。四是党员干部要进一步解放思想,要有创新实干的精神,要自觉站在党和国家事业大局上思考问题,解决问题,为国家和老百姓全心全意服务。

实行更加积极主动的开放战略。2010年4月13日,习近平在海南考察时强调,"建设国际旅游岛,必须充分发挥海南对外开放排头兵的作用,要利用好博鳌亚洲论坛这个平台,拓展对外开放空间,推进与港澳台地区、环北部湾经济合作。要利用好海南面向东盟、背靠珠三角的区位优势,积极参与中国—东盟自由贸易区建设,提高贸易和投资便利化程度,进一步改善对外开放的政策环境和服务环境;要优化外资结构,增强洋浦保税港区、海口综合保税区的吸引力和国际竞争力;鼓励和引导外资投向旅游业、现代服务业等海南特色产业以及高新技术产业。要积极培育国际会展品牌,优化会展发展环境"②。2013年4月10日,习近平在海南考察工作后发表了重要讲话,指出:"海南对外开放基础较好,具有面向东盟最前沿的区位优势,又是一个独立的地理单元,应该在开放方面

---

① 习近平:《在庆祝海南建省办经济特区30周年大会上的讲话》,《人民日报》2018年4月14日第2版。

② 《习近平在海南考察时的讲话》,《海南日报》2010年4月13日第1版。

先走一步。希望你们积极探索，也希望中央有关部门和你们一道研究，实施更加开放的投资、贸易、旅游等政策，为全国发展开放型经济提供新鲜经验。"① 习近平在"4·13"讲话中指出："海南要坚持开放为先，实行更加积极主动的开放战略，加快建立开放型经济新体制，推动形成全面开放新格局。"② 海南因改革开放而生，海南因改革开放而兴，这是习近平心目中的海南。从提出必须充分发挥海南对外开放排头兵的作用，到希望海南为全国发展开放性经济提供新鲜经验，无不彰显着习近平对海南开放的深远谋划和时刻关心。

站在更高起点谋划和推进改革。习近平在"4·13"讲话中指出，"海南要站在更高起点谋划和推进改革，下大气力破除体制机制弊端，不断解放和发展社会生产力。多出可复制可推广的经验，带动全国改革步伐"③。习近平对海南的一贯要求是不断深化改革开放。从2010年的"海南进一步深化改革开放"，到2013年的"改革开放是发展海南的关键一招"，再到2018年的"海南要努力成为新时代全面深化改革开放的新标杆"。这全部体现着将改革进行到底的精神。作为经济特区的海南，自诞生之日起，就肩负着改革"试验田"、开放"窗口"的使命。党的十八大以来，海南率先开展省域"多规合一"、司法体制、海南农垦、"放管服"和商事制度等改革，为全国提供了海南经验。这也是习近平想看到的，但海南自由贸易试验区的建设和探索建立自由港的路还很长，改革中荆棘丛生，任重而道远。

在推动经济高质量发展方面走在全国前列。习近平在党的十九大报告中指出："建设现代化经济体系，必须把发展经济的着力点放在实体经济上，把提高供给体系质量作为主攻方向，显著增强我国经济质量优势。"④ 习近平在"4·13"讲话中指出，"海南要坚

---

① 《习近平在海南考察时的讲话》，《海南日报》2010年4月13日第1版。
② 习近平：《在庆祝海南建省办经济特区30周年大会上的讲话》，《人民日报》2018年4月14日第2版。
③ 同上。
④ 习近平：《决胜全面建成小康社会　夺取新时代中国特色社会主义伟大胜利——在中国共产党第十九次全国代表大会上的报告》，《人民日报》2017年10月28日第1版。

决贯彻新发展理念，建设现代化经济体系，在推动经济高质量发展方面走在全国前列"[①]。建设现代化经济体系，实现高质量发展，是贯彻落实习近平新时代中国特色社会主义经济思想的战略部署。海南的工作要走在全国前列，这是习近平一直以来的殷切期望。海南在生态文明建设上走在了全国的前列，在打造更具活力的体制机制、拓展更加开放的发展局面上走在了全国的前列。海南正在建设具有世界影响力的国际旅游消费中心，实施乡村振兴战略，进一步打响海南热带农产品品牌，打造海洋强省和国家重大战略服务保障区，争取在建设现代化经济体系、实现高质量发展方面走在全国前列。对此，一是海南要推动旅游业提质升级。二是大力发展现代服务业。三是要始终坚信和贯彻创新是推动发展的第一动力之理念。四是海南要做强做优热带特色高效农业和海洋经济。

为全国生态文明建设做表率。2018年4月13日上午，习近平在参观海南省博物馆时强调，"要把保护生态环境作为海南发展的根本立足点，牢固树立绿水青山就是金山银山的理念，像对待生命一样对待这一片海上绿洲和这一汪湛蓝海水，努力在建设社会主义生态文明方面做出更大成绩"[②]。同日下午，习近平在"4·13"讲话中指出，"海南要牢固树立和全面践行绿水青山就是金山银山的理念，在生态文明体制改革上先行一步，为全国生态文明建设作出表率"[③]。习近平对海南生态环境建设的要求从2010年是"增绿"和"减排"到2013年的"增绿"和"护蓝"，再到2018年的"为全国生态文明建设做表率"。这充分体现了他对海南生态文明建设的高度重视。海南的生态环境举世瞩目，很多来海南的外国元首和政要都赞不绝口，习近平对海南的生态环境一直是赞美和关注的。

坚持以人民为中心的发展思想。习近平在"4·13"讲话中指出，"海南要坚持以人民为中心的发展思想，不断满足人民日益增

---

① 习近平：《在庆祝海南建省办经济特区30周年大会上的讲话》，《人民日报》2018年4月14日第2版。

② 《习近平在海南考察时强调 以更高站位更宽视野推进改革开放 真抓实干加快建设美好新海南》，《人民日报》2018年4月14日第1版。

③ 习近平：《在庆祝海南建省办经济特区30周年大会上的讲话》，《人民日报》2018年4月14日第2版。

长的美好生活需要，让改革发展成果更多更公平惠及人民"①。习近平始终把人民的梦想作为自己的梦想，他崇尚的是"政治之要在于安民，安民之道在于察其疾苦"，"以百姓之心为心"。习近平对海南人民的关心从2010年"使国际旅游岛建设成为惠民工程"，到2013年"做好民生工作，努力让人民过上更好生活"，再到"让改革发展成果更多更公平惠及人民"。这些都表达了习近平关心海南人民的强烈心声，为海南做好新时代的民生工作提供了根本遵循。海南全面深化改革开放成为重大国家战略，习近平又号召"必须举全国之力、聚四方之才"，让各类人才在海南各尽其用，各展其才。

海南已经再次成为人们实现梦想和成就抱负的开放热土，为此要大力保障和改善民生，争创基本公共服务均等化的实践范例。健全改善民生长效机制，坚决打赢精准脱贫攻坚战，脱贫提质增效是要点。不断提高基本公共服务综合能力，积极探索公共服务市场化、社会化、多元化途径。不断提高社会保障水平，逐步推行城乡一体的居民社会养老保险制度，实施更积极的就业政策。大力发展教科文卫事业，优先发展教育。加快建立健全四位一体的基本医疗卫生体系，大力提升基本医疗服务质量和水平。深化社会管理体制改革，畅通社情民意表达渠道，提高社会管理服务科学化水平。实施人才强省战略，加强人才队伍建设和人才政策创新，实施创业英才培养计划重大人才工程，大力引进现代服务业、海洋、热带现代农业、医疗、教育等领域的高端紧缺人才和专业创新创业团队。创新人才支持计划，全面提升人才服务水平，优化人才服务环境，让各类人才在海南各尽其用、各展其才。

第三节 国际旅游岛：海南的一张重要名片

海南自贸港建设的重要内容之一就是建设国际旅游消费中心，打造国际旅游岛。海南之所以吸引人，原因纵然很多，但最为主要的原

---

① 习近平：《在庆祝海南建省办经济特区30周年大会上的讲话》，《人民日报》2018年4月14日第2版。

因是其热带旅游资源在我国独一无二。作为国内唯一的热带海洋岛屿省份，基于海南特有资源——热带海洋生态资源、热带气候、热带特色风情文化资源、热带农业资源，结合独特的区位优势（海上丝绸之路的重要战略节点和南繁育种区位资源），建设国际旅游岛属必然。围绕国际旅游岛这一主题，可以着力打造海南国际旅游岛免税购物区，离岸金融岛试验区，热带海洋生态旅游合作区，热带雨林国家公园，南繁育种产学研旅游区等。而自贸区又将建设"国际旅游消费中心"作为其重要内容，这势必推动海南国际旅游岛建设的提速提质升级，必将使海南国际旅游岛这张名片更加耀眼。

一 建设国际旅游岛是海南经济高质量发展的必然要求

海南高质量发展就是在优化的产业布局、合理的产业结构、不断转型升级的产业水平、显著提升的产业效益基础上的经济发展。推动海南经济高质量发展，第一是坚持新的发展理念，实现海南省社会与经济持续健康发展的必然要求；第二是借助国际旅游岛实现海南新常态下的新产业、新模式的新经济发展的必然要求；第三是解决游客对旅游生活美好向往和海南旅游发展不平衡不充分之间的矛盾，为全面建成小康社会、建成社会主义现代化强国探索发展新路的必然要求。

高质量发展必须坚持"五大发展理念"。"创新、协调、绿色、开放、共享的'五大发展理念'是改革开放近40年，对于发展问题的经验总结与理论提升，集中反映了我们党对中国经济社会发展规律的认识和把握，是关于发展观念的又一次理论创新。"[①] 高质量发展海南经济，必须更新发展理念，也就是必须坚持"五大发展理念"——创新、协调、绿色、开放、共享的发展理念，必须走开放之路，融入国际经济发展体系，这要求必须有一个开放、创新的载体，这个载体就是国际旅游岛。在海南内部，既要发展海洋生态经济，更要保护海洋生态环境，不能走一边开发、一边破坏、一边再治理的老路。这就必须基于创新、协调、绿色、开放、共享的理念

---

① 陈昕：《新发展理念的五大特征》，《人民日报海外版》2017年11月29日第5版。

建设国际旅游岛，实现可持续、高效发展。海南特有的生态资源优势，要求海南必须保护绿色生态，在此基础上发展海南产业和海南经济。对外开放进入新阶段，要求必须有一个桥梁，走入实际经济体系的桥梁。国际旅游岛就是这样的一个必经的桥梁。海南必须尽快融入世界经济体系，以国际化开放推动海南产业结构优化提升。

海南省的产业基础决定必须发展旅游业。海南作为国家唯一热带区域的海岛，热带特色农业优势凸显，生态环境要求非常高，发展大规模的现代传统工业已经不现实。因此，依托本地优势资源的新型工业粗具规模，海洋经济发展前景广阔，环海洋的海南特色产业体系已经形成。发展旅游业为引领的现代服务业，能够高效发挥海南资源优势。积极发展热带海岛冬季阳光旅游、西沙旅游、邮轮游艇游、森林生态游、自驾观光游、基于南海文化的民俗风情文化游和休闲运动旅游等旅游项目，将深入优化海南旅游产品结构和产业结构。在发展旅游产业的同时，依托旅游业、实施"旅游+"策略，加快发展文化产业、体育产业和会展产业，大力培育海南特色黎族文化产业。重点建设特色购物和消费街区，加快建设并尽早建成国际旅游消费中心。

海南经济发展状况，也要求建设国际旅游岛。海南三大产业内部结构有待完善。农业设施化、现代化水平较低；传统的劳动密集型、粗放型产业未退出主导地位；服务业发展创新不足，现代服务业、生产性服务业仍属于稚嫩产业。科技创新层次较低，开放型经济发展滞后。近年海南科技事业获得了长足进步，但在产业科技实力、产业科技水平上还有差距。如产业技术创新机制、队伍、管理薄弱，技术创新水平不高、应用开发跟进不力。许多企业不是技术创新的主体，因此必须依靠建设国际旅游岛，快速发展海南现代服务产业，尤其是生产性服务产业。

高质量发展是解决海南社会主要矛盾变化的必然要求。习近平在党的十九大报告中提出全新论断，"我国社会主要矛盾已经转化为人民日益增长的美好生活需要和不平衡不充分的发展之间的矛盾"[1]。海南的社会主要矛盾已是游客的美好旅游生活的向往与海南

---

[1] 习近平：《决胜全面建成小康社会 夺取新时代中国特色社会主义伟大胜利——在中国共产党第十九次全国代表大会上的报告》，《人民日报》2017年10月28日第1版。

旅游发展不平衡、不充分的现状之间的矛盾。将海南建设成为更高水平的国际旅游岛，为全国人民乃至世界人民提供一个休闲度假的优质旅游地，满足国内外游客对美好旅游生活的向往，提升国内和国外游客的旅游生活水平，同时促进海南产业优化、基于生态的产业增加值逐步提升。因此，必须在更高层面、更高水平上建设海南国际旅游岛，实现海南旅游经济的高质量发展，解决人民群众热带海洋旅游的美好向往与海南旅游产业不平衡、不充分的发展问题。

高质量发展是传承发展海南特色文化的必然要求。2018年12月18日，在庆祝改革开放40周年大会上的讲话指出，"我们要加强文化领域制度建设，举旗帜、聚民心、育新人、兴文化、展形象，积极培育和践行社会主义核心价值观，推动中华优秀传统文化创造性转化、创新性发展，传承革命文化、发展先进文化，努力创造光耀时代、光耀世界的中华文化"[①]。海南在推进全面深化改革开放的进程中，要加强本土文化的传承和保护，深度挖掘本土文化的精髓，向世界弘扬和展示海南独特的魅力。基于此，建议重新审视海南的特色文化，重建海南特色文化体系，并基于特色文化体系开发特色文化旅游产品，形成特色文化产业体系。结合海南实际，将基于海南热带风情的特色文化分解为九种文化：热带田园农耕文化、南海道家文化、热带山水林田隐逸文化、黎族民俗文化、海上丝绸之路（南海段）文化、南海渔耕文化、海南历史文化、热带海岛健康养生文化、海洋运动休闲文化等，构成海南热带风情文化体系。将这九种热带风情文化分别作为核心吸引物，建设九类乡村旅游区：田园类乡村旅游区，道家文化类乡村旅游区，隐逸生活类乡村旅游区，黎家文化类乡村旅游区，丝路文化类乡村旅游区，渔家生活类乡村旅游区，历史文化类乡村旅游区，健康养生类乡村旅游区，运动文化类乡村旅游区。

二 开放·免税·离岛：建设国际旅游岛的关键词

中央12号文指出，"推动形成全面开放新格局。拓展旅游消费

---

① 习近平：《在庆祝改革开放40周年大会上的讲话》，《人民日报》2018年12月20日第1版。

发展空间。实施更加开放便利的离岛免税购物政策，实现离岛旅客全覆盖，提高免税购物限额"①。海南国际旅游岛建设，第一个要点是必须做好"国际"文章，大踏步迈入国际市场。首先彻底打开开放大门，在"人财物"——人才、货物、服务、金融等方面更宽领域、更大范围地引入国际先进元素，其次使海南乃至国内的经济产业要素，借助海南国际旅游岛的桥梁进入世界各国、各个经济领域。真正实现人才自由进出、货物服务自由流通、货币自由兑换的"国际"范。为了实现全方位的自由，建设国际化的必需的基本条件，必须实现税收方面的更大范围、更高程度的优惠政策，发展面向游客的免税购物产业、面向企业的离岸金融产业。

建设国际旅游岛，走进一步开放之路。开放是建设国际旅游岛的应有之义。习近平"4·13"讲话中，要求海南要"主动"扩大开放。海南建设国际旅游岛，在开放领域方面，必须借鉴国际旅游开发的已有经验，加快实施设施和服务的国际化改造，提升旅游的国际化水平。尽快实施更加开放的投资、贸易、购物政策，吸引更多的国际资金进入海南，吸引更多的国际商品进入海南，吸引更多的国际免税品牌商品摆上免税店的柜台，吸引更多的游客购买更多的免税商品。真正实施海南服务经济尤其是金融、旅游、教育、文化、生产性服务等产业领域的全面开放，形成更高水平上的人员自由进出、货物自由通关、货币自由兑换、免税品自由购买、国际旅游项目自由落户和国际旅游体制机制自由对接的开放局面。人员方面，国内外游客自由进入，争取更多的国际游客免签证、落地签证和若干小时的免签证自由行。对国外在本省公务人员，实行更为优惠的签证政策。货物方面，落实全岛的自由贸易区政策，在海关监管前提下，自由通关。金融投资领域，实行货币自由兑换，更大范围地、更广领域地推广离岸金融政策，部分国内、国外金融机构，均实行自由贸易区的金融、投资政策。在开放区域方面，将开放领域重点放在21世纪海上丝绸之路沿线国家，向这些国家开放旅游、教育、金融、文化、高新技术、交通、现代农业等领域。

---

① 《中共中央 国务院关于支持海南全面深化改革开放的指导意见》，《人民日报》2018年4月15日第1版。

发展更加自由方便、宽品类的海南离岛免税旅游购物。实施旅游购物免税。旅游基础六要素之一的"购",即旅游购物及相关服务。海南省自身有很多特色的旅游商品,供游客选择。但是随着海南旅游的发展和出境旅游的快速发展,海南的多数旅游商品的独特性已不再存在,为了吸引更多的游客购物,必须走出一条异于国内其他旅游区的旅游购物发展之路,这就是利用海南的独特地理区位优势,和经济特区的政策优势,在岛内建设免税购物平台,将国际知名旅游商品引入海南岛,在岛内以免税低价向游客开放销售。为了促进海南国际旅游岛建设,海南实施离岛旅客免税购物,即乘飞机、火车、轮船离岛(不包括离境)旅客可以在规定的额度内、购买规定的数量、规定品种的免进口税商品,可以在规定区域提货离岛。目前海南国际旅游岛实施的免税购物点主要分布在海口美兰机场和海棠湾免税购物城,应该建设更多的免税购物点,并且尽快提高甚至取消免税购物的限量、限品种和限额度。

为此,海南要构建丰富多彩的旅游消费新业态,积极拓展旅游消费的发展空间,如打造全球免税购物中心,强化离岛免税购物政策开放力度,实现离岛旅客全覆盖。还要打造时尚消费中心,建设时尚高端消费品设计展示交易中心。拓展邮轮旅游,鼓励吸引国际邮轮注册,发展国际邮轮和外国游客入境旅游业务,并将乘轮船离岛旅客纳入离岛免税政策适用对象范围。推进体育与旅游产业融合发展,全面建立完善的体育旅游产品体系和产业政策体系。建设高质量的旅游消费中心,提供国际化的产品与服务是关键,着力点要放在扩大国际化旅游产品及相关服务供给上,同时推动从数量扩张到质量提升转变,由此提升旅游国际竞争力。海南要成为旅游体制机制创新实验区。在深入推进国际旅游岛和自由贸易试验区建设中,先行先试,积极探索、不断创新国际旅游消费业发展的体制机制。加快构建以旅游业为龙头的现代服务业体系,探索生态产品价值实现机制,为全国旅游业改革开放提供海南范例。实施更加开放的邮轮游艇、海岛旅游、医疗旅游、文化体育产业发展等政策,以医疗健康产业的全面开放为重点,创新健康服务业发展的体制机制,培育大健康产业并使其成为海南的支柱产业,特别是全面落实完善博鳌乐城国际医疗旅游先行区政策，将先行区建成世界一流水平的国际医疗旅游目的地。

开放、免税、离岛的一个关键就是发展更加开放的金融产业，逐步建设离岸金融岛。利用海南背靠粤港澳大湾区的区位优势，打造离岸金融岛试验区，开展离岸金融业务试点。建立航空航天、南繁育种、深海科技及旅游、文化、国际教育等产业的全产业链的金融支撑体系，在产业链的每个环节发展离岸金融业务。在此基础上，探索建设海南国际旅游岛全岛范围的离岸金融岛。为维护国内的整体金融秩序，海南国际旅游岛可以不实行全岛离岸金融区，只考虑在岛内划出一块区域，设立离岸金融区。在这个岛内的离岸金融区内，吸引金融机构，经营非人民币的金融投资业务，并将融通的资金投入到国外，在此离岸金融区内，实行特定的国际利率体系，不受任何一国的货币法律管制。另外，还可以考虑将海南岛离岸金融区建设成为人民币离岸业务的结算中心。

三　热带·海洋·生态：建设国际旅游岛的支撑点

习近平在"4·13"讲话中指出，"海南是我国唯一的热带省份，发挥热带地区气候优势。海南是海洋大省，要把海南打造成海洋强省。拥有全国最好的生态环境，要为全国生态文明建设作出表率"[1]。建设海南国际旅游岛的第二个要点是"旅游"。基于海南特殊地理位置、特色海洋生态、独特海洋风情文化体系，发展既要迥异于国内其他省市区域的旅游产业，更要发展区别于国际其他国家的同类地理位置、同类生态资源的海南特色的旅游产业，即发展热带风情及热带生态旅游产业、热带海洋海岛旅游产业，为海南国际旅游岛建设提供坚实的产业基础和经济条件。

海南岛位于中国最南端，国际海运主航道绕海南岛而过，拥有沿海、沿边等地缘优势，地理区位、气候条件、生态植被、产业基础等具备发展旅游业和现代服务业的良好条件。海南的资源禀赋支撑发展旅游业。海南集海、岛、山、河、林、田等自然资源于一

---

[1] 习近平：《在庆祝海南建省办经济特区30周年大会上的讲话》，《人民日报》2018年4月14日第2版。

体，资源丰富多彩、组合度好，拥有远近海洋、滨海沙滩、热带雨林、珍稀动植物、火山与溶洞、地热温泉、宜人气候、洁净空气及丰富多彩的民族风情等自然人文旅游资源。海南的生态环境特征决定了必须发展旅游业。海南岛森林覆盖率达到60%多、一些县市达到80%多，空气质量优质天数冠雄全国，接近90%的近岸海域海水水质符合国家一、二类标准。这些生态资源不容许有任何污染的产业发展。

加强生态建设，保护海岛绿色生态，发展生态资源产业。为实现这一目标，将五指山、霸王岭、吊罗山、尖峰岭、黎母山、佳西林场等建设成为热带雨林国家公园。对自然保护区内的雨林、河流、土地、矿产等加强保护和管理，有序开发利用土地、雨林、矿产、水域等重要生态资源。习近平在"4·13"讲话中指出，海南要"要积极开展国家公园体制试点，建设热带雨林等国家公园"[1]。

海南国际旅游岛建设，加强海洋生态环境保护，发展海洋产业。习近平在"4·13"讲话中指出，"海南是海洋大省，要提高海洋资源开发能力，加快培育新兴海洋产业，支持海南建设现代化海洋牧场，着力推动海洋经济向质量效益型转变。要发展海洋科技，加强深海科学技术研究，推进'智慧海洋'建设，把海南打造成海洋强省"[2]。

海南国际旅游岛建设，突出特点是以海洋旅游为主体、吸引国际游客、以岛为中心、发展南海旅游甚或延伸至印度洋旅游。首要任务是保护海洋生态系统不被破坏，其次才是发展海洋旅游产业。发展重点是创新开发海洋旅游产品（远海旅游产品）、做强做大滨海包括岸滩旅游和近海旅游，加速发展南海及海上丝绸之路的邮轮旅游，顺势开发游艇旅游和帆板帆船及休闲渔业旅游。减少近海网箱养殖、扩大发展海洋牧场、远洋渔业及伴渔旅游。加强海口东寨港红树林、文昌八门湾红树林保护区的配套建设和保护举措，加大西沙永乐群岛和宣德群岛的珊瑚礁群、蜈支洲岛珊瑚礁群等珊瑚礁群区域的保护力度，对珊瑚礁群海生动植物采取特殊保护制度和保

---

[1] 习近平：《在庆祝海南建省办经济特区30周年大会上的讲话》，《人民日报》2018年4月14日第2版。

[2] 同上。

护措施。

基于海南的九大热带风情文化体系,继续挖掘具有南海特色的海南海洋文化元素,发展海洋文化创意产业,开发更多更好更吸引游客的旅游商品。联合海上丝绸之路沿线国家(马来西亚、印度尼西亚、新加坡、马尔代夫、伊朗等国),全力推进"21世纪海上丝绸之路"海洋特色文化国际产业带建设,举办各类文化交流会展,实现民间丝路文化互通。依托海南全国唯一热带海岛的地理区位优势,力争打造具有国际旅游竞争力的热带海洋国际旅游岛,将海南的国内唯一、国际非独特的海洋旅游资源,打造成为真正的国际旅游吸引物,必须创新发展特色海洋旅游产品,深度优化海南特色海洋旅游产品结构。除了继续发展热带海岛健康休闲度假旅游等旅游产业,还应该重点发展南海乃至海上丝绸之路的邮轮旅游,真正将海南旅游融入海上丝路旅游线。

四 先行先试,奋发展现新作为

建设海南国际旅游岛,就是要在"岛"上做文章,做先行先试的文章,走迥异于国内其他区域的发展之路。首先,依托海南的特有产业资源优势——滨海航天产业资源、唯一热带岛屿型南繁加代育种产业资源、南海深海探索科技产业资源,建设文昌航天科技产业基地,发展滨海航天国际产业及衍生关联产业;建设三亚(含陵水、保亭和乐东)南繁育种基地,发展南繁国际育种产业;建设三亚深海科技基地,发展海南的深海科研及服务基地。其次,依托海南特殊地理区位优势,以海上丝绸之路战略节点和战略枢纽地位与功能的定位,在岛内建设各类涉海产业的国际合作基地,发展21世纪海上丝绸之路更广领域的合作产业。最后,从国际旅游岛建设发展提供智力支撑的角度考虑,在岛内建设海南国际教育岛试验区,引进来、走出去,发展国际教育产业。

倾力发展航天旅游产业。中央12号文指出,"依托海南文昌航天发射场,推动建设海南文昌国际航天城"[①]。海南文昌航天发射场

[①] 《中共中央 国务院关于支持海南全面深化改革开放的指导意见》,《人民日报》2018年4月15日第1版。

是继酒泉、西昌、太原三大内陆发射场后，建设在南海的第一个滨海发射基地，具有诸多比较优势。迥异于酒泉的大漠发射主题、西昌的高原发射主题、太原的高纬发射基地主题，文昌发射场定位于南海发射基地主题建设。旅游开发也以此为主题。据国家规划，文昌发射场主要承担同步轨道卫星、大吨位太空航天空间站、地月和地太空货运飞船、探月工程"绕落回"的载人回收航天器嫦娥后续号等发射任务。同时将在海南倾力建设航天科技产业、航天商业发射及装备产业、航天技术展览及航天配套服务贸易产业、航天国际尤其是离岸金融产业、航天农业育种及推广产业、航天科普、航天教育、航天旅游产业等航天旅游关联产业。

海南已在文昌建设航天旅游主题公园，配置开发航天技术研发研讨研学、航天科技会展交流会展、航天工作休闲度假及游客观光休闲、航天及太空生活娱乐等融合旅游产品，配套发展相关航天产业，并配套建设航天旅游及生活服务综合服务设施。

积极发展南繁育种产业。习近平在"4·13"讲话中指出，海南"要加强国家南繁科研育种基地（海南）建设，打造国家热带农业科学中心，支持海南建设全球动植物种质资源引进中转基地"①。海南要加强国家南繁科研育种基地（海南）建设，打造国家热带农业科学中心，支持海南建设全球动植物种质资源引进中转基地。南繁育种是利用海南长夏无冬的气候特点，及其生物物种资源，实施加代育种的工作。目前已有近800家育种生产及研究机构在海南从事南繁育种工作。为给这些南繁育种机构提供更加完善的配套服务，海南正在建设南繁育种国家实验室，建成集南繁育种研究、农作物种子生产、育种推广及销售、南繁加代育种科研研讨交流、育种成果转化于一体的服务国际国内现代农业发展的南繁育种基地。

积极推动发展深海科技产业。习近平在"4·13"讲话中指出，海南"要发展海洋科技，加强深海科学技术研究"②。在我国的疆域图上，海南位于南海的最前哨，已经作为南海科研的前进基地。三

---

① 习近平：《在庆祝海南建省办经济特区30周年大会上的讲话》，《人民日报》2018年4月14日第2版。

② 同上。

亚深海科学研究所建成运作，已成为国家深海研发试验的共享开放平台，并将成为深海探索的国际合作基地。将在深海生态环境、深海地质构造及地貌状况、深海动植物的生物学特质等领域开展国际联合研究。重点实施南海深海环境探测、深海信息传递、海底矿产勘探新技术与系统应用等高新项目。

建设国际教育岛，发展国际教育产业。习近平在"4·13"讲话中指出，"鼓励海南引进境外优质教育资源，举办高水平中外合作办学机构和项目"[①]。为了奠定海南国际旅游岛坚实的理论知识基础、厚重的人才储备，要以深度开放、全方位共享先进教育资源为引领，扩大引入国际先进教育资源和科研资源，推动海南建设国际教育创新岛，把海南国际教育岛发展成为中国教育开放、创新合作、跨越式发展的可示范、可借鉴、可推广的范例。在海南国际旅游岛陵水先行试验区内建设国际教育岛，创新发展国际教育，引进国际先进教学机构，同时引入国际、国内先进办学机构，建立从幼教、基础教育岛本科及以上层次中外合作办学机构，条件成熟时吸引外资机构独立建设国际教育机构。引入办学、积累一定国际办学经验后，鼓励在琼高校联合国内优质高校，走出去建设境外合作工科大学、职业院校，同时鼓励国际企业在海南独资设立幼教、中小学基础教育、职业教育和高等教育机构。

承担海上丝绸之路重要战略节点、战略枢纽的功能。海南岛位于21世纪海上丝绸之路的重要节点，定位于海上丝绸之路的战略枢纽亦不为过。基于此，海南省建设国际旅游岛，必须遵守共建原则、建设互联互通的营商环境、产业合作体。加强海南省与环南海各个国家、印度洋沿岸国家建立战略合作关系，增进政府之间、民众之间和非政府机构之间的相互了解，广泛开展产业经济、货物和服务贸易、国际金融、现代化文化教育体育等服务产业、基础设施建设等领域合作，尤其是旅游业的合作，共同建立多种的各类产业跨境合作发展区。尤其在海上丝绸之路沿线各国共同建立海洋旅游产业、海洋捕捞渔业、海洋文化产业、文化教育体育产业的合作基

---

① 习近平：《在庆祝海南建省办经济特区30周年大会上的讲话》，《人民日报》2018年4月14日第2版。

地。海南省将三亚作为邮轮航线西延的前进基地，中途依托西沙和南沙主要岛屿，邮轮航线经马六甲海峡西延，经阿曼湾前伸至红海海域、波斯湾海域和非洲东岸，与丝绸之路经济带实现闭环发展。

习近平在三次考察海南的过程中都指出海南所面临的发展机遇，尤其是就国际旅游岛建设作了重要指示，要求海南在国际旅游岛的建设中发挥对外开放排头兵的作用，积极探索，实施更加开放的投资、贸易、旅游等政策，为全国开放性经济提供新鲜经验，要把国际旅游打造成海南的一张重要名片。习近平对海南寄予了无限的厚爱和期望，海南要发扬特区敢闯敢试、敢为人先的精神，勇于冲破思想观念束缚和利益固化的樊篱，着力打造更具活力的体制机制，拓展更加开放的发展局面，在推动海南成为新时代全面深化改革开放新标杆征程中，不断书写党中央和人民满意的优秀答卷，为实现"两个一百年"奋斗目标、实现中华民族伟大复兴的中国梦做出新的更大的贡献。

第九章 以雄安为代表全新起点最高规格顶层定位的特区实践

2017年4月1日，中共中央、国务院决定在河北设立雄安新区。这是以习近平同志为核心的党中央为深入推进京津冀协同发展、有序疏解北京非首都功能所作出的一项重大历史性战略选择，也是继深圳经济特区、上海浦东新区之后的又一具有全国意义的新区，是千年大计、国家大事。早在2014年2月，习近平在北京考察工作时提出了京津冀协同发展的重大战略，指出要把北京的一些功能转移到河北、天津去；2015年2月，习近平在主持中央财经工作领导小组会议时，提出要把握好"多点一城、老城重组"的思路，研究思考在北京之外建新城的问题；随后又提出可以在河北合适的地方进行规划，建设一座以新发展理念为引领的现代化新城；2017年2月在河北实地考察后，习近平多次主持召开会议研究部署并亲自拍板决定设立雄安新区。① 雄安新区的设立具有划时代的意义，是新时代经济特区理论与实践具有全新起点、最高规格、顶层定位的新探索。

第一节 全新起点：新时代应运而生

新时代应运而生的雄安新区，是党中央经过深思熟虑、多维考量后做出的一项重大历史性战略选择，从设置的目标任务使命看，是40年经济特区理论与实践的全新起点。首先，新时代的雄安新

---

① 《雄安新区：谋定而动　蓄势待发》，2017年10月5日，http://www.china.com.cn/news/2017-10/05/ content_41689482.htm。

区，在我国社会主要矛盾已经转化为人民日益增长的美好生活需要与发展不平衡不充分之间的矛盾下诞生，肩负的重要历史使命不仅是打造区域新的经济增长极，更重要的是推动整个京津冀地区的协同发展、解决区域和城乡发展不平衡不充分的问题；其次，雄安新区与其他经济特区相比，首要定位是北京非首都功能的集中承载地，直接与我国首都的部分功能转接挂钩，因此定位更为特殊、战略定位更高、政治意义也更加深远；再次，学界所谓"80年代看深圳，90年代看浦东，21世纪看雄安"，前两者均地处沿海，作为对外开放的窗口，凭借优越的地理条件和政策优势，吸引外资，发展外向型经济，辐射带动中国沿海地区的发展，而既不沿海又不沿边的内陆雄安作为国家又一大新区设置，别出心裁，为国内其他内陆地区的转型发展提供了示范样板，体现了"从南到北、从沿海到内陆、从先发优势到后发优势"转变的战略发展新路径；最后，新时代的雄安新区从"一张白纸"开始打造，和以往经济特区如饥似渴的速度追求不同，更加强调"雄安质量"和"人文雄安"，实现"把城市还给人"的核心理念，致力于打造一个绿色低碳的生态城市、科技智能的现代城市、人文宜居的智慧城市以及人民幸福指数极高的城市。

以问题意识和实践发展为导向，从多元视角全面观察雄安新区的设立背景，让我们进一步深刻领悟新时代应运而生的雄安新区所拥有的全新起点。

一　打造京津冀世界级城市群的战略出发点

在全球范围内，享有盛誉的有美国东北部大西洋沿岸、日本太平洋沿岸、北美五大湖区、欧洲西北部、英国伦敦以及我国长三角等六大城市群。它们以领先的综合实力发展水平、明确的城市职能分工和密切的经济社会联系，对整个国家乃至世界的发展都起着极大的辐射和推动作用。伴随着经济全球化和国家新型城镇化进程的加快发展，国家竞争力和综合国力的提高越来越依赖于以中心城市为核心的城镇群实力的壮大。

习近平指出"在前30多年的发展中，我国逐步形成了京津冀、长三角、珠三角三大城市群，成为带动全国发展的主要空间载体"①。为了更好地参与国际竞争，深度融入世界经济发展潮流，我国正在着力构建全方位的开放格局，塑造高水平的现代化经济发展体系，而打造以北京为核心的世界级城市群就是现阶段我国扩大高水平开放、实施强国战略的关键一步。京津冀城市群是我国最重要的经济中心之一，在全球发展格局中占据一定优势，是参与全球竞争的重要节点，肩负着引领国内高水平城市群建设、打造全球第七大世界级城市群的双重任务。同时也要看到"京津两市的极化特征显著，城市间一体化水平不高，京津冀尚未形成成熟的多中心城市群"②，与长三角珠三角相比还有不小的差距。雄安新区的设立，将起到在国际竞争与合作过程中发挥出核心区域的作用。

二 解决首都北京大城市病严重问题的出发点

作为首都的北京，不仅是我国的政治中心、文化中心、国际交往中心乃至科技创新中心，更是"北上广深"四大国家中心城市之首，吸引了大量的人口和各种资源要素向其流动，有着强大的市场集聚力，其中包括各种区域批发市场、物流中心和一般性制造业等低端产业，以及中心城区集聚着过多的教育医疗资源，部分行政、事业、服务单位等，从而造成北京"身宽体胖"难以消化，引发了一系列的连锁现象，诸如环境污染、交通拥堵、房价高涨、公共产品和资源环境承载力不足等大城市病问题层出不穷。

一是人口的过度膨胀，根据国家统计局统计，2011年到2016年末，北京常住人口从2019万人增至2173万人，接近《京津冀协同发展规划纲要》（以下简称《纲要》）上提出的，到2020年北京市常住人口要控制在2300万以内的目标。二是资源环境承载力不足，水资源短缺严重，70%的城市用水来源于南水北调工程，城市内部用水也多来自于河北省，水资源供应不足。2016年北京人均水资源仅为161立方米，不足全国平均水平的1/10。此外，在环境问

---

① 《习近平谈治国理政》第2卷，外文出版社2017年版，第77页。
② 李兰冰、郭琪、吕程：《雄安新区与京津冀世界级城市群建设》，《南开学报》（哲学社会科学版）2017年第4期。

题上，霾污染严重，"2000 至 2013 年北京共发生将近 200 次重污染空气，其中霾污染几乎占了重污染天气总数的一半"①。2016 年更有高达 90 天处于中度污染程度，PM2.5 平均 73 毫克立方米，超过国际标准 109%。三是公共产品供应不足。这一问题突出表现在教育和医疗资源分布不均衡，优质的资源大多集中在三环以内，从而造成了上学难、看病难等社会问题。不仅炒出天价学区房，甚至在二手房交易中还出现个别住宅拆分炒卖现象，严重影响了北京城区的高质量发展。四是交通拥堵问题严重。截止到 2016 年，北京的机动车保有量已经达到 548 万辆，几乎在不到 4 人的常住居民中，就有一辆机动车。尽管北京市政府也采取了很多措施，比如限号出行、摇号限购、收取拥堵费等，但是这些措施并没有从根本上解决交通拥堵问题。这些问题都大大降低了北京居民的生活质量和幸福满意度。

因此，雄安新区设立的初心就是要疏解北京的非首都功能，为北京减重、减负，腾出空间构建"高精尖"经济产业结构，推动新时代首都高质量发展，也是关系到国家长治久安的重大考量和出发点。

三　探索京津冀地方行政管理机制协调的出发点

体制机制掣肘是造成京津冀地区发展不协调的重要原因之一。两市一省由于没有形成实际操作意义上的行政管理协调机制，各自"出于对地方利益和当前利益的考虑，难以站在区域和长远的角度思考问题"②，从而阻碍了整个京津冀地区的协同高效发展，造成各种资源要素无法进行合理有效的流动。一是行政区之间的不良竞争问题突出。由于"政区竞争是各个行政区域即各国或各地方政府之间在投资环境、法律制度、政府效率等方面的跨区域竞争"③，三地

---

① 唐傲寒、赵婧娴：《北京地区灰霾化学特性研究进展》，《中国农业大学学报》2013 年第 3 期。

② 吴良镛等：《京津冀地区城乡空间发展规划研究三期报告》，清华大学出版社 2013 年版，第 79 页。

③ 马海龙：《行政区经济运行时期的区域治理——以京津冀为例》，华东师范大学出版社 2008 年版。

为了增强各自的发展优势,在投资环境、法律制度和政府效率上统筹规划,制定出对各自发展最有益的规章制度。因此不可避免的结果是,"我国的区域发展在地方分权体制下表现出明显的市场分割和地方保护,如为本地企业创造垄断地位,限制外地商品流入本地,与外地企业竞争时使用偏激性的融资政策、土地政策甚至是司法手段"[1]。一方面这确实推动了各自政区的经济发展,使得投资环境得到改善,法律制度不断健全,优质的政府服务不断提高。但另一方面,就京津冀一体化发展而言,这种"一亩三分地"的狭隘思维定式却阻碍了区域整体的协调发展。由于各自制定的优惠政策、法律制度和财税制度标准不一,难以协调,从而造成政府间的经济社会合作意愿不高。因此,只有三省市政府间的行政管理体制机制进一步完善,才能摆脱各自单飞的发展模式,破解"三个和尚没水喝"的协调发展难题。二是"行政区经济"色彩突出。行政区属于上层建筑的范畴,经济区属于经济基础的范畴,两者的相互拉扯对政府与市场在资源配置中的作用产生影响。由于首都与中央政府的关系密切,天津、河北又紧邻首都,"行政区经济"色彩明显,导致市场经济活力不高。尤其是在1994年采取分税制改革后,各地政府采取GDP"锦标赛"的发展模式,片面追求经济高速发展,从而导致"资源重复建设、产业雷同、过度竞争、环境污染等问题日趋严重"[2]。由此可见,行政区的过于封锁在无形之中造成各地经济发展成果的外溢效应不能充分展现,也使得三省市边界地带的基础设施建设、公共资源配置和生态环境治理等问题存在着极大的不协同。因此,为避免无序竞争,推动区域整体发展,京津冀地区迫切需要建立有效的行政管理协调机制,雄安新区的成立恰逢其时。

四 解决京津冀一体化发展中不平衡不充分的出发点

京津冀地处京畿重地,濒临渤海,携揽"三北",土地面积

---

[1] 刘秉镰、孙哲:《京津冀区域协同的路径与雄安新区改革》,《南开学报》(哲学社会科学版)2017年第4期。

[2] 周密、王家庭:《雄安新区建设中国第三增长极研究》,《南开学报》(哲学社会科学版)2018年第2期。

21.6万平方公里，有一亿多的人口在此集聚，是我国北方各省区改革开放的先行地，也是推动北方经济社会发展的重要引擎。然而自新中国成立以来，京津冀一体化发展就面临着重重阻碍，既有行政区划和体制机制的原因，也有三地产业布局各异等一系列原因，使得京津冀成为我国区域发展不平衡的典型缩影。三地发展不平衡不充分的主要原因在于京津强大的"虹吸"效应，使得"北京吃不完、天津吃不饱、河北吃不着"的现象成为历史顽疾：固化为"京津中心、河北外围"的城乡二元结构，主要表现在三地产业结构差异明显、城镇体系存在断层以及城乡发展差距过大等突出问题。

北京市呈现出"三二一"的产业发展模式，已步入后工业化阶段；天津市的第二、三产业大体相当，进入到"接二连三"的工业化中期阶段；而河北省则呈现出巨大的"断崖式落差"，第一产业所占比重就约为北京的22倍、天津的9倍，呈现出"二三一"的产业发展结构，处于工业化的中期阶段，产业转型升级的任务较重。在产业链条上，北京主要发展高精尖产业和现代服务业，新型金融业态十分齐全，成为三地互投的资本辐射中心和科技创新中心，处于产业链的高端；"天津经济正在由以石化、钢铁等传统制造业向装备制造、电子信息、航天航空、新能源新材料等战略新兴产业过渡中，处于产业链的中端"[①]。而河北产业结构偏重，钢铁、煤炭等产能过剩，发展模式较为粗放，创新能力不足，存在着"布局散、整合难、发展慢"等问题，处于产业链的低端。三地产业有差异没互补，导致各种资源要素向京津两市单向流动，从而出现了"环京津赤贫带"，大大阻碍了京津冀一体化发展。京津冀城镇体系结构存在断层，京津冀11个地级市，地缘相接、地域一体，但与长三角珠三角相比，结构梯度明显不合理，形成了"核心—边缘"的二元极化城镇结构，中间衔接地带空白较大。加上人口大量向核心城市集聚，使得高序位城市的规模较为突出，而中小城市发育不够，从而整体呈现出"两头大、中间小"的哑铃形

[①] 薄文广、陈飞：《京津冀协同发展：挑战与困境》，《南开学报》（哲学社会科学版）2015年第1期。

结构。①

从城镇化水平上来看，2016年北京城镇化水平高达86.5%，天津为82.9%，河北仅为53.3%，未达到全国城镇化57.4%的平均水平，三地差距过于悬殊。根据空间扩散原理中的等级扩散方式来看，京津两地的资源、要素、企业和经济部门本应按照中心地等级体系自上而下地进行扩散，从大城市扩散到中等城市、小城市，然后依托这些城市再向广大农村扩散的态势发展。②但从京津冀多年的城镇联动发展形势来看，两大核心城市对河北的扩散效应并不明显，反而河北对京津出现了回流效应，表现在"资本、劳动、商品和服务从外围区向核心区的流动，从而对外围区产生不利影响"③。京津两地与周边城市的发展过于悬殊，周边缺乏足够数量的和较强带动力、辐射力的"二传手"城市，从而造成三地发展鸿沟持续拉大，区域间深层梯度合作难以形成。因此，河北省迫切需要一个与京津两市发展实力相当的核心城市，以改变京、津成为绝对的高水平优质要素净流入区，而河北仅为要素净流出区的不平衡现状。雄安新区未来承担的京津冀一体化发展的重大战略使命，在社会主要矛盾发生重大转化的新时代，以习近平同志为核心的党中央作出了具有眼前一亮神来一笔效应的果断决策。

五 全国一盘棋促进区域经济协调发展战略出发点

自党的十一届三中全会以来，在改革开放的春潮中，我国从沿海到沿江，从沿线到延边，各大经济区域都获得了长足的发展。然而，京津冀作为我国最重要的畿辅地区，其内部协同发展的目标不仅远未实现，进一步看，由于改革开放后，我国经济重心逐渐南移，以深圳为核心的珠三角地区和以上海浦东新区为核心的长三角地区如破竹之势迅猛发展，导致以京津冀为代表的北方地区发展差距愈拉愈大。尤其是我国经济进入新时代后，发展方式逐步从规模

---

① 住房和城乡建设部城乡规划司、中国城市规划设计研究院：《京津冀城镇群协调发展规划（2008—2020）》，商务印书馆2013年版，第67页。
② 吴殿廷：《区域经济学》，科学出版社2003年版，第193页。
③ 张秀生、卫鹏鹏：《区域经济理论》，武汉大学出版社2005年版，第192页。

速度型的粗放增长转向质量效率型集约增长的战略方向，与南方诸多经济发达省份相比，北方众多产业产能严重过剩，经济下滑压力倍增，进入到发展的"瓶颈期"，从而加剧了"南强北弱"的失衡态势。

从珠三角、长三角和京津冀分别对全国 GDP 总值的贡献率来看，三地存在着较大的经济发展差距。据统计，珠三角以 0.3% 的国土占地面积和 3% 的全国人口比重，贡献了全国 GDP 总值的 9.3%；长三角则以 2% 国土占地面积和 6% 的全国人口比重产出将近 20% 的 GDP，而京津冀占据 2.27% 的国土面积，占全国人口近 6%，仅贡献了约 10% 的 GDP。究其原因在于，同珠三角和长三角经济一体化水平相比，京津冀统一要素市场远未形成，市场发育滞后、开放水平较低，成为制约京津冀协同发展的重要原因。此外，据 2016 年的数据统计，"全国经济增速最低的 10 个省中，有 7 个在东北和华北地区，分别是辽宁省、山西省、黑龙江省、北京市、河北省、吉林省和内蒙古自治区"[1]。因此国家区域政策必须把协调南北和统一东西区域的发展提上日程，不仅要改变"南强北弱"的失衡局势，更要实现"北方兴、华北均"的发展目标。通过打造北方新的经济增长极，来积极对接"中部崛起""西部开发""东北振兴"三大板块战略，来辐射带动北方中西部地区的整体协同发展。

全国一盘棋，从新时代以来的中国经济板块和空间布局看，京津冀活则满盘活。雄安新区背靠京畿，俯瞰长三角珠三角，东临渤海，北顾东三省，西接广袤大西北，中心开花满园香，一定能为区域经济协调发展爆发出难以估量的能量。

第二节 最高规格：治国理政新标杆

雄安新区的设立，将开拓我国国家级新区新的空间结构布局。

---

[1] 陈耀：《雄安新区：新常态下优化中国空间结构的战略棋局》，《区域经济评论》2017 年第 5 期。

不仅能够有效地将北京非首都功能的企事业单位向新区乃至周边地区疏解，以全新的规划指导京津冀城市布局和空间结构的调整优化，推动京津冀协同发展和繁荣，还能进一步充分发挥国家级新区的辐射带动作用，助力打造京津冀世界级城市群，推动我国东西、南北区域的整体协调协同发展。同时，它的设立更为落实五大发展理念开创了新局、谱写了新篇，倒逼我国体制机制的改革创新，促使我国经济社会向着高质量发展的方向前进。最值得关注的是，雄安新区从设想的提出、调查研究、重大研讨、作出决议到全面规划等一系列动作，均是在习近平同志亲自过问亲力亲为中完成，成为新时代以习近平同志为核心的党中央治国理政的新标杆，是总书记着眼于新时代未来30年发展的重大战略举措。

一　接驳北京非首都功能集中承载地解决多年的"迁都"困惑

如前文所述，多年来由于北京承载着过多的非首都功能，因此患上了久治不见好的"大城市病"。这不仅阻碍北京实现内涵集约的高质量发展，也使得以北京为核心的首都城市圈面临着发展动力严重不足的问题，因此"建设一个什么样的首都，怎样建设首都"成为新时代党中央面临的一个重大时代课题。众所周知，自20世纪80年代末以来，"迁都"之说无论在学术界还是民间都是一个极其令人关注和热议的话题，世界上由于各种因素实施迁都的国家真的也不算少。但是，这个论题毕竟涉及我党的历史传统、新中国成立以来国家在政治、经济、文化、社会等方方面面的重大布局以及国家战略安全环境的复杂制约，任何轻举妄动都有动摇国本的重大风险。

鉴于北京存在"想发展无空间"的难题，根据国际经验，采取"跳出来"建新城的办法是解决大城市病问题的最佳方案。但由于疏解北京非首都功能是一项复杂且艰巨的系统工程，涉及产业疏导、市场搬迁、人员分流、环境治理、公共服务建设等各个方面，因此集中承载地的选址问题相当重大，既不能与北京相距太远，以免无法发挥北京的辐射带动作用，从而不能吸引相关人员和企业到此集聚；同时也不能靠得太近，以免各种资源要素依然集聚在单核中心城市，只会加剧"摊大饼"的困境。雄安新区囊括雄县、容城和安新三县，地处北京、天津、保定腹地，距京津中心城区均为105公里，位置恰到好处，三地正好构筑了一个"正三角形"。便捷的交通网络、优良的生态环境、丰富的自然资源以及开发程度低和发展空间充裕等各项良好的区位要素，使得雄安新区拥有具备高起点高标准开发建设得天独厚的条件。

雄安新区的设立，集中体现了以北京为核心的大都市圈主动通过调整空间布局的方式来进行区域分工。首先从都市圈的空间结构上来看，"都市区内的中心城市一般具有较高的首位度，随着城市人口的进一步集中，首位城市产生集聚经济，导致竞争力下降，并把一部分经济活动和人口分散到周围地区"[1]。雄安新区正是北京这个首位城市在空间结构上的分散调整，两者关系的构建体现了"空间系统的诸要素按一定的组合方式结合而成的空间分布规则（空间序），以及按一定的内在关联形式而产生的空间相互作用规则（功能序），是系统优化的内在要求的反映"[2]。此外，从区域分工角度来看，要想解决北京的"大城市病"，"城市区域分工是必经之路——首都功能扩展的需求决定了雄安新区的设立成为必然选择"[3]。区域分工是区域经济活动按照一定的规则在地域空间上的有机组合，即北京将集中于"四个中心"功能建设，而雄安新区在北京的辐射带动下，将聚焦创新，重点发展高端高新产业，打造科技新城。两地的完美结合将积极推动区域间的要素合理流动，优化区域空间布局，开创京冀优势互补的特色经济格局。

总之，雄安新区的设立重新勾画了城市可持续发展的规划蓝图，是北京实现"瘦身提质"的关键一步。习近平强调，要以北京为核心，雄安新区与城市副中心为两翼，形成"一核"辐射、"两翼"齐飞的生动格局。"一核"辐射就是要进一步强化北京的"四个中心"功能建设，不断提升"四个服务"水平，辐射带动周边城市的经济发展；"两翼"齐飞即雄安新区和城市副中心要合力实现功能

---

[1] 姚士谋等：《区域与城市发展论》，中国科学技术大学出版社2009年版，第14页。
[2] 同上书，第15页。
[3] 陈甬军：《雄安新区建设：背景、功能与展望》，《贵州省党校学报》2017年第4期。

布局的错位发展，推动北京城区的空间腾退和功能优化，进一步探索人口密集地区优化开发新模式。2017年8月，京冀两地政府签署《关于共同推进雄安新区规划建设战略合作协议》，明确了雄安新区的产业承接方向以及驻京企事业单位、公司总部向新区疏解的原则方案。在此基础上，北京自身再启动"腾笼换鸟"，严控增量，重新构建"一核一主一副、两轴多点一区"的城市空间结构，通过内向调整来推动北京实现"提质"。由此可见，雄安新区作为北京非首都功能集中承载地，担负着我国首都能否实现可持续发展的重要使命，它的成功实践探索，将为中国破解同样的"大城市病"带来很好的示范效应，同时也将为其他国家级新区建设提供积极的借鉴和示范意义。

二 强化协调辐射功能巩固区域均衡发展战略支点

从面上看，雄安新区的设立，最受益的是河北省，北京市似乎有所得有所失，与天津似乎没啥大关系。事实上，雄安新区的新起点高水平设置是一个通过强化协调辐射功能，带动区域均衡发展高质量发展的重要战略支点。

补齐河北经济社会发展质量和水平的短板。由于京津强大的"虹吸"效应，河北陷入到"环京津赤贫带"的发展困境，一直以来都成为京津冀协同发展的突出短板，不平衡不充分的问题始终没有得到根本解决，从而成为区域发展的"经济洼地"。目前河北省还面临着结构性矛盾突出、新旧动能转换不快、生态环境治理任务繁重、民生领域存在短板等问题，难以与京津两地并驾齐驱，因此河北急需"健身增效"，挖掘新的经济增长点，来整体带动全省的经济社会发展质量和水平。

从三地的资源要素流动上来看，河北主要向京津两地输出劳动力、资源、旅游和农产品，扮演着单方面的"服务"角色而尾随其后，从而难以形成专业化的特色发展优势。而雄安新区的设立将成为河北经济社会发展质量和水平全面提升的激活按钮，一键按下，将辐射带动整个河北在产业、交通、生态和民生上的快速有效联动发展。主要表现在以下几个方面：一是在产业发展领域。多年来京津冀协同发展战略为河北的发展注入了强大的发展动能，而雄安新区的建设将进一步实现北京科技优势与河北空间优势的紧密结合，推动京冀两地的合作共赢发展。针对河北产业结构重，资源消耗大，新旧动能转换不快，发展质量和效益偏低等问题，雄安新区将成为河北省产业结构转型和新旧动能转换的强大引擎。通过国家制度红利和政策红利的倾斜扶持，雄安新区将吸引各类优质高端资源要素在此汇聚和落地，诸如大数据、物联网、云计算等新一代信息技术，现代生命科学、生物技术、无人技术等一些走在国际前沿的新产业。雄安新区作为创新中枢，河北省可以紧抓机遇以创新链优化产业链，积极承接京津创新发展资源，形成"京津研发、河北转化、河北制造"的合作模式，从而更好地推动河北省工业转型升级、战略性新兴产业快速发展和科技创新能力不断增强。二是在交通设施领域。雄安新区的设立加强了京津冀三地交通基础设施上的互联互通，"轨道上的京津冀"正在加速形成。近年来，河北省区域综合交通网络日益完善，省内高速公路和铁路总里程均居全国第二位，太行山高速南北贯通，石济客专、津保铁路等已建成通车，环首都"半小时通勤圈"逐步扩大覆盖范围。此外，河北省已拥有3个机场，进出北京的旅客可利用石家庄机场和高铁实现"空铁联运"，使人们的出行变得越来越方便。三是在生态治理领域。雄安新区的设立，推动河北省严格贯彻落实生态优先、绿色发展的理念，加紧生态基础设施建设和环境整治。大力关停整治"脏乱污"企业，整治重污染河流，以白洋淀生态环境治理为首要，加快张家口首都水源涵养功能区和生态环境支撑区建设，强化区域污染联防联控联治和生态环境共建，并高质量推进"千年秀林"建设工程。四是在民生领域。河北省与京津两地相比，基本公共服务水平差距较大。雄安新区将有力推动京津冀三地在公共服务领域的全方位深度合作，拉动京津优质教育、医疗、卫生、养老等优先向雄安及河北转移，实现区域优质公共服务资源的共建共享。

　　点面结合促进京津冀协同发展，致力打造以首都为核心的世界级城市群。从促进京津冀协同发展的角度来看，雄安新区的腾空出世可谓是时代的召唤，历史的选择。它将作为优化京津冀城市空间布局的重要支点和区域经济产业结构的新的增长极，成为在河北打造的"反磁力中心"，来抗衡京津的"虹吸"效应，并与京津形成稳固的"金三角"，以点带面促进京津冀协同发展和繁荣，从而助力打造以首都为核心的世界级城市群。

一是在城市空间布局上，雄安新区将作为一个重要的支点，来支撑起整个京津冀空间结构。这是因为"两端化、离散化是京津冀城市群的主要特征"[①]，从而造成京津冀城市群对周边地区的辐射带动效力不高，国际竞争力和影响力偏弱，因此必须要对京津冀进行空间布局调整，补齐河北在京津冀协同发展上的突出短板。有学者认为，"雄安新区设立的本质实际上就是空间层面的供给侧结构性改革"[②]。通过设立雄安新区这一新的空间，与北京、天津正好形成稳固的"金三角"，来推动京津冀进行内部空间的结构性改革，提高国土空间利用率，使其按照"功能互补、区域联动、轴向集聚、节点支撑"的思路布局，来降低区域间的协调成本，进而消除产业衔接和产业转移的障碍，最终形成以"一核、双城、三轴、四区、多节点"为骨架的多中心的网络型空间格局。

二是在区域经济产业结构上，雄安新区的设置将逐步成长为区域协同发展的新的经济增长极。法国经济学家弗朗索瓦·佩鲁提出了经济增长极理论，认为"经济空间存在着诸多天然形成或自上而下构成的中心或极，在经济发展中，这种极发挥着类似磁极的作用，产生极化效应和扩散效应，从而形成一定空间范围的'磁场'区域"[③]。雄安新区将作为京津冀新的区域经济增长极，先是借助良好的社会、经济、生态环境等外部效应来推动更大范围内的人流、物流、资金流、技术流和信息流的梯度转移，吸引各类高端高新产业主动加盟增长极，以充分发挥其集聚效应，而后再通过跳跃式扩散或邻近扩散的方式，向周边地区输送人才、资本、技术等生产要

[①] 白彦锋、张维霄：《立足"新常态"，促进京津冀地区协同发展》，《经济与管理评论》2015年第6期。

[②] 张可云、蔡之兵：《"大转型"背景下的空间供给侧结构性改革——雄安新区的时空背景、战略谋划与政策支撑》，《贵州省党校学报》2017年第4期。

[③] 周密、王家庭：《雄安新区建设中国第三增长极研究》，《南开学报》（哲学社会科学版）2018年第2期。

素，辐射带动周边地区或其他同等级城市的发展，并构成一种良性循环，使增长极不断成长，以促进京津冀地区经济产业协调发展。此外，京津冀三地将通过采取错位发展、协同发展和融合发展的复合模式，来整体推动京津冀产业结构的进一步优化，实现京津冀经济一体化发展。

三是在世界级城市群打造上，雄安新区将成为京津冀城市群的创新驱动中心。结合国内外城市群发展来看，为了对整个区域经济社会发展提供强有力的支撑和发挥带动辐射作用，在中心城市周边都必须布局一批功能互补、规模适度的卫星、节点城市。而雄安新区将以创新驱动发展为动力，成为我国京津冀城市群中的重要节点城市，未来还会释放出更多的人才、信息、技术、资本等创新要素，来加速推动京津冀城市群高质量发展。此外，京津冀城市群还将积极融入世界发展潮流，面向环渤海，放眼东北亚，进一步扩大对外开放，积极参与国际竞争，努力打造成为全球极具国际影响力和竞争力的世界级城市群。

勠力打造北方新的经济增长极，促进南北经济平衡发展。改革开放以来，由于我国经济重心的南移，南北地区逐渐呈现出"南强北弱"的不平衡发展态势。以珠三角和长三角为例，1979年深圳特区乘着改革开放的春风，启动对外开放，带动了整个珠三角地区的蓬勃发展，从此成为我国南方地区的第一经济增长极。1992年，为进一步扩大改革开放，中央决定设立上海浦东新区，同样也拉动了长三角地区的协同发展，并成为我国南方地区的第二经济增长极，尤其是长三角城市群现已成为全球六大世界级城市群之一。对比可知，北方地区至今还没有一个实力相当且相对成熟的城市群，从而导致南北经济发展悬殊愈来愈大。此外，进入21世纪之后，国家更是将重心放在东西部地区的区域协调发展上，先后实施"西部大开发""中部崛起"等战略，致力于缩小东中西地区的发展差距，从而再次忽略了"南北失衡"这一现状问题。

在此历史背景下，党的十八大以后，以习近平同志为核心的党中央清醒地认识到南北区域存在着发展不平衡不充分的严峻问题，设立雄安新区推动京津冀协同发展就是解决这一重大问题的关键一招。雄安新区未来发展必然要成为京津冀协同发展的"火车头",也必将成为引领我国高质量发展的重要动力源和示范地,推动京津冀城市群迅速崛起,从而助力打造我国第三经济增长极,来拉动整个北方地区的经济社会发展。在未来,京津冀城市群将对我国北方现代化、新型城镇化、国际化发挥着重要的核心引领作用,并与长三角、粤港澳大湾区一起,成为促进我国南北均衡发展的三大经济中心地区之一,其重大战略意义怎么估计都不过分。

辐射带动中部崛起西部大开发实现党中央和全国人民的夙愿。党的十八大以来,在区域发展的总体战略中,我国"四大板块"的均衡发展得到进一步的推进。但是,在全国发展的总盘子中,东部强、西部弱、中部滞的问题依然不同程度存在,尤其是一些中西部地区的人才储备不足、人才流失严重,技术支撑缺口较大,新旧动能转换不足,基础设施和公共服务设施依然较差,还存在着较多的贫困地区等问题。中部崛起特别是西部大开发战略关系到国家的长治久安和边疆民族地区的和谐团结,自20世纪90年代开启以来,一直受到全国人民的密切关注。

党的十九大报告提出,要实施区域协调发展战略,加大力度支持革命老区、民族地区、边疆地区、贫困地区加快发展。因此,随着区域政策体系的不断完善,东中西地区的协同发展必须要向更高水平和更好质量迈进。从长远角度来看,雄安新区的设立,能够在京津冀产业布局分工、区域协作配套、建立利益补偿机制、实现发展成果共享等方面,起到无法取代的协调作用,从而推动京津冀地区成为我国区域整体协同发展的改革引领区,"东部率先"区域是发展战略中的"排头兵",进而通过辐射效应和带动效应传递到中西部和东北地区,带动乡村发展尤其是贫困地区的发展。

随着京津冀的一体化发展,未来京津冀地区还将积极对接中部崛起和西部大开发两大区域发展战略。中部地区可以凭借其连接东西南北的区位、四通八达的交通网络和较为完整的产业体系,加强与京津冀的区域合作,促进区域间的资源要素自由流动,来推进中部地区崛起。此外,"'一带一路'建设中的中蒙俄经济走廊建设将京津冀地区与内蒙古和东北地区的对外开放紧密联系起来,密切了京津冀地区与东北地区和内蒙古的联系，无疑为京津冀地区的发展和开放提供了更大的空间和更广阔的市场，扩大了京津冀地区的带动辐射作用"①。因此，雄安新区在未来将承载着京津冀地区与"一带一路"建设对接的重要使命，通过国家级对外开放平台在雄安新区的布局，来积极推进京津冀协同发展、"一带一路"和长江经济带建设这三大战略的相互促进、融合发展。通过各区域的精准发力，来共同描绘出一幅东西南北中良性互动、各区域协同发展的新时代中国经济高质量发展新画卷。

三 新时代全面深化改革开放的探索者试验田示范区

如果说深圳经济特区是邓小平时代改革开放"摸着石头过河"最典型的成果，那么，诞生在全面深化改革全面开放新时代的雄安新区，就是习近平时代最显著的成果，在"千年大计""国家大事"的顶层设计中，必将成为全面深化改革全面开放的探索者、试验田、示范区。

贯彻落实新发展理念的创新发展示范区。"世界眼光、国际标准、中国特色、高点定位"的建设标准，是雄安新区贯彻落实新发展理念的重要体现，在实现高质量发展目标中，坚持把创新作为第一动力，协调作为内生特点，绿色作为普遍形态，开放作为必由之路，共享作为根本目的，努力打造成为我国新时代的第一个创新发展示范区，为以后更多的新区建设提供经验借鉴。

首先，雄安新区与新时代中国特色社会主义先行示范区深圳以及浦东新区一道，将成为我国创新驱动发展的三大引领区之一。雄安新区建设的核心动力就是创新，通过全面实施创新驱动发展战略，高水平集聚全球创新要素资源，来推进形成以科技创新为核心的全面创新。比如雄安新区在承接北京非首都功能的过程中，将会集聚一些来自首都的著名高校、国家级科研院所、创新平台和创新中心，重点发展以人工智能、云计算、5G、IPv6 等为主的新一代高技术产业领域；同时大力推进科创服务、数字规划、智慧医疗等高

---

① 刘慧、刘卫东：《"一带一路"建设与我国区域发展战略的关系研究》，《中国科学院院刊》2017 年第 4 期。

端现代服务业发展。由此可见，雄安新区主要依靠创新来实现自身的高质量、高活力发展，根据未来需求来布局各种高端高新产业，致力于打造成为我国的科技创新新高地。从长远发展上来看，雄安新区将成为创新型中国的心脏区域，成为我国现代化经济体系的新引擎，并成为世界瞩目的全球创新中心。

其次，雄安新区将成为我国协调发展的示范区。习近平曾把协调发展比作"制胜秘诀"，充分凸显了协调在我国经济社会发展中的重要地位。雄安新区的建设更是将协调发展作为它的内生特点，并与现代信息智能相结合，充分利用大数据、互联网、卫星通信、遥感技术等，致力于建设成为现代化数字新城，兼顾城乡、区域、经济和社会、物质文明和精神文明、资源和环境的协调发展。尤其是在我国整个空间结构布局上，雄安新区发挥着多重协调功能。

再次，雄安新区将成为我国绿色生态宜居新城。在"绿水青山就是金山银山"理念的引领下，坚持把生态作为宏观政策和新区规划的优先项处理，以划定生态保护红线、永久基本农田等一系列举措确保绿色发展目标，致力于创造优良的人居环境，建设天蓝、地绿、水秀的美丽家园。还率先开展生态基础设施建设和环境整治，启动"千年秀林"工程，逐步恢复白洋淀"华北之肾"功能，做到以淀兴城、城淀共融，致力于构建蓝绿交织、疏密有度、水城共融的空间格局，充分彰显尊重自然发展规律和发挥人的主观能动性两者的完美结合。

复次，雄安新区将成为我国全面开放发展的先行区。雄安新区将作为新时代中国改革开放新高地，主动服务于北京国际交往中心功能，积极构筑对外开放合作新平台，成为连接国内外经济贸易合作的新枢纽。为顺应世界经济开放发展与经济全球化的时代潮流，雄安新区将积极融入"一带一路"建设，推动国家级对外开放平台在新区布局，从而更好地以开放促改革、以开放促发展。未来的京津冀地区，将成为全球优质要素资源的汇聚地，凭借国家一系列开放政策红利来不断释放创新效能，引领我国在更高层次上参与国际经贸分工，从而大大彰显当代中国在对外开放合作中的时代气质。

最后，雄安新区将成为我国共享发展的优质体验区。共享是千百年来中国人的美好生活追求,也是我国社会主义制度优越性的集中表现。雄安新区坚持把共享作为建设"未来之城"的根本目的,真正践行"以人民为中心"的核心价值理念。通过规划布局优质的公共服务设施,使居民未来能够充分享受一刻钟内的生活圈时光;将引进京津的优质教育、医疗卫生、公共文化、体育健身等资源,来满足居民的精神生活需求;还将创新社会保障服务体系,优化居住空间布局,改革创新住房制度等,旨在精心打造出一个出行方便、布局合理、功能混合、职住平衡的生产生活空间。由此可见,这种"把城市还给人"的建设理念具有极大的人文性。展望未来,广大人民群众可以尽情体验各种优质公共服务,在均等化一体化发展中共享改革成果,获得感、幸福感和安全感不断得到提升。

打造新时代中国城市高质量发展的标志性工程和全国样板。2014年国家颁布的《国家新型城镇化规划(2014—2020)》中提到,"要推动新型城市建设,顺应现代城市发展新理念新趋势,推动城市绿色发展,提高智能化水平,增强历史文化魅力,全面提升城市内在品质"。雄安新区的建设正是对新型城镇化建设标准的探索实践,将成为我国新型城镇化建设的标杆和典范。这是在于,雄安新区一开始就是从"一张白纸"打造,没有其他城市的历史包袱,正如习近平所反复强调的,建设雄安新区是千年大计,要体现出前瞻性和引领性,"把每一寸土地都规划得清清楚楚再开始建设""精心推进不留历史遗憾",稳扎稳打系好新区规划建设的第一颗扣子。未来雄安新区将被打造成为"绿色、智慧、创新"的宜业宜居的现代化城市,成为新时代中国城市高质量发展的标志性工程和全国样板。

"城市,让生活更美好。"坚持以人民为中心,是新时代雄安新区从设计、规划到建设的出发点和落脚点。以往的城市建设过多地强调发展速度,采取粗放式的城市管理模式,忽略了人民群众的精神需求。而雄安新区从一开始就是围绕"人"来规划建设,以人民的幸福度和满意度为标尺,注重城市的集约内涵式发展,并依靠"雄安质量"来引领全国未来城市的高质量发展,其最突出的设计规划理念是"人文性"的凸显。正如中国城市规划设计研究院总规划师朱子瑜所说,"高质量发展是关于人的事情,从幸福感到空间体验,能否营造高品质的空间,也就是能不能吸引人、留住人、留住心"①。因此,雄安新区就是中国未来城市发展的重要试验田和示范地,以"人"为主体,通过营造生态、文化和科技整体合一的高品质空间来使人民群众充分享受美好生活,从而获得更多的幸福感和获得感。

从城市整体规划上来看,雄安新区注重统筹生产、生活、生态三大布局,讲求度的精准把握,即城市的开发量和当地的资源环境承载能力相适应,避免"摊大饼"式发展,以免再次出现"大城市"病问题。首先,在国土空间布局上,对生态保护红线、永久基本农田、城镇开发边界三条控制线进行科学划定和严格掌握,预期的新区远景开发强度大致控制在30%以内,蓝绿空间占比稳定在70%左右。其次,注重城乡的统筹均衡发展,打造"一主、五辅、多节点"的新区城乡空间布局,重视美丽乡村建设,致力于构建一体化、网络化的城乡体系。同时还将在起步区打造"北城、中苑、南淀"的总体空间布局,创新采取20万人到30万人的组团式居住模式,使就业、生活、休闲、娱乐等自成体系,以方便人民的生活。再次,将运用新技术创新城市管理模式,深入推进"城市大脑"建设,坚持数字城市与现实城市同步规划。此外,还将系统推进新区治理体系和治理能力现代化,建立雄安市民服务中心,构建"互联网+政务服务"体系,着力打通便民服务"最后一公里"。最后,将积极创造高品质的教育、医疗、文化、体育等公共服务配套措施。此外,更值得关注的是,雄安新区还将开启我国城市建设先河,实行"先地下,再地上",科学有效利用地下空间,为我国城市地下空间开发利用探索经验。

雄安新区的设立,突破了过去对传统城市的认知,开启了我国新型城镇化发展的实践探索道路,深刻回答了"新时代建设什么样的中国特色社会主义现代化城市,怎样建设中国特色社会主义现代

---

① 朱子瑜:《"雄安大计"跃然纸上 "未来之城"呼之欲出——〈河北雄安新区总体规划〉解读》,2019年1月17日,http://www.gov.cn/zhengce/2019-01/17/content_5358579.htm。

化城市"的问题,它的建设将成为推动我国城市高质量发展的全国样板,也将有望成为探索世界新型城市的中国样板。

倒逼我国体制机制框架改革创新。2019年中共中央、国务院颁布的《关于支持河北雄安新区全面深化改革和扩大开放的指导意见》要求,要"坚持大胆探索、先行先试,根据雄安新区实际情况和特点,推动各领域改革开放前沿政策措施和具有前瞻性的创新试点示范项目在雄安新区落地、先行先试,为全国提供可复制可推广的经验"。在国家政策的大力支持下,雄安新区被赋予更大的改革自主权,将成为我国新时代改革开放的试验田。它的建设经验还将倒逼我国在经济、社会管理等体制机制的改革创新,从而不断推进国家治理体系和治理能力的现代化。

一是在行政管理体制上大胆创新,实行"大部门制、扁平化、聘任制",改变以往机构设置"叠床架屋"的状态;全面建立并实施权力责任清单和市场准入负面清单管理制度,"放管服"力度升级,管理层级简化,旨在进一步提高行政服务效率和水平。二是在财税金融改革上,中央政府赋予雄安新区先行先试的权力,如财税金融体制创新、实施新的税收政策、金融试验试点等方面,新区都可以根据改革发展需要拿出新举措;不靠土地财政,探索政府债券自主发行,并运用社会化、市场化手段探索建立多元化融资渠道。此外,雄安新区将享受更优惠的财政政策,通过中央财政的转移支付和地方政府的财政补贴,来保障新区的稳步运转,从而也很好地来发挥政府的宏观调控作用。三是在人口人才管理上,探索制定最有利于激发新区创新活力的人事、薪酬、住房、税收、养老等政策;开展国际人才管理改革试点,建立人才特区,探索实行最开放的人才引进制度。四是在土地住房管理制度上,雄安新区坚持"房子是用来住的,不是用来炒的"定位,建立多主体供给、多渠道保障、租售并举的住房制度,致力于建立多元化的住房供应体系。除此以外,雄安新区还将积极扩大对内对外开放,大幅度取消或降低外资准入限制,积极营造法治化、国际化、便利化的市场环境,来促进国家整体治理能力的不断提高。

雄安新区设立的时间还不长,很多具体规划建设尚未完全展开。

但是，作为新时代我们党的领袖展开宏大政治抱负的一个最令人关注的项目，建设中的雄安新区，未来的雄安新区，一定会成为习近平治国理政取得辉煌成就的最典型最生动最耀眼的成果。

第三节　顶层定位：千年大计国家大事

雄安新区的设立，是习近平原创设想的落实，并且是在他亲自过问亲力亲为中得到迅速实施的，也是在新发展理念引领下规划建设的现代化新型城区，是以"未来的标准"构建的"未来的城市"。作为"千年大计，国家大事"，雄安新区拥有了其他国家级新区无法比拟的顶层定位，担负着极其重要的任务和使命，它的成功建设不仅对未来新城新区的建设起到示范作用，而且也将成为中国未来城市发展的新标杆。"80年代看深圳，90年代看浦东，21世纪看雄安"，雄安新区作为新时代特区思想和实践的典型代表，体现了新一轮深化改革、扩大开放的重大时代内涵，它的设立举世瞩目，因为，它展现的不仅是今天中国的样子，更将是明天中国的样子。

一　何谓千年大计

对雄安新区的设立，定调为"千年大计"，充分体现了党中央的战略性目标追求和意志。在什么意义上理解"千年大计"，何谓"千年大计"，是一个必须得到各解读主体一致通约的阐释。

从历史上看，作为世界八大奇观之一、在战国时期便已经开始修建的中国古代第一军事工程万里长城，其建造史绵延2000多年直至明代，堪称千年大计。成为"上下两千年，纵横十万里"的伟大工程奇迹。长城的修建，不仅作为一个强大的防御体系保卫了国家安全，更凸显了中华民族爱好和平、团结奋进的精神传统。秦始皇帝横扫六合，废封建置郡县，实行中央集权制度，汉承秦制，自此大一统中国坚如磐石，从未有过大范围长时段的分裂，也足以称得上千年大计。汉帝国独尊儒术，铸就了中华民族仁义礼智信的道德传统、知识分子修齐治平的人格理想和新时代文化自信的重要源泉之一，也能称得上千年大计。还有一种代表性的看法认为，"千年大计并非是我们常常说的，一张蓝图绘就保持不变，一干到底，建一座千年之城。而是要本着千年大计的工匠精神，雄安发展不能再学'深圳速度'，一天几层楼，也不要学'浦东高度'，建几座亚洲第一、世界第一的高楼。新区规划、建设要精雕细琢，每涂抹一笔，都要留下历史的印记。什么叫历史印记？什么是百年工程，千年大计？不要说国外的七大奇迹，中国人修建的工程设施如都江堰、长城、运河，宫殿园林如故宫、颐和园、拙政园，一座座名垂青史的小镇，都是千年大计"[1]。

千年大计定未来！雄安新区的设立，充分体现了以习近平同志为核心的党中央强烈的使命担当、深远的战略眼光和高超的政治智慧，这一顶层定位意味着，雄安新区的发展将对新时代中国特色社会主义事业发展产生深远的影响。

雄安新区作为我国第三代新城新区的代表（第一代以1979年设立的蛇口工业区为起点，主要是国家和各省市设立的工业园区、大学园区、科技园区等"功能单一"的新城市化区域。第二代以1992年浦东新区的设立为标志，是在行政管理等方面具有相对独立和较大自主权的综合性城市中心）[2]，是探索如何解决中国区域经济发展不协调问题的一项历史性工程，将对全局和长远发展产生重大而深远的影响。在这一意义上，一些外媒将雄安新区比喻为中国新城的3.0版一点都不夸张。

从宏观上看，"千年大计"首先突出体现在雄安新区打造成创新之城这件大事上。国际经济交流中心首席研究员张燕生曾在采访中评论道，站在这样的出发点上，雄安新区的发展关系着未来30年中国经济的发展，它将是未来30年中国经济发展的新样板……雄安新区在京津冀核心位置，它承载的使命就是创新，今后应该是中国成为创新型现代化国家的心脏区域，是中国的"硅谷"。[3] 中国改革

---

[1] 李俊峰：《如何正确理解千年大计 国家大事》，《中国生态文明》2017年第2期。
[2] 刘士林：《雄安新区战略解读与战略规划》，《学术界》2017年第6期。
[3] 张燕生：《雄安新区：未来30年中国经济新样板》，2017年4月6日，https://www.chinacyjj.com/toutiao/2554.html。

开放的这40年,依靠投资拉动和要素投入,使得中国经济保持了几十年的高速增长。但正是这么多年经济发展的经验告诉我们,仅仅依靠要素投入和投资拉动并不能使经济得到持续健康的增长,创新才是引领经济发展的第一推动力,新常态下的中国经济,已由高速增长阶段转向高质量发展阶段,传统粗放发展方式已经难以为继,必须依靠创新、培育创新驱动发展新引擎,才能迎接经济新常态下的困难和挑战。

面向未来的雄安新区,承载着成就"雄安质量"、致力于高质量发展并成为全国样板城市的重要使命,创新驱动是其高质量发展的内生动力和发展壮大的必然要求,正如习近平所强调的,"雄安新区千万不能搞成工业集聚区,更不是传统工业和房地产主导的集聚区,要在创新上下功夫,成为改革先行区"[1]。因此,如何推动经济发展方式转型升级、优化产业结构,把雄安新区打造成创新之城,这是关乎中国未来的大事,在为千年大计奠定坚实的基础。

十年树木,百年树人,千年建城。千年建城,可以安邦。雄安新区是一个被寄予高期望的国家级新区,其设立具有重大的战略意义、时代意义,以及示范意义,它的成功建设将具有"千年影响",关系着国家的兴旺与安定。因此,自一开始,其选址便是在京津冀协同发展领导小组的直接领导下,经过多轮对比、反复论证,最终才确定下来的。要坚决贯彻落实习近平的指示,"把每一寸土地都规划得清清楚楚后再开工建设""要坚持用最先进的理念和国际一流水准规划设计建设,经得起历史检验""精心推进不留历史遗憾"。雄安新区作为留给子孙后代的历史遗产,必须经得起历史检验,其规划建设的每一步都必须妥妥当当。

毋庸置疑,新时代的雄安、"千年大计"的雄安新区的建设,直接指向"两个一百年"奋斗目标和中华民族伟大复兴的中国梦。这是党中央对河北提出的明确要求,也是雄安新区的重大历史使命。习近平高瞻远瞩,把握大势,亲自谋划和推动京津冀协同发展,使之上升为重大国家战略,具有极高的战略意义。《河北雄安

---

[1] 《雄安新区横空出世:细数国家级新区25年发展成果》,2017年4月18日,http://www.ce.cn/xwzx/gnsz/gdxw/201704/18/t20170418_22055212_1.shtml。

规划纲要》明确指出：至2035年、21世纪中叶雄安新区的建设目标，它的意义不只是描绘了雄安新区建设的未来美好图景，同时它也指引着中华民族实现这个近代最伟大的梦想。目前，国际形势复杂多变，国内的改革开放进入攻坚期、深水区，在此背景下规划建设的雄安新区不仅立足解决当前问题，而且着眼长远发展大计，它的成功建设必将极大地提升我国的综合实力、国际竞争力，提高我国人民实现中国梦的自信心，从理论和实践上为实现"两个一百年奋斗目标"和中华民族伟大复兴的中国梦积累丰富的现实经验。申而论之，在一定意义上说，雄安新区就是新时代开启的中华民族伟大复兴的模板。

从微观上看，雄安新区自提出、论证、批准、规划乃至实施，最终取得辉煌成就，都将推动习近平新时代中国特色社会主义思想的完善，也是新时代经济特区思想与实践的进一步发展，更能使习近平治国理政思想得到进一步检验。必须强调的是，雄安新区的建设也是习近平人民主体地位思想的体现。在雄安新区的规划建设上，习近平亲自决策、亲自部署、亲自推动，倾注了大量心血，力争将雄安新区打造成一座具有新时代中国特色社会主义的千秋样板之城。实现这样宏远的目标，既是习近平总书记治国理政思想的具体展现，也是习近平总书记实现伟大政治抱负的重要一环。

在雄安新区的一系列设计规划中，自始至终都紧紧围绕"人"这个核心谋篇布局，其中最突出体现在它的"三不原则"，即一是绝不搞土地财政；二是一定考虑百姓的长远利益；三是绝不搞形象工程，深刻体现了习近平坚持以人为本，把人民放在心中最高位置的思想，理论上是对马克思主义理论的继承和创新。另外，"坚持以人民为中心"作为新时代坚持和发展中国特色社会主义的基本方略之一，深刻影响着中国特色社会主义政治、经济、社会、文化、生态文明发展道路，影响着国家的长治久安。因此，雄安新区作为"千年大计"，理应以人民为中心，这是雄安新区建设发展的出发点和落脚点，也体现了以习近平同志为核心的党中央不忘初心，牢记使命，积极为中国人民谋幸福、为中华民族谋复兴的新时代情怀。

二 国家大事何为

对雄安新区的设立，同时定调为"国家大事"，充分体现了党中央的战略性目标追求和意志同步上升为国家意志、全民意志。其蕴含的意义起码有三重：雄安新区不是河北的雄安，也不是京津冀的雄安，是全国的雄安；作为新时代面向未来的国家级新区，必须集中全党全国人民智慧以举国之力进行建设；雄安者，雄也，安也，对国家战略安全保障具有深远的意义和影响，国家大事重千钧！从政治、经济、军事这三个主要体现国家力量的方面来讲，与以往的特区、新区、自贸区相比，雄安新区有着更突出的意义——雄安新区作为新时代我国改革开放的新地标，体现了更加强大的政治、经济、军事价值。

深圳经济特区、上海浦东新区，及河北雄安新区，它们的设立有着共同点——都体现了较强的国家意志，都承担着产业转移的重担，都肩负着促进区域一体化发展的历史使命。[1] 深圳特区设立于20世纪80年代，当时的中国正处于改革开放的初期，面对着经济落后、政治体制机制僵化的基本国情，为了"让一部分地区、一部分人先富起来"，于是国家成立了深圳经济特区。而后，鉴于深圳经济特区的成功经验，以及顺应经济全球化的趋势，国家于1992年设立上海浦东新区，带动了长江三角洲乃至整个长江流域地域的跨越式发展。因此，深圳经济特区和上海浦东新区的定位更多的是作为经济功能区，承担经济建设的任务，带动区域经济的发展。但是雄安新区不仅也在经济上承担着重任——盘活京津冀，促进区域一体化，同时，它所展现的政治及军事价值，对于整个国家而言，具有无可替代的战略价值。这样就很好理解，唯有雄安新区获得"国家大事"的顶层定位。

在政治上，为首都北京"瘦身提质"，贯彻党的新时代五大发展理念，是关系国运兴衰的大事。一方面，雄安新区的设立、规划和发展与北京的发展紧密联系在一起，疏解北京的非首都功能是设

---

[1] 潘凤：《深圳特区、浦东新区、雄安新区的比较研究》，《经济体制改革》2017年第6期。

立雄安新区的首要战略意图，它在缓解北京"大城市病"的同时，也能治疗河北的"落后病"，从而缩小京津冀间发展的巨大差距，促进京津冀的协同发展，是解决我国发展不充分不平衡问题的重要手段之一。另一方面，雄安新区是新时代新发展理念的"试验田"，雄安新区的定位，完全依据党的十八大以来所提出的创新、协调、绿色、开放、共享等五大发展理念，新发展理念恰恰是习近平对我国发展模式总结与反思的最新创获，也是在对未来世界和中国经济发展趋势做出准确预判基础上提出的战略性指导思想。① 必须强调的是，推进行政体制机制改革的创新作为雄安新区的期望之一，关系到我国行政效率是否能得到提升、政府与市场关系是否能进一步完善，甚至关系到国家治理能力现代化是否能够提升，因此雄安行政体制机制改革的探索具有重要示范意义，也将成为我国其他区域的发展提供示范，在政治上同样具有重要的意义。目前的雄安新区受既有体制机制牵绊相对较小，为我国创新理想型行政体制机制提供了难得契机，必须牢牢抓住这个机遇，认真地予以改革和创新。因此，雄安新区在疏解北京的非首都功能，贯彻党的五大发展理念，推进行政体制改革上，是关系中国特色社会主义政治事业建设的大事，影响中国前途命运的发展。

在军事上，雄安新区的成立，对中国人民解放军执行拱卫北京、保护首都的重大政治、军事任务具有特殊的贡献。雄安新区包括雄县、容城、安新及周边部分区域，地处北京、天津、保定腹地，属于保定市区域。保定市意为"保卫大都，安定天下"，自古以来的战略地理位置就十分重要。历史上，保定市在明代作为京师所辖八府之一，自明成祖迁都北京之后，便一直发挥着重要的军事要塞和堡垒作用，尤其是进入清朝之后，其军事地理位置的重要性更加突出（在清代有一个时期是直隶总督驻地）。② 自 1928 年南京国民政府批准设立河北省以来，有超过 1/3 的时间省会都设在保定

---

① 蔡之兵：《雄安新区的战略意图、历史意义与成败关键》，《中国发展观察》2017 年第 8 期。
② 庞凤芝、齐凤：《历史视野中的京津冀城市群——兼评〈幽燕六百年：京津冀城市群的前世今生〉》，《河北广播电视大学学报》2018 年第 3 期。

(1935—1958；1960—1968）。新中国成立后，保定市一直作为北京军区38军军部驻地，是拱卫首都的中国第一王牌军。特别值得一提的是，将北京的非首都功能全都迁移出去，非重要战略目标向西部分散疏散，可以使得国家的军事力量更加集中，进而更加高效地保卫首都具有重要战略价值目标的安全。在这个意义上，雄安新区的设立作为"国家大事"的顶层定位更加具有无与伦比的战略价值。

千年之城、国家大事必有宏大谋略。举各方之力建千秋之城，凝各方智慧办国家大事。雄安的发展不仅仅是京津冀的事情，更不是河北一家的事情，也不是央企几家的事情，而是国家首都政治圈、经济圈、文化圈、科技圈、生态圈发展的大事，决不能草草上马拼速度抢项目。必须从全国一盘棋的思想，发展建设雄安新区，有钱的出钱，有力的出力，有思想的要出思想，用全国人民的智慧，真正绘就一幅"蓝绿交织、水城共融、疏密有度、绿色低碳、返璞归真"的发展蓝图。[①] 习近平强调，"建设雄安新区是一项历史性工程，一定要保持历史耐心，有'功成不必在我'的精神境界"。鉴于此，党中央确定了"三条原则""四个坚持""七项任务"的建设目标，为雄安新区的发展提供了明确的方向。

"三条原则"是：第一，绝不搞土地财政。政府不再主要靠卖地为生，而通过促进城市工商业发展、扩大就业水平，扩充地方财政；变政府争利为让市民获利，则是指不搞一次性征地补偿，更要抑制过高的房价，真正让处于两头的老百姓共同分享土地增值带来的巨大收益；变产权少数人拥有为社会共有，这一条尤为关键，是实现以上两个思路的基础。[②] 第二，坚持以人为本思想。政府对农民的占地补偿，除了对农民的一次性补偿，还有一部分是折成"股份"，农民每年可以按照一定比例分红，保护了农民的利益。新区将实行"积分制"，使创业者、就业者在攒够积分后，也能够以较低的价格购买房屋，真正让当地每个老百姓成为新区建设的参与者、受益者。第三，从更长远的角度打造雄安新区，不贪一时之

[①] 李俊峰：《如何正确理解千年大计 国家大事》，《中国生态文明》2017年第2期。
[②] 彭飞：《雄安"三变"，能否突破城市发展瓶颈（人民时评）》，《人民日报》2017年9月20日第5版。

功，体现"功成不必在我"的精神。

"四个坚持"是坚持世界眼光、国际标准、中国特色、高点定位；坚持生态优先、绿色发展；坚持以人民为中心、注重保障和改善民生；坚持保护弘扬中华优秀传统文化、延续历史文脉。雄安新区在规划编制过程中，邀请了世界顶级专家参与，注重吸收国内外规划成果，开展国际方案征集，集世界智慧，聚中国力量。在雄安新区规划建设的过程中，既有国外经验的借鉴，又有国外标准的参照，其总体的格局并不局限于中国，而是站在人类文明的高度，放眼整个世界。雄安新区承接北京的非首都功能，多家实力央企、地方企业、金融机构、高等院校、科研院所转移到雄安新区，为其发展注入新的源泉，助力打造京津冀世界级城市群，培育世界创新中心，使得雄安新区将在全球经济发展中扮演着重要角色。建设人类发展史上的典范城市，推动共建人类命运共同体，且在整个过程中，中国共产党始终坚持中国特色社会主义，体现了党中央高远的战略思维和宽阔的战略格局。

首先，贯彻生态优先、绿色发展。雄安新区的生态环境治理和白洋淀的生态修复，是雄安新区建设是否能取得成功的关键环节。在《河北雄安新区规划纲要》里，对新区的生态环境建设和白洋淀的生态恢复提出了很多具体的措施：科学布局空间结构、协同治理区域环境、修复白洋淀水系生态、植树造林、国土绿化、建设公园、湿地，等等。"生态大于天，环境如生命"，这是当今中国社会广大民众用健康甚至生命换来的城镇建设与经济发展的重要经验。[①] 良好的生态环境是人类获得生存的基本条件之一，势必不能作为经济发展的牺牲品。回溯过去我国发展的历程，那条"先发展，后治理"，经济发展以牺牲生态文明为代价的老路已经使我们付出了惨痛的代价，今天雄安新区的建设绝对不能再重蹈覆辙。为此，雄安新区的顶层规划中，其中的七项重点任务以及新区定位，都将"建设绿色智慧新城""绿色生态宜居城"放在首位，突出了绿色建城的重要性。不仅如此，国务院还指出，将雄安新区自然生态优势转

[①] 褚尹筝、屈宏乐、李鹏鹏：《浅析雄安绿色生态新区建设的发展之路》，《北京规划建设》2017年第6期。

化为经济社会发展优势，建设蓝绿交织、水城共融的新时代生态文明典范城市，走出一条人与自然和谐共生的现代化发展道路。在雄安新区的建设上要认真贯彻好习近平总书记的生态文明思想，践行"绿水青山就是金山银山"的生态文明理念，在质上保证雄安新区环境根本的、全面的、长远的好。

其次，"以人民为中心、注重保障和改善民生"。建设雄安新区既是国家大事，也是一项重大的民生工程。自一开始雄安新区的起步建设阶段，其土地收储、房屋征迁、企业搬迁、就业安置等多项措施，便牵涉到了广大人民的利益，如何凝聚人心，如何做好群众的思想工作，如何让人民有实实在在的获得感，从而促使人民全力以赴参与新区的建设，都是建设好雄安新区必须解决的大事。进一步说，民生大计就是国家大事，雄安新区建设和治理为此树立了标杆。

最后，"坚持保护弘扬中华优秀传统文化、延续历史文脉"。雄安所辖主要区域——雄县、安新、容城均为千年古县，它们的建城史都超过了1000年。悠久的历史造就了丰富的历史文化遗产，包括白洋淀水文化历史遗存、文物古迹、名人故居、名镇名村四类。[1] 除此之外，雄安新区也蕴含了丰富的文化资源：从小兵张嘎、雁翎队的历史文化，到白洋淀的文学、诗歌群落的水乡文韵，再到双堂焰火会、唢呐等民间文艺，[2] 这些都是宝贵的中华民族传统文化，理应作为国家大事得到重视与保护。因此，雄安新区的建设应注意盘活历史资源，坚持文化建设和城市建设相结合，在规划建设中保护历史文物古迹和非物质文化遗产，切实做到在保护中发展，在发展中保护，挖掘雄安新区成为"文化之城"的潜力。与此同时，新区的建设按照中华营城、传承历史、空间疏密有度的理念，坚持中西合璧、以中为主、古今交融，塑造历史传承、文明包容、时代创新的新区风貌。如此将中华民族优秀传统文化与中国特色社会主义

---

[1] 魏占杰、马景文：《雄安新区规划建设中的历史文化遗产保护问题研究》，《中共石家庄市委党校学报》2018年第11期。

[2] 范周、亓冉、田卉：《新时代雄安新区建设"文化之城"的思考》，《西安财经学院学报》2019年第3期。

先进文化相融合，既与时俱进，又不失民族特色。

习近平指出，规划建设雄安新区要突出七个方面的重点任务：建设绿色智慧新城，建成国际一流、绿色、现代、智慧城市；打造优美生态环境，构建蓝绿交织、清新明亮、水城共融的生态城市；发展高端高新产业，积极吸纳和集聚创新要素资源，培育新动能；提供优质公共服务，建设优质公共设施，创建城市管理新样板；构建快捷高效交通网，打造绿色交通体系；推进体制机制改革，发挥市场在资源配置中的决定性作用和更好地发挥政府的作用，激发市场活力；扩大全方位对外开放，打造扩大开放新高地和对外合作新平台。这七项任务具体地描绘了一幅未来之城的蓝图，涵盖了政治、经济、文化、社会、生态文明各个方面。这意味着，中国社会的改革已经从经济领域逐步扩展到社会发展的各个领域，全方位改革与整体协调发展也已经成为各类特区的时代使命，各类特区也日渐从经济增长极成为社会发展进步的增长极。雄安新区不仅是建筑在经济特区近40年发展经验基础之上的新型特区，而且也是对以建立经济特区为社会制度变迁路径选择的中国道路的拓展与丰富。[①]这些都将促进社会主义现代化城市的建设，促进国家治理体系的完善与现代化。因此，雄安新区的影响和意义远超过了区域经济学所涉及的基本问题和领域，是中国区域经济发展划时代的里程碑。"一张白纸，没有负担，好写最新最美的文字，好画最新最美的图画"，雄安新区具备这样独有的优势，使得如此重要的历史重任落在雄安新区的肩上，即使这七项建设任务非常艰巨，但是因为雄安新区的未来是一座"宜业宜居"的新城，使命光荣，前景光明，代表着人民美好生活的向往，所以，除了国家将拼尽全力建设这座千年之城，广大老百姓也会提升参与建设新区的信心，"众人拾柴火焰高"，雄安新区的未来值得期待。

作为国家大事雄安新区的建设目标设定既在雄安也不在雄安。在《河北雄安规划纲要》这份文件中，清晰勾勒出"千年大计"的雄安新区"两步走"的战略蓝图——到2035年，基本建成高水平

---

① 陶一桃：《雄安新区与中国道路》，《深圳大学学报》（人文社会科学版）2017年第4期。

社会主义现代化城市,"雄安质量"成为现代化经济体系的新引擎;到21世纪中叶,全面建成高质量高水平的社会主义现代化城市,成为京津冀世界级城市群的重要一极,以及成为新时代高质量发展的全国样板。彰显中国特色社会主义制度优越性,努力建设人类发展史上的典范城市,为实现中华民族伟大复兴贡献力量。这个宏伟的建设目标,承载着国家对雄安新区寄予的厚望,不仅是在解决中国城市发展中的问题,而且从更长远的意义来看,它将开创世界城市创新发展的新模式,为解决人类共同的城市发展问题奉献"中国智慧"。未来的雄安新区将是一座具有世界示范意义的千秋典范之城。

雄安新区被定为"千年大计,国家大事",它将发挥统筹东中西、协调南北方的巨大作用,最终成为引领中国未来发展的样板之城,是一件功在当代、利在千秋的国家大事。雄安新区的建设强调按照高质量发展的要求,紧紧围绕统筹推进"五位一体"总体布局和协调推进"四个全面"战略布局,而以上的"三条原则"、"四个坚持"、"七项任务"、新区定位,以及建设目标实际上便是在实现"四个全面"的进程中具体践行"五位一体"的总体布局,并且对中国社会未来的政治、经济、社会、文化和生态方面的五位一体布局将产生深远和广泛的影响。雄安新区的定位高、使命重、期望大,它的建设必须坚持以习近平新时代中国特色社会主义思想为指引,从政治和全局的高度深刻领会习近平亲自谋划推动雄安新区规划建设的重大战略选择,把认真贯彻落实中央和省委的各项决策部署作为重要政治责任、领导责任和工作责任,确保新区建设沿着正确的方向前进。同时也因为雄安新区的设立处在我国当前更加复杂困难的新局势,很多情况并不是有先例可循,必然有些难题还有待解决,所以对于其建设我们必须保持好历史耐心,坚持功成不必在我的精神,方能让雄安新区稳步行远,最终成就这一番千秋伟业。最后,因为国家级新区在制度创新上可以发挥其叠加效应,为新时代解决区域协调发展提供改革与发展的新政策工具。因此,"先行先试且具有创新意义"的雄安新区作为中国以开放促改革促发展、解决诸多发展问题的试验田,一旦成功建设,其高质量发展的雄安模式便可形成可复制、可借鉴的改革经验,尤其是体制机制、创新驱动、绿色发展等方面的经验推广至全国,从而造福子孙后代。

千年大计,国家大事的雄安新区,一定能成为新时代经济特区理论与实践的光辉典范。

第十章　以前海、横琴、平潭为代表的特区中的特区实践

前海、横琴、平潭是新时代中国经济特区版图中的三个特殊平台，被称为"特区中的特区"。党的十八届三中全会审议通过的《中共中央关于全面深化改革若干重大问题的决定》指出，加快自由贸易区建设，扩大对香港特别行政区、澳门特别行政区和台湾地区的开放合作。前海"依托香港、服务内地、面向世界"，正日益成为港澳青年创业的梦工厂，成为带动深圳改革开放再出发的强劲引擎。横琴肩负着推动粤澳产业合作和促进澳门经济适度多元发展的重要使命，成为"一国两制"下两岸合作的成功典范。平潭综合实验区"因台而设，因台而特"，其立足于两岸和平统一的使命显得尤为特殊与重大。加快前海、横琴、平潭开发，给予"比特区还特"的改革开放政策，是中央站在国家统一、走向世界的高度而做出的重大战略决策。

第一节　前海合作区：深港合作深层次

前海，被誉为"中国的曼哈顿"，是目前中国发展最快的片区，承担着包括自由贸易试验、粤港澳合作、"一带一路"建设、创新驱动发展的重大国家战略使命，是新时代深港合作新平台，是国家唯一一个深港现代服务业合作区。前海以"创新、市场化、与国际接轨"为指导思想，坚持开放合作、互利共赢，体制创新、科学高效，高端引领、集约发展，统筹规划、辐射示范的原则，积极推动与香港的服务业深度合作，努力打造粤港现代服务业创新合作示

范区。

一 前海合作区的设立及重大意义

前海深港现代服务业合作区（所在范围及通常所称的"前海"片区，以下简称前海合作区）位于深圳蛇口半岛西北部，与香港、澳门地区毗邻，属于填海区，总占地面积约18平方公里。改革开放后，前海一直作为蛇口片区的备用地。2008年10月18日，国务院批准设立前海湾保税港区，规划面积2.89平方公里，由港区及园区两部分组成，与深圳港（西部区域）一体化运作，实行封闭管理，享受"境内货物入区退税，区内货物流转免税，区内生产企业耗用水电气退税"等增值税优惠政策。

2009年1月，国家发展和改革委员会公布的《珠江三角洲地区改革发展规划纲要（2008—2020年）》提出，支持粤港澳合作发展，建立与香港国际金融中心相配套的现代服务业体系，巩固香港作为国际金融、贸易、航运、物流、高增值服务中心的地位，规划建设深圳前后海地区等合作区域，"作为加强与港澳服务业、高新技术产业等方面合作的载体"。这为前海片区发展提供了前所未有的重大发展机遇。2009年8月，在粤港合作联席会议第12次会议上，香港和深圳正式签署《关于推进前海港深现代服务业合作的意向书》，共同研究推进在前海发展现代服务业，加快建设金融、商贸、物流、创新产业等现代产业体系，并支持香港服务业在区内发展，达到"香港得益、广东得益"的"双赢"目标。2010年2月，深圳市政府批准设立前海深港现代服务业合作区管理局（简称"前海管理局"），履行前海深港现代服务业合作区的相应行政管理和公共服务职责，依法负责前海开发建设、运营管理、招商引资、制度创新、综合协调等工作。根据国务院授权，前海在经济建设方面享有除金融以外的副省级城市管理权限。

2010年8月26日，国务院批复《前海深港现代服务业合作区总体发展规划》，提出要利用前海粤港合作平台，推进与香港的紧密合作和融合发展，逐步把前海建设成为粤港现代服务业创新合作示范区，在全面推进香港与内地服务业合作中发挥先导作用，为我国建立更加开放经济体系作出有益的探索，为全国转变经济发展方式、实现科学发展发挥示范带动作用。规划确定了前海的四个战略定位：现代服务业体制机制创新区、现代服务业发展集聚区、香港与内地紧密合作的先导区、珠三角地区产业升级的引领区。前海重点发展金融业、现代物流业、信息服务业和科技服务和其他专业服务。到 2020 年，前海要建成基础设施完备、国际一流的现代服务业合作区，具备适应现代服务业发展需要的体制机制和法律环境，形成结构合理、国际化程度高、辐射能力强的现代服务业体系，聚集一批具有世界影响力的现代服务业企业，成为亚太地区重要的生产性服务业中心，在全球现代服务业领域发挥重要作用，成为世界服务贸易重要基地。前海建设由此全面启动。

2012 年 6 月 29 日，国务院发布《关于支持深圳前海深港现代服务业合作区开发开放有关政策的批复》（国函〔2012〕58 号），支持前海"实行比经济特区更加特殊的先行先试政策"，在金融改革、税收改革、人才制度改革、法律事务合作、教育医疗合作和电信业合作方面享有 22 条体制机制创新权限，为前海深港现代服务业合作区开发开放创造了良好的制度保障。2012 年 12 月 7 日，习近平总书记在党的十八大后离京视察第一站就来到前海，指出前海的发展要"依托香港、服务内地、面向世界"。他叮嘱深圳特区人民要充分发扬敢为天下先的精神，坚定不移，持之以恒，艰苦奋斗，开拓创新，"精雕细琢，精耕细作，画出最美最好的图画"。总书记的指示使前海发展有了更加清晰的目标，激发了前海干事创业的动力。前海发展进入快车道。

2015 年 4 月，国务院批准《中国（广东）自由贸易试验区总体方案》，提出在《内地与香港关于建立更紧密经贸关系的安排》及其补充协议框架下，规划特定区域，建设港澳现代服务业集聚发展区，探索自贸试验区金融机构与港澳地区同业开展跨境人民币信贷资产转让业务，允许自贸试验区非银行金融机构开展与港澳地区跨境人民币业务，支持与港澳地区开展个人跨境人民币业务创新。前海金融制度创新的步伐加快。

2018 年 10 月，习近平总书记再次到前海考察时强调，"深圳要扎实推进前海建设，拿出更多务实创新的改革举措，探索更多可复制可推广的经验，深化深港合作，相互借助、相得益彰，在共建'一带一路'、推进粤港澳大湾区建设、高水平参与国际合作方面发挥更大作用"①。这表明前海的一系列改革创新举措得到了中央的高度肯定。前海又肩负起了机制体制创新示范引领的光荣任务。党中央之所以设立前海合作区，在于前海有着得天独厚的优势。

突出的区位条件。前海位于伶仃洋东侧，蛇口半岛西部，是珠江入海口的咽喉要地和"一带一路"的核心支点。前海综合交通条件明显。空运方面，前海紧临香港、深圳两大航空港，运力叠加，航线互补，客货吞吐量巨大；海运方面，前海拥有蛇口、赤湾、妈湾三大港口，内联粤港澳大湾区及内地9省，外联美洲、欧洲等国际班轮航线160多条，集装箱吞吐量接近整个深圳港的一半；陆运方面，深圳—中山跨江通道、广深沿江高速公路、滨海大道等公路贯通其中。穗莞深城际线、深港机场连接线等线路与整个珠三角紧密相连。地铁1号线、5号线、11号线在前海交会。按照粤港澳大湾区的核心交通枢纽的定位，前海规划了"9+2+1"陆海空立体交通构架，未来从前海出发，地铁1小时可覆盖全市主要地区、城际线1小时可达广州、中山、珠海，跨境线15分钟可达香港机场。前海合作区衔接深港、覆盖珠三角、通达亚太、辐射全球，在粤港澳区域具有重要战略区位优势和条件。

系统的政策体系。在前海合作区酝酿、成立、推进的过程中，从中央到地方，陆续批准了涵盖《珠江三角洲地区改革发展规划纲要》《国务院关于支持深圳前海深港现代服务业合作区开发开放有关政策的批复》《国务院关于印发进一步深化中国（广东）自由贸易试验区改革开放方案的通知》《粤港合作框架协议》《深圳市综合配套改革总体方案》《关于推进前海深港现代服务业合作的意向书》等在内的一系列文件，形成了前海深港合作的政策体系和制度框架。其中，前海湾保税港区既享有保税港区特殊的税收、外汇等监管政策和贸易便利化安排，又享有前海合作区有关财税、金融、人

---

① 《习近平在广东考察时强调　高举新时代改革开放旗帜　把改革开放不断推向深入》，《人民日报》2018年10月26日第1版。

才等先行先试政策，是中国国内政策最优惠、通关最便利、运作成本最低、国际化程度最高的海关特殊监管区域之一。前海作为深圳经济特区中的特区，权限更大，政策更活，包括探索试点跨境贷款、构建跨境人民币业务创新试验区、有条件减免15%的企业所得税、符合条件的高端人才和紧缺人才给予相应个人所得税补贴等措施。同时，为支持前海现代服务业创新发展，国家财政部、商务部设立了前海现代服务业发展综合试点，对符合条件的产业项目又给予一定额度的资金支持。这些优惠政策或措施极大地提升了前海招商引资的能力和信心。

雄厚的产业基础。深圳是中国改革开放的窗口，是中国内地经济最发达、注册商事主体最密集的城市，外贸出口总额连续19年位居全国大中城市榜首，在深投资的世界500强企业多达180家。经过改革开放40年的发展，深圳的产业结构发生了巨大变化，尽管以高科技为主的制造业仍然是拉动深圳经济强劲发展的重要产业，但服务业发展的势头保持强劲增长，综合实力不断增强。2018年深圳服务业增加值占GDP的60%左右，尤其是现代服务业增加值较高。目前，香港的服务业，尤其是金融保险服务业在整个香港经济结构中占比很大，服务贸易出口额位列全球城市前列。深港两地在服务业尤其在技术创新、电子货币开发应用、海洋经济等产业方面可以形成强强联合或差异契合的增益互补关系。此外，珠三角地区传统的世界级制造业基地也为深港现代服务业发展提供了强劲的产业支撑和广阔的市场天地。

优良的法治环境。前海是国家唯一批复的中国特色社会主义法治建设示范区，重视法治保障是前海有别于国内其他功能开发区和自贸区的突出特点，也是前海的核心竞争优势和主要驱动力。2015年1月，前海法院挂牌；2016年4月，前海蛇口自贸区人民检察院挂牌；2017年12月，深圳知识产权法庭和深圳金融法庭同时挂牌。目前，前海已形成全国独一无二的集商事、金融、知识产权、海事等门类齐全的专业审判机构布局。前海已经构建起集仲裁、调解、律师、公证、司法鉴定、知识产权保护、法律查明于一体的全链条法律服务保障体系，汇聚了33家律师事务所及分所，其中全国11

家粤港澳联营律师事务所中有 7 家落户前海，华南地区仅有的两家外国律师事务所驻粤代表处也落户前海，这为解决涉外涉港澳台商事案件提供了齐全的法制服务。

浓厚的创新氛围。中国改革开放的策源地在深圳，深圳改革开放的策源地在蛇口。当年的蛇口工业区凭借着大胆创举、勇于突破、特事特办等敢为人先的作为，打破了一系列传统旧体制旧机制，引发了关于效率观、金钱观、事业观等问题的大讨论，创造了中国改革开放的样板，产生和集聚了以袁庚为代表的一批勇于创新、善于创新的拓荒人群体，并凝聚成以创新为内核的"蛇口精神"，形成了干实事、干大事的创业氛围，前海由此成为我国创业创新最活跃的地区。

前海合作区的设立有着重大意义。

中央决定设立前海合作区，是准确把握深港两地产业发展特点，加快内地制造业转型升级，推进我国工业化发展水平和对外开放国际化水平，抢占服务业国际市场的需要。同时对于保持香港繁荣稳定，巩固"一国两制"重要成果也有重要的深远意义。

一是增强深港经济的粘连度，巩固"一国两制"成果。深圳经济特区的历史就是一部深港经济合作的历史。深港合作涉及经济、社会、文化、人员往来、跨境建设与城市管理等各个方面，其中经济合作是深港一体化的主要形式和重要动力。经过 40 年的发展，目前，深港经济合作形成了以产业合作、跨境基础设施建设与服务、运行机制与政策协同为重点的合作格局。40 年的深港经济合作实践，为新时代深港合作积累了丰富的运作经验和实施范例。前海将成为香港高端服务业向内地拓展市场的起航区，加快实现香港服务业与内地市场对接，拓展香港服务业的发展空间。而前海也将借此引进香港的服务和管理理念，并协助内地企业从这里启程走向世界。因此，前海合作区实际上发挥着深圳走向世界和香港辐射内地的"双跳板"作用。"依托香港，为了香港。"前海作为"一国两制"框架下深港合作的全新实践平台，有利于发挥两个市场、两种机制的优势，增强香港经济活力和抗风险能力，巩固和提升香港国际经济中心城市地位，维护香港长期繁荣稳定。

二是推动我国制造业转型升级赋能，探索中国特色新型工业化路径。制造业是实体经济的主体，直接体现了一个国家的生产力水平，是区别发展中国家和发达国家的重要标志。党的十九大强调要建设现代化经济体系，加快建设制造强国。中央经济工作会议部署2018年重点工作时提出，"紧紧抓住制造业这个根基不放松"，"推进中国制造向中国创造转变、中国速度向中国质量转变、制造大国向制造强国转变"。这些重要论断和指示为我国制造业发展指明了前进方向。制造业的发展趋势是走向信息化与工业化的深度融合，最终实现智能制造。中国产品、中国企业、中国制造要想在更高水平、更深层次上参与国际竞争与合作，必须实现转型升级赋能，实现产业协同、跨界协同、跨境流动。"未来的制造业都将会是服务业，未来的服务业也必须是新型制造业。"[①] 中央设立前海合作区，就是要依托香港高度发达、功能完善、监管有序的国际金融体系，强化国际物流功能，以生产性服务业为重点，聚集一批具有世界影响力的现代服务业企业，加速制造业产业链的智能化和现代化。这将有利于促进珠三角世界级制造业基地转型升级，形成现代服务业和先进制造业双轮驱动的现代产业体系。对于正处于加速推动城市转型和产业升级的深圳来说，前海合作区就是探索中国特色新型工业化路径的试验田。

三是提升我国对外开放国际化水平，参与国际经济体系治理。根据中央对前海合作区赋予的功能定位，前海还肩负着国家金融业对外开放试验示范窗口、跨境人民币业务创新试验区等重要使命。前海可以凭借比经济特区更加特殊的政策，利用香港的国际化优势，通过基金小镇等渠道为境内外的资本出海和入海提供窗口和门户，促进人民币国际化和国际货币体系多元化，这不仅能够为中国贸易、投资提供有效便利，促进中国与世界各国在更大范围开展经济交流，而且还会对美元起到制衡作用，有助于促进世界经济的多极化发展，构建公平正义的国际经济新秩序。

---

① 马云：《未来制造业会成为服务业，服务业则变成了"新制造业"！》，https://www.sohu.com/a/208507575_614694。

二 前海合作区的功能定位及特点

根据党中央、国务院出台的文件，以及习近平总书记两次在前海的指示精神，前海的功能定位为现代服务业体制机制创新区、现代服务业发展集聚区、香港与内地紧密合作的先导区、珠三角产业升级的引领区。中央赋予前海"创新区""集聚区""先导区""引领区"这四个功能定位，是由于前海具有十分便利的条件和深厚的优势。从前海合作区功能定位和发展目标来看，最突出的特点有两个：

一是前海合作区的产业布局主体是现代服务业。发展现代服务业是我国提高开放型经济发展水平的内在要求。从产业发展阶段来看，当高科技企业发展到特定阶段后，必须有与之相匹配的现代金融服务。高科技企业和高端服务业犹如经济发展的两翼。"高新技术企业的出现和发展需要与之相适应的高新技术风险资本市场的发展，而进一步健全和完善的创业板市场和风险投资市场是高新技术企业发展向资本市场提出的要求。"[①]《深圳经济特区前海深港现代服务业合作区条例》明确了前海合作区是"经国家批准的相对独立的发展现代服务业的特定区域"，以生产性服务业为重点，创新发展金融、现代物流、信息服务、科技服务及其他专业服务业。而《深圳前海湾保税港区管理暂行办法》则规定，保税港区主要开展国际采购、国际配送、国际中转、国际转口贸易、出口加工业务以及与之相配套的金融、保险、代理、检测等服务业务，并重点发展现代物流、航运服务、供应链管理、创新金融等业务。由此可见，前海合作区的产业布局重点是现代服务业。从在前海注册的企业类别来看，金融业约占 51%，科技及其他服务业约占 22.8%，现代物流业约占 14.4%，信息服务业约占 11.7%，已初步形成了以金融业为主体的现代服务业集群。前海通过发展服务业，促进内地服务业与香港服务业对接，并借此同国际服务业标准、规则接轨。同时，也为香港服务业拓展内地市场提供发展平台。

---

① 王国安：《高新技术企业发展与资本市场制度创新》，《河南工业大学学报》（社会科学版）2007 年第 1 期。

二是前海合作区发展的鲜明特点是深港合作。"依托香港、服务内地、面向世界",这是习近平总书记对前海的殷殷嘱托。"依托香港",就是深化与香港之间的合作,构建与国际相接轨的国际投资贸易规则,发展现代服务业。2017年7月1日,在香港回归20周年之际,粤港澳三地共同签署了《深化粤港澳合作推进大湾区建设框架协议》,明确了要加快推进深港两地之间以现代服务业为主的深港合作任务。为推进香港企业进驻合作区,前海探索"港人、港资、港服务"的开发运营新模式。2014年,前海提出"万千百十"工程:到2020年,前海由港资开发的建筑面积超过900万平方米,在前海开展商务活动和就业的香港永久性居民超过10万,吸引1万家香港企业落户;孵化1000家有发展潜力、创新和整合能力较强的香港企业,力争港资服务业规模超过1000亿元;在前海孵化成型的港资创新型企业超过100家;在前海建立面向香港优势和特色产业的10个港企聚集基地。为了实现这一目标,前海采取了一系列的惠港措施:其一是降低入驻门槛。针对港资中小企业,取消了500万人民币注册资本金的限制,纯港资(股东全部是香港人或者香港人注册的香港公司来控股的)没有资金要求。其二是享受专项资金扶持。补贴额度为企业注册资本金的50%(≤200万元人民币)。其三是港企可享受双15%所得税惠。入驻前海的港资中小企业,符合前海产业优惠目录内容和人才认定层级,企业所得税优惠15%+个人所得税优惠15%的税收优惠。其四是跨境人民币贷款优势。港资中小企业入驻前海后,可享受跨境人民币贷款政策。其五是在法律服务方面,前海蛇口片区首创庭前会议制度与港籍陪审员制度,推动《联合国贸法会仲裁规则》首次在中国落地,组建了全国唯一的自贸区仲裁联盟。

此外,为拓宽香港产业发展空间,前海明确把合作区的1/3土地面向港企出让。目前,已出让港企土地18宗、面积37.26公顷,占经营性土地出让的45.9%。在创业空间方面,2014年12月,总建筑面积2.7万平方米的深港青年梦工厂正式启用,专门为深港青年创业提供支援。截至2018年,前海深港青年梦工场累计孵化创业团队达356个,包括港澳团队176个,超半数项目成功融资,累计融资总额超过 15 亿元。前海每年接待香港青年参观交流约 6000 人次。近年来，前海又不断建立深港创新城、深港设计创意产业园、深港基金小镇等重大合作平台。目前，汇丰、恒生、港交所、东亚、嘉里集团、周大福等一大批知名港企在前海集聚发展。截至 2019 年上半年，前海累计注册港资企业数量、合同利用港资金额，较 2012 年前海管理局刚成立时的 21 家、7.37 亿美元，增长分别高达 514 倍、138.6 倍。

三 高质量发展的"前海模式"

2010 年以来，国家先后赋予前海深港合作区及前海蛇口自贸片区 16 项重要使命，包括：自由贸易试验区、深港现代服务业合作区、保税港区、现代服务业示范区、社会主义法治示范区、粤港澳深度合作示范区、国家人才管理改革试验区、国家金融业对外开放试验示范窗口、"一带一路"建设支点、世界服务贸易重要基地、国际性枢纽港、跨境人民币创新业务试验区、深港人才特区、跨境电商综合试验区、中国邮轮经济试验区、国际化城市新中心等。国务院还统筹由国家发展改革委员会牵头，商务部等 33 个国家部委及香港、澳门特区政府参与的前海部际联席会议制度，构建了前海开发开放的国家决策平台，推动前海在深港合作、金融创新、投资贸易便利化、服务业开放等领域形成一系列"比特区还要特"的政策体系。前海把握住"依托香港、服务内地、面向世界"的总定位，形成了粤港澳深度合作的"前海模式"。2018 年 10 月，习近平总书记再次来前海视察时提到："发展这么快，说明前海的模式是可行的，要研究出一批可复制可推广的经验，向全国推广。"[①] 那么，高质量发展的"前海模式"又有哪些创新点呢？

投资便利化创新。2013 年 3 月，前海在全国率先实施以"营业执照"为中心的商事登记制度改革，实现商事主体资格和许可经营资格相分离，大力削减深圳商事主体登记前置审批事项，解决办照难的问题。2016 年 10 月，前海启动"证照分离 2.0 版"改革，聚

[①]《高举新时代改革开放旗帜 把改革开放不断推向深入》，《人民日报》2018 年 10 月 26 日第 1 版。

焦后置审批事项改革，从准入环节、服务环节和监管环节进行优化。其中，在准入环节上，按照"能取消则取消、能削减则削减、能合并则合并、能转移则转移"的标准，简化企业准入和注销流程；将注册资本由实缴制改为认缴制，将前置审批削减至12项，企业登记及备案时间缩短至2天，成为全国注册公司时间最短的城市。在服务环节上，深化"一口受理、一门审批、一网服务、一颗印章"的"一站式"政务服务改革，为企业提供从"设立"到"存续"的全过程全方位服务；在监管环节上，通过搭建企业信用监管体系、开展商事主体住所托管业务改革、试行综合执法等手段，强化事中、事后监管，并通过信息平台等技术手段促进监管过程信息化。

贸易便利化创新。前海秉承"促合作、简手续、减成本"的原则，在自贸区和各口岸的一体化运作、报关通关的电子化运作方面进行大胆创新，积极对接国际贸易标准规则。依托深圳海关保税物流平台，开通前海保税港区至皇岗、深圳湾等一线口岸的跨境快速通关模式，搭建与深圳机场保税物流中心、深圳出口加工区的区间调拨平台，实现"无缝对接"。积极推进"先进区后报关""先装船后改配""暂存入区""无疫通行"等多项简化手续，提高了企业的通关效率。推动智能化通关、"1+4全球溯源核放"、深港陆空联运、"全球中心仓"跨境物流新模式等改革，极大地降低了企业的运营成本。

金融创新。与上海自贸区以政府为主导的金融创新不同，前海金融创新更多地体现了市场主导。"发展金融""普惠金融"是前海金融创新的亮点。前海金融创新主要表现在跨境资本流动、创新要素交易市场、金融市场主体多元化。在跨境资本流动方面，2012年12月，《前海跨境人民币贷款管理暂行办法》颁布，中国内地跨境双向人民币贷款业务由此启动。目前，前海已联手香港，形成了跨境人民币贷款、跨境双向发债、跨境双向资金池、跨境双向股权投资和跨境资产转让等"五个跨境"，助力人民币国际化。在创新要素交易市场方面，2016年3月，国内最大的商业化募集母基金——前海母基金成立。前海母基金在投资子基金比例不超过后者基金规模10%的情况下，子基金视同内资管理，但不应涉及禁止外商投资的领域。在金融市场主体多元化方面，前海诞生了全国首家互联网民营银行——微众银行、全国首家CEPA框架下港资控股全牌照证券公司——汇丰前海证券、全国首家社会资本主导的再保险公司——前海再保险公司等三批共67个金融创新案例，成为前海金融开放创新的最佳实践。

法治创新。作为全国首个"中国特色社会主义法治示范区"，前海的法治创新方面一直走在全国前面，先后出台了"一条例两办法"（《前海合作区条例》《前海管理局暂行办法》和《前海湾保税港区暂行办法》），构建了前海法制建设基本框架。立法改革方面，前海充分利用国家赋予的立法权力，"基础性立法、产业性规定、配套性制度"三管齐下，制定了《深圳经济特区前海深港现代服务业合作区条例》《前海跨境人民币贷款管理办法》《深圳市前海深港现代服务业合作区支持金融业发展专项资金实施细则（试行）》《深圳前海深港现代服务业合作区总部企业认定及产业扶持专项资金实施细则》《前海跨境人民币贷款管理暂行办法》等一系列地方法规，已经初步形成以推动现代服务业体制机制创新的法治体系。在司法改革方面，前海法院在全国率先颁布实施《关于民商事案件立案登记工作的若干规定（试行）》，创新建立了立案听证制度，创新港籍陪审员选任制，建立香港及外国法查明机制等。执法改革方面，成立前海综合执法局，首创国内大综合执法体系，集政府所有执法部门职责，通过大综合执法避免扯皮，降低协调成本。

截至目前，前海累计推出469项制度创新成果。其中，全国首创或领先166项，全国复制推广50项，全省复制推广69项，全市复制推广122项，在山西省等地复制推广160多项。中山大学第三方评估结果显示，前海蛇口自贸片区制度创新指数在全国自贸片区中连续两年排名第一。

在"前海模式"的推动下，短短几年间，前海一张白纸从零开始，从一片滩涂起步，一年一个样，实现了翻天覆地的变化，片区经济总量在千亿能级持续提升，制度创新走在全国前列，新城建设突飞猛进，深港合作成果丰硕，产业集聚实现跨越式发展。但机遇与挑战始终相向而行。前海在快速发展的同时,也存在一些不可回避的短板。直面并着力解决这些问题,有助于前海又快又好地持续发展。

一是合作区面积过小,亟须拓展发展空间。前海合作区的规划面积只有约18平方公里,发展空间过于狭小,不利于产业进一步聚集。截至2019年6月,前海片区新增注册企业11878家,累计注册企业达17.18万家,其中新增世界500强公司投资设立企业25家,累计达344家;新增内地上市公司投资设立企业21家,累计达628家;新增持牌金融机构6家,累计达229家;新增高新技术企业115家,累计达437家。合作区内单位面积商业主体数已接近饱和。目前,在前海注册公司的监管越来越严格,对于地址托管协议到期没有续签的企业,将会纳入经营异常名单。符合程序的企业则通过注册公司或者地址挂靠的形式入驻前海。因此,"双区双扩"势在必行。2019年初,深圳政府工作报告明确提出,要推动前海合作区扩区。目前,前海深港现代服务业合作区、前海蛇口自贸片区"双扩区"正在积极推动中,已经上报国务院。

二是港企、港资入驻率偏低,惠港措施有待加强。先从港企、港资比重来看,据统计,截至2019年上半年,前海注册企业累计达16.65万家,注册资本累计达94896.66亿元。其中,注册港资企业1.19万家,占比7.15%;注册港资资本12851.10亿元,占比13.54%。实现增加值占前海22.9%。成为粤港澳合作最紧密最成功的区域之一。但从占比来看,港企、港资占比仍偏小,还没有在合作区形成"港味十足"的主体地位。

再从营商环境来看,在市场准入方面,根据《自由贸易试验区外商投资准入特别管理措施(负面清单)(2019年版)》所列明细来看,自贸区实行的负面清单内容划分为13个门类、37项特别管理措施,负面清单内容仍偏苛刻。如在交通运输、仓储和邮政业方面规定"国内水上运输公司须由中方控股,且不得经营或租用中国籍船舶或者舱位等方式变相经营国内水路运输业务及其辅助业务","禁止投资邮政公司(和经营邮政服务)、信件的国内快递业务"等。在信息传输、软件和信息技术服务业方面规定,"增值电信业务的外资股比不超过50%，禁止投资互联网新闻信息服务、网络出版服务、网络视听节目服务、互联网文化经营（音乐除外）、互联网公众发布信息服务"。而相比而言，中国内地的三大电信公司早已在香港开展电讯业务。在金融业方面明确规定，"证券、期货、寿险公司的外资股比不得超过51%"，等等。在贸易便利化方面，与国际贸易相关的外汇、税务等部门的条块分割依然存在。

因此，前海合作区今后仍需不断优化营商环境，继续深化商事制度改革，对照最高标准国际经贸规则，以简化负面清单、提高负面清单的透明度和可操作性为突破口，以投资自由化、管理法治化、贸易便利化、规制国际化为重点，构建营造更加开放透明的外商投资环境。同时，继续推出有针对性的措施，解决香港人在深圳工作、学习、生活的难题，吸引了更多的香港企业、资金和人员赴前海创业。

三是金融风险有所加大，金融监管相对滞后。目前，国内的汇率和利率市场化与国际资本市场完全对接。人民币是自贸区与港澳地区及国外跨境大额贸易和投资计价、结算的主要货币。前海区内离岸人民币市场与"区外境内"在岸人民币市场之间存在一定的利息差、汇率差。而且，内地和香港市场的人民币贷款利差则更大一些。因此，容易引起大量的套利活动，扰乱内地信贷市场，导致各种风险。此外，在股权投资母基金的带动下，深港民间私募和创投基金活跃度不断增强，其中一些非金融企业涉嫌违规经营及虚假宣传，通过建立灰色金融交易平台进行各类投融资行为，实现资金跨境流转甚至洗钱行为，这严重干扰了金融市场秩序，严重影响金融市场的健康发展，甚至有可能引发整个片区系统性金融风险。

因此，加大金融混业监管，整合深圳各金融监管机构在前海驻点，建立一体化金融监督和金融风险防控协同工作平台显得尤为迫切。针对特殊行业和个别企业可以考虑使用港币甚至美元作为融资、结算的货币，建立符合国际规范的金融服务中心。同时，推进监管科技应用，利用跨部门信用大数据开展监管和风险防控，建立守信激励和失信惩戒监管机制，集合政府、企业和监督部门的协同作用，有效地防控各种金融风险，构建安全的营商环境。

四是管理职责边界不清晰，行政主导地位有待强化。前海管理局是依照前海深港合作区条例而设立，实行局长负责制，局长由市政府任命，实行企业化管理，但不以营利为目的的公共机构，享有完整的区域管理权限。但在实际运作中，前海管理局更像是深圳市政府下属的一个职能局，不仅部门职责边界不清晰，存在着部门间职能交叉，而且前海管理局与市属部门的关系、与派驻单位的关系也没有完全理顺。① 前海管理局享有省级审批权、市级审批权以及各部门审批权，数目庞大的审批权被赋予前海管理局，很容易造成行政管制与市场运作两种角色的冲突，面临职能任务不断增加而员额受限的矛盾。此外，前海管理局下属三大控股公司都享受着特殊政策，甚至在某些领域处于垄断地位。如在前海开发某些基础设施项目或设立某些金融机构，都几乎必须与投控公司合作或参股。因此，前海管理局的实际运作与其法定规范存在偏离，实际运作中的法定机构依旧脱离不了"大政府，小社会"的现实制度环境，出现了与传统政府部门殊途同归现象。②

因此，未来前海管理局需要探索法定机构建设和法人治理体系改革，学习和借鉴新加坡的自由港管理模式，进一步厘清权力划分，授权充分明责，实现管理由政府主导型向企业主导型转变。深化管理和执法人员的市场化聘用，适当增加香港雇员的聘请比例，增加合作区管理的国际化水平。

第二节　横琴：粤澳合作新篇章

开发横琴，是一个审时度势之举。在国家的战略布局中，横琴承担着机制体制创新、为中国与世界经济接轨探路示范的使命。横琴建设既有利于提高珠海在珠江口西岸城市群中的核心引擎地位，又有利于澳门经济适度多元化。港珠澳大桥开通后，横琴与香港一

---

① 《法定机构："法"不定"够"不着》，《南方都市报》2016年3月18日第12版。
② 张紧跟、黄云振：《法定机构为何难以去行政化——以深圳前海管理局为例》，《中共福建省委党校学报》2018年第6期。

桥相连，由此成为内地唯一同时与港澳路桥相连的国家新区和自贸试验区，区位优势愈加凸显。横琴开发步入大湾区时代。横琴将继续深化粤澳合作，探索粤港澳合作新模式，为保持澳门长期繁荣稳定做出贡献。

一　横琴新区的设立及重要意义

横琴新区位于广东省珠海市南部横琴岛，是珠海市146个海岛中最大的一个，土地总面积106.46平方公里，其中未建设的土地面积占总面积的90%以上，是珠三角核心地区最后一块尚未开发的"处女地"。从区位看，横琴是中国内地唯一与香港、澳门陆桥相连的地方，是"一国两制"的交汇点，也是中国走向世界、世界进入中国的"内外辐射"的接合部。1992年邓小平发表南方谈话后，横琴被广东省列为扩大对外开放的四个重点开发区之一。横琴开发进入填海造地的基础设施建设阶段。之后，关于横琴的功能定位问题一直存在争论，开发方案几经变动。横琴开发陷入停摆。

2009年1月，时任中共中央政治局常委、国家副主席的习近平同志在考察澳门期间宣布：中央政府已决定同意开发横琴岛，并将在开发过程中充分考虑澳门实现经济适度多元发展的需要。从此，横琴真正迎来了机遇，珠海横琴新地标地位凸显。2009年8月，国务院正式批准实施《横琴总体发展规划》从而标志着横琴发展进入到一个新时代，对粤港澳深度合作具有重大意义。

开发横琴，在于贯彻落实《粤港澳大湾区发展规划纲要（2008—2020）》和《粤港澳大湾区发展规划纲要》中提到的"共建粤港澳合作发展平台"，"推进珠海横琴粤港澳深度合作示范"的重大发展机遇，发挥横琴毗邻港澳的区位优势，促进澳门经济适度多元发展，促进珠江口西岸地区形成新的经济增长极，打造中国与葡语国家经贸合作新平台，保持港澳地区的长期繁荣稳定。

有利于促进澳门经济适度多元发展，巩固"一国两制"成果。从1535年澳门开埠到1840年约300年间，由于独特的历史及地理位置，澳门一直是中国对外贸易的开放港口和东西方国际贸易的中继港。这期间的澳门经济结构主要是转口贸易、传统手工业及博彩业。但自1841年香港开埠以来,香港的转口贸易逐渐兴起,特别是20世纪80年代以来,随着内地对外开放步伐不断加快,内地经香港转口的贸易额不断提升。与此同时,内地沿海城市的开放程度越来越高。澳门的出口加工及港口贸易迅速衰落。澳门回归前,经济长期低迷,失业率居高不下,社会治安持续恶化。

1999年12月,澳门回归后,为提振经济,澳门明确了"以旅游博彩业为龙头"的产业政策,作出了开放赌权等一系列博彩业制度改革,博彩业急速繁荣,并成为澳门经济的龙头产业和政府财政收入的主要来源。但是,对博彩业过分依赖,使得澳门整体经济的脆弱性和波动性增大。博彩业超常态发展所形成的资源集聚"马太效应"也使得澳门的经济结构单一化倾向日益凸显。博彩业超速发展衍生的各种社会问题也引发了社会各界的担忧和强烈批评。对博彩结构的调整、经济适度多元发展以及整体经济从重规模到重质量的转型升级,无论是政府还是民间都比以往更具共识和紧迫感。

澳门是典型的微型经济体,受土地限制,资源配置空间有限,经济发展难以向纵深发展。而横琴面积是澳门的3倍多,且与澳门隔河相望,桥隧相连,最近处不到200米,距离香港34海里。澳门机动车可出入横琴,粤港澳游艇也可以"自由行"。港珠澳大桥珠海连接线直接延伸至横琴,横琴成为连接粤港澳三地的桥头堡。因此,开发横琴,使之成为澳门服务业向内地的延伸地和进入内地的桥梁,可以发挥澳门在商务服务、休闲旅游、文化创意、医药健康、特色金融等产业优势,打造面向世界(特别是拉丁语世界)的商务服务休闲中心。而澳门可以获得更多拓展空间,进一步挖掘旅游业的潜力,缓解和突破土地、人才、产业单一等瓶颈问题,形成产业的补强增优,促进澳门经济的多元发展。

横琴建设紧紧围绕惠澳、利澳的鲜明主题,全面与澳门展开深度合作。2014年,横琴新区正式推出"支持澳门经济适度多元发展的十一条措施",在涉及土地出让、产业建设、资本参与、城市基础设施等资源开发,同等条件下优先支持澳门工商界参与。位于横琴新区的粤澳合作产业园有一半以上的土地是由珠澳双方共同组建项目联合评审委员会和联合工作组,项目征集、筛选和评审工作,将以澳门政府为主导。高达 200 亿元的横琴粤澳发展基金在同等条件下优先支持澳门投资项目。自 2015 年启用的横琴澳门青年创业谷已累计孵化 349 个项目，单澳门创业团队就达 186 家，成为澳门青年赴内地创业的首选之地。横琴还首创跨境办公，推出了全国首个跨境办公试点楼宇——横琴总部大厦。为发挥澳门中医药产业优势，横琴先后两次出台了共计 30 条支持粤澳合作中医药科技产业园发展专项举措，在设备购置补贴、场地租金补贴、人才生活住房补贴、科研成果奖励等方面大力扶持。粤澳合作中医药科技产业园累计注册企业 135 家，其中澳门企业就有 35 家。

目前，横琴全区注册企业突破 4 万家，并以每月新增 1000 家的速度不断递增，各类总部超过 1000 家。在横琴投资落地的澳门项目已达 28 个，用地面积总计 3.75 平方公里。在横琴注册的港澳企业 2946 家，其中，澳资企业 1594 家，澳资企业投资总额 139.6 亿美元，成为内地澳资企业最为集中的区域。横琴基础设施日益完善，经济发展初见成效，地区生产总值年均增长 64%，已具备支持澳门经济适度多元发展的基础，逐步改变澳门经济结构比较单一的问题，促进澳门产业结构的优化和升级，保持澳门长期繁荣稳定的大局，巩固"一国两制"成果。

有利于打造中国与葡语国家经贸合作新平台。澳门的历史文化资源丰富，是一个中西文化交汇的地方，有 400 多年跨文化深厚基础，有独特的葡语国家的历史、文化传统，是内地与葡语国家交流合作的桥头堡和纽带。澳门既有传统风格的宅第、历史悠久的古庙，也有南欧情调的建筑、欧陆巴洛克式建筑形式的教堂，这些都成了别具特色的国际一流旅游景观。2005 年，澳门历史城区被联合国教科文组织列入《世界遗产名录》，这成为澳门打造世界旅游休闲中心的硬件条件。此外，澳门地域虽小，但"五脏俱全"，人脉关系密切。2018 年，澳门年总人口为 66.74 万人，其中外地雇员有 18.85 万人，占比接近 1/3。尤其是有来自 60 多个国家的归侨、侨眷长期居住在澳门。澳门葡语文化发达，有葡语系国家和地区友好合作的优势资源。因此，借助横琴开发可以更好地利用澳门葡语系国家联系的人才、语言和文化优势，通过葡语系国家"以点带面"

辐射周边国家和地区。习近平总书记在视察粤澳中医药科技产业园时提到，"我们这个产业园不同于任何一个产业园，是澳门特区政府经济多元化迈出的第一步，要大力支持它、发展它"①。2017年1月，内地首家澳门银行营业性机构——大西洋银行横琴分行开业运营；2019年6月，珠海市首家QFLP试点企业——礼达联马（珠海）股权投资管理有限公司在横琴工商局完成注册登记。目前在横琴的澳资金融类企业25家，注册资本119.52亿元。凭借母公司葡萄牙在葡语系国家庞大的金融网络，澳门将为横琴区内企业提供外汇交易、出口信贷、金融租赁、资金管理、银行贷款、国际结算等服务，将进一步推动与"一带一路"沿线葡语系国家经贸合作。

有利于培育珠江口西岸地区新的增长极，共建珠澳国际都会区。2018年10月，习近平总书记在视察广东重要讲话中强调，要加快形成区域协调发展新格局，做优、做强珠三角核心区，加快珠海、汕头两个经济特区发展，把汕头、湛江作为重要发展极，打造现代化沿海经济带。中央寄望珠海充分发挥辐射带动和示范作用，为周边区域乃至全省全国贡献更多力量。2019年2月出台的《粤港澳大湾区发展规划纲要》提出，要深化澳珠合作，打造澳门—珠海发展一极。2019年广东省政府工作报告也明确指出，加快珠海经济特区发展，打造珠江口西岸核心城市，为加快构建"一核一带一区"新格局，促进区域协调发展。但从整体来看，尤其与珠江口东岸相比，西岸地区的经济规模偏小，产业链仍不完善，产业集聚水平不高，人口和人才吸附能力较弱。在粤港澳大湾区三个极点所形成的都市圈中还比较弱势。2018年，珠澳的经济总量不及广佛的20%，不及深港的13%，这与中央提出发挥其带动和辐射西岸地区发展的要求尚有一定差距。

通过开发横琴，"科学发展、先行先试"，创新区域合作机制，打造粤港澳紧密合作的新载体，有助于港澳资本、科教、物流、市场等产业"西拓"，为粤港澳要素优化配置和重新布局提供新的契机。通过发挥横琴的地理空间，做大澳门新兴产业增量，用横琴资

---

① 《横琴：中医药的世界之窗》，http://www.sohu.com/a/274638133_668295.2018-11-11。

源破解澳门空间局促和产业单一问题，全面对接融入广深港澳科技创新走廊，与澳门共同打造粤港澳深度合作示范区，形成珠江口西岸地区新的增长极，共同培育珠澳国际都会区。

二　横琴新区的功能定位及特点

根据《横琴总体发展规划》《粤港澳大湾区发展规划纲要（2008—2020）》《粤港澳大湾区发展规划纲要》等文件精神，横琴的发展定位是以合作、创新和服务为主题，充分发挥横琴地处粤港澳接合部的优势，推进与港澳紧密合作、融合发展，逐步把横琴建设成为带动珠三角、服务港澳、率先发展的粤港澳紧密合作示范区，力争经过10年到15年的努力，把横琴建设成为连通港澳、区域共建的"开放岛"，经济繁荣、宜居宜业的"活力岛"，知识密集、信息发达的"智能岛"，资源节约、环境友好的"生态岛"。与此同时，还特别明确横琴"禁止博彩业"。

2010年10月，《横琴产业发展专项规划》提出，横琴作为粤港澳三地的交汇点，本身并无产业基础，在产业选择上主要发展以与港澳配套的现代服务业为主，但严格禁止发展涉赌产业。力争到2020年，第三产业占GDP的比例超过75%，达到世界发达国家以服务业为主导的中心城市水平；高技术产业增加值占工业增加值的比重不低于80%。横琴的产业发展有了清晰的方向和量化的目标，开放开发速度大大加快。

2012年10月，在横琴新区成立三周年之际，习近平总书记第二次考察横琴。他指出，开发横琴既有利于珠海建设生态文明新特区，又有利于澳门经济适度多元化。横琴开发要发扬敢为人先的特区精神，勇于创新体制机制，探索出一些更有价值的模式，为深化粤澳合作，保持澳门长期繁荣稳定做出贡献。[①] 2015年4月，国务院印发的《中国（广东）自由贸易试验区总体方案》，明确珠海横琴新区片区重点发展旅游休闲健康、商务金融服务、文化科教和高新技术等产业，建设文化教育开放先导区和国际商务服务休闲旅游

[①]《横琴新区：立足优势　始终不忘发展初心》，《人民日报海外版》2018年10月22日第1版。

基地，打造促进澳门经济适度多元发展新载体。2018年10月，在改革开放40周年之际，习近平总书记第四次视察横琴时指出，横琴有粤澳合作的先天优势，开发横琴的初心就是为澳门产业多元发展创造条件，促进澳门经济发展更具活力。[①]

2019年2月18日，中共中央、国务院印发了《粤港澳大湾区发展规划纲要》，提出要逐步把横琴建设成为"一国两制"下探索粤港澳合作新模式的示范区。其中专门提到要"推进珠海横琴粤港澳深度合作示范"，"配合澳门建设世界旅游休闲中心，高水平建设珠海横琴国际休闲旅游岛"。这意味着横琴继国家新区和自贸试验区之后，再次担当国家战略重任，横琴迎来了千载难逢的战略机遇。2019年3月21日，国务院批复《横琴国际休闲旅游岛建设方案》（以下简称《方案》），横琴成为继海南和福建平潭之后，第三个获批的国际性旅游岛。《方案》提出横琴要探索国际休闲旅游岛开发新模式，逐步将横琴建设成为面向未来、国际品质、生态优先、协同发展、智慧支撑的国际休闲旅游岛。

由此可以看出，横琴重点发展商务服务、休闲旅游、科教研发和高新技术等产业。横琴开发的突出特点是为了促进澳门经济适度多元发展，这是党中央、国务院充分发挥横琴的区位、环境和政策优势，以及澳门经济社会发展的现状所赋予横琴的新使命。

三 粤港澳合作的"横琴模式"

2011年7月，国务院批复横琴实行"比经济特区更加特殊的优惠政策"，拥有特区立法权限，拥有特殊的通关政策，拥有特殊的税收政策，拥有特殊的产业政策，拥有创新的金融政策。横琴成立新区以来，在加快政府职能转变、积极探索管理模式创新、促进贸易和投资便利化等方面形成了一批可复制、可推广的改革创新成果，为国家探索粤港澳合作新模式贡献了应有的力量，为"一国两制"下探索粤港澳合作新模式贡献了经验。

澳门大学新校区建设，书写"一国两制三体"新篇章。澳门回

---

① 《发挥好横琴作用 促澳门经济发展》，《南方都市报》2018年11月1日第5版。

归后,经济社会快速发展,澳门高等教育面临着急剧扩张的需求。由于澳门缺乏土地资源,制约了澳门大学的发展。2009年6月,中央批准澳大在横琴岛上建设1.09平方公里的新校区,并授权由澳门特区政府依照澳门特区法律实施管辖建成后的横琴新校区,授权有效期40年。在《粤澳合作框架协议》下,粤澳两地创新思维,采取了灵活快速、省时高效的运作方式,开创了一种全新的土地合作开发建设模式。2013年7月20日零时,比老校园大20倍的澳门大学横琴新校区启用。新校区实行区隔管理并实施澳门特别行政区法律,这是澳门特区法律首次在澳门以外的地方实施。横琴新区成为内地唯一实行"一国两制"的特殊区域。澳门大学新校区"一岛两制"的管理模式已远远超出一般国家经济技术开发区的概念,它所探索的在"一国两制"框架下,内地与港澳的合作模式具有开创性的示范作用,对于深受土地不足、发展空间受限之困的香港和澳门的未来发展,具有难以估量的现实意义。2014年12月,习近平总书记专程到澳门大学考察时指出,澳门回归祖国15年来沧桑巨变,充分证明了"一国两制"实践的成功。这个事业要继续探索、继续发展希望青年人勇于担当、奋力开拓。

"分线管理"通关制度开启粤港澳融合新模式。根据《横琴总体发展规划》《粤澳合作框架协议》和《珠海经济特区横琴新区条例》等文件规定,横琴新区实行"一线放宽,二线管住,人货分离,分类管理"的通关政策,一线对与生产有关的货物享受保税、免税、入区退税、选择性征税等优惠政策,二线除保税、免税、入区退税货物外,其他货物、车辆和人员都可以经无申报通道进出横琴。这样就在一、二线之间的横琴新区形成一个"自由贸易港",这一制度突破了传统意义上的海关区域监管办法,探索了粤港澳合作新模式。2018年12月20日,澳门单牌车入出横琴政策正式落地,成为珠澳合作的里程碑事件。这对于深化口岸改革创新、降低企业通关成本、促进珠澳便利往来、拓展经济发展空间起到积极的促进作用。2019年10月,第十三届全国人民代表大会常务委员会第十四次会议通过了《关于授权澳门特别行政区对横琴口岸澳方口岸区及相关延伸区实施管辖的决定》。授权澳门特别行政区以租赁方式取得横琴口岸澳方口岸区及相关延伸区管辖面积不少于16万平方公里的使用权，未来澳门路氹城边境站与横琴口岸实行"合作查验、一次放行"，这大大加强了澳门与内地基础设施互联互通和通关便利化水平，充分体现了中央对澳门融入国家发展大局的高度支持。

学习港澳先进经验，创建趋同营商环境。为构建法治化、国际化营商环境，打造与港澳市场规则对接与趋同的法治化环境，珠海市先后出台《珠海经济特区横琴新区商事登记管理办法》《横琴新区促进澳门投资项目建设若干措施》《横琴新区促进澳门中小企业发展办法（试行）》《关于鼓励澳门企业在横琴跨境办公的暂行办法》《横琴与香港、澳门差异化市场轻微违法经营行为责任清单》《横琴新区支持粤澳合作中医药科技产业园发展的专项措施》《横琴新区扶持澳门投资大型商业综合体发展暂行办法》等一系列惠澳利澳的商事制度改革创新，为澳门中小企业优先参与横琴开发建设创造有利条件。为支持和鼓励更多澳门企业来横琴跨境办公，横琴首创跨境办公，符合条件的澳门企业入驻横琴总部大厦，无须工商税务登记，还享受每月每平方米70元的租金补贴。金融服务便利化方面，横琴推出港珠澳"三地通保通赔"一站式跨境车辆保险服务，在购买、理赔等环节有效提升了跨境车辆保险服务的便捷化水平。常住横琴的澳门居民可以参加珠海基本医疗保险。此外，横琴还成立国际仲裁院和珠港澳商事调解合作中心，形成对接港澳的多元化调解机制；与澳门特别行政区政府有关部门联手成立横琴新区国际知识产权保护联盟，旨在整合联盟成员的优势，凝聚国际知识产权保护资源，服务粤港澳大湾区经济建设。横琴借鉴港澳工程领域先进的管理模式和经验，探索试行香港工程建设管理模式，实现"港人港模式""澳人澳模式"，提升建设工程质量安全管理水平。横琴的提升营商环境制度改革充分借鉴了港澳"宽进严管"的法律经验，极大方便了企业落地和投资准入，释放了市场活力，有利于粤港澳共同营造一体化的市场化、法治化、国际化营商环境，凸显了横琴新区作为粤港澳合作示范区的重要价值。

横琴片区作为广东自贸试验区，深化与澳门合作的重要平台，正在积极融入国家"一带一路"建设。发展横琴新区,促进珠澳合作,保持港澳长期繁荣稳定,彰显"一国两制"丰功伟业,势在必行、志在必得。未来横琴将凭借自身的独特优势,发展成为仅次于香港的"东南亚金融次中心"。从横琴目前发展的态势来看,在产业合作和制度构建方面还有进一步优化和突破的空间。

一是继续扩大粤港澳合作领域,降低行业准入门槛。在医疗健康服务业方面,不断放宽医疗健康市场准入标准和优化医疗准营条件,探索在横琴放宽港澳等境外合法上市的药品、保健食品、医疗器械入园使用,支持港澳在横琴独资或合资建医院,特许医院用药、医药处方、医师执业趋同港澳标准。在金融服务业方面,探索设立澳门联合交易所,珠澳合作创办"澳门区块链交易所",进一步降低港澳持牌金融机构尤其是跨国投资银行和私人银行的准入门槛,引入港澳及国外投资者参与要素平台交易。在旅游休闲服务业方面,打造健康养生等高品质旅游产品和医疗旅游品牌,与海南、平潭形成差异化的国际休闲旅游岛发展特色。在文化创意服务业方面,以深化港澳文化创意和会展合作为导向,放开港澳资本投资文化产业经营限制和文化产品的进口限制,允许港澳服务提供者或在横琴注册的港澳资企业在横琴新区以合资、合作、独资形式设立电影制作公司、广播电视节目制作经营公司,举办国际性广播、电影、电视交流、交易活动,促进港澳文化创意企业国际交流观摩。

二是继续推进特区立法,加快建立粤港澳大湾区法律框架。目前粤港澳大湾区面临"一个国家、两种制度、三种法系、三种税区"的现状,港、澳特别行政区与内地在制度融通、要素流动等问题上不可避免地面临更多内生阻碍。大湾区内部则有中央和特别行政区之间、中央和内地地方政府之间、特别行政区政府之间、内地地方政府之间、特别行政区政府与内地地方政府之间存在五种行政主体合作关系,不仅要受国内法还要受国际法相关规定的制约,立法结构异常复杂。"大湾区的深度合作一定会涉及和引起很多内地法律与港澳法律的冲突与协调问题。"[①] 同时,由于中央立法更多情

[①] 张亮、黎东铭:《粤港澳大湾区的立法保障问题》,《地方立法研究》2018 年第 4 期。

形下都不可能对社会发展中的各个方面做出充分应对，很多时候其"难以根据不断变化的社会需求进行制度创新，整体将趋于被动、保守。而且，由于中央层面的法律制定与修改程序复杂、周期漫长，也容易导致改革过程中法律产品供给不足或严重滞后的问题"[①]。因此，横琴在深化粤港澳合作，推进大湾区建设过程中因地制宜地开展地方立法显得尤为重要和迫切。横琴在充分利用现有的特区立法权的基础上，继续争取全国人大更高更大的立法权，在不与上位法相抵触的前提下，以横琴港澳服务贸易负面清单自主制定权为突破口，在"特"字上狠下功夫，善于和敢于以立法来破解改革发展中遇到的难题，以立法来推进港澳合作与发展。

第三节　平潭：闽台合作新台阶

加快平潭开放开发，是中央作出的重大决策部署。作为两岸关系的"试验田"，平潭综合实验区是全国范围唯一以"综合实验区"命名的特区。习近平总书记具有深厚的"平潭情结"，曾先后21次上岛考察指导工作。建设"两岸同胞共同家园"和"台湾同胞第二生活圈"，为两岸和平统一大业服务，这是平潭综合实验区的初心和使命。从这个角度讲，它的战略高度要超过前海和横琴。平潭综合实验区的最大亮点是"五个共同"的"共同家园"治理模式。

进入新时代，平潭综合实验区要践行"两岸一家亲"理念，落实"两个同等待遇"，围绕"一岛两窗三区"定位，用好用足"实验区+自贸试验区+国际旅游岛"叠加政策优势，加快建设两岸共同家园和国际旅游岛，为台企发展和台湾同胞在平潭学习、创业、就业、生活提供更多便利，打造融合融洽的共同家园。

一　平潭综合实验区的设立及意义

平潭简称"岚"，俗称海坛，位于福建省东部，是福建省福州

[①] 封丽霞：《认真对待地方法治——以地方立法在国家法治建设中的功能定位为视角》，《地方立法研究》2016年第1期。

市管辖的一个县，距台湾新竹港仅68海里，是大陆距离台湾最近的地方。改革开放前，平潭一直是对台重要军事战略地，经济发展与基础建设比较落后。改革开放后，平潭对台渔工劳务输出量居全国县市之首，成为最早设台轮停泊点和开展对台小额贸易的县市之一。

2009年5月，国务院通过的《关于支持福建省加快建设海峡西岸经济区的若干意见》指出，"在现有海关特殊监管区域政策的基础上，进一步探索在福建沿海有条件的岛屿设立两岸合作的海关特殊监管区域，实行更加优惠的政策"，并指出要"探索进行两岸区域合作试点"。2009年7月底，在深入调研的基础上，中共福建省委八届六次全会正式作出了把平潭作为"两岸区域合作试点"，在平潭设立"综合实验区"的决定，通过建立两岸更加紧密合作交流的区域平台，把平潭建设成为探索两岸合作新模式的示范区和海峡西岸经济区科学发展的先行区。

2010年2月，福建省委省政府正式作出决定，将"福州（平潭）综合实验区"升级更名为"福建省平潭综合实验区"。2010年9月，时任国家副主席习近平专程到平潭听取工作汇报，对平潭综合实验区给予充分的肯定与支持。他要求实验区敢于先行先试、在两岸交流合作中走在前头。2011年3月，"加快平潭综合实验区开放开发"写入国家"十二五"规划纲要。平潭开放开发上升为国家战略。2011年4月，国务院批复《海峡西岸经济区域发展规划》，并在第四章"构建两岸交流合作的前沿平台"中提到，建设两岸合作的平潭综合实验区，努力把平潭建设成为两岸同胞合作建设、先行先试、科学发展的共同家园。积极探索台胞参与平潭社会事务管理的方式，把平潭打造成为适宜两岸民众居住的示范区。2011年11月，国家发展改革委正式发布《平潭综合实验区总体发展规划》，提出开展两岸共同规划、共同开发、共同经营、共同管理、共同受益的合作试点。

2014年3月，财政部和国家税务总局发布通知，明确在广东横琴新区、福建平潭综合实验区和深圳前海深港服务业合作区对符合相关条件的企业，减按15%的税率征收企业所得税。2014年7月

15日，平潭综合实验区封关运作。平潭由此成为大陆最大的海关特殊监管区域。这也标志着国家"一线放宽、二线管住、人货分离、分类管理"的监管模式在平潭正式落地实施。平潭封关后，启动了免税、保税、退税或选择性征税政策。企业固定资产投入成本比沿海其他地方降低15%左右。为什么要在平潭设立综合实验区呢？

一是自然资源条件优越。平潭四面环海，单独成岛，具有良好的天然隔离条件。区总面积约372平方公里，由126个岛屿连绵组成，其中，主岛海坛岛（亦称平潭岛）是福建省第一大岛，全国第五大岛。海坛岛面积约为267平方公里，占平潭县总面积的72%，可建设用地面积约166平方公里，是福建第一大岛，比厦门岛、香港本岛都大，甚至超过了新加坡土地的一半。平潭海岸线长达408公里，占福建省海岸线的15%，拥有众多避风条件良好的港湾和深水岸段，具备建设国际商港的条件。平潭历史悠久，但开发较晚，岛上还保留着大片海岛原始建筑，拥有独特的滨海雅丹地貌和"风棱石"地貌资源，素有"海滨沙滩甲天下，海蚀地貌冠全球"的美誉。平潭石厝民居是沿海地区成片保存最完整的地区之一，被誉为"海岛建筑活化石"。平潭森林覆盖率接近36%，风景名胜已成为第一批国家自然遗产。可供开发的风能、潮汐能潜力巨大，具备加快开发建设的较好条件。

二是对台区位优势明显。平潭地处福建沿海中心突出部，扼守我国海上走廊台湾海峡和闽江口咽喉，是海峡西岸经济带的中心岛屿，每天经平潭东部海面航行的中外轮船达2000多艘。平潭与台湾省新竹港相距仅68海里，是中国大陆距台湾最近的地方。"海运成本，空运速度"，使平潭成为台胞、台企西进大陆的最佳选择。平潭海峡公铁两用跨海大桥即将全面通车，京台高速公路全线贯通，从福州到平潭只要40分钟。福州至平潭高铁预计2020年开通，即将形成福州平潭"半个小时生活圈"，更会促进未来平潭台北"两小时生活圈"的形成。未来平潭通勤机场建成后，将更有助于建成两岸旅客中转的枢纽，为平潭的旅游与经济带来新的机遇。

三是对台合作基础较好。岚台历史文化溯源自古是一家，岚台两地民间信仰、民风民俗等完全一致。平潭历史上就是东南沿海对台贸易和海上通商的中转站。清咸丰年间，平潭被辟为福建省五个对台贸易的港口之一。改革开放后，平潭成为祖国大陆最早设立的台轮停泊点和台胞接待站，以及开展对台小额贸易的地区之一。平潭的渔工对台劳务输出居全国之首，平潭在台乡亲达数十万人，两岸既有同名苏澳镇，又有同名北厝村（街），两岸民众民间交流十分密切。平潭的知名度在台湾岛内家喻户晓，许多台胞通过平潭这个特殊的两岸交往交流"窗口"了解大陆、认识大陆、走进大陆。

中央设立平潭综合实验区，是基于平潭特殊的区位优势，进一步扩大开放，服务海西战略，促进两岸产业合作，推动两岸关系向前发展而作出的重大慎重选择。新时代，中国对外开放开始向高水平迈进，两岸关系出现了新情况、新特点，平潭综合实验区肩负中央重托的意义尤为重大。

服务"海西"建设，推动更高水平对外开放。海峡西岸经济区（简称海西经济区或海西）是中国福建省政府于2004年提出的海峡西岸经济区的战略构想。2007年10月，党的十七大报告提出，支持海峡西岸和其他台商投资相对集中地区经济发展，支持福建省加快海峡西岸经济区建设，对于完善沿海地区经济布局，推进祖国和平统一大业，具有重大的经济意义和政治意义。2009年5月，国务院常务会议讨论并原则通过《关于支持福建省加快建设海峡西岸经济区的若干意见》，其中第31条明确指出："赋予对台先行先试政策，建设海峡西岸经济区……采取更加灵活开放的政策，先行先试……在现有海关特殊监管区域政策的基础上，进一步探索在福建沿海有条件的岛屿设立两岸合作的海关特殊监管区域，实施更加优惠的政策。探索进行两岸区域合作试点。"而平潭在整个海西区之中，是距离台湾最近的大陆岛屿，是地处海西的"桥头堡"，在整个海西区可谓占尽地利之便。因此，福建省委、省政府在深入调研的基础上，于2009年7月底召开的省委八届六次全会上正式作出了设立福州（平潭）综合实验区的决定，把平潭作为加快形成海峡经济区的突破口和海峡西岸经济区推进两岸交流合作先行先试中的前沿平台，这为平潭加快发展提供了前所未有的战略机遇。

福建省希望平潭综合实验区是不同于一般的经济特区、经济开发区的新型特区，实验区不仅仅局限于经济体制改革，也不是单项领域的创新，而是涉及经济、社会、文化乃至行政、政治等的综合性体制机制创新实验。平潭的这种"综合实验"，意味着将比既有的五大经济特区更特殊。在"一国两制"的框架下，任何新生事物都可以大胆尝试，任何新政策都会先行先试，从而为全国深化改革、扩大开放积累经验、提供示范。

打造两岸产业合作的新载体。2009年，台湾推出了生物科技、观光旅游、绿色能源、医疗照护、精致农业、文化创意六大新兴产业，但台湾岛内资源有限，市场狭窄，需要向岛外输出资金技术，寻求合作伙伴。而平潭综合实验区自成立之始，就将其主要的吸引资金对象面向台商，并愿意给予台商更多的优惠，以吸引台商前往投资。平潭规划建设的新兴产业区，优先考虑与台湾六大新兴产业的对接，促进平潭与台湾形成"前店后厂"关系。按照平潭目前的产业基础和资源禀赋，平潭可以为台湾旅游产业、医疗产业、观光农业、影视产业、人才资源等高端服务业的转移创造条件，针对性地制定政策，真正打通台资落地的"最后一公里"，促进形成台湾研发、平潭总部、大陆布点的产业布局。

根据党的十九大提出"率先与台胞分享大陆发展机遇，实现互惠互利，增进台胞福祉"的政策主张，"因台而设"的平潭以"国际旅游岛"及"自贸区""综合实验区"等多重"身份"位列其中。为了吸引台湾产业布局，平潭针对港澳台商投资股权投资类企业制定了低门槛准入条件。相较于目前其他试点城市对QFLP注册标准以4亿美元或1亿美元计，平潭对港澳台资准入门槛仅为600万美元，可谓大幅降低，堪称亮点。在平潭，台商台资在投资设立高端制造、智能制造、绿色制造等企业，还可相应享受到税收、投资等优惠。通过实行先行先试的特殊政策和灵活措施，实验区积极开展两岸产业对接，引导台湾高新技术产业、现代服务业等高端产业向平潭延伸拓展。

打造台湾同胞"第二生活圈"，探索两岸和平发展新模式。2010年，两岸签署了《海峡两岸经济合作框架协议》，两岸的经济合作进入了一个新层次、新高度。由经济合作进而带动相关社会和文化领域的合作也进入一个新阶段。但由于当前两岸尚未建立政治互信机制,两岸之间的政治和社会合作仍面临较大障碍。目前,只有澳门大学横琴校区在大陆实行资本主义制度,进行"一国两制"实践。澳门大学横琴校区虽说在探索"一岛两制三体"方面进行了首创,但毕竟仅仅局限于高校治理,面积只有区区不到1.1平方公里,距离实行真正意义上"一国两制"所包含的融经济、政治、文化、社会甚至军事等全方位为一体的"一国两制"实践还相去甚远。因此,在新形势下,探索"一国两制"框架下更为"综合"、更为"复杂"的模式实验就显得十分必要。在此背景下,平潭综合实验区建设为推进两岸全方位的制度性合作提供了一个新的重要平台。

早在平潭综合实验区酝酿设立之初,中央考察团就对平潭的未来发展提出明确定位:"平潭综合实验区与国内其他特区、开发区有很大区别,它的建设发展任务涉及国家最基本的统一大略,最终是要实现国家统一大业。"[①] 2012年3月,时任国家副主席习近平在看望福建省代表团时,针对平潭发展作出指示:"发挥平潭在两岸交流、对外开放中不可替代的作用,打造推动两岸关系和平发展的新载体,为推动祖国和平统一大业做出新贡献。"2014年11月,习近平总书记视察平潭综合实验区时,亲自为平潭擘画"一岛两窗三区"的战略蓝图。他指出,平潭是"闽台合作的窗口,是国家对外开放的窗口","要以建设新兴产业区、高端服务区、宜居生活区为目标,致力打造'台胞第二生活圈'","一定要创新体制,真正建成两岸同胞合作建设,先行先试,科学发展的共同家园"。党的十八大报告在提及台湾问题时,也特别强调要"维护好、建设好中华民族共同平潭家园"。2019年3月,习近平总书记参加十三届全国人大二次会议福建代表团审议时指出,"要探索海峡两岸融合发展新路","努力把福建建成台胞台企登陆的第一家园"。

由此可以看出,平潭综合实验区的设立是为了促进两岸和平统一大业,实现"一国两制"构想战略意图。通过"五个共同"模式

---

① 黄速建、李鸿阶:《平潭综合实验区开放开发研究》,经济管理出版社2011年版,第97页。

在平潭综合实验区先行先试,探索两岸同胞能够共同接受的制度模式和生活方式,形成"两岸一家亲,平潭亲上亲"的台湾同胞"第二生活圈",让台湾同胞充分了解和分享大陆发展成就,提前让台湾同胞体验在大陆当家做主的权利和善意,有利于落实"寄希望于台湾人民"的对台方针,从而为两岸和平统一创造基础条件。

二 平潭综合实验区的功能定位及特点

2014年11月1日,习近平总书记第21次上岛视察,亲自谋划了平潭综合实验区的功能定位,即"一岛两窗三区":一岛指国际旅游岛;两窗指闽台合作的窗口、国家对外开放的窗口;三区指新兴产业区、高端服务区、宜居生活区,为平潭开放开发指明前进方向、提供根本遵循。2015年4月,中国(福建)自由贸易试验区平潭片区正式揭牌运作。平潭片区43平方公里纳入自贸区,占整个福建自贸区的1/3。平潭以其优越的区位优势,向全面开放开发迈出了坚实的一步。2016年8月,国务院发布《关于平潭国际旅游岛建设方案的批复》,平潭岛正式成为继海南岛之后中国的第二个国际旅游岛。自此,平潭成为独特的"实验区+自贸区+国际旅游岛"三区叠加区域。

根据《平潭综合实验区总体发展规划》,平潭定位为"两岸交流合作的先行区""体制机制改革创新的示范区""两岸同胞共同生活的宜居区""海峡西岸科学发展的先导区"。重点打造以旅游文化康体、物流贸易、总部经济等现代服务业为支撑,新兴业态齐头并进的特色产业体系。

根据自贸区平潭片区的设计规划,平潭片区包括三个区块:港口经贸区16平方公里;高新技术产业区15平方公里;旅游休闲区12平方公里。平潭片区重点:建设两岸共同家园和国际旅游岛,在投资贸易和资金人员往来方面实施更加自由便利的措施。紧紧围绕国家战略,立足于深化两岸经济合作,立足于体制机制创新,进一步解放思想,先行先试,为新时期深化改革、扩大开放开辟新路径,为优化产业布局、加快产业发展增添新动力。

根据国际旅游岛的实施方案,平潭要推行国际通行的旅游服务标准，加快旅游产业转型升级，开发特色旅游产品，拓展文化体育竞技功能，建设休闲度假旅游目的地。发展旅游相关的现代服务业，主要包括推动设立口岸出境免税店，争取实施境外旅客购物离境退税政策，争取设立进境口岸免税店，扩大旅游购物消费；加快发展会展业，允许台湾服务提供者以跨境交付方式，在区内试点举办展览；推动在区内举办涉台经济技术展览会；支持在区内设立的中外合资旅行社，经营大陆居民出国（境）（不包括赴台湾地区）的团队旅游业务，推动申请成为赴台游组团社的1家以上台资合资旅行社试点经营福建居民赴台湾地区团队旅游业务；支持台湾导游、领队经区内旅游主管部门培训认证后换发证件在平潭执业；促进人员往来更加便利。采取更加便利的两岸商务、政务往来、人员往来措施等。

平潭实验区的主要特点就是为深化两岸融合、建设共同家园探索新模式，为促进两岸关系和平发展、实现中华民族伟大复兴的中国梦作出新贡献。率先推进与台湾地区投资贸易自由化进程，加快形成更高水平的对外开放新格局等。

三　特殊的平潭模式："五个共同"

2011年4月，国家发展和改革委员会全文发布的《海峡西岸经济区发展规划》明确指出，平潭综合实验区要借鉴台湾有效的管理经验和方法，积极探索更加开放的合作方式，展开两岸经济、文化及社会等领域交流合作综合实验，争取率先突破，为两岸交流合作开辟新路、拓展空间、创新机制。但怎么探索这个"两岸合作新模式"，探索什么样的"两岸合作新模式"并没有详细说明。2011年12月，国家发展改革委正式发布《平潭综合实验区总体发展规划》，提到平潭综合实验区要"先行先试，大胆创新"，先易后难、循序渐进，选择具备条件的部分区域、部分领域，展开以共同规划、共同开发、共同经营、共同管理、共同受益为内容的"五个共同"合作试点，探索建立扩大两岸交流合作新的体制机制，把平潭岛建设成为两岸同胞的共同家园。2014年7月，福建省颁布《关于深化对台交流合作　推动平潭科学发展跨越发展的意见》，在既有

《平潭综合实验区总体发展规划》的基础上，提出了"三个放"（放地、放权、放利）来辅助"五个共同"的开发和治理，进一步完善了平潭的发展思路。2016年4月，《平潭综合实验区条例》发布，进一步明确了平潭模式的具体实施路径和相关措施，为推进两岸合作提供了法制上的保障，由此确立了平潭综合实验区的建设模式。2018年2月，福建省委省政府发布《关于进一步加快平潭开放开发的意见》（以下简称《意见》）强调要继续举全省之力共同推进平潭开放开发取得新成效，为谱写新时代福建发展新篇章和推动两岸关系和平发展作出新贡献。

共同规划。共同规划就是两岸人民共同参与平潭综合实验区建设规划，并为之献计献策。共同规划的具体形式是，平潭成立了由两岸产业团体、研究机构、文教社团的代表和知名企业家、专家学者等组成的"促进平潭开放开发顾问团"，作为民间性议事咨询机构，听取和吸纳台湾各界的意愿和设想，共同参与、共同审议、共同监督平潭的总体规划、战略定位、产业选择、合作模式、政策支援和社会文化等规划和编制工作，共同绘制平潭两岸共同家园的未来蓝图与发展路线图。在两岸共同规划中，要能够体现两岸建设经验和民众意愿，尤其是台湾规划机构共同参与编制，突出"台湾元素"。比如，台湾中兴工程顾问有限公司领衔编制了平潭综合实验区概念性总体规划；台湾李祖原设计事务所参与实验区医院的规划设计；台湾智拓科技有限公司承担编制实验区的"智能岛"规划设计；大陆首个全链条台胞社区就是由台湾规划单位设计、台湾营造企业施工、台湾建设标准验收、台湾同胞入住、台式物业管理的。

共同开发。共同开发就是两岸共同参与平潭建设，并采取特殊的惠台政策，广泛吸引台湾各界人士参与开发、投资各项事业，鼓励台湾青年到平潭创业就业，共同建设美好家园。共同开发不仅局限于资金、资源的共同投资，还包括人力、智力资源的共同投资。在共同开发的项目竞标时，同等条件下台湾投资者拥有得标优先权；而在大陆限制性开发领域，可大部分面向台资单独开放。共同开发的具体方式是，对部分区域鼓励台湾各类营建机构组成独资、合资或合作开发主体，参与基础设施、文教卫生设施建设，携手推动平潭建设。

共同经营。共同经营就是大力鼓励台湾企业、组织、机构和个人参与平潭的建设项目，引进台湾先进经营经验与模式，建立台湾地区性行销总部。而建设项目的审计需采用台湾和大陆的双重标准，并逐步过渡到以台湾标准为主，或主要参照台湾标准制定平潭标准。另外，采取特殊优惠政策，承认台湾同胞与大陆居民享有同等经营权，以及台湾证书具有同等的有效性，并有优先被录用的优惠安排。共同经营的具体方式是，积极推动台湾企业、组织、机构和个人参与平潭两岸共同家园建设。

共同管理。共同管理是五个共同中最重要、最高级也是难度最高的环节。共同管理就是两岸共同参与平潭综合实验区的公共事务管理，而具体方式，可分为三部分：在宏观管理上，聘请更多的台湾商界及一般民众参与重大管理决策的谋划与指导；在行政管理上，鼓励台湾人士参与各种职能部门和区域法定机构的行政管理，包括担任政协委员、管委会相关职位等；在社会管理上，探索授权式与参与式管理模式。即在大陆法律法规框架下，选定特定区域由台湾投资者按照台湾模式实行自主管理，建立台湾社区。并在台湾同胞集中居住地借鉴台湾先进的管理经验，赋予台湾同胞管理社区更大的自主权限。通过分阶段先行先试，渐进式发展，最终实践两岸共同家园的终极目标。在共同管理方面，平潭在2012年就推出了针对台湾人才的"四个一千"千人招聘计划，鼓励台胞加入综合区的各类专业性社团组织、行业协会担任要职，支持符合条件的台湾青年担任实验区人民陪审员、调解员、仲裁员、监督员、法律顾问，不断深化两岸"共同管理"实践。目前在平潭管委会和旗下的国有企业机构中，有6名台湾同胞就职，有8名台湾村里长担任9个村委会或社区居委会执行主任。

共同受益。共同受益就是两岸人民在共同合作建设平潭共同家园中，共同获得与其投资、投入相对应的利益回报，让两岸人民共同受益。两岸共同受益的具体方式，若从受益主体来看，可分为三个部分。在民众层面上，通过制定法律、法规保护台湾同胞的合法权益，让台湾民众共享两岸共同家园建设的成果；在企业层面上，为两岸企业提供更加优惠政策，促进两岸经济融合发展；在公共事业上，提供完善的公共设施、优美的环境以及科学发展的长效机制。两岸共同受益的具体方式，若从两岸的角度来看，也可分为三部分：对台湾而言，获得了经济发展的庞大商机、进入大陆市场的平台和开发国际空间有利条件。对大陆而言，找到两岸和平发展的新方式，平潭成为大陆沿海地区率先发展战略的新突破口、新经济特区。对整个民族而言，平潭作为两岸共同家园的实验区，有助于推动中华民族的团结和振兴，以及中国梦的早日实现。

"五个共同"模式是一种多领域、多层次的体制创新，探索的层面从经济领域延伸到文化、社会、体制、政治等层面。从"五个共同"模式看，具有"两头容易，中间难"的特点。也就是，共同规划、共同开发、共同经营、共同受益这四个共同相对容易操作，而共同管理是最难实现的。因此，如何实践共同管理，让台湾同胞参与平潭全面的管理、领导与决策，将是平潭综合实验区治理模式最棘手、最需积极解决的问题。

"五个共同"模式是平潭综合实验区最大的特色，目的在于探索两岸共同治理的示范、先行先试模式。"五个共同"模式推行以来，相当多的台湾同胞对这一全新的两岸合作开发模式抱有兴趣和好奇，平潭成为福建吸引境内外资本最多、最快的地区之一。从2009年至2018年，平潭生产总值年均增长11.7%，一般公共预算总收入年均增长33.6%，固定资产投资年均增长45%，旅游人数年均增长36.72%、旅游收入年均增长63.09%，主要指标增幅一直保持在全省前列。自2010年至今，平潭新增内资企业807家，新增台资企业26家、新增投资总额超过5亿美元，增幅510.8%，新增注册资本2.4亿美元，增幅427.3%。两岸共同家园建设也取得了阶段性的成果。2019年上半年，实验区生产总值同比增长9.9%；1月至8月，财政总收入、地方财政收入、出口总值分别增长17.1%、26.1%、213%，增幅均位居全省第一。平潭综合实验区的生动实践，再一次证明了两岸和平统一的大势决不可挡。

平潭综合实验区肩负着"探索两岸区域合作的试点""海峡西岸经济区先行先试的突破口"以及创建"两岸共同家园"的重任。

从 2010 年实验区启动开放开发进程以来，取得了阶段性成果。从整个福建省沿海地区开发来看，平潭开发相应较晚，后发劣势也比较明显，综合实验区的制度优势还没有完全发挥出来，在惠台营商建设方面还有很大提升空间。

一是产业合作意愿不强，产业特色有待进一步挖掘。从两岸产业合作的历程看，台湾向大陆的产业转移已经历了三轮投资浪潮，台湾企业主要集聚在广东省和福建省，在长三角、珠三角和闽三角都有比较成熟的产业基础，产业布局差不多已近尾声。近年来，台商投资产业的视野更为广阔，产业区位分散更为明显，并有向东南亚转移的趋势。距离台湾远近与否，已不是产业布局的重要因素。从台湾的产业结构来看，台湾的产业结构已进入"三二一"阶段，已从传统生产制造行业转向高科技产业相关的服务业为主，整体的产业结构也趋向稳定，即使再进行转移，也不会像 20 世纪 80—90 年代那样形成巨大规模。短期内看，大陆已很难吸引到重量级的台商前往投资。况且，2012 年以来，台湾经济增长乏力，整体产业表现欠佳，自身产业竞争力有所下降，向外拓展的动能也明显衰减。

同时，平潭的经济基础比较单薄，岚台合作步伐较晚。平潭开发之前，几乎没有工业，产业以观光旅游及渔业为主。截至 2018 年，平潭人口约 45 万，人均收入不足 6 万元，在整个福州市 13 个县市区中排名倒数第一。因此，平潭的生产性服务需求和生活性服务需求不足，对台湾第三产业的发展难以形成有力的产业支撑、消费支撑和人才支持，开展岚台产业合作的空间优势并不突出。

未来两岸合作应充分发挥平潭的自身条件和特点，与厦门、福州、漳州、泉州等对台合作基础比较好的城市形成错位发展，避免产业类同和恶性竞争。重点发挥休闲旅游等新型业态。未来建设的平潭机场，除了重点发展对台客运直航、通用航空服务、闽台航空快件物流等功能之外，也可考虑积极拓展通航消费领域、消费模式，支持发展旅游观光、商务飞行等通航服务，积极培育主题鲜明的通航消费服务基地和富有现代特色的通用航空小镇。平潭岛最大的特点是风大，一年 365 天，有 100 多天，风力都在 8 级以上。因此，除了既有的国际风筝冲浪等海上运动旅游品牌外，还可考虑开发风能、潮汐能等新能源产业，变劣势为优势，做大做强，做出品牌，突出区域经济发展特点。

二是惠台措施区分度不突出，营商环境有待进一步优化。2014年7月，平潭岛实现全岛封关运作，落实"一线放宽、二线管住、人货分离、分类管理"的分线管理模式，成为全国面积最大的海关特殊监管区。在海关特殊监管区内，台商可以享受到最大的便利和优惠。如，对于符合条件的企业，除了可以按照全国最优惠的15%税率征收企业所得税之外，还可以享受国家赋予的其他优惠政策：免税、保税、退税以及"选择性征收关税"等四大税收优惠以及对台小额贸易市场购物免税、台湾地区机动车有限度多次自由进出平潭等。这些中央只赋予"特区中的特区"的政策红利，一直以来成为平潭招商引资的"撒手锏"。

2017年10月，党的十九大报告中提出："将扩大两岸经济文化交流合作，实现互利互惠，逐步为台湾同胞在大陆学习、创业、就业、生活提供与大陆同胞同等的待遇，增进台湾同胞福祉。"自2018年2月，国务院台湾事务办公室、国家发展和改革委员会等部门发布《关于促进两岸经济文化交流合作的若干措施》（简称"惠台31条措施"）之后，全国各地积极落实对台企、台胞的"两个同等待遇"措施，纷纷因地制宜地提出了更加优惠的政策。比如，上海针对台胞台商"最期待""最担心"的问题，推出"惠台55条新政"，被台商称为"满满的政策牛肉"，感到"揪甘心"。厦门新近出台的"惠台60条细则"中，甚至提供减免5项丧葬服务费，厦门要成为"两岸直接往来最便捷通道，两岸同胞融合最温馨家园"。福州则出台了被台商称为"干货满满"的"惠台68条举措"，为台胞在榕学习、就业、创业、生活提供极大便利。温州更是继去年提出"惠台142条措施"后，今年又推出"惠台90条措施"，提出要让台胞台商与温州市民"有福同享"，加大温台两地经济文化交流合作。相比而言，平潭现有的惠台政策优势已不突出，对于绝大多数"急功近利"只愿意投资"熟地"的台商来说，平潭仍然是一块往来不便的"生地"，吸引力并不强。

因此，平潭要充分利用综合实验区的定位，积极研究更有针对性、更有竞争力的惠台措施，体现出与这些传统老台商集聚区的政策区分度，通过释放一系列含金量高、支持力度大、覆盖面广的政策红利，对台企和台胞产生投资拉力。比如，尽快实行全品类商品的免税贸易；加大对场地、厂房、门面的补贴；增加台胞应聘公共事务管理岗位，尤其是高层管理岗位的名额和比例；增加台青创业基金的发放力度和支持的范围；借鉴前海模式，创新台籍陪审员选任制，建立平潭台湾地方法院，建立台籍律师合伙人制度；扩大台湾"法律"的适用度，为台企、台胞在平潭创业生活提供法制保障。加快平潭对台离岸金融中心建设，进一步推动台币和人民币的直接结算、清算和跨境流动新机制，降低双方企业的汇率风险与结算成本，积极引进台资银行作为海西的新台币清算银行，为台胞在平潭创业提供金融支持和资金便利。此外，为使台商切实享受税收优惠政策，还要处理好税收饶让问题，避免台商被重复征税而影响税收优惠政策的作用效果，为实验区打造台胞、台企登陆第一家园"桥头堡"营造更好的营商环境。

三是平潭模式缺乏共识，共同管理仍需加强顶层设计。早在对外开放之初，邓小平就特别提出"吸收国际先进技术和经营管理经验，吸收他们的资金"[1]。这里所指的管理经验，不仅仅是指企业管理的经验，更应该包括政府管理经验，公共事务管理经验。因此，平潭的"五个共同"模式，就体现了两岸在共同治理的理念下，由社会中多元独立行为主体（政府组织、政党组织、商业组织、社会团体等）通过相互博弈、相互调适、共同参与合作等互动关系，形成多元化的公共事务共同管理制度或模式。[2] 在平潭模式的推行下，台岚之间的交流交往，包括海上航线、企业投资和台胞社区建设等都取得不少成绩。

但仍看到，台湾岛内对平潭模式反应不一。少数政党比较热心。比如，新党成立"台湾平潭关系协会"，全力、积极参与平潭的开发建设。多数政党包括国民党都反应谨慎消极。而民进党台湾当局

---

[1] 《邓小平文选》第 2 卷，人民出版社 1994 年版，第 127—128 页。
[2] 曾丽凌：《论平潭综合实验"共同管理"的现实推进及相关问题》，《福建警察学院学报》2012 年第 6 期。

则经常抛出"统战""违法"论调,以危害安全为由,采取"恫吓、管制、阻挠、禁止、裁罚"五部曲进行限制和阻挠。近来,台湾当局又妄图推行所谓"中共代理人修法""外患罪"适用范围,限制台湾个人和机构赴大陆参加正常的商业、文化活动。台湾方面对平潭模式顾虑重重,甚至是竭力打压,究其原因,是由于两岸至今没有建立政治互信机制,对平潭模式欠缺共识,共同管理被误读为"矮化"台湾之嫌。有台湾学者认为,平潭综合综验区的共同管理,对台湾而言不存在所有权的权利,只是在"一国两制"框架下,大陆单方面提供给台湾的发展机会,有"恩施"之意,"在起始点上就是与大陆不对等"。"共同管理必须要和大陆的政治体制改革连接在一起,必须和后 ECFA 时代两岸和平发展的必经途径——政治协调连接在一起,才能交出一份价值互信的成绩单。"[①] 再加上平潭综合实验区的惠台亮点不突出,尤其是在政治合作方面,需要突破的空间还很大,容易使台湾将大陆的任何善意举措视为统战策略。此外,台湾岛内的政党轮替,以及政局发展的不确定性,也会影响两岸关系与平潭综合实验区的未来发展。[②]

鉴于当前两岸关系的发展现状,首先是要解放思想,遵照习近平总书记关于"(平潭)实验区是全国独创,要继续探索"的叮嘱,站在"一国两制"的高度,立足目前国家主体地位有争议的特殊情况,探索共同治理国家内部管理问题。平潭综合实验区注定要走一条非同寻常的探索之路,要摆脱一般意义上的经济特区、经济技术开发区的定位,充分利用"先行先试权",通过单独立法或授权立法的形式,在平潭综合实验区建立"多元治理、共建共享模式"的地方行政区域自治制度。[③] 可考虑由全国人大授权平潭具有更高一级的特区立法权,将平潭升级为"大陆对台政治特别区",设置至少不低于副省级的行政体系。通过吸纳国台办、商务部、中国海关

[①] 宋焱、王秉安、罗海成:《平潭综合实验区两岸合作共建模式研究》,社会科学文献出版社 2011 年版,第 219—228 页。

[②] 郑欣宜:《平潭综合实验区治理模式之研究》,硕士学位论文,台湾大学社会科学院,2015 年。

[③] 刘永林:《法治视野下"平潭综合实验区社会治理模式"构建》,《学理论》2015 年第 28 期。

等国家部委领导组成平潭综合实验区领导小组,由中央国务院这个层面出台相应的国家法规,而不是地方条例,提升决策的等级、权限和权威性。"以先政治,后经济的规划来思考平潭未来。平潭的成败不在经济,而在于它能够为两岸从和平发展到和平统一提供什么样的经验,或产生什么样的效果。"[①] 对于积极投身两岸合作的台湾同胞要给名誉、给位子、给实权,分片区分行业探索"台人治台,高度自治"的治理模式,体现出与前海、横琴这两个"特区中的特区"不同的特殊政策。

[①] 宋焱、王秉安、罗海成:《平潭综合实验区两岸合作共建模式研究》,社会科学文献出版社2011年版,第215—218页。

参考文献

《马克思恩格斯选集》第1—4卷，人民出版社2012年版。

《列宁选集》第1—4卷，人民出版社2012年版。

《毛泽东选集》第1—4卷，人民出版社1991年版。

《邓小平文选》第1—3卷，人民出版社1995年版。

《胡锦涛文选》，人民出版社2016年版。

《江泽民文选》，人民出版社2006年版。

习近平：《在庆祝海南建省办经济特区30周年大会上的讲话》，人民出版社2018年版。

习近平：《关于社会主义市场经济的理论思考》，福建人民出版社2003年版。

习近平等：《展山海宏图创世纪辉煌：福建山海联动发展研究》，人民出版社2000年版。

习近平：《干在实处 走在前列》，人民出版社2006年版。

《习近平谈治国理政》第1卷，外文出版社2014年版。

《习近平谈治国理政》第2卷，外文出版社2017年版。

习近平：《决胜全面建成小康社会 夺取新时代中国特色社会主义伟大胜利——在中国共产党第十九次全国代表大会上的报告》，人民出版社2017年版。

习近平：《论坚持全面深化改革》，中央文献出版社2018年版。

中共中央宣传部编：《习近平新时代中国特色社会主义思想学习纲要》，学习出版社、人民出版社2019年版。

中共中央宣传部编：《习近平新时代中国特色社会主义思想三十讲》，学习出版社2018年版。

中共中央文献研究室编：《习近平关于全面深化改革论述摘编》，中央文献出版社 2014 年版。

《中共中央　国务院关于支持深圳建设中国特色社会主义先行示范区的意见》，人民出版社 2019 年版。

中共中央文献研究室：《邓小平同志论改革开放》，人民出版社 1989 年版。

中共中央文献研究室：《邓小平思想年编：1975—1997》，中央文献出版社 2011 年版。

人民日报社理论部：《深入领会习近平总书记重要讲话精神》，人民出版社 2014 年版。

李岚清：《突围——国门初开的岁月》，中央文献出版社 2008 年版。

李长春：《南粤大地创新篇：世纪之交广东改革发展的探索与实践》，人民出版社 2017 年版。

慎海雄主编：《习近平改革开放思想研究》，人民出版社 2018 年版。

李培林主编：《坚持以人民为中心的新发展理念》，中国社会科学出版社 2019 年版。

乐正：《深圳之路》，人民出版社 2010 年版。

陶一桃：《深圳经济特区年谱 1978—2007》，中国经济出版社 2010 年版。

陈家喜：《深圳经济特区的政治发展 1980—2010》，商务印书馆 2010 年版。

钟坚：《中国经济特区文献资料》，社会科学文献出版社 2010 年版。

袁易明：《中国经济特区研究》，社会科学文献出版社 2009 年版。

林祖基：《邓小平与经济特区》，海天出版社 1993 年、2008 年版。

深圳特区博物馆编：《深圳经济特区创业史》，人民出版社 1995 年版。

深圳经济特区研究会：《深圳经济特区三十年》，海天出版社 2011 年版。

彭立勋：《深圳经济特区改革开放专题史》，海天出版社 2010 年版。

王京生：《深圳十大观念》，深圳报业集团出版社 2011 年版。

王鑫等：《深圳经济特区党的建设科学化的探索与实践》，深圳报业集团出版社 2012 年版。

陈云岗：《深圳经验》，中国社会科学出版社 2010 年版。

深圳市史志办公室：《深圳改革开放纪事》，海天出版社 2009 年版。

江潭瑜：《深圳改革开放史》，人民出版社 2010 年版。

《深圳经济特区改革开放史专题丛书》，海天出版社2010年版。

付莹：《深圳重大改革创新史略：1979—2015》，社会科学文献出版社2017年版。

张骁儒：《深圳社会治理与发展、文化、法制、金融报告》，社会科学文献出版社2017年版。

陈述：《改革开放重大事件和决策述实》，人民出版社2008年版。

曹普：《当代中国改革开放史》，人民出版社2016年版。

赵云献：《深圳特区党的建设》，人民出版社1993年版。

肖林、张湧：《中国（上海）自由贸易试验区制度创新：回顾与前瞻》，格致出版社2017年版。

黄建忠、陈子雷、蒙英华：《中国自由贸易试验区研究蓝皮书（2017）》，经济科学出版社2018年版。

郭晓合：《中国（上海）自由贸易试验区建设与发展》，社会科学文献出版社2016年版。

成思危：《从保税区到自由贸易区：中国保税区的改革与发展》，经济科学出版社2003年版。

任琳：《对外开放与中国外交中的上海角色》，社会科学文献出版社2018年版。

陶一桃、鲁志国：《中国经济特区史要》，商务印书馆2010年版。

刘海善：《中国经济特区：从深圳到上海的特区政策变迁与现代化新路径》，上海人民出版社2008年版。

陶一桃、鲁志国：《经济特区与中国道路》，社会科学文献出版社2017年版。

刘乃全：《上海服务"一带一路"定位研究》，格致出版社2017年版。

钱运春、郭琳琳：《浦东之路：创新发展二十年回顾与展望》，上海人民出版社2010年版。

高尚全：《中国改革开放四十年：回顾与思考》，人民出版社2018年版。

赵蓓义：《开放型经济新体制：上海探索与实践》，上海人民出版社2019年版。

周琢：《国际航运中心建设新模式：上海探索与实践》，上海人民出版社2019年版。

陈建华：《浦东开发开放效应与深化：上海探索与实践》，上海人民出版社 2019 年版。

彭雨、沈玉良：《特殊经济区视角下的国际贸易中心建设：上海探索与实践》，上海人民出版社 2019 年版。

徐美芳：《全球竞争格局下的国际金融中心建设：上海探索与实践》，上海人民出版社 2019 年版。

刘晓丽：《城市群地区资源环境承载力理论与实践》，中国经济出版社 2013 年版。

吴良镛：《京津冀地区城乡空间发展规划研究三期报告》，清华大学出版社 2013 年版。

朱启贵：《区域协调可持续发展》，上海人民出版社 2008 年版。

张建平、李红梅等：《区域经济理论与实践》，中央民族大学出版社 2007 年版。

住房和城乡建设部城乡规划司、中国城市规划设计研究院：《京津冀城镇群协调发展规划（2008—2020）》，商务印书馆 2013 年版。

迟福林：《我的海南梦——痴心热土三十载》，江苏人民出版社 2018 年版。

钟业昌：《走向中国特色自由贸易港》，海南出版社 2019 年版。

迟福林：《策划天涯 30 年——立足海南的追求与探索》，江苏人民出版社 2018 年版。

海南省统计局、国家统计局海南调查大队：《海南省统计年鉴（2019）》，中国统计出版社 2019 年版。

后 记

本书是在中共深圳市委宣传部常务副部长陈金海、理论处杨建处长的领导下，在深圳市社会科学院党组书记、院长吴定海，副院长王为理、谢志岿，一级调研员罗思，原副院长黄发玉，刘婉华处长、莫大喜处长等的组织下，市内外众多专家学者集体劳动的结晶，在此课题组表示衷心感谢。在写作过程中，课题组还得到了中共中央党史和文献研究院许宝友研究员，深圳大学魏达志教授，深圳市委政策研究室肖中舟主任，深圳市体制改革协会南岭会长，深圳市委党校袁晓江副校长、谭刚副校长，海口经济学院王志芳教授、陈玉书教授，华北电力大学贾江华副教授，深圳职业技术学院何显红讲师等的宝贵建议和资料贡献，在此课题组也表示深深谢意。

本书总论、第四章由深圳职业技术学院曹天禄教授撰写，第一、五章由辽宁大学王喜满教授撰写，第二、三章由深圳职业技术学院谭属春研究员撰写，第六、十章由深圳职业技术学院蒋宗伟副教授撰写，第七章由海口经济学院肖勇副教授、杨晓丽副教授撰写，第八章由海口经济学院钱耀军副教授、勾四清副教授撰写，第九章由汕头大学柏友进研究员撰写。

本书的顺利完成参考了许多专家学者的宝贵成果，这已在书中注明，但由于我们的疏忽，难免挂一漏万，在此表示歉意。本研究是我们对新时代中国经济特区理论与实践的尝试性研究，由于时间和水平有限，难免会存在不足的地方，欢迎广大读者批评指正。

课题组
2020 年 9 月 8 日